JN437018

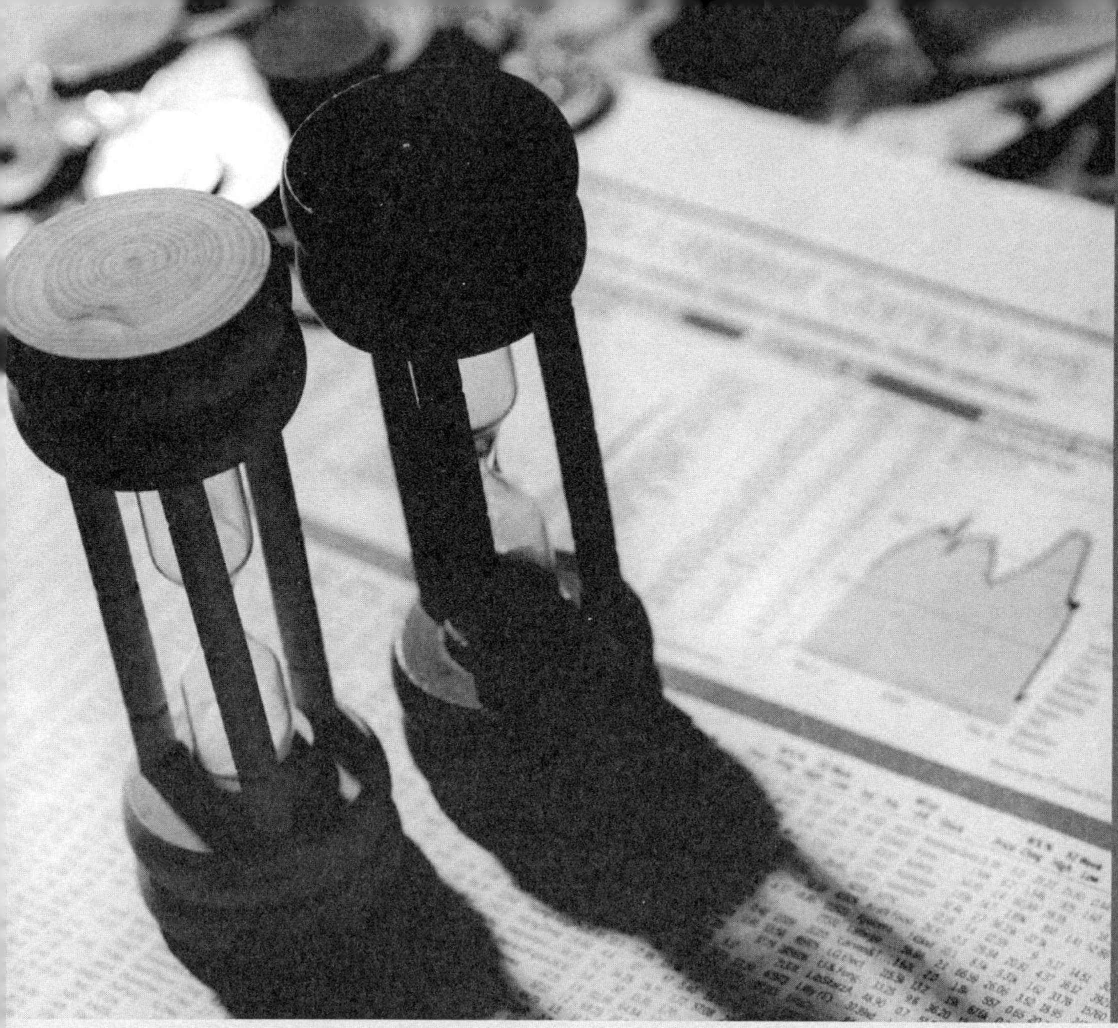

최신 보험의 이해

이원근 · 이응권 · 이상호 · 최영곤 공저

도서출판 두남

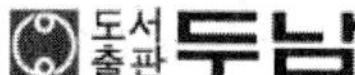

머리말

세계의 경제환경은 급변하고 있다. 이미 글로벌 경제의 중요한 일원으로 자리매김한 우리경제도 "국경 없는 무한경쟁"의 한가운데 놓여 있다. 이에 따라 우리나라 금융산업도 금융의 자율화, 국제화 및 개방화라는 급격한 변혁과 치열한 경쟁 속에서 생존하기 위한 전략과 대응책 마련에 한창이다.

은행, 증권 등의 금융산업은 외환위기 이후 꾸준히 겸업 영역을 확대하여 이제 종합금융기관으로 성장할 수 있는 기반을 거의 완비하고 있으며, 보험산업도 이러한 환경변화에 대응하여 개방화, 자유화가 추진되고 있다.

그 동안 우리나라의 보험산업은 대단한 성장을 하였다. 현재 우리나라의 보험산업은 수입보험료 기준으로는 세계 유수의 보험선진국에 속하고 있다. 그러나 이러한 보험산업의 성장은 기업내부의 질적 향상보다는 외형경쟁에 치중하여 왔음에 기인하는 바 크다고 할 수 있다.

오늘날 변화된 환경에서 우리 보험산업이 비교우위를 가진 외국보험사와 국내는 물론 국외에서도 경쟁하여 성장과 발전을 지속하고, 또 이미 상당한 지식을 가진 고객의 욕구를 충족시키기 위해서는 보험전문인력 양성을 비롯하여 상품개발, 자산운용 및 보험서비스 등의 질적 제고가 절실하다.

아울러 이제는 국민 대부분이 보험에 가입하고 있는 현실을 볼 때, 일반인들이 보험을 실생활에 유용하게 활용할 수 있는 기회를 제공하기 위해서는 우리나라의 보험교육도 한층 강화되어야 할 것으로 여겨진다.

이러한 점을 감안하여 이 책은 보험에 관심을 두고 있거나 보험에 관한 연구 혹은 보험업무에 종사하는 사람들이 반드시 알아야 할 보험에 관한 기초 및 일반 이론 그리고 실무에 관한 사항을 보다 이해하기 쉽게 또 명확히 기술하고자 노력을 기울였다.

제1부에서는 보험을 이해하는 데 필요한 기초개념 즉, 위험, 보험의 역사, 보험의 의의 및 보험의 기본원리인 대수의 법칙, 수지상등의 원칙, 급부반대

급부균등의 원칙 등에 대하여 상세히 설명하였다.

제2부에서는 보험계약의 법적 원리 및 보험계약의 기초와 관련 있는 보험계약의 당사자, 보험증권과 약관, 손해보상의 원칙 등 보험계약 성립부터 보험보상에 이르기까지의 내용을 기술하였다.

제3부에서는 보험경영의 특성 및 직능조직과 보험마케팅 등 보험기업경영의 일반에서부터 보험관계법규 및 보험관계자격제도에 이르기까지 내용을 정리하였다.

제4부에서는 손해보험상품과 생명보험상품 및 제3보험상품 등 각 보험상품의 기능과 특징을 수록하고, 최근에 새롭게 고객들로부터 각광받는 새로운 보험상품의 내용과 종류를 요약정리하였다.

아무쪼록 이 책이 보험학을 전공하는 학생은 물론 실무종사자 그리고 오늘날 현명한 현대인의 보험교양 증진에 도움을 주는 교재가 되기를 기대한다.

마지막으로 이 책을 집필하는 데 있어서 자료의 제공과 귀중한 도움을 주신 주위의 많은 분들께 깊은 감사를 드린다. 아울러 본서의 출판을 맡아 수고해주신 도서출판 두남의 전두표 사장님께 감사를 드린다.

2010년 1월

저자일동

차례

제 1 부_위험과 보험

제2부_보험계약의 법적원리

제3부_보험경영의 일반원리

제 1 부
위험과 보험

제 1 장 위험과 위험관리

제1절 위험의 개념과 분류

1. 위험의 개념

"위험이 없으면, 보험도 없다(no risk, no insurance)"라는 격언에서 보듯, 위험(危險, risk)이라는 용어는 보험에 있어서 불가결한 개념임과 동시에 중심적인 개념이기도 하다. 과거부터 인류는 여러 가지 위험에 직면하여 이를 극복하기 위해 노력하여 왔다. 또한 오늘날 우리들을 둘러싸고 있는 생활환경을 관찰하여 보면 우리들이 얼마나 다양한 위험에 노출되어 있는가를 쉽게 이해할 수 있다.

예를 들면, 가정생활에 있어서는 화재, 지진과 같은 재해를 입을 위험, 또는 도난, 사기와 같은 종류의 재난, 경제변동으로 야기되는 재산상의 손해와 같은 여러 가지 위험이 인간의 생활을 위협하고 있다. 또 기업에 있어서도 기업 내외에 다양한 위험이 있다. 제조업의 경우를 보더라도 생산공정 중에 발생하는 위험, 운송 도중에 발생하는 위험, 그리고 수요공급의 잘못된 예상으로 인한 위험, 환율변동으로 인한 위험 등 여러 가지 위험이 도사리고 있다.

만약 이와 같은 위험에 대하여 우리들이 아무런 대책을 강구하지 않는다면 위험이 가계나 기업에 커다란 타격을 줄 것은 말할 필요도 없다. 인류의 역사는 이와 같은 위험과의 싸움의 역사이며, 위험을 어떻게 극복해 나갈 것이냐라는 문제는 참으로 인류의 영원한 과제라 하여도 지나치지 않을 것이다.

그렇다면 위험이란 도대체 어떤 의미를 지니고 있는가.

오늘날 우리가 일상적으로 사용하고 있는 위험이라는 용어는 위험한 상태, 사정, 위험사고, 불확실성, 손해발생의 가능성 등의 의미로 표현되고 있으며, 각각의 의미에 대해서는 명확한 구별 없이 사용되고 있다. 영어에서는 Risk 외에 Peril, Hazard 가 있으며 이들은 각각 명확한 의미로 구별되고 있다.

위험이라는 용어를 보험용어로 사용하는 경우에는 보험의 대상(즉, 보험의 목적), 보험계약, 보험자의 책임이라는 의미 등으로 사용되고 있다. 예를 들면, 「불량위험」이라든가 「우량위험」이라는 경우의 위험의 의미는 보험의 목적의 의미를 가리킨다. 「위험을 선택한다」는 경우의 위험은 보험계약의 의미로 사용된 것이다. 「위험이 개시되었다」라는 의미의 위험은 보험자의 책임이라는 의미를 가지고 있다.

위험에 관한 연구는 경제학자, 통계학자, 경영학자, 보험학자 등 여러 분야의 학자들에 의해서 오랫동안 연구되어 왔지만, 모든 분야에 공통하는 위험의 개념은 아직도 확립되어 있지 않다.

참조

Greene, M.R.의 정의	「Risk란 경제적 손실의 발생에 관한 불확실성이다」
Williams & Heins의 정의	「Risk란 주어진 상태 하에서 일정기간 중에 발생할 수 있는 결과의 변동을 의미한다」
Baglini N.A., Haynes, J.의 정의	「Risk는 손해의 가능성이다」
Frank H.K의 정의	「Risk는 측정이 가능한 불확실성이다」
Irving Pfeffer의 정의	「Risk는 확률에 의해 측정할 수 있는 위험의 결합이다」
Athearn J.L.의 정의	「Risk는 기대에 대한 불리하게 벗어날 가능성이다」

지금까지 「위험관리론」 및 「보험론」에서 사용되고 있는 위험의 의의를 정리하여 Vaughan & Elliott는 자신들의 저서인 「Fundamentals of Risk and Insurance」에서 다음 6가지 정의를 열거하고 있다.

① Risk is the chance of loss(위험은 손실의 찬스이다).

② Risk is possibility of loss(위험은 손실의 가능성이다)

③ Risk is uncertainty(위험은 불확실성이다)

④ Risk is the dispersion of actual from expected results(위험이란 기대된 결과와 현실의 차이이다)

⑤ Risk is the probability of any outcome different from the one expected (위험이란 기대한 것과 다른 결과가 발생할 확률이다)

⑥ Risk is a condition in which a possibility of loss exists(위험은 손실의 가능성이 존재하기 위한 조건이다)

이상과 같이 Risk 개념에 대한 다양한 학설이 존재하지만, 이들을 종합해 보면, Risk는 크게 「손해의 가능성(possibility of loss)」이라는 학설과 「손해의 불확실성(uncertainty of loss)」이라는 학설로 대별할 수 있다.

Risk는 「손해의 가능성」이라는 학설에 있어서 가능성이란 어떤 사건발생의 확률이 0에서 1 사이에 있는 경우를 가리킨다. 한편 Risk는 「손해의 불확실성」이라는 학설에 있어서의 불확실성이란 몇 가지 가능한 의미를 내포하고 있다. 즉, 불확실성이란 어떤 사건의 결과에 대한 우리들의 불완전한 지식 혹은 우리들의 자각, 의혹 등의 심리상태에 원천하는 것으로 간주되고 있다. 그러나 Risk는 이 같은 우리들의 주관적인 것에 관계없이 존재하는 경우도 있다.

손해의 가능성 학설, 불확실성 학설을 개관하여 보면, 양 학설 모두 두 가지 요소를 공유하고 있다. 우연성의 요소와 손해의 요소가 그것이다. 전자에 대해서는 결과의 발생에 대해서 우리가 판단할 수 있는 것이라면 Risk는 존재하지 않는다. 후자에 대해서는 발생하는 적어도 하나의 가능적 결과가 바람직하지 않는 것, 즉 손해라는 것을 필요로 한다.

Risk는 보험이론의 입장에서 본다면, 부보 가능한 것과 부보 불가능한 것으로 나누어진다. 말할 것도 없이 보험은 경제적 손실을 수반하는 우연사건을 전제로 한 경제제도이므로, 보험학에 있어서 Risk는 우연사건과 관련해서 파악되고 있다. 우연사건의 발생은 통상 경제적 손실을 유발한다. 그리고 이 우연사건의 발생은 불확실성을 가지고 있다. 여기에서 말하는 우연사건이란 그 발생이 가능하지만 확실하지 않는 사건을 의미하며 발생에 관한 불확실성, 또는 발생 시기에 관한 불확실성, 발생의 정도에 관한 불확실성 중 어느 한 가지라도 관련을 가지고 있는 것을 말한다. 그리고 이 우연사건 발생의 불확실성 또는 가능성을 Risk라고 부르고 있다.

또한 보험학에 있어서 Risk 개념은 손해의 개념과 밀접한 관계를 가지고 있다. 위험은 단순히 계획으로부터의 소극적 편차의 가능성을 나타내는 것에 지나지 않지만, 손해는 현실의 소극적 편차, 즉 피보험 경제주체의 경제력의 감소를 말하고 단순한 가능성으로서의 위험이 현실화하는 것을 의미한다.

따라서 위험과 손해는 인간적 행동과 관련해서만 이해해야 할 것이고 자연적 환경 또는 사회에서의 가능한 변동도 우리들의 계획과 무관한 것은 위험도 아니고 또한 손해를 야기하는 경우도 있을 수 없다. 환언한다면, 불확실성으로서의 Risk가 현실화한 것이 손해이다.

Risk에 대한 이론적 분석은 주로 미국에서 이루어져왔다. Risk이론은 Willett를 기점으로 연구되기 시작하여, Knight, Hardy, Pfeffer로 계승·발전되어 왔다.

프랑스에서의 위험에 관한 이론은 일반적으로 보험법적 해석에 기초하여 Risk를 고찰하고 불확실성으로 파악하고 있다. 독일에서는 Risk를 측정 가능한 것으로 파악하고 있다. 즉, Risk는 객관적 불확실성을 가리키고 있고 가측성 위험이라고 보고 있다.

2. Peril과 Hazard의 개념

Peril이란「손해를 일으킬지도 모르는 우연사고 그 자체」라고 Greene M.R.은 정의하고 있다. 또한 Dorfman M. S.와 Vaughan E. J.는 Peril을「손해의 원인(the cause of the loss)」이라고 정의하였다. 따라서 Peril은 손해의 원인이 되는 우연적인 사고라고 할 수 있으며, 보험계약에서 말하는 위험, 보험사고란 이 경우의 위험을 의미한다. 환언한다면, Peril은 사고 그 자체이며 우연성이나 불가측성이 부가된 경우에 accident 또는 contingency라는 용어로 표현할 수 있다.

Peril이 구체적으로 무엇을 가리키는가에 대해서는 Athearn, Pritchett and Schmit는「사람들은 Risk에 둘러싸여 있다. 왜냐하면, 사람들의 생활환경은 홍수, 도난, 질병, 상해, 화재, 돌풍, 낙뢰 등의 Peril로 가득 차있기 때문이다」라고 하였다. 또한 John H. M. and David L. B.는 「Peril의 예로서, 일상생활에서 겪을 수 있는 평범한 사고, 즉 화재, 자동차사고, 도난, 지진, 폭풍, 서리피해, 질병 등 다수의 바람직하지 않는 사고가 포함된다」라고 주장하고 있다.

한편, Hazard란 사고발생에 영향을 주는 사정, 상태, 조건, 요인, 환경을 의미한다. 즉, Peril의 증가 혹은 원인이 되는 위험사정, 혹은 위험상태를 말한다. 예를 들면, 자동차 충돌의 원인이 되거나 혹은 사고를 증가시키는 결빙된 도로라든가, 비행기의 추락을 유발시키는 악천후 등이 이에 해당된다.

Hazard에 대해서는 미국에서는 일반적으로 세 가지 유형 즉, 물리적 위험, 도덕적 위험, 잠재적 도덕위험으로 구별된다.

(1) 물리적 위험

물리적 위험(物理的 危險, physical hazard)이란 자연적 위험으로도 불리고 있다. 어떤 Peril을 발생 또는 증가시키는 물리적 특성으로부터 오는 하나의 상태 또는 상황을 말한다. 예를 들면, 건물 내 다량의 휘발유 비치, 도로의 결빙, 산림의 건조, 태양의 흑점 또는 지구의 단층 작용, 자동차 부품의 심각한 마모, 유빙, 암초의 존재, 인간의 기질, 체질, 잠재적인 질병 등에 이에 속한다.

물리적 위험이란 인간이 지배할 수 있는 경우도 있지만, 지배할 수 없는 경우도 있다. 예를 들면, 산림에서 캠프파이어(camp fire)를 하는 경우를 규제하는 경우에는 전자에 해당하고, 해상에서 발생하는 저기압이나 고기압에 대처하려고 하는 경우에는 후자에 속한다. 인간의 기질이나 체질은 어느 정도 지배 가능할지도 모르지만, 사실상 불가능에 가까운 일이라고 할 수 있다.

(2) 도덕적 위험

도덕적 위험(道德的 危險, moral hazard)이란 인간의 정신적 요인에 의한 여러 가지 잠재적 사정 또는 태도를 말한다. 즉, 인간의 부정, 부도덕, 사기, 악의 등의 감정으로부터 오는 적극적 작용이고, 사고를 유발시키거나 증가시키는 상황이 이에 해당한다. 환언한다면, 사고빈도나 정도를 증대시키는 인간의 성격이다. 이것은 인간의 정신적 상태가 결과로서의 손해를 발생시키거나 증가시키는 과정이 사람에 따라 다르기 때문에 적극적으로 파악하기 힘들기 때문에 그 모양이 다양하게 나타날 수 있다.

예를 들면, 방화, 살인 이외에도, 이웃집에 화재가 발생하였음에도 불구하고 아무런 방재 조치를 취하지 않거나 노상에 상품을 가득 쌓아두고 그대로 방치하는 행위가 이에 속한다. 또한 고의로 보험사고를 야기하거나 확대되는 사기성 보험금청구도 좋은 예가 될 수 있다.

(3) 잠재적 도덕위험

잠재적 도덕위험(潛在的 道德危險, morale hazard)이란 사고를 자주 일으키는 습성을 지닌 사람으로부터 발견할 수 있는 잠재적 정신적 태도, 즉 무관심, 부주의, 사기저하 등 인적 사정을 의미한다. 도덕적 위험은 의식적 행동을 수반하지만, 잠재적 도덕위험은 그것을 수반하지 않는다. 이 잠재적 도덕위험은 잠재의식적인 손실욕구라는 심리상태로 해석되는 경우가 있다. 이 위험은 사람이라면 누구를 막론하고 어느 정도는 존재하는 것이다. 즉, 이 위험은 보험가입에 의한 무관심으로부터 발생하는 것으로, 보험의 구입으로 창조되는 위험이라 할 수 있다.

Risk, Peril, Hazard 삼자의 관계를 한마디로 표현한다면 Risk란 Peril발생에 관한 불확실성이고, 이 불확실성에 감추어진 사정, 상황을 Hazard라고 한다.

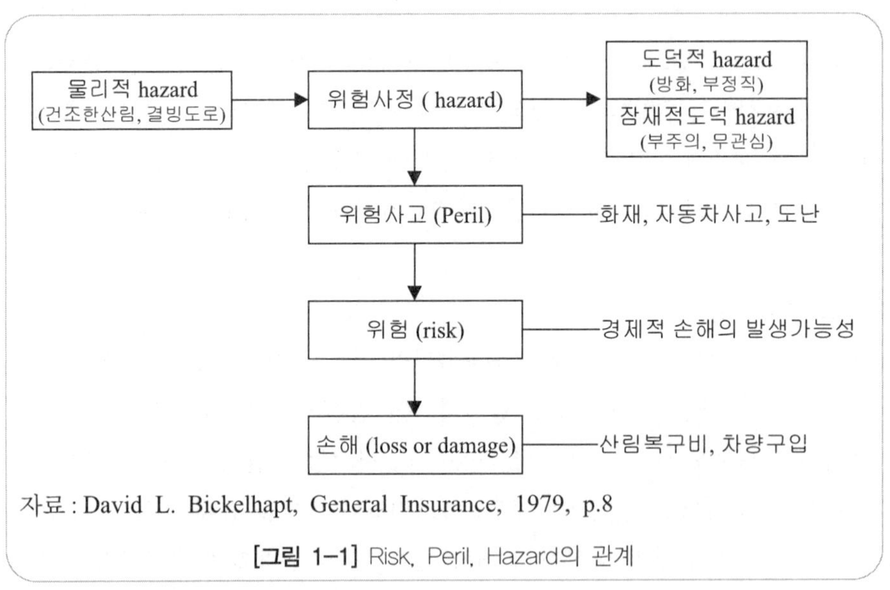

자료 : David L. Bickelhapt, General Insurance, 1979, p.8

[그림 1-1] Risk, Peril, Hazard의 관계

나아가 Hazard는 Peril을 유발 또는 증가시키는 위험사정이다. 따라서 불확실성에 감추어져 있는 위험사정에 의해 위험사고는 유발되거나 증가되는 것이다. 그리고 Risk의 현실화에 의해 손해가 발생된다.

3. 위험의 유사용어

위기(危機)란 말은 일반적으로 위험한 일이 발생할 것 같은 상태를 의미한다. 즉, 위험한 상황이 다가오는 경우 또는 위험한 상태가 계속되고 있는 경우를 의미하며, 「위기에 빠졌다」, 「위기에 직면했다」, 「위기를 돌파한다」라는 말로 쓰여지고 있다. 또 식량위기, 재정위기, 외화위기, 경영위기라는 전문용어도 있다. 나아가 risk management를 위험관리라고 번역하는 대신에 위기관리라고 번역하기도 하고, crisis management를 위기관리라고 번역하기도 한다. 한때 백화점에서 판매하는 음료수에 독극물을 주입하는 범죄가 발생했을 때, 기업에서는 이를 위기관리측면에서 다루는 사례가 있었다. 그러나 본래 국가비상사태 대응계획으로 등장한 crisis management는 위험관리에 비해 체계적으로 확립되어 있지 않으며, 과학 혹은 경영기술의 하나로 인정을 받지 못하고 있다.

위해(危害)란 위험과 손해의 합성어로서, 생명이나 신체에 상처를 입히는 것(가해성)을 의미하고 있다. 결함상품을 둘러싼 하자담보책임이나 제조물책임이 부각되고 소비자보호가 커다란 사회적인 문제가 되면서 이 용어의 사용이 일반화되기도 했다. 위해를 위험과 구별하여 설명한다면, 상품의 사용에 의해 사람의 신체에 손해를 끼친 것, 즉 제조물책임을 야기하는 상품의 하자 또는 결함에 기인하는 손해를 위해라 하고, 신체에 손해를 준 것은 아니지만, 상품이 폭발, 발화, 파열, 파손, 고장, 악취, 부패 등의 이상을 일으키거나 신체에 손해를 끼칠 위험성을 가지는 것을 위험이라고 할 수 있다.

제2절 위험의 분류

1. 순수위험과 투기적 위험

(1) 순수위험

순수위험(純粹 危險, pure risk)이란 이득과 손해가 동시에 발생할 가능성은 없고 단지 손해의 가능성만이 존재하는 경우의 위험(loss only risk)을 말한다. 예를 들면, 공장의 화재위험 등이 이에 속한다.

이 위험은 그 대부분이 대수법칙의 적용이 가능하고 보험의 대상이 되고 있지만 순수 위험이라고 해서 모든 위험이 부보 가능한 위험이 되는 것은 아니며 일정한 조건을 유지하는 경우에 비로소 가능하다. 또 순수 위험의 발생에 의해서 하나의 경제주체가 손해를 입는 경우에는 통상 사회전체에도 피해를 입히는 경우가 많다.

그런데 순수 위험 중에서도 보험 가능한 위험은 세 가지 형태로 분류된다.

1) 인적 위험

개인의 생명 혹은 건강에 관한 위험으로, 그 예로는 사망, 질병, 상해, 실업, 노령 등을 들 수 있다.

2) 재산 위험

자연재해 또는 사고에 의하여 재산상의 손실이 초래될 위험으로, 예를 들면, 충돌 혹은 도난에 의한 자동차의 손해, 화재에 의한 주택의 손해 등 재산에 발생하는 직접적인 혹은 간접적인 손해의 가능성을 말한다.

3) 배상책임 위험

자신의 과실이나 부주의로 제3자에게 물질적, 정신적 피해를 입힌 경우 법적으로 그러한 피해에 대하여 배상할 책임이 있는데, 이러한 배상책임으로 인한 손실위험을 배상책임 위험이라고 한다. 자신의 과실에 의하여 교통사고를 일으켜 타인의 신체나 차량에 손해를 끼친 경우 지게 되는 손해배상 책임이 여기에 해당이 된다.

(2) 투기적 위험

투기적 위험(投機的 危險, speculative risk)이란 위험 중에서도 손해의 발생과 함께 이득의 가능성도 가지고 있는 위험을 말한다. 구체적으로는 도박거래, 주식의 구입 등에 수반하는 위험이 그 좋은 예이다. 이 같은 투기적 위험은 개인보다도 오히려 기업 속에서 많이 볼 수 있다.

예를 들면, 신상품을 개발하여 판매하는 경우, 판매고의 증대와 함께 이익상승의 가능성이 있는 반면, 상품내용, 유통, 판매촉진 면에서의 실패 혹은 경쟁기업으로부터의 영향 등에 의해 판매고가 기대에 미치지 못하고 손해를 입을 가능성도 있다.

투기적 위험은 다시 ① 관리적 위험 ② 정치적 위험 ③ 혁신적 위험의 세 가지로 구별할 수 있다.

1) 관리적 위험

경영자는 항상 현장의 자료 및 정보를 토대로 장래에 대한 의사결정을 해야 하는데, 이 때문에 많은 의사결정은 투기적 위험에 노출된다. 즉, 올바른 결정은 기업에 이익을 가져다주는 반면, 잘못된 결정은 기업에 손실을 가져다 줄 것이다. 관리적 위험에는 시장 위험, 재무 위험, 생산 위험이 주된 요소가 되고 있다.

2) 정치적 위험

기업은 국제적 정치의 변화, 국가의 법령개정, 지방자치단체의 규제 등에 의해 많은 위험에 직면한다. 오늘날과 같이 국제 분업이 발달한 사회에 있어서는 일국의 정치노선의 변경은 해당국가의 기업뿐만 아니라 타국의 기업에도 영향을 미치게 된다. 또 어떤 정치적 변화는 기업에 대하여 심각한 영향을 주게 되고 기업은 소위 정치적 위험을 받게 된다.

3) 혁신적 위험

오늘날과 같이 상품의 라이프 사이클(product life cycle)이 짧은 경제사회에 있어서, 기업이 신제품을 상품화할 때, 항상 기존의 상품유통에서 얻을 수 있었던 이상의 불확실성에 직면하게 된다. 즉, 신제품이 현재의 소비자욕구와 합치할 수 있는지, 신제품이 새로운 소비자 욕구를 창조할 수 있는지 등의 불확실성은 신제품의 생산에 상당한 자금을 투입하는 기업에 있어서는 매우 중요한 위험이 될 수 있다.

순수 위험과 투기적 위험의 중요한 차이에 대해서 Williams와 Heins는 두 가지 요인을 들고 있다.

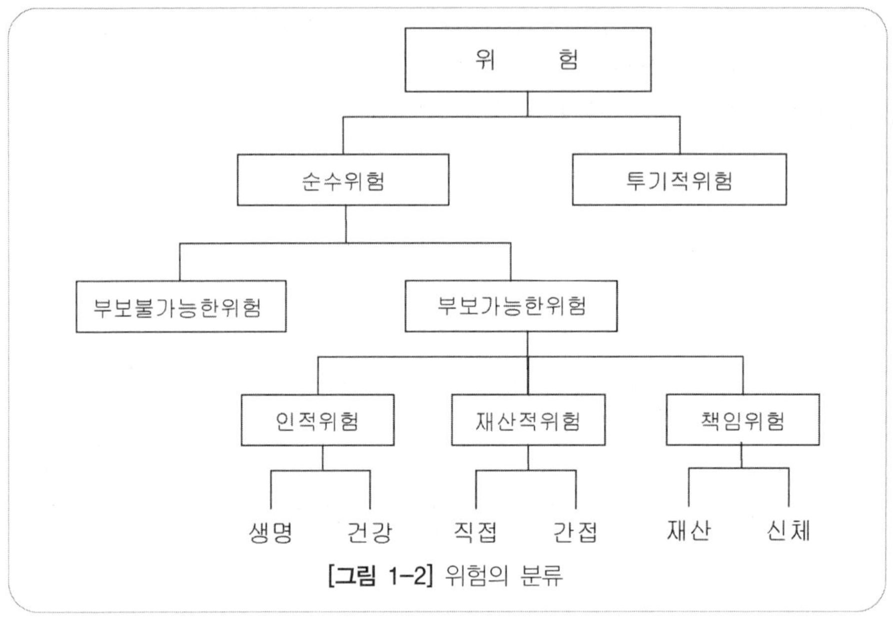

[그림 1-2] 위험의 분류

① 순수 위험은 대수법칙의 적용이 쉬운 반면, 투기적 위험은 그렇지 않다. 따라서 순수 위험은 보험화의 가능성이 높지만, 투기적 위험은 그 가능성이 낮다.

② 투기적 위험의 경우에는, 기업이 손해를 입어도, 사회는 이익을 얻을 수 있다. 이에 반해 순수 위험의 경우에는 기업이 손해를 입으면 사회도 항상 손해를 입게 된다.

2. 정태적 위험과 동태적 위험

정태적 위험(靜態的 危險, static risk)이란 그 성격이나 발생의 정도가 시간의 흐름에 따라 크게 변하지 않을 것으로 예상되는 위험, 즉 지진, 폭풍우, 홍

수 등과 같은 물리적 위험, 혹은 인간의 잘못된 행동에 의한 위험, 즉 도난, 사기, 방화, 경영파탄 등 인간의 부주의 또는 도덕적 측면에 원인하는 위험이 이에 속한다. 정태적 위험은 개별적으로는 우연적이고 불규칙적이지만 장기에 걸쳐 관찰해보면 일정한 규칙성을 발견할 수 있고, 대수법칙의 적용이 가능한 위험으로 그 대부분을 순수 위험이라 할 수 있다.

동태적 위험(動態的 危險, dynamic risk)이란 시간의 흐름에 따라 그 성격이나 발생의 정도가 변하여 예상하기 어려운 위험, 즉 변화하는 사회의 발전상태에 수반하여 발생하는 위험으로 특히 인간욕구의 변화나 생산기술 및 산업조직의 변화와 관련하여 발생하는 위험을 말한다.

정태적 위험과 동태적 위험의 구별은 극히 중요하다. 왜냐하면 이것은 위험정책이나 위험관리의 대상을 결정함에 있어서 좋은 자료가 되기 때문이다. 두 위험 간에는 다음과 같은 차이가 있다.

첫째, 정태적 위험은 대체로 자연의 사고를 원인으로 하는 재화의 물리적 손해위험임에 대하여, 동태적 위험은 경제적인 변동, 특히 가격변동을 원인으로 하는 재화의 가치 상실에 따른 위험이다.

둘째, 정태적 위험은 일반적으로 재화의 한 단위 또는 소수 단위에 대해서만 작용하는데 대하여, 동태적 위험은 일정 종류의 재화의 전 단위에 대해서 동시에 작용한다.

셋째, 정태적 위험은 개별적으로는 우연적이고 불규칙적이지만 이것을 집단적으로 관찰해 보면 일정한 규칙성을 발견할 수 있는 반면, 동태적 위험은 개별적으로도 집단적으로도 우연히 작용하고 규칙성을 발견하기가 곤란하다.

3. 기본적 위험과 특수적 위험

기본적 위험(基本的 危險, fundamental risk)이란 경제제도의 불확실성 또는 사회적 · 정치적 변동 또는 자연의 이상한 변동에 의해 발생하는 위험으로 개인적인 차원에서는 예방이 불가능한 위험이다. 이 위험은 앞에서 설명한 순수위험과 투기적 위험 모두를 포함하고 있다.

특수적 위험(特殊的 危險, particular risk)은 위험발생의 원인과 결과가 개인적인 위험이고 개인의 능력으로 제어 가능한 위험이 많다. 예를 들면 상해, 화재, 도난, 재산의 손실, 배상책임 등과 같이 순수위험의 범주에 들어가는 위험이 많다.

4. 일반적 위험과 개별적 위험

일반적 위험(一般的 危險, general risk)은 경영의 외부에서 발생하는 사회적 경제적 위험으로 가격수준의 변화, 경영활동의 변화, 기상상태, 사회적 관습의 변화, 생산과 배급방식의 변화 등이 이에 속한다.

개별적 위험(個別的 危險, individual risk)은 개별적 원인에 의해서 발생하고 특정의 개인이나 기업에 영향을 줄 수 있는 위험이다.

제3절 위험관리

1. 위험관리의 생성배경과 발전

우리가 영위하는 소비활동이나 기업이 행하는 제조활동에는 항상 어떤 형태이든 불확실성이 내재하고 있다. 이들 불확실성은 그 대상이나 인식주체에 따라서 위험, 비상사태, 위기라는 개념으로 파악된다. 이와 같은 불확실성에 대처하기 위하여 사람들은 불확실성의 근원인 환경을 분석하고 그 변화를 예측하여 장래를 제어하려고 노력해 왔다. 결국 인간은 자기 목적을 달성하기 위하여 저해요인이 되고 있는 불확실성을 제어하기 위하여 계획적 행동이나 관리활동을 행한다. 여기에 등장하는 것이 위험관리, 위기관리이다.

위험관리에 대한 연구가 가장 먼저 행해졌던 미국에 있어서도 1930년대 이전은 위험을 고도의 검토나 계획을 세워서 처리할 만큼 특별한 문제라고 여기지 않았다. 기업도 전통적으로 필요하다고 생각하고 있었던 보험계약의 체결과 해약에 관한 판단을 대수롭지 않게 여기고 있었다. 극히 실무에 밝은 경영자들마저도 위험과 보험의 문제가 제기되면 권한을 보험브로커나 보험대리점에 위탁하고 자신은 기껏해야 보험료의 지급액에 관심을 가지는 정도였다. 이처럼 위험인식과 위험관리의 선구자였던 소수의 대기업을 제외하면 위험대책은 무계획적인 성격을 지니고 있었다.

위험문제는 해상보험, 화재보험, 배상책임보험, 법률로 강제된 산재보험을 구하는 것으로 해결되었지만, 이후 산재보험의 비용이 현저하게 상승하면서 직장의 안정과 사고방지를 위하여 점차 중요한 관심사가 되기 시작하였다. 그럼에도 위험문제의 처리방법은 여전히 계획, 조직, 지도, 통제의 과정을 거치는 경영관리의 형태를 취하지 못하고 있었다.

따라서 위험에 대한 이와 같은 태도는 한번 거액의 손해가 발생하거나 소손해가 거듭되면서 손해회계가 거액에 이른 경우에야 비로소 그 반성이 행해졌다. 또한 거액의 보험료를 지불하면서도 부보대책이 미미하였기 때문에 만족한 손해보상을 받을 수 없었다.

이와 같은 기업의 태도와는 달리 학문적으로는 이미 위험관리의 필요성이 인정되고 있었고, 1921년에 미국 Chicago대학의 Marshall교수에 의해서 「Business Administration」이라는 책이 출판되고 있었다.

그러나 위험관리가 미국에서 그 중요성을 인정받게 된 것은 1929년부터 1933년의 대공황에 의한 경제파탄의 경험으로부터 기업위험을 과학적으로 관리할 필요성을 느낀 때부터이다. 1931년 AMA(American Management Association)대회에서 기업위험관리의 중요성을 확인하고 AMA 내에 독립부문으로서 보험부문이 설치되었다. 이 보험부문은 연 2회의 회의와 Workshop Seminars를 열고 보험관리만이 아니라, 위험관리의 연구와 지도를 행하고 있다.

또한 AMA에서는 1959년 「What's New in Risk Management」를 간행하고 위험관리에 대한 그때까지의 성과와 장래의 방향을 제시하고 있다. 한편 1932년 뉴욕에서는 Insurance Buyers of New York이라는 위험관리조직이 결성되어 위험관리의 정보교환, 관리기술의 향상이 꾀하여 졌다. 이것은 1935년 전국적인 조직으로의 Risk Research Institute Inc.로 성장하였으며, 그 후 다소간의 조직적인 변천을 거쳐 1975년 Risk and Insurance Management Society로 개칭되어, 현재 전미 각 기업의 위험관리자를 중심으로 하는 다수의 회원을 포용하고 정보교환, 회의, 출판세미나를 통하여 활발하게 활동하고 있다.

보험학 교과서 속에 위험관리가 다루어진 최초의 것은 1955년에 Mowbray와 Blanchard에 의해서 저술된 「Insurance」 제4판이다. 최초의 전문적인 위험관리의 저서는 1963년 Mehr와 Hedges에 의해서 쓰여졌고, 그 후 수많은 위험관리의 저서가 출판되고 있다.

현재, 위험관리를 전문적으로 연구하고 있는 단체 중 두드러지게 활약하고 있는 것은 ARIA(American Risk and Insurance Association), RIMS(Risk and Insurance Management Society), AMA 보험부(American Management Association Insurance Division) 등이지만, 그 외에도 많은 위험관리 전문 컨설턴트기업이 활약하고 있다.

2. 위험관리의 정의

위험관리란 무엇이며 어떠한 목적을 가지고 있는가에 대하여 지금까지 일반적으로 실시되고 있는 다른 관리와 비교해 봄으로써 그 차이점을 살펴보면 다음과 같다.

일반적인 생산관리, 노무관리, 재무관리, 판매관리 등은 수익추구형인데 비하여 위험관리는 손해를 중시한다. 이런 의미에서 볼 때, 지금까지의 각종 관리론이 플러스 경영학(수익극대화 이론)이라고 한다면, 위험관리는 마이너스 경영학(손해극소화 이론)이라고 할 수 있다. 그러나 어느 경우이건 경영목적을 수행하는 것이며 거기에는 별다른 모순도 없다. 오히려 위험관리는 경영목적을 달성하기 위하여 불가결한 것이 되고 있다. 위험관리는 경영목적을 달성하기 위하여 기업위험을 관리하는 것을 목적으로 한 것이며, 이들 두 가지가 서로 작용하는 것은 근대기업에 있어서 필요불가결한 것이 되고 있다.

이 같은 위험관리에 대하여, Williams와 Heins는 「위험관리의 목적은 기업이나 가계의 목표 또는 목적에 부응하여 순수위험의 악영향을 최소한의 비용으로 최소화하는 것」이라고 정의하고 있다. 또 Baglini는 「위험관리란 loss control과 loss financing의 최적의 조합에 의해서 순수위험의 비용이 최소화되도록 기업자금을 할당하는 경제적 과정이다」라고 정의하고 있다. 또 Rosenbloom은 「위험관리란 기업의 궁극적 이윤에 영향을 미치는 순수위험의 모든 국면 있다.

경영자의 관리기능이다」라고 하였고, Greene은 「위험관리란 위험과 부보 불가능. 많은 위험을 처리하고 그들 위험을 처리하는 최선의 방법을 고안해내는 관리자가 해야 할 일련의 직능이다」라고 각각 정의하고 있다.

또 Cristy는 「위험관리는 우연적인 손해의 위험을 제어함으로써 수익력과 자산을 보전하려는 기업 또는 공공기관의 총체적 노력이다」라고 하였고, Head는 「위험관리란 가능한한 작은 비용으로 조직에 미치는 우발적 손해의 불리한 영향을 최소화하기 위하여 조직의 자산 및 활동을 계획, 조직, 지휘, 통제하는 과정이다」라고 정의하고 있다.

이상에서 보는 바와 같이, 위험관리의 정의에 대해서는 논자에 따라 각각 상이하며 통일적인 정의는 아직 없다. 그러나 열거한 위험관리의 정의들을 종합하여 보면 다음과 같은 정의를 내릴 수 있다.

「위험관리란 경영체의 제 활동에 미치는 위험의 악영향으로부터 최소의 비용으로 자산, 활동, 기동력을 보호하기 위하여, 필요한 기능 및 기법을 계획화, 조직화, 스텝화, 지휘화, 통제화하는 과정이다」

한편, 위험관리론에서는 위험을 부보가능한 위험과 부보불가능한 위험으로 분류하기보다는 오히려 순수 위험과 투기적 위험으로 분류하는 것이 일반적인 경향이다. 순수 위험은 loss only risk이고, 대체로 부보가능한 위험이지만, 그렇지 않는 경우도 많이 있다. 이에 대해 투기적 위험은 loss or gain risk 이고 대체로 부보불가능한 위험이지만 극히 예외적이지만 부보가능한 위험이 되는 경우도 있다.

미국 위험관리는 초기의 보험관리로부터 서서히 그 범위를 확대하여 방재관리나 준비금관리라는 보험외관리를 포함하여 왔기 때문에 위험관리의 대상위험을 부보가능한 위험으로 하지 않고 순수 위험으로 하는 것이 통설이 되고 있다.

그런데 위험관리의 목적이 기업도산의 방지에 있고 기업도산을 일으키는 위험이 순수 위험과 투기적 위험의 양자를 포함하고 있는 만큼 순수 위험만을 위험관리의 대상으로 하는 것은 위험관리의 본연의 목적과는 거리가 있다고 하여 투기적 위험에까지 그 범위를 확대하여 결과적으로 전 기업위험으로 해야 한다는 견해가 있다.

이 같은 견해는 아직 일반적이지는 않지만 외환시세의 변동, 컨트리 리스크(country risk), 국제화 위험 등 위험의 양적 · 질적인 변화에 따른 시대적 요청에 응하여 점차 많은 지지를 얻고 있다.

이같이 전 기업 위험을 위험관리의 대상으로 할 것을 주장한 학자는 1961년 Rennie가 처음이었지만 당시는 전혀 호응을 얻지 못했다. 그 후 1978년에 Greene와 Serbein에 의해서 재차 주장되어진 이후 이에 대한 논의가 활발히 행해지고 있다.

위험관리의 대상위험을 투기적 위험에까지 확대시켜야 한다는 이유를 정리해 보면 다음과 같다.

첫째, 투기적 위험을 위험관리의 대상위험으로부터 제외하는 논자에 의하면, 투기적 위험은 위험측정이 곤란한 것을 그 하나의 이유로 들고 있지만, 개별 경영주체로부터 보면, 순수 위험도 정도의 차는 있지만 위험측정이 곤란한 것임에 변함이 없으며, 따라서 이런 이유로 투기적 위험만을 대상위험 외로 하는 것은 반드시 타당하다고는 할 수 없다.

둘째, 순수 위험의 위험관리는 그 중핵이 보험관리라고 할 수 있기 때문에 순수 위험만을 위험관리의 대상위험으로 하는 것은 위험관리가 보험관리의 영역을 벗어나기 어려운 것이 되어 버린다.

셋째, 투기적 위험이야말로 기업을 둘러싼 정치적 · 경제적 · 사회적 · 기술적인 환경요인의 영향을 받는 것이고, 투기적 위험을 위험관리의 대상위험 외로 한다면, 기업환경의 동태적 변동의 분석은 중시되지 않으며 이로 인하여 위험관리자의 직능은 매력 없는 것이 되어 버릴 가능성이 있다.

넷째, 위험관리부문을 경영조직상 전반관리스텝 및 부문관리스텝 쌍방을 담당하는 스텝부문으로 운영하는 경우, 전반관리자 및 부문관리자의 관리를 적정하고도 효율적으로 행하도록 하기 위한 기업위험문제의 서비스에 투기적 위험의 문제를 제외하는 것은 스텝기능으로서의 위험관리자 기능을 약화시킬 우려도 있다.

3. 위험관리의 필요성

위험대책에 관련하여 기업이 몇 가지 의문을 가질 수 있다. 즉, 보험대리점이나 보험중개인에게 이 업무를 이양할 수 있음에도 불구하고 굳이 회사 내에 별도의 위험관리자를 두어야 할 것이며 중복된 의무와 책임을 가진 별개의 매체를 이용하는 것은 경비의 불필요한 지출이 아닌가 하는 점이다.

그러나 이 문제에 대한 해답은 최근 미국에서 조직된 전미건어물도매업협회(全美乾魚物都賣業協會, Advisory Insurance Department of the National Retail Dry Goods Association)의 보험심사부가 실시한 앙케이트 조사에서 찾아볼 수 있다. 즉, 이 조사의 결과, 경영효율이 좋은 기업체라도 위험을 처리함에 있어서 체계적인 연구와 조사가 이루어지지 않아 보험의 계약내용이 상당히 중복된 경우와 꼭 이루어져야 할 경우의 담보가 완전히 탈락되어 있거나 단순한 자가보험으로 처리된 경우가 있는 반면, 불필요한 부분에 담보가 과다하게 주어져 있음이 발견되었다.

따라서 기업의 경영자가 이 측면에 주의를 기울여 위험관리에 정통한 전문지식을 가진 직원을 채용하였다면 경비상의 낭비를 줄임과 동시에 위험의 대비가 보다 효율적으로 수행될 수 있었음을 알 수 있다.

4. 위험관리과정

위험관리는 경영자의 경영기능, 즉 기술직능, 영업직능, 재무직능, 보전직능, 회계직능, 관리직능 여섯 가지 중에서 보전직능에 해당하는 것으로, 우발적 손실이 조직에 초래하는 불이익의 영향을 최소화하는 기능을 담당하는 것이라 할 수 있다. 위험관리 직능을 수행하는 경우에도 모든 관리와 마찬가지로 계획－조직－명령－조정－통제의 5단계 관리 사이클을 이용하여 계획을 세우고, 조직을 만들고, 담당자를 결정하여 책임을 맡기고 업무를 지휘하고 통제하도록 해야 한다. 일반적으로 위험관리는 위험의 확인, 위험의 측정, 위험의 처리, 결과의 점검이라는 순서에 따라 진행되어지고 있다.

(1) 위험의 발견 및 확인

기업의 모든 영역에서 발생할 지도 모르는 잠재적인 위험을 발견 또는 확인하는 것은 위험관리과정에 있어서 가장 중요하며, 또한 상당히 어려운 작업이다. 왜냐하면 만약 이 단계에서 어떤 위험의 존재를 간과한다면, 이들 위험을 처리할 기회를 완전히 놓치기 때문이다.

건물이나 그 내용물에 대한 물적 손해와 관련하는 화재, 폭발, 홍수와 같은 유형의 위험에 의해 직접 발생하는 손해와 같이 쉽게 판명할 수 있는 것도 있지만, 대부분의 위험은 선명하지 않는 것이 많고 예측하기가 곤란하다. 특히 오늘날에는 법률상의 책임, 종업원의 불성실, 계약상의 책임, 컴퓨터의 기록파기로 인한 손실 등 과거의 경험이나 지식만으로는 간단히 발견하기 어려운 위험이 대량으로 상존하고 있어서 위험관리자의 충분한 조사를 필요로 하고 있다.

기업위험의 확인은 기업의 물적 자산, 인적 자산 및 이익과 배상책임의 손해로부터 기업을 지키기 위하여 계속적으로 수행되는 것으로 만약 기업위험이 발견 또는 확인되지 않을 경우, 기업은 미처 발견되지 않았던 위험을 관리할 수 없을 뿐 아니라 이로 인하여 큰 손해를 당할 수밖에 없다.

기업위험을 발견 또는 확인하기 위하여 활용되고 있는 도구로서 Check-List, 재무제표, Flow-Chart 등이 있다.

1) Check-List에 의한 방법

Check-List는 기업의 일반적인 손실을 확인하는데 유효하다. 위험관리자(risk manager)는 먼저 어떤 기업에도 발생할 가능성이 있는 모든 손실을 발견하기 위한 Check-List를 준비할 필요성이 있다. 이를 이용하여 각 기업에 존재하는 일반적인 위험을 확인하고, 그 후에 해당기업과 관련 있는 위험이 어떤 것인지를 발견하는 것이 좋은 방법이다. 일반적으로 Check-List는 질문표의 형식을 취하고 있고, 다음과 같은 항목이 포함되어 있다. 즉, 회사명, 대표자, 임원명, 소재지, 공장 또는 기업의 시설의 명세, 기계의 리스트, 제품 및 반제품, 원료의 재고상황, 이에 대한 부보상황, 종업원의 복지시설, 기업의 배상책임에 관한 질문 등이 포함되어 있다.

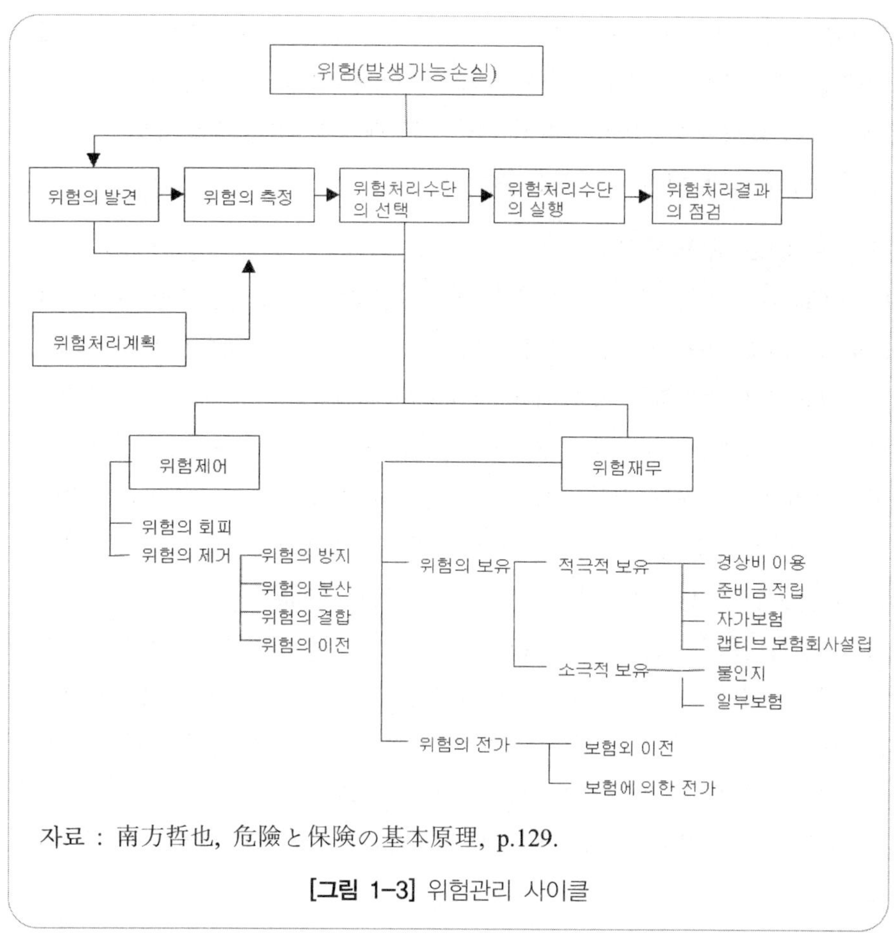

자료 : 南方哲也, 危險と保險の基本原理, p.129.

[그림 1-3] 위험관리 사이클

2) 재무제표에 의한 방법

각각의 기업은 나름대로의 특성을 가지고 있기 때문에 그 기업의 독특한 위험을 발견해야 한다. 재무제표(財務諸表)는 기업의 재무상 손실 및 기업고유의 위험을 발견하는 데 매우 유효하다.

위험관리자는 대차대조표, 손익계산서 등의 재무제표를 분석하고 기업의 재무상황, 과거의 손해기록, 회계 및 재산목록을 상세하게 검토한다. 이는 자기 회사의 재무상태를 파악함은 물론 타사와 비교하는 경우에도 매우 효과적이다.

대차대조표에는 작성된 날짜의 모든 자산, 부채 및 자본의 내용이 기재되고, 기업의 재무상황이 정확하게 표시되어 있다. 또 손익계산서에는 그 시기에 속하는 모든 수익과 이에 대응하는 모든 비용이 기재되고 기업의 경영상황이 명확하게 표시되어 있다. 따라서 이들 재무제표의 각 항목에 대하여 상세하게 검토함으로써 위험의 유무를 확인할 수 있다.

3) Flow-Chart에 의한 방법

Flow-Chart는 생산, 배송, 유통 혹은 하청기업과의 관계 등을 Flow-Chart화함으로써 재물의 이동과정에 잠재할지도 모르는 위험을 확인하는데 유용하다.

생산활동이나 상품의 유통에 관하여 Flow-Chart를 작성하여 각 포인트를 체크함으로써 기업의 잠재적인 손실을 발견할 수 있다. 예를 들면, 제조업자의 Flow-Chart는 원자재의 구입에서 시작하여 최종적으로는 제품이 소비자에게 인도될 때까지의 모든 기능을 나타내고 있다. Flow chart에 의하여 재화가 어느 과정에서 어떠한 위험에 직면하고 있는가가 판명된다.

기업위험을 확인함에 있어서 어떠한 방법을 취하더라도 위험관리를 수행하는 사람의 능력에는 한계가 있고 이로 인하여 많은 위험을 발견할 수 없게 되는 사태를 초래할 염려가 있다. 따라서 이 같은 잘못을 범하지 않기 위해서라도 위험관리자는 항상 기업의 다른 부서와 밀접한 관계를 유지하면서 협력을 얻는 것은 물론이고 사외(社外)전문가의 협력을 바탕으로 위험의 확인에 임하지 않으면 안 된다.

(2) 위험의 측정

위험을 확인한 후 위험의 상대적 중요성을 결정하기 위해서는, 혹은 위험처리를 위한 보다 유효한 방법을 결정하기 위해서는 위험의 측정이 필요하다. 이 측정에는 손해가 발생할 확률(손실의 빈도)의 산정, 손해가 만일 발생한 경우 기업에 미치는 충격(손해의 강도)의 파악, 예상기간 내에 실제로 발생하는 손해의 예측금액의 결정 등이 포함된다. 즉, 발견된 각각의 위험이 현실화할 가능성의 확률 정도, 손해가 발생한 경우의 심각성, 금전으로 평가한 경우의 손실금액 정도, 그리고 이들의 예측가능 정도 등을 파악하는 것이다. 이같이 위험관리의 두번째 단계는 위험발생에 관한 빈도와 손해의 강도를 측정하고 동시에 손해발생을 어떻게 예측할 것인가의 문제이다.

위험관리의 관점에서 볼 때, 좀처럼 발생하지 않지만 발생하면 파괴적인 손해를 가져오는 위험이 빈발하는 소손해보다도 기업경영에 미치는 영향이 크다는 이유 때문에 발생의 빈도보다 손실의 강도 쪽이 중시되고 있다.

손실의 빈도(loss frequency)와 손해의 강도(loss severity)의 관계는 네 가지 형태로 분류할 수 있으며, 각각의 수준에 상응하는 대응책이 강구되어야 할 것이다.

1) 손실의 빈도도, 손해의 강도도 작은 위험

예를 들면, 가정에서 가재도구가 도난당할 경우는 드물며 피해액 또한 미미하다. 이같이 빈도와 강도 양자가 모두 작은 위험에 대해서는 쉽게 대응책을 강구할 수 있다.

2) 손실의 빈도가 크고, 손해의 강도가 작은 위험

예를 들면, 일정대수의 승용차를 보유하고 있는 기업에 있어서 운행 중 차량손해가 발생할 확률은 비교적 크다. 그러나 차량의 손실은 기업전체규모에 비하여 작은 액수이며 또한 한꺼번에 많은 차량이 손해를 입을 가능성은 적다. 이 경우의 위험에 대한 대응책도 비교적 강구하기 쉽다.

3) 손실의 빈도는 작지만, 손해의 강도가 큰 위험

예를 들면, 자동차운행 중에 사람을 살상케 하는 경우는 좀처럼 발생하지 않지만 만약 대인사고가 발생한 경우에는 그 배상액이 상당히 크다. 기업위험에 있어서 자동차배상책임위험 이외에 공장의 화재 및 폭발, 비행기 추락, 생산물 배상책임사고 등은 이 경우에 해당하는 위험이다.

이 같은 경우의 위험은 신중히 측정되어야 하며, 그 대응책에 대해서도 사고 후의 자금조달까지 포함하여 충분히 검토되어야 한다.

4) 손실의 빈도가 크고, 손해의 강도도 큰 위험

예를 들면, 개발초기의 인공위성의 발사가 이 경우에 해당된다고 볼 수 있다. 초기의 인공위성은 그 기술이 충분히 집적되지 않았고, 그로 인해 발사된 인공위성이 궤도에 도달하기도 전에 추락하는 경우가 많았다. 또한 인공위성의 1대당 개발비용이 엄청난 금액에 달했다. 이것은 국가의 위신이 걸려있는 특별한 목적을 가지고 있었지만 위험관리 측면에서 본다면 이 같은 위험은 회피되어야할 성질의 것이다. 이 같은 종류의 위험이 예상되는 계획은 실행으로 옮기지 않는 쪽이 현명할 것이다.

[표 1-1] 위험관리의 수단(손실의 빈도와 손해의 강도와의 관계)

손해의 강도 \ 손실의 빈도	저	고
저	위험의 자기부담 • 또는 비용이 수익과 대등한 경우는 손해방지 및 손해의 경감	손해방지 • 또는 비용이 수익과 대등한 경우는 손해의 경감. • 손해방지 또는 손해의 경감비용이 대등하지 않는 경우는 위험의 자기부담
고	보 험 • 또는 위험의 이전, 손해의 경감 손해방지	위험의 회피 • 또는 손해방지 및 가능하다면 손해의 경감

(3) 위험처리 수단의 선택

위험이 확인되고 측정되면, 여러 가지 해결책, 즉 위험을 처리하기 위하여 이용할 수 있는 최선의 수단과 방법의 조합을 선택해야 한다. 위험처리 수단의 선택에 관해서는 크게 위험제어(危險制御; risk control)와 위험재무(危險財務; risk financing)로 분류된다.

위험제어는 위험이 실현하지 않도록 제어하고 불행히도 위험이 현실화한 경우에는 손실을 최소화하는 방법이며, 주로 위험의 회피와 방지가 이용되고 있다. 한편 위험재무는 발생할지도 모르는 손실에 대비하여 미리 자금을 준비해 두는 방법으로, 위험의 보유나 전가가 주된 방법이 되고 있다.

위험관리자는 보다 적당한 방법을 선택하기 위하여 여러 가지 방법을 사용해서 잠재적 손해를 처리하는 경우에 지출되는 비용과 얻어질 수 있는 결과뿐만 아니라 기업의 재정상태 등을 고려하여 위험관리에 관한 전반적인 방침을 고려하여야 한다. 이를 표로 요약하면 [표 1-1]과 같다.

1) 위험제어에 의한 위험처리

가. 위험의 회피

위험제어에 속하는 위험대처방법 중 가장 단순한 것이 위험의 회피(回避)이다. 이 방법은 예상되는 위험을 차단하기 위하여 위험의 발생과 관계있는 인적 재산, 물적 재산, 경영활동과의 모든 관계를 단절하는 것을 말한다. 예를 들면, 자동차의 보유로부터 발생하는 손해배상의 책임을 회피하기 위하여 자동차의 보유를 중지하거나 제약회사가 생산물배상책임의 위험을 회피하기 위하여 약품의 제조 및 판매로부터 손을 떼거나, 새로운 상품의 판매나 신규 사업의 설립에 따른 위험을 회피하기 위하여 이와 같은 활동을 단념하거나 중지하는 경우이다.

위험의 회피는 위험을 동반하는 활동으로부터의 도피이고 기대되는 이익이나 편익을 포기하는 것이므로 극히 소극적인 위험대처방법에 지나지 않는다. 이 방법을 이용하는 경우, 또 다른 위험에 직면하게 되는 경우가 발생할 수 있음을 유의해야 한다.

① 회피하는 것이 불가능한 경우의 발생(예를 들면, 손해배상책임을 피하려고 한다면, 기업 활동을 중지할 수밖에 없다)

② 회피에 의해서 이익을 포기할 수밖에 없는 경우의 발생(예를 들면, 빌딩이나 자동차의 소유를 피하고서는 기업 활동을 할 수 없다)

③ 회피함으로써 새로운 리스크를 보유하게 되는 경우의 발생(예를 들면, 비행기의 위험을 회피하면, 다른 운송수단의 위험에 직면하게 된다)

나. 위험의 제거

위험의 제거(除去)는 손해발생의 기회를 차단시키거나 혹은 손해가 발생한 경우, 그 심각도를 경감함으로써 위험에 대처하는 방법을 말한다. 위험의 제거에는 위험의 방지, 위험의 분산, 위험의 결합, 위험의 이전이 포함된다

① 위험의 방지 – 위험의 방지(risk protection)는 위험의 발생빈도를 감소시키는 예방이라는 방법과 손해의 규모를 감소시키는 경감이라는 방법으

로 분류된다. 즉, 전자는 우연한 사고발생의 빈도를 염두에 둔 방법임에 대하여, 후자는 손실의 크기에 중점을 둔 대책이라고 할 수 있다.

위험의 예방은 사고건수를 줄이기 위해 각종의 물적・인적 수단을 강구함을 말한다. 물적 수단에는 기계에 안전장치를 설치한다던가, 건물에 내화장치를 한다던가, 중요서류함에 시건장치를 설치하는 것과 같은 방법이 있고, 인적 수단에는 안전교육이나 정기점검 등을 실시하는 것이 있다.

위험의 경감은 이미 위험이 발생한 경우에 사고에 의한 손해를 감소시키는 수단을 강구함을 말한다. 예를 들면, 자동스프링클러장치, 소화기, 비상계단, 내화금고 등을 설치하는 것이다.

위험을 방지하기 위한 각종 대책을 강구할 때에는 먼저 실시에 따르는 비용과 얻을 수 있는 효과를 상호 대비해 볼 필요가 있다.

② **위험의 분산**－위험의 분산(risk separation)은 위험을 한 곳에 집중시키지 않고 분산, 분리시킴으로써 기업 내의 위험단위를 증가시키는 방법을 말한다. 예를 들면, 상품이나 원자재를 분리 보관하거나 공장이나 창고를 여러 지역에 분산 배치하는 경우를 들 수 있다. 또, 한 종류의 상품만이 아니라 다수의 상품을 제조・판매하고 예상 판매고와 실제 판매고의 차이, 즉 손실을 상호간에 커버하는 것이 좋은 예이다.

이와 같은 위험단위수의 증대는 다른 조건이 동일하다면, 대수의 법칙에 의해 위험을 감소시키고 장래의 손해경험이 어떻게 될 것인지를 예측하는 능력을 개선시켜준다.

③ **위험의 결합**－위험의 결합(risk combination)은 서로 다른 기업이 동일의 위험에 대하여 어떤 협정을 맺고 위험을 제거하려는 방법이다. 즉, 가격협정, 거래협정, 기술협정, 생산제한, 경쟁제한 등의 협정을 맺고 경쟁위험이나 도산위험을 배제하려는 방법이다. 다시 말하면, 그것은 기업결합의 각종 수단이고 신디케이트(syndicate), 풀(pool), 카르텔(kartel), 트러스트(trust), 콘체른(konzern), 콩글로머리트(conglomerate) 등의 기업결합이 좋은 예이다.

한편으로 위험의 결합은 자산분리의 효과를 완성시키기 위하여 위험을 이전하는 방법을 사용한다. 예를 들면, 건물을 두개의 공장으로 분할하는 대신에 A사와 B사가 계약을 맺고 자신들의 독립된 두개의 공장에서 발생한 손실은 모두 양사가 분담하는 약속을 해둘 수 있다. 각각의 회사가 독립기능을 유지하면서 위험을 분리할 수 있다.

④ **위험의 이전**－위험의 이전(risk transfer)은 사업을 하는 경우에 예측되는 위험을 미리 다른 곳에 이전하여 두는 방법으로 보험 이외의 이전수단을 의미한다.

위험관리계획에서 위험을 이전하는 수단을 사용하는 것이 바람직한 경우로서 다음의 세 가지를 들 수 있다.

첫째, 기업에 있어서 위험이 지나치게 크기 때문에 보유한 채 목적을 달성하기 어려운 경우

둘째, 기업이 법률적으로 위험의 이전을 의무적으로 이행해야 하는 경우

셋째, 위험을 보유하는 것이 가능하고 위험의 이전을 법률적으로도 계약상으로도 이행해야 할 의무가 없지만, 위험을 이전하는 것이 가장 유효한 관리방법인 경우

대부분의 계약에는 손실의 이전조항을 포함하고, 그 일부는 기본계약 속에 위험이전의 조항이 삽입되어 있다. 예를 들면, 판매계약에는 소유권과 함께 소유권에 부수하는 위험과 손실은 이전된다.

계약에 의한 위험의 이전에는 법률상의 한계가 존재하지만, 계약서 작성자의 의도에 따라서는 상당히 넓은 범위로 유효하게 이전할 수 있다. 일반적으로 계약 속에 위험의 이전조항을 삽입하고 있는 전형적인 계약형식으로는 건축청부계약, 리스계약, 운송수탁계약, 판매, 공급 또는 서비스제공계약 및 보증계약 등이 있다.

위험제어의 수단으로써 위험을 이전하는 경우에는, 위험을 이전하는 기업과 이전을 받는 기업은 해당 위험이 가지고 있는 제 조건을 충분히 살펴본 후에 실행여부를 판단해야 할 것이다.

불특정다수의 거래처 또는 고객을 대상으로 정형적인 계약서식이나 보통거래약관 등을 사전에 작성하여 놓고 개개의 거래에 이를 적용함으로써 기업이 입는 위험부담의 경계를 확정하여 놓는 방법이다. 결국 계약

이나 거래의 표준화에 의하여 기업의 잠재적 위험을 한정하거나 억제하려는 것이다.

2) 위험재무에 의한 위험처리

위험의 제어에 의해서 손해발생의 가능성을 경감 또는 배제할 수 있어도, 그 위험을 회피하지 않는 한, 위험으로부터 완전히 벗어날 수는 없다. 만일, 손실이 발생한 경우에 기업의 자금조달이 악화되는 것을 방지하기 위하여 미리 자금 준비 또는 자금대책을 강구하는 방법이 위험재무라고 할 수 있다. 위험재무에는 위험의 보유와 위험의 전가 두 가지 방법이 주로 채택된다.

가. 위험의 보유

위험의 보유(risk retention)란 위험에 직면하고 있는 기업이 발생할지도 모르는 손해를 스스로 부담하는 경우를 말한다. 위험의 보유에는 소극적 보유와 적극적 보유 두 가지 형태가 있다.

소극적 보유란 기업 스스로가 그 같은 위험을 보유하고 있음을 모르기 때문에 무의식적으로 보유하고 있는 상태를 말하며, 본래 위험처리수단으로 취급할 성질의 것이 아닐지도 모른다. 그러나 위험관리에서는 위험을 발견하고 평가하고 그리고 그 위험의 처리수단을 선택한다는 과정을 거쳐 위험을 처리하는 것이지만, 아직 발견되지 않은 위험 혹은 발견은 되었지만 그 평가 또는 위험처리수단을 모르고 있거나 그것에 대한 의사결정을 내리지 못하고 있는 미확인 위험이 기업 속에 많이 존재하는 것은 부정할 수 없다. 이들 위험을 다른 수단으로 처리하기까지 어쩔 수 없이 보유하고 있는 상태를 소극적 보유라고 한다.

적극적 보유는 위험을 충분히 확인한 후, 위험관리계획에 의거하여 기업 스스로가 적극적으로 위험을 보유하는 것을 말한다. 중요한 것은 적극적 보유이며 기업체가 적극적으로 위험을 보유하는 데에는 몇 가지 이유가 있다. 이를 정리하여 보면 다음과 같다.

① 타인에게 위험을 이전하거나 혹은 손실의 발생을 방지할 수 없는 경우
② 발생가능 최고손해액이 상당히 작거나, 기업이 그것을 해당 연도의 영업경비로 혹은 소액준비기금으로 대처하여도 안전한 경우

③ 손해의 발생확률이 너무 낮기 때문에 무시할 수 있거나 너무 높아서 그것을 이전한다면 일어날 수 있는 최악의 손해와 같은 정도의 비용이 드는 경우
④ 어떤 이전처리가 행해지고 있음에도 불구하고 어쩔 수 없는 이유로 보유하지 않을 수 없는 경우
⑤ 기업이 위험관리계획에 따라서 적극적으로 손해를 보유하는 경우
⑥ 기업이 다수의 동질적이고도 분산된 위험단위를 가지고 있기 때문에 어느 기간 중에 입을 손해가 꽤 정확하게 예측될 수 있는 경우

이상과 같은 이유 때문에 위험이 보유되는 경우, 일반적으로 채택되고 있는 수단으로는 경상비의 이용, 준비금의 적립, 자가보험 그리고 캡티브(captive) 보험회사의 설립 등의 방법이 있다.

경상비에 의한 위험의 보유는 기업의 회계년도 수익으로부터 위험에 따른 손해에 대하여 지불하는 것으로 손해의 강도가 비교적 작은 경우에만 가능하게 된다. 즉, 손해회복비용이 해당기업의 당기수익의 한도를 초월하지 않은 경우에만 경상비에 의한 위험의 보유가 가능하게 된다. 경상비에 의해 위험을 보유하는 경우에 유의해야할 점은 위험을 충분히 측정할 수 있고 또 보유가 정확한 위험관리계획에 의거하여 실시되어야 한다는 것이다.

준비금의 적립은 어떤 특정위험에 대처하기 위하여 미리 기업 내에 자금을 유보하여 놓는 방법으로 위험이 다소 예측되고 있고, 그 위험이 어느 정도 분산되어 있으며 또 동질적이기 때문에 자기금융만으로도 대처 가능한 경우에 사용되어지는 방법이다. 또한 이들 준비금은 현금화가 용이한 기업재화로 또는 채무에 대응하기 위하여 적립된 현금으로 준비되어 있을 필요가 있다. 또 준비금 적립에 의한 위험의 보유는 동결되는 자금이 기업의 재무상태를 악화시키지 않도록 배려되어야 한다.

자가보험은 본래 부보해야 할 위험의 일부 또는 전부를 기업이 스스로 보유하는 것을 말한다. 예를 들면, 보상한도액 3억원까지의 생산물배상책임보험에 부보하는 경우, 보험료를 절약하기 위하여 한 사고당 10만원을 면책한 경우, 이 기업은 10만원 이하의 손해를 자가보험한 것이 된다. 마찬가지로 자동차를 1,000대 보유하고 있는 기업이 전 자동차의 차량보험을 보험회사에 부

보하지 않고 배상책임보험만을 부보한 경우에 이 회사는 차량보험부분을 자가보험한 셈이 된다. 자가보험의 경우, 대수의 법칙이 적용될 수 있도록 충분한 위험의 존재가 전제되어야 하며, 충분한 적립금이 마련되기도 전에 손실이 발생한다면 위험에 효과적으로 대처할 수 없는 문제가 발생한다.

캡티브 보험회사의 설립이란 기업이 대규모화하면 각종의 관련회사가 자회사로서 설립되는데 단지 위험의 보유를 목적으로 하는 보험회사가 설립되는 것을 말한다. 주로 높은 세율을 지급하지 않고 준비금을 적립하려는 재무상의 수단의 하나로 이용되고 있다. 즉, 해당기업이 지출하고 있던 보험료 상당액을 자회사에 집중하여 모회사의 각종 위험을 자회사인 캡티브에 보유시키는 것이다. 캡티브 설립은 기존의 보험시장에서 얻어지는 보험보호에 대한 불만에서 비롯된 것이지만, 보다 본질적으로는 위험처리계획의 일환으로 만들어진 하나의 수단이라 할 수 있다.

위험의 보유가 해당기업에 있어서 적절한가에 대한 검토는 위험비용, 관리비용, 세금비용을 고려하고 확인된 기업위험을 보다 신중히 측정하여 기업의 재무에 주는 영향을 충분히 고려한 후에 결정되어야 할 것이다.

나. 위험의 전가

위험의 전가(risk transfer)란 제3자에게 위험을 이전하는 방법을 말한다. 기업은 위험을 가능한 한 회피하거나 제거하고 그것이 불가능한 경우에는 제3자에게 전가하고, 전가할 수 없는 위험은 하는 수 없이 보유한다. 위험전가의 방법으로는 보험외이전과 보험에 의한 전가가 있다. 보험외이전에는 위험제어에서 사용되는 것과 위험재무에서 사용되는 것이 있다. 전자의 예로서는 리스계약, 하청계약, 이행보증 등이 해당되고, 후자의 예로서는 발주자와 제조업자 사이에 맺어지는 Hold Harmless Agreement(손실이전계약)가 있다.

위험재무에서 사용되는 보험외이전과 위험제어에서 사용되는 보험외이전의 차이는 전자는 피이전자(皮移轉者)에게 발생한 손실의 자금적 책임은 모두 이전자에게 이행하지만, 후자의 경우 최종적인 손실은 피이전자에게 남는다.

보험에 의한 전가는 많은 위험처리수단 중에서 가장 유력한 수단이지만, 모든 위험이 보험으로 전가 가능한 것은 아니다. 처음부터 보험전가의 가능성에는 한계가 있다. 시장위험, 정치적 위험, 생산성의 위험 등 투기적 위험은 원칙적으로 보험전가가 불가능할 뿐만 아니라, 순수위험이라도 대수의 법칙이 작용하지 않거나 우연성이 결여된 위험은 보험화할 수 없다.

그러나 투기적 위험에 관하여도 가능하면 보험화하고 싶다는 수요자의 강한 요망에 응하여 부분적이지만 서서히 보험화되고 있다. 수출입에 관한 컨츄리 리스크(country risk)가 영국의 로이즈보험기구나 일부 재보험회사 혹은 정부의 보험기구 등에서 인수되고 있다.

(4) 위험관리의 재평가 및 기록의 보관

위험관리계획의 올바른 평가는 차기의 계획을 위하여 상당히 중요하며 성과에 대한 평가는 위험관리계획의 경영목적에 따른 선명한 의사결정이었는지를 검토하는데 매우 유용한 척도가 될 것이다. 변동하는 환경 하에서 발생하는 새로운 위험에 용이하게 대응하기 위해서는 위험관리계획의 끊임없는 개선과 올바른 평가가 요구된다.

더욱이 정확한 기록의 보관은 차기의 위험관리계획에 유용할 뿐만 아니라, 돌발적으로 발생하는 위험에 대응하기 위한 정확한 판단자료를 제공해 주는 역할도 한다.

5. 위험관리자의 책임과 직능

(1) 위험관리자의 정의와 실무

위험관리자(risk manager)란 기업의 제 활동에 미치는 위험의 악영향을 최소의 비용으로 처리하는 책임을 맡고 위험문제에 대해 계획, 조직, 지도, 통제하는 위험관리과정을 통해서 적절하게 위험관리기능을 담당하는 사람을 말한다.

대부분의 위험관리자는 지금까지 Insurance Manager(보험관리자) 또는 Risk Manager(위험관리자)로 불려 왔다. 또한 과거에는 Insurance Buyer(보험구매계)란 명칭으로 사용된 적도 있었다. 이들 모두는 분명히 위험문제를 다루고 있지만 보험은 위험처리상 하나의 주요한 수단이지 유일한 수단은 아니다.

미국의 경우, 다수의 개인기업에서 위험문제는 전임의 위험관리자를 두고 있지 않더라도 직무의 일부와 전부를 위험대책으로 돌리는 직제가 반드시 설치되어 있을 정도이며, 해마다 그 활용 범위가 확대되어 지방공공단체, 대학, 병원 등에서도 점차 도입되고 있다. 이와 같이 기업체가 위험관리자의 직제를 신설하여 위험을 최소한도로 줄이려는 당위성은 다음과 같은 사실에 연유한다.

첫째, 위험관리자의 직무는 단지 보험을 구입하는 것보다 훨씬 범위가 넓기 때문에 위험관리자를 위험대리점, 보험중개사와 똑같이 취급해서는 안 된다.

둘째, 다수의 회사는 경험으로부터 회사내부의 누군가가 최고의 책임을 지지 않고 보험계획을 조정하는 것이 불가능하다는 사실을 깨달았다. 환언한다면, 외부 보험중개사의 입장에서는 보험계약의 직무를 수행함에 있어 필요한 회사내의 업무에 정통할 수 없다.

셋째, 보험대리점은 자신들이 잘 알고 있거나 쉽게 이용할 수 있는 증권만을 취급하고 있으므로 부보해야 할 필요성이 있는 위험을 담보할 수 있는 표준보험증권을 가지고 있지 않는 경우에 이들 제 위험에 정확하게 대응할 수 없다.

넷째, 회사재산의 보존책임은 상당히 중요하기 때문에 회사외부 인사의 손에서 다루어져서는 안 된다. 왜냐 하면, 보험관리자의 기본적 임무의 하나는 회사재산에 손해가 미치지 않도록 주의하는 것과 잘못된 보험계약으로 인한 재산상의 손해에 대해서는 손해보상의 법적 책임을 가지기 때문이다.

오늘날 위험관리자가 취급하고 있는 주된 업무는 위험의 확인과 측정, 위험재무, 손실방지, 경비절감, 안전관리, 클레임처리관리, 종업원 복지계획관리, 보험관리 등이 포함된다.

(2) 위험관리자의 자질

위험관리자에게 요구되는 자질을 M. Blanchard교수는 다음과 같이 말하고 있다.

「어떠한 일에 있어서도 성공하기 위하여 필요한 사람의 일반적인 자질은 상식, 창조력, 설득력이며 특히 위험관리자는 이외에도 공학, 법률학, 회계학, 재무, 수학, 보험에 대한 능력이 부가되어야 한다」

어떤 조사에 따르면 1973년 당시 위험관리자의 94%가 대학졸업자이고 그 중 12%는 석사학위 취득자였다. 또한 위험관리자의 16%는 미국 보험연구소가 공인하는 ARM(Association in Risk Management)을 취득하고 있었다. 약

11%는 미국 손해보험사업연구소의 자격인 CPCU(Chartered Property and Casualty Underwriter)을 취득하고 있었다. 최근 조사에 따르면 이 같은 자격을 취득한 사람의 수가 점점 증가하고 있는 것으로 나타나고 있다.

그렇다면 이와 같은 특수분야에서 요구되는 실무지식은 무엇인지를 미국의 전미산업회의평의회(National Industrial Conference Board)가 요구한 내용을 간추려 보면 다음과 같다.

1) 일반적으로 요구되는 자질

보험의 원리와 실무, 담보위험, 보험시장 또는 보험요율 산정방법, 책임법과 계약법을 포함한 상법, 안전공학과 건축실무, 회계원리와 실무, 특정산업 또는 회사의 경제문제와 경영문제

2) 개인적으로 요구되는 자질

건전한 판단력과 객관적 사고방식, 조직능력과 계획능력, 새로운 사고를 발전시킨 구매독창력과 지도력, 회사내외의 전문가에 질문하고 조언을 얻는 자발성

3) 정확하고 효율적으로 세목을 처리하는 수완, 인내력 그리고 무한의 능력

또한 Mc Donald 교수는 위험관리자에게 요구되는 필요한 자질을 다음과 같이 정리하고 있다.

가. 성격적 능력

- 의사결정의 기초가 되는 사실과 인상을 정확하게 측량하는 능력
- 동료의 능력을 현실적으로 평가하는 능력
- 자신에게 원조협력을 하려는 분위기 조성능력
- 자신의 사고에 존경을 표하도록 하는 능력
- 새로운 문제에 대해 해결책을 도출하려는 능력
- 위험관리에 관해 부하와 상사 모두에게 자신을 전달하는 능력
- 자신의 통찰력의 부족도 충분히 인식하는 능력
- 수완을 발휘하는 능력 등

나. 인내력

위험관리에 대해 관심이 낮은 다른 부분의 책임자들을 위험관리종합계획에 참가시키기 위한 설명, 방재수단의 평가, 위험관리 수단의 실시・변경에 앞선 분석조사, 최고경영자의 전면적 지지를 얻기까지 등에는 상당한 인내력이 필요하다.

다. 세심한 주의력

복잡한 보험계약이나 약관문언의 이해하고 기업의 각 부문에 잠재하는 손실의 가능성을 탐지하는데는 정확한 관심과 세심한 주의력이 필요하다.

(3) 위험관리자의 책임과 직능

위험관리자는 몇 가지 일반적인 책임을 가지고 있다. 그는 회사의 보험계획이 적절한지를 판단하고 경영자를 보좌하여 보험에 관한 회사의 방침을 입안・기획하고 관리하는 책임을 지고 있다. 또한 보험에 부보할 수 있는지를 확인하고, 다른 방법으로 처리할 경우, 발생할지도 모르는 위험으로 인하여 기업의 이익이 유실되지 않는지를 확인하는 것도 위험관리자의 책임이다.

또 보험관리자는 보험업계의 동향이나 발전에 늦지 않게 정보를 입수하여 안전성과 서비스의 이용도를 높이고 최저원가로 보험계약을 체결한다. 방재활동이 이행되고 있는지 여부를 감독하는 것과 회사가 보험에 정해진 모든 계약조항을 이행하고 있는지를 살피고 담보된 손해액을 산정하고 지급에 대해 교섭을 행하는 것도 위험관리자의 책임이다. 특히 위험관리의 모든 면에 대해서 상급관리직에 조언을 행하고 과학적 의사결정의 지침으로서 손해액과 비용의 기록을 보관하기도 한다.

위험관리에 대한 중요성이 회사에 의해 수용되면, 위험관리자는 기업의 위험관리업무를 추진하고 새로운 직무를 수행하고, 그 결과 동종의 다른 기업과 차별화를 확보할 수 있을 것이다.

현재 미국기업에 소속하는 위험관리자가 일상 어떤 직무를 수행하고 있는지를 정리하여 보면 다음과 같다.

① 위험의 발견과 측정－가장 중요한 직무의 하나이며 위험관리자는 자사에서 행하고 있는 중요한 사항에 대해서는 모두 이해하고 있어야 한다. 이

를 위해서는

- 위험관리자는 적어도 년 1회 공장이나 기계설비, 건물 등 회사의 자산을 조사해야 한다.
- 위험관리자는 회사간부들과 정기적으로 위험에 대하여 이야기할 기회를 가져야 한다.
- 회사의 재무제표나 재무관계의 보고서를 면밀히 조사해 둘 필요가 있다.
- 회사의 각 부서로부터 요구되는 자금수요를 끊임없이 주시해야 한다.
- 회사가 체결하는 계약서, 약정서, 보증서, 리스계약 등의 서류를 눈여겨보아야 한다.
- 모든 보험계약의 내용에 대하여 잘 인지하고 있어야 한다.

② **손실의 제어와 관리**－위험을 보유하거나 부보하거나 혹은 자가보험제도를 만드는 등 여러 가지 위험재무의 방법 중에서 그 위험에 대하여 최적한 처리방법을 선택함과 동시에 손실의 발생을 제어하고 충분한 관리를 행해야 한다.

③ **위험관리정책의 문서화**－회사의 최고간부에게 승인된 위험관리정책을 문서화하고 정리해두어야 한다.

④ **보험의 교섭**－이전에는 보험을 구입한다고 하였지만 최근에는 보험을 교섭한다라고 한다. 즉, 어떤 보험이 필요한가를 숙지하고 보험시장에서 필요한 보험을 가장 좋은 담보조건과 최고로 싼 요율로 입수하는 것이 중요하다. 미국 위험관리자는 한 기업 또는 두 기업의 브로커의 협력을 얻어 보험을 교섭하는 경우가 많지만 때로는 로이즈 등 보험자와 직접 교섭하는 경우도 있다. 위험관리자가 행하는 보험업무 중에서 가장 중요한 문제는 브로커의 선택이다. 톱 매니지먼트가 브로커를 선택하는 권한을 언제까지 자신이 쥐고 있는 것은 도움이 되지 않는다. 위험관리자쪽이 브로커의 필요성이나 활용방법에 대하여 보다 정통하다.

⑤ **클레임처리**－위험관리자가 가지는 직책 중에서 때때로 과소평가되기 쉬운 것이 클레임을 처리하는 일이며, 배상책임이나 산재 등 클레임에 관한 보고내용은 충분한지, 클레임 조사자는 적당한지, 배상금의 지급을 위한 자금은 충분한지, 위험관리자는 주의 깊게 체크할 필요가 있다. 특

히 기업이 자가보험을 행하고 있는 경우에는 이것은 더욱 중요하다. 또 클레임을 지급한 경우, 제3자에 대한 구상권을 보존하여 두는 것을 잊어서는 안 된다.

⑥ **기록의 보존**－위험관리자에게 있어서 보험증권이나 클레임의 기록, 재산의 평가에 관한 서류 등을 정리 보존하는 것은 매우 중요하다.

⑦ **위험관리의 매뉴얼**－지점이 각지에 산재하는 기업에서는 클레임을 어떻게 처리할 것인가, 조사자를 어떻게 수배할 것인가에 대해서 지시하는 문서, 즉 위험관리 매뉴얼이 필요하다.

⑧ **커뮤니케이션**－위험관리자는 매뉴얼을 구비하여 두고 나아가 년 1회는 상사에게 위험처리과정의 진보상황 혹은 장래의 계획에 대한 보고를 서면으로 제출할 필요가 있다. 또 횡적 연락도 정기적으로 서면 혹은 면담, 전화 등으로 행할 필요가 있다.

⑨ **회계**－많은 전문 부서를 가진 조직에서는 위험관리자는 위험관리나 보험에 필요한 비용을 각 부서에 공평하게 할당해야 한다

⑩ **손해의 방지**－위험관리자는 반드시 위험방지의 모든 면에 정통할 필요는 없지만 손해정보에 대한 일반적인 넓은 지식을 가지고 있어야 한다. 이것에 의해서 비로소 최적의 위험방지수단을 선택할 수 있기 때문이다.

⑪ **전문가로서의 활동**－위험관리자는 보험관계자와 끊임없이 접촉하는 것이 필요하다. 또 위험관리를 연구하는 제 단체에 가입하여 회의에 참석하고 위험관리연구를 계속해 나가야 한다.

연습문제

1. 위험(risk)이란 무엇인가, 간단하게 설명하라.
2. 객관적 위험과 주관적 위험을 비교 · 설명하라.
3. Peril과 Hazard를 정의하고 설명하라.
4. 물리적 위험과 도덕적 위험을 간략히 설명하라.
5. 순수위험과 투기적 위험을 비교 · 설명하라.
6. 위험관리의 필요성과 과정에 관하여 설명하라.
7. 위험의 측정과 위험처리 수단의 선택에 관하여 설명하라.
8. 위험관리자의 책임과 직능에 관하여 설명하라.
9. 위험관리의 한 방법으로써 보험을 택할 경우 유의해야 할 사항을 설명하라.
10. 위험전가에 따른 장점과 단점을 설명하라.

제2장 보험의 생성과 발전

제1절 보험의 생성

보험의 기원이 그리스시대 · 로마시대에 시작되었다는 여러 가지 학설이 있지만 모두 명확한 자료가 있는 것은 아니다. 다만 바다를 이용하여 국가 간의 교역을 시작할 때부터 각종의 위험에 대한 대비책의 하나로 시작되었을 것으로 추측된다.

그것이 반드시 오늘날의 보험제도로 계승 · 발전되었다고 볼 수는 없지만 인간의 능력이 미치지 못하는 천재지변에 대해서 교역 당사자들은 스스로 무엇인가에 대한 대비책을 준비하였을 것으로 추측된다.

역사적으로 보험제도와 유사한 제도를 찾아보면 서민조합 · 길드 · 모험대차 등의 제도가 있는데 이러한 것들은 해상보험과 매우 유사한 점이 많다.

해상보험의 기원에 관해 이해하기 위해서는 해상보험의 전사(前史)라고 할 수 있는 서민조합 · 길드 · 모험대차 등의 제도를 먼저 살펴보기로 한다.

1. 서민조합

그리스시대 초기 종교 단체가 매월 회원들로부터 회비를 징수하고 그 회원이 사망시에는 직접 장례를 지내주었는데, 만약 회원이 제때에 회비를 납부하지 못했을 경우에는 과태료를 징수했고 회비를 징수하지 못하고 있는 동안 회원이 사망하면 장례를 지내주지 않았다.

로마사람들은 그 적용 범위를 종교관계 단체에만 국한하지 않고 일반 사회에까지 공개했다. 즉, 로마제정시대에 서민조합(庶民組合; collegia tenuiorum)이라는 제도가 바로 그것이다.

서민계층을 위한 공제조합 형태의 제도였다. 조합원은 일정한 입회금을 납입하고 매월 일정액의 회비를 납부하였다.

가입자가 사망한 경우에는 장례비와 같은 급부가 그 유족들에게 지급되었다. 이와 같은 기능은 오늘날의 생명보험과 유사하였는데 게르만족의 대이동이 있었던 4세기를 전후하여 소멸되었다.

2. 길 드

길드(guild)라고 하는 것은 중세기에서 근세기 초기에까지 유럽에 있었던 제도이다.

중세 전기의 길드는 민족 이동기를 통해 씨족사회 체제가 정비되지 않았을 때 시작되었다.

길드는 여러 가지 방법을 통해 개인들이 상호부조 정신으로 결성한 사적 결합조직이다. 이때의 길드는 사적인 재판 내지 복수도 행하는 사회적, 종교적 성격을 겸비하고 있었다.

그런데 국가질서가 점차 회복되고 카톨릭교회와 결탁한 직권적 교화 정책이 시행되면서 쇠퇴하였다.

11세기에 이르러 서유럽의 상업활동이 활발해지자 옛 봉건도시 영주들의 보호와 착취하에 있는 성내의 시민과는 별개로 성근처의 대상인들이 주축이 되어 길드가 형성되었다. 이때 '길드법(Guild Law)'이라는 관습이 형성되었다. 상인길드는 그 경제력과 정치적 영향력을 배경으로 옛 영주 지배하의 소시민과 수공업자들을 통합하여 발전된 것이다.

상공업자들은 이 과정에서 영주와의 반목과 갈등을 거듭하면서 영향력을 계속 증대시켜 나갔다. 이와 같이 상공업자가 중심이 된 초기의 길드는 도시의 자치에 큰 공헌을 하였다. 주도권은 주로 부유한 상공업자가 갖고 있었다. 이후 길드는 도시의 자치권을 행사하는 과정에서 동종 직업별로 조직하는 경향을 보이게 된다.

12～13세기에 이르러서는 수공업자의 길드조직이 강화되었다. 초기에는 적극적이며 개방적이었다. 그런데 도시 경제가 발전 한계에 이르자 회원수를 제한하여 가입 및 활동을 억제시키는 등 규제를 강화하였다.

길드 조합원에게는 행사권을 주었고 조합원이 사망, 질병, 화재, 도난 등과 같은 위험을 당하면 그에 대한 급부를 제공하였다. 이것은 오늘날의 생명보험이나 화재보험이 갖는 기능과 같은 것이다.

3. 모험대차

모험대차(冒險貸借; bottomry)는 그리스 · 로마시대에 지중해연안의 제 도시에서 행해지던 금전소비대차의 일종이다. 모험대차는 해상사업을 영위하는 무역업자들이 선박 혹은 화물을 담보로 하여 금융업자로부터 일정한 금액을 융자받아 항해가 무사히 종료되면 차용한 원금에 이자를 붙여 상환하는 것이다. 그러나 선박이 항해 도중에 해난이나 해적 등과 같은 해상 사고로 인하여 전손(全損)이 되거나 항해를 종료하지 못하면 원금이나 이자를 상환하지 않아도 되는 조건의 대차를 의미한다. 모험대차를 약속할 때 담보물이 선박인 경우에는 선박모험대차(bottomry)라고 하고, 화물을 담보로 제공할 때는 적하모험대차(respondentia)라고 하였다. 그리고 모험대차의 약속을 문서상에 명시한 증서를 본드(Bond)라고 하였다.

따라서 모험대차는 융자와 위험부담이라는 두 가지 기능, 즉 은행과 보험회사의 기능을 겸한 것으로, 모험대차의 이자는 일반 금리보다 고율이었으며 한 항해당 22%에서 33.3%였다고 한다.

이처럼 이자가 높은 이유는 대부금에 대한 순수한 이자에다 해상사업이 실패할 경우 금융업자가 부담하게 되는 위험담보 비용을 합한 것이기 때문이다.

이 모험대차의 이율과 일반금리의 차액, 즉 할증금(premium)이 오늘날 해상보험료에 상당하는 것이다. 모험대차는 지중해 지역의 상업이 발전함에 따라 13세기초까지는 융성하였으나, 1230년경 이자징수를 죄악시하는 교회법에 의해 로마교황 그레고리우스 9세(Gregorious Ⅸ)가 이자금지령을 포교하면서 일체의 이자 징수가 금지되자 모험대차도 금지되었다.

그러나 이자징수를 금지하는 교회법에 따라 모험대차가 중지되었지만 오랜 기간 동안 이용되어온 경제제도였기 때문에 한 동안은 기존의 모험 대차에서 이자를 숨기는 형태로 가장하여 모험대차가 행해졌다. 결과적으로 모험대차와 같은 효과가 있지만 매매를 가장하여 이자를 징수하는 것이 아니었기 때문에 이자징수 금지령의 법망을 피할 수 있었다.

이와 같이 상인들은 과거의 모험대차를 변형하여 사용했는데, 이들의 주목적은 금융거래가 아니라 항해가 실패할 경우 손해를 보상받는 것이었다. 과거의 모험대차는 금융거래가 따랐기 때문에 이를 모험대차(해상대차)라 하고, 변형된 모험대차는 금융거래를 하지 않는 손해보상거래이기 때문에 보험대차라 한다.

[표 2-1] 변형된 모험대차와 해상보험제도의 비교

변형된 모험대차	해상보험제도
가상매매계약	해상보험계약
매매예정금액	보험금액(보험가액)
수수료	보험료
매매대금지급	보험금지급

이러한 형식의 보험대차는 손해를 보상해주기 위해서 가상매매계약체결방식을 취하고 있다. 즉, 변형된 모험대차는 대부업자가 항해 전에 선박 또는 화물의 매수인이 되고 모험대차의 차용자인 항해업자가 매도인이 되는 계약을 체결한 후 항해가 무사히 종료되면 매매계약은 해제되고, 만약 항해 도중에 해난, 해적, 전쟁 등으로 인하여 항해가 완료되지 않을 때는 매매계약이 성립하게 되고 그 손해는 대부업자가 부담한다. 따라서 매매계약을 체결하는 것은 진정으로 선박이나 화물을 매매하기 위해서가 아니라 사고로 무역업자가 입은 손해를 보상해주기 위함이다.

대부업자는 매매계약을 체결하면서 무역업자로부터 상당한 수수료를 징수하는데, 해상사업이 무사히 종료하면 이것은 대부업자의 순수한 수입에 해당하고, 만약 해난이 발생하면 대부업자는 수수료의 몇 배를 보상하게 된다.

이 변형된 모험대차는 오늘날의 해상보험제도와 아주 유사한 것으로 볼 수 있다. [표 2-1]은 매매계약으로 가장한 모험대차와 오늘날의 해상보험 제도를 비교한 것이다.

제2절 보험의 발전

1. 손해보험의 발전

(1) 해상보험의 발전

1) 해상보험계약의 출현

해상보험계약은 해상대차가 발전한 것이며 교황 그레고리우스 9세의 이자징수 금지령에 의해 해상대차가 금지되자 자본가들이 새로운 자금의 운용방법을 모색하였던 것이다.

더욱이 해상대차에 의한 차입금 중에는 항해를 안전하게 수행하지 못하는 경우, 계약 불이행을 이유로 차입금을 반제하지 않는 경우가 빈번해졌다.

이로 인해 자본가들이 곤경에 빠지게 되자 융자를 한 후 해상위험이 발생하게 되었을 경우의 손해보상 방법을 강구하게 되었으며 무역과 교통의 발달과 더불어 무역업자나 항해업자로 해상대차에 의한 위험보장과 연결된 융자인 경우에도 해상위험을 보장해야 하는 상황이 발생되었다. 이와 같은 사유로 해상보험제도가 출현하게 되었던 것이다.

해상보험계약은 14세기에 이탈리아 북부, 지중해 연안의 상업도시인 베네치아, 피사, 제노아 등에서 상인들이 보험자가 되어 영리보험계약이 체결되었다.

그러나 보험사업이 독립된 사업으로 인정을 받아 영업할 정도의 경제적 배경이나 경영적 기반은 확립되어 있지 못했다.

해상보험계약의 형태로 인정되는 최고(最古)의 자료로는 다음과 같은 것들이 있다.

첫째, 형식은 소비대차계약으로 되어있지만 실질적으로는 해상보험계약 형태인 증서들로는 제노아의 공증기록에 의한 1347년 10월23일부의 선박보험계약에 관한 증서와 1348년 1월 15일자의 적하보험계약에 관한 증서가 있다.

둘째, 형식은 매매계약으로 되어있지만 실질로는 해상보험계약으로 되어있는 증서로서 1370년 7월 12일부의 제노아 공식증서이다.

셋째, 실질적인 면에서나 형식적인 면에서 해상보험계약으로 되어 있는 증서로는 1350년 이탈리아 팔레모(Palermo)에서 3월15일부로 발행된 적하해상보험증권, 이탈리아 피사에서 1384년 7월11일부로 발행된 해상보험증권 등이 있다. 이처럼 소비대차계약, 매매계약을 위장하는 형식 등의 단계를 거쳐 해상보험계약에 이르게 되었던 것이다.

2) 영 · 미국의 해상보험 발달

가. 영국의 해상보험 발달

① 보험시장 발달 여건

해상보험 거래는 무역 및 해운과 깊은 관련을 맺고 있다. 이에 따라 초기의 해상보험 발달은 무역 및 해운과 깊은 관련을 맺고 있었기 때문에 무역과 해사사업(海事事業; marine adventure)의 흥망성쇠에 좌우되었다. 그런데 15세기말 칼럼버스의 아메리카 대륙발견과 바스코다카마의 인도항로 발견은 무역 및 해상보험 거래의 중심시장을 베네치아에서 앤트워프로 옮기는 계기가 되었다. 그 당시 앤트워프는 스페인령이었지만 그곳에서 발달한 해상보험거래상관습이 세계무역을 주도하였으며 북유럽의 해상보험시장에서도 앤트워프의 상관습에 따라 거래를 할 정도로 활발하였다.

네덜란드가 세계무역의 주도권을 장악하였던 16세기에서 17세기까지는 암스테르담이 무역 및 해상보험의 세계적 중심시장이 되었다. 17세기 후반부터 18세기 후반까지는 영국이 세계무역과 해외 식민지 경영에서 주도권을 쥐고 있었다. 특히 세계 상공업의 패권을 장악하였던 빅토리아 여왕시대에 이르러서는 런던이 세계 해상보험의 중심지로 등장하게 되었다.

② 개인보험업자 활용

16세기 후반까지 영국의 해상보험 거래는 런던의 롬바드(Rombardy)가에 살고 있던 롬바르트인들에 의해 이루어 졌다. 그들은 13세기경 이탈리아에서 런던으로 이주하여 본국과의 무역에 종사하여 이탈리아에서 시작된 해상보험을 이용할 수 있었다. 그 후 엘리자베스 여왕 1세 시대에 영국의 상권을 롬바르트인과 한자 상인 등, 외국인으로부터 회수하는 정책이 진행되어 해상보험거래는 영국인에 의해 이루어지게 되었다. 이에 따라 보험거래 시장은 Rombard street에서 왕립거래소(王立去來所; Royal Exchange)로 이전되었고 17세기 후반이후부터는 해상보험 거래가 왕립거래소 밖에서 이루어지는 경우가 많아졌다. 이때 유행하던 커피점을 이용하여 개인 상인이 부업으로 해상보험을 거래하는 관습이 나타나게 되었다.

③ 로이즈보험증권 및 영국해상보험법

ⓐ 로이즈보험업자 출현 — 17세기 후반, 영국의 템즈강변에 위치한 선주, 상인, 은행가 등 기타의 해사관계자들이 거래장소로 이용한 것이 로이드커피점이었다. 이때 개인보험업자들이 로이드커피점에서 보험거래를 하였던 까닭에 이들을 로이즈보험업자로 불렀다.

ⓑ 2대 특허회사의 설립과 로이즈 — 1720년 영국에서는 세계 최고의 해상보험회사인 왕립거래보험회사(Royal Exchange Assurance Corporation)와 런던보험회사(London Assurance Corporation)가 설립되었다. 2대 특허회사가 설립되어 해상보험사업을 운영하기까지 영국의 해상보험거래는 거의 로이즈보험업자로 대표되어지는 개인보험업자들이 주도하였다.

2대 특허회사가 설립되기 이전에는 특허가 아니면 해상보험업을 할 수 없다고 하는 사정이 있었다. 특허회사가 설립된 이후부터 19세기 전반에 이르기까지 100년간, 영국의 해상보험업은 로이즈와 2대 특허회사에 의해 독점이 이루어졌다.

1774년에 로이즈는 해상보험거래를 왕립거래소 내로 이전시켰다. 이것이 근대 로이즈보험의 시초이다. 1871년에는 국회의 입법을 통해 법인격을 부여한 로이즈조합이 설립되었다. 로이즈조합의 설립에 의해 로이즈보험시장은 근대화되었다. 그러나 개인인 소위 로이즈보험업자 각자가 보험인수책임의 주체라는 사실은 변함이 없었다. 로이즈보험업자들은 실질적인 로이즈의 보험인수조합원이 되었다. 이후 보험인수액이 거액에 이름에 따라 기업조합 조직에 의한 인수방식으로 전환하였다.

1820년에는 해상보험에 관한 로이즈의 독점권이 소멸하였다. 그 후 해상보험시장에 다수의 보험회사들이 참가하였지만 로이즈는 런던해상보험시장의 주요한 역할을 오늘날까지 계속하고 있다.

ⓒ 해상보험법의 제정 — 해상보험에 관한 거래상의 관습과 법령은 스페인의 바르셀로나에서 발달하였다. 1435년 바르셀로나 법령은 당시의 해상보험거래의 관습을 성문화시킨 세계 최초의 체계적인 해상보험법전이었다. 이후 바르셀로나에서 생성된 해상보험거래에 관한 관습과 법령은 이탈리아의 여러 도시로 파급되었다. 그리고 유럽의 국제무역항으로 해상보험거래가 전파될 때도 그 관습과 법령의 근간은 그대로 이어졌다.

1779년에 로이즈조합은 당시의 해상보험거래시에 보험업자에 의해 이용되던 보험증권을 로이즈의 정식적인 보험증권으로 결정하였다. 이것이 오늘날의 로이즈보험증권(Lloyd's Form of Policy, 로이즈 S.G.양식보험증권)이다. 그 내용은 유럽의 법령을 기초로 하고 지중해 상업국가에서 사용하고 있던 보험약관의 실질적인 내용을 계승시킨 것이다. 그 후 보험계약자들의 요청에 응하여 손해보상의 범위를 확대할 필요성이 대두되면서 개정작업을 계속하여 1982년에 신(新)로이즈 보험증권 및 협회보험약관을 제정하였다.

이와 같이 영국에서의 해상보험거래의 실제는 그 증권양식에 의해 조사된 결과로 볼 때 일찍부터 보험체제가 정비된 것으로 보인다. 이 당시의 해상보험거래는 기본적으로는 보험계약의 목적을 널리 설정할 수 있는 것이었다. 그러나 그것도 도박보험의 폐해를 우려하여 의법조치에 의해 종종 계약을 선박 및 적하의 직접손해로 제한하였다. 이에 따라 비용이나 책임 혹은 이익과 같이 물적 대상이 아닌 가치를 목적으로 하는 보험사업의 전개는 산업경제의 현저한 성장이나 항해에 관한 기술적 정보가 발전한 18세기 이후에 이르러서야 가능하게 되었다.

현재 일반적인 보험계약 성립의 증거역할을 하고 있는 보험증권과 보험계약에 관한 일련의 일반적인 계약조항인 보통보험약관과는 구분이 된다. 그러나 로이즈보험증권의 실체는 보험증권과 보통보험약관의 합체라고 할 수 있다. 로이즈보험증권은 매우 복잡한 내용으로 되어 있다. 더욱이 그 부분, 부분들은 2천개 이상의 판례가 참조된 것이기 때문에 그 내용의 해석이 규제되고 있다.

영국은 20세기 초기까지 성문화된 해상보험법전이 없었다. 왜냐 하면 그 역할을 풍부한 판례가 대신했었기 때문이다. 1906년에 이르러서 94개 조항의 해상보험법(Marine Insurance Act)이 제정되어졌다. 이는 영국의 해상보험법이 다른 법들의 제정배경과는 차이가 있음을 의미하는 것이다.

나. 미국 해상보험 발전

미국 해상보험의 발전을 고찰한다면 미국은 처음부터 영국의 식민지 국가로 출발했기 때문에 전통이나 상관습이 영국과 비슷하였으며 많은 지식과 경험을 필요로 하는 분야는 모두 영국인이 관장하였다.

해상보험도 영국 보험자들에 의해서 운영되었기 때문에 필라델피아, 뉴욕 등지의 상인들은 영국에 있는 보험자와 해상보험계약을 체결하였다.

그러나 미국의 무역이 점차 증진되고 해상교역이 많아짐에 따라 영국보험자들과 일일이 보험계약을 체결하는 것이 매우 번거롭고 불편하였으며, 또한 자국 내의 보험이 영국으로 유출되는 것을 방지하고 로이드와 경쟁하기 위해서는 미국 내에서도 보험회사가 설립되어야 한다는 제안이 점차 제기되기 시작하였다.

그리하여 미국에서는 1792년에 해상보험, 화재보험 및 생명보험 등 각종 보험사업경영을 목적으로 북미보험회사(Insurance Company of North America)가 설립되었다. 그리고 6년 후 뉴욕에서도 New York Insurance Co.가 설립되었는데 이를 계기로 많은 보험 회사가 설립되었다.

대부분의 미국 보험회사들은 나폴레옹전쟁(1805～1811)과 남북전쟁(1861～1865)으로 발전과 도산을 거듭하면서 성장해 오다가 제1차 세계대전 이후 급속히 발전하기 시작하였다.

제1차 세계대전이 끝나자 미국정부는 전쟁에서 사용했던 거대한 상선들을 개인에게 불하하기 시작했는데, 이때 선박을 보호할 수 있는 보험제도가 필요하게 되었다. 이를 위해서 미국정부는 기존의 해상보험회사들로 하여금 신디케이트를 형성하여 정부가 불하한 선박을 공동인수하도록 설득하여 마침내 미국해상보험신디케이트(American Marine Insurance Syndicate)가 1921년에 형성되었다.

미국해상보험신디케이트가 계기가 되어 미국의 보험회사들도 영국의 로이즈처럼 신디케이트를 조직하여 영업활동을 하게 되었다. 특히 선박보험에 있어서 대형위험이나 특수한 위험에 대한 보험계약은 공동인수기관을 통하여 인수되고 있다.

미국이 세계적인 경제대국이지만 보험산업에 있어서는 영국에 비해 낙후되어 있어 지금도 미국보험시장의 상당한 부분이 영국으로 유출되고 있다. 이와 관련하여 1980년부터 미국의 보험업계에서도 기존의 신디케이트를 회원으로 하는 초대형의 기구인 보험거래소를 설립하여 영국의 로이즈와 경쟁을 하고 있다. 최초의 보험거래소는 1980년 3월에 문을 연 뉴욕보험거래소(New York Insurance Exchange: NYIE)이다. 뉴욕보험거래소는 전종목의 재보험, 미국 밖의 원수보험에서 인수거절이 확인된 국내원수보험 등을 취급한다. 그러나 뉴욕보험거래소는 일부 영업회원들의 파산으로 1987년부터 새로운 보험거래를 중단하고 이미 맡은 보험에 대한 청산업무만 계속하고 있는 형편이다.

그리고 1982년 일리노이보험거래소(Illinois Insurance Exchange: IIE)가 시카고에서 영업을 시작했는데 이 보험거래소는 주로 재산・재해보험분야에서 대규모의 원수보험과 재보험 그리고 일반보험자가 취급하기 어려운 원수보험과 재보험을 취급하고 있는 실정이다.

참조

뉴욕자유무역지역(Free Trade Zone; FTZ)은 1979년에 생겼는데, 이 지역에서 영업활동을 하는 보험자는 대형위험이나 정규보험시장에서 취급할 수 없는 위험을 인수한다. 이 지역에서의 영업은 주정부로부터 인가받은 보험자에 한해서 허용되고 있다. 뉴욕보험거래소는 설립당시부터 뉴욕자유무역지역과 관련을 맺도록 그 정관과 규칙에 명시되어 있어 이 지역에서 보험자들이 인수거절하는 국내원수보험을 취급한다.

(3) 한국의 해상보험 발달

우리나라의 보험제도는 해상보험을 비롯하여 모두 조선왕조 말의 개국과정에서 영국계 및 일본의 보험회사 대리점이 진출하면서부터 실시되었다. 즉,

1880년대에 각국과 체결된 통상조약 및 그 부록 제 규정에서 해상적하보험을 중심으로 한 몇몇 보험관계조항을 찾아볼 수 있다. 통상조약의 약정에 따라 부산, 원산, 인천 등의 항구가 차례로 개항되었다. 이에 따라 일본 및 서구의 현대식 은행과 무역상사 등이 진출하여 업무를 개시하였다. 더불어 화재보험과 해상보험을 중심으로 하는 손해보험이 필요하게 되었던 것이다.

따라서 이들 진출기업이 보험대리점을 겸하게 되었다. 개항 이래 1900년을 전후하기까지 우리나라에서의 외국보험기관의 활동은 영국을 중심으로 한 서구 및 미국계의 회사가 주를 이루었다. 그들은 일본의 보험회사보다 활발한 활동을 하였다. 일본의 보험회사로서 한국에 대리점을 설치한 것은 1880년 1월 동경해상보험주식회사가 최초이다. 그 이후 신호해상, 일본해상 등이 대리점을 설치하여 해상적하보험을 인수하였다.

우리나라에서 해상보험을 취급하는 보험회사의 효시는 1922년에 일본인이 세운 「조선화재해상보험주식회사」이며 업무의 대부분은 일본인에 의해 운영되었다. 현재의 메리츠화재해상보험주식회사 전신이다. 그런데 동사의 발기인은 일본인 금융·실업가가 중심이었다.

대주주도 일본인 중심의 법인과 개인으로 구성되어 있었다. 업무면에서는 화재보험에만 주력하였는데 해상보험에 참여할 능력이 부족하였기 때문이다.

그러나 1946년에 이르러서는 우리 힘으로 운영되는 해상보험회사가 설립되면서부터 회사설립이 가속화되고 1949년에는 조선화재해상보험주식회사, 신동아손해보험(주)을 비롯하여 10개의 손해보험회사가 설립되었지만, 취급업무는 여전히 화재보험에 국한되고 있었고 화물보험의 취급은 국내에서 영업하고 있던 외국보험회사의 대리점에 의존하는 정도였다.

우리나라에서 해상보험을 처음 취급하게 된 계기는 1952년 전시무역체제의 변화와 외국원조물자의 도입 등으로 해상보험의 개업을 재무부에서 권고한 것이다.

그러나 해상보험에 대한 경험부족, 자료부족 및 영업수지상의 문제로 인해 푸울(pool)체제의 운영방식을 도입하였다. 이에 따라 1952년 12월에 해상보험 푸울체제운영을 위해 대한해상운송보험 공동사무소가 발족되었다.

이듬해 1월에는 푸울(pool)협정이 발효되고 2월 1일부터 개업을 하였다. 이것이 우리나라가 독자적으로 해상보험을 인수하기 시작한 시초이다. 당시 해상보험 푸울(pool)에 가담한 회사는 종래 화재보험만을 취급하던 동양, 신동아, 대한, 한국, 국제, 고려, 제일, 안보 등 8개 회사와 신설된 해동이 1953년 11월 추가로 참가함으로써 총 9개 회사가 되었다.

그 이후 해상보험의 영업전망이 밝아짐에 따라 해상보험만을 취급하는 전업회사가 설립되었다. 1955년에 설립된 동방해상보험(주)과 1959년에 설립된 범한해상보험(주)이 있다. 해상보험만을 전업으로 하던 이들 양사도 1963년부터 화재보험을 취급하게 되었다. 대한해상운송보험공동사무소도 1964년에 해체됨에 따라 이후에는 개별회사들이 단독으로 해상보험을 취급하게 되어 자유경쟁적 입장에서 해상보험의 영업을 계속하고 있으며, 오늘날에는 국내손해보험회사는 물론 외국손해보험사들도 우리나라 안에서 활발한 영업을 하고 있다.

(2) 화재보험의 발전

1) 영국 · 미국의 화재보험 발달

가. 영국의 화재보험

① 화재사무소 및 우애조합

화재보험분야에 있어서도 이재(罹災)가옥과 동등의 것의 재건축을 담보하는, 말하자면 오늘날의 시가보험(市價保險)과 같은 내용의 것이나 소방활동에 따른 손해를 보상하는 사업은 일찍부터 등장하였다. 그렇지만 이익보험 등 간접손해를 담보하고, 담보위험 혹은 보험목적의 범위를 대폭으로 확장하는 움직임은 19세기에 들어와서부터 나타났다.

영국의 화재보험은 1666년의 런던 대화재에서 비롯된다. 런던에서 대화재가 발생한 다음 해인 1667년에 치과 의사인 니콜라스 바본(Nicholas Barbon)에 의해 개인인수영업방법의 화재보험사업이 시작되었다. 이후 1680년에 바본을 중심으로 한 4인이 회원으로 자본금 400만 파운드로 합자회사인 최초의 화재보험기업이 설립되었다. 이 회사를 초기에는 화재사무소(Fire Office)라고 불렀다. 이후 1705년에 피닉스(Pheonix)라고 개칭한 후 약 100년간 보험사업을 경영하였다.

바본의 화재사무소가 어느 정도의 성공을 거두자 다른 사람들도 그의 뒤를 따라 영업하게 되었다. 1683년에 헤일(William Hale)과 스펠만(Henry Spelman)이 우애조합(友愛組合; Friendly Society)이라고 불리는 상호조직의 회사를 만들어 건물 및 가옥을 대상으로 한 화재보험 사업을 개시하였다. 우애조합은 발생손해에 대해 가입자가 공동분담하는 운영체제를 채택하였다. 이와 같이 우애조합은 상호조직의 성격을 갖는 상호화재보험이었다. 따라서 상호보험 개념을 구성하는 다른 장점이나 자치적인 요인들은 없었다. 가입자는 7년의 보험계약에 대한 예탁금으로서 부보액 100파운드당 6실링 8펜스를 부담하였다.

벽돌건물의 경우 보험금액 100파운드당 매년 1실링 4펜스를, 목재건물은 그 2배의 연간 보험료를 징수하였다. 가입자의 부보물건에 화재가 발생하는 경우에는 1화재에 대해 각자의 부보액 100파운드당 30실링을 상한으로 납입의무를 부과하는 것이었다.

② 우호회사와 썬 화재 사무소

1683년에 한 우호회사에서 화재보험을 취급했고, 그 조합의 이름을 Hand-in-Hand Mutual Insurance Office라고 했다.

가옥의 화재보험만을 취급하는 경영방식을 채택하였다. 연간보험료는 벽돌건물의 경우에는 보험금액 100파운드당 7실링으로 하였으며 보상은 1개 손해에 대해 부보금액 100파운드당 10실링을 하였다.

특히 예탁금의 운영수익이 있다는 것은 일반적인 보험업무와 금융업무의 결합된 오늘날의 보험경영과 같은 형태로 운영하였다는 것을 의미하기도 한다.

우호회사는 근본적으로 경영이 적절하고 경영조직원의 보수부담이 적었기 때문에 번창을 할 수 있었다. 그런데 성장과 더불어 우호회사의 창업취지를 유지하기 어렵게 되었다. 사회경제적 환경의 변화로 성원간의 인적 결합관계가 소원해졌으며, 타기업과의 경쟁에 의해 경영상 계약자를 한정한다던가 무보수로 경영에 참가하던 회원에게 보수를 지급해야 할 필요성이 대두되었다. 이에 따라 1905년에 상업연방(Commercial Union)에 합병됨으로써 우호회사는 해산되었다.

1708년에 포비(Charles Povey)라는 상인이 Barbon과 London에서 화재보험을 취급하는 개인사무실을 설립하였다, 그 후 1710년에 사업체를 회사조직으로 개칭하고 이름을 Company of London Insurer라고 했는데 이 회사는 간단히, The Sun Fire of Office(썬 화재사무소)라고 호칭되어지다가 1897년 이후 썬화재보험회사(The Sun Insurance Office)라고 변경되었다.

이 회사가 근대 화재보험회사의 시작이라고 할 수 있다. 초기에는 영업적인 측면에서 보수주의 성향을 갖고 있었다. 이에 따라 초기에는 영업지역도 런던으로 제한할 수밖에 없었다. 인수금액에 대해서는 재정적 기반의 취약성으로 인해 제한을 두었다. 그렇지만 부동산 이외에 동산보험을 인수하고 경영범위를 영국전역으로 확대함으로써 성공의 기반을 다질 수 있었다.

특히 이 회사는 처음으로 화재위험을 보통위험, 특별위험으로 분류하고 건축물을 용도별로, 상품은 종류별로 구분하여 보험요율을 차별적으로 적용시켜 오늘날까지 영업하고 있다.

나. 미국의 화재보험

미국에서는 1735년에 가옥화재상호보험우애조합(Friendly Society for Mut-ual Insuring of Houses Against Fire)이 사우스 캐롤라이나주의 챨스톤에 설립되었으나, 1740년의 대화재로 인한 사업부진으로 다음해에 폐점하였다. 이와 유사한 우애조합들이 설립되었지만 대부분 폐점하였다.

미국에서 최초로 화재보험사업을 취급한 회사는 1752년의 필라델피아 가옥화재보험회사(Philadelphia Contributionship for the Insurance of Houses from Loss by Fire)로, 이 회사는 상호조직의 형태로 설립되었다. 영업방식은 건물의 존속기간을 계약기간으로 하여 가입자에게 일정금액을 상호 갹출(醵出)하여 납부하게 하고 그 이자를 손해보상과 경영비에 충당하는 방식을 사용하였다.

1784년에는 필라델피아가옥화재보험회사 일부의 사원들이 분리하여 가옥화재상호보험회사(Mutual Assurance Company for Insuring Houses from Loss by Fire)와 1794년에는 발티모어공정회사(Baltimore Equitable Society)가 설립되었다. 이 두 회사는 상호조직에 의한 주택화재보험을 영업하였다.

1787년에는 생명보험과 화재보험을 취급하는 비교적 대규모의 상호조직에 의해 뉴욕상호보험회사(Mutual Insurance Company of The City of New York)가 조직되었다. 이 회사는 1846년에 닉커보커화재보험회사(Knickerbocker Fire

Insurance Company)라 개칭하여 영업을 해오다가 1890년에는 홈화재보험회사(Home Fire Insurance Co.)에 인수되어 해상보험과 화재보험을 취급하였다.

1843년 메세츄세츠주에서는 미경과보험료를 적립하는 법률을 발표하였다. 뉴욕주에서도 1853년에 같은 취지의 법률 공포를 하였다. 이후 약관 및 보험료 경쟁에 대한 감독을 하기 위해 보험국을 각주에 설치하였다.

1853년에는 대륙(Continental)보험회사, 1854년에 피닉스화재(Phoenix Fire)보험회사, 1863년에 소방인기금(Fireman's Fund), 1863에 글로브 · 롯거스(Globe & Rutgers Fire)화재보험회사, 1865년에 파울 해상화재(St. Paul Fire & Marine)보험회사 등이 설립되고, 1886년에 국민화재보험인수회사(National Board of Fire Underwriters)가 조직되었다.

2) 한국의 화재보험 발달

가. 해방전의 화재보험

우리나라에서 제일 먼저 진출한 보험회사는 동경상호보험주식회사로 1880년 1월에 제일은행 부산지점과 보험업무대리점 계약을 체결하였다, 그후 1884년에 영국계의 'Hong Kong Fire insurance'대리점이 인천에 설치되었고 계속해서 각 개항 항구에는 일본계, 영국계, 독일계 등의 보험회사의 대리점이 설치되었지만 그 실적은 매우 미미했다. 한일합방 이후에는 자연히 일본계 보험회사가 국내의 보험을 독점하다시피 했다. 이 당시에도 외국계의 보험회사가 허용되었지만 그 실적은 아주 보잘 것 없었다. 그러다가 1933년 4월 외국환 관리법에 의한 명령이 식민지 당국에 의해서 공포됨에 따라 외화 표시계약은 제한과 통제를 받게 되었고 그 후 태평양전쟁을 계기로 외국계 보험회사들은 우리나라에서 폐점하게 되었다.

우리나라에 본점을 둔 보험회사의 효시는 1922년 일본인에 의해 설립된 조선화재해상보험주식회사이다. 자본금 500만원으로 설립된 이 회사는 단지 본점을 국내에 두고 있을 뿐이지 일본인에 의해 설립 · 운영된 것이었다.

나. 해방후의 화재보험

해방이후 1946년 5월에 조선화재해상보험주식회사, 즉 현존의 메리츠화재가 화재보험업을 시작한 것이 우리 국민에 의해서 경영된 화재보험회사의 효시이다. 이후 군정 3년 동안 신동아손해보험주식회사, 대한화재보험주식회사, 한국화재보험주식회사, 국제손해보험주식회사, 제일화재보험주식회사, 대동화재보험주식회사, 고려화재해상보험주식회사, 동방간이화재보험주식회사등 무려 10개사의 손해보험회사가 설립되어 모두 화재보험만을 취급하여 보험사간의 경쟁이 시작되었다.

화재보험요율은 군정청의 인가사항의 하나였다. 왜냐 하면 요율산정방법이나 요율구성체계에 대해 군정청이 한국의 실정을 몰랐던 까닭에 업계의 원안을 그대로 받아들이는 입장이었기 때문이다.

1951년 2월에 재무부는 귀속재산을 일반물건으로 인수하는 상황에서 귀속재산불하에 따르는 화재보험을 푸울체제로 인수할 것을 지시하였다. 이에 따라 각 보험사별로 귀속재산부보에 대한 최고인수액을 결정하여 푸울계약을 체결하였다. 한편 1955년 7월 동방화재해상보험(주), 그리고 1959년 1월에는 범한해상보험(주)이 설립되어 해상보험을 전문으로 취급하였다. 그러다가 1963년부터 이들 회사들도 화재보험 업무를 취급하기 시작하여 회사 상호도 각각 해상화재보험주식회사로 바꾸었다. 그리고 각 손해 보험회사에서 개별적으로 화재보험을 전담하는 부서를 두어 자유경쟁적 입장에서 화재보험의 영업을 계속하고 있다.

2. 생명보험의 발전

(1) 생명보험계약의 출현배경

1) 생명보험계약의 효시

생명보험은 사람이 일생을 살아가는 동안, 언제 어느 곳에서 발생하게 될지도 모를 질병, 상해, 장해, 사망과 퇴직으로 인한 개인의 소득상실의 위험에 대비하고 과거와 같은 경제생활을 영위할 수 있도록 만들어진 상부상조의 경제적 제도이다.

물론 남은 여생의 생활보장을 내용으로 하는 경제적 구제책은 오래 전부터 존재하고 있었으며 현존하는 최고의 생명보험증권은 1583년 6월 18일자로 작성된 것이다. 그것은 기본스(William Gibbons)라는 남자를 피보험자로 하고 마틴(Richard Martin)이라는 사람이 보험계약자가 되어 체결된 보험계약의 내용을 담고 있다. 보험기간은 12개월, 보험금액은 382파운드 6실링 8펜스이고 보험료는 보험금액의 8%였다. 또한 16인의 개인보험업자에 의해 분담, 인수하는 정기보험이었다.

이 보험계약은 당시 왕립거래소 내의 보험회의소(Chamber Assurances)에 등록되었다.

1583년 이전에도 비슷한 생명보험이 계약되었다. 모든 대부금 채권보전을 위해 채권자가 보험계약자 및 보험금수취인이 되고 채무자를 피보험자로 하는 타인의 생명에 대한 정기보험이었다. 이 당시의 생명보험계약은 개인보험업자에 의해 인수되었으며 계약상의 문언은 당시의 해상보험계약의 문언에 준한 것이었다.

2) 최초의 생명보험 회사

1706년에 John Hartly에 의해 상호종신보험회사(相互終身保險會社; Amicable Society for a Perpetual Assurance)가 설립되었다. 상호종신보험회사는 법인격을 부여받은 세계 최초의 생명보험회사이다.

영업개시 초기에는 보험가입자가 2천명으로 한정되었다. 가입자의 연령에 상관없이 일정한 보험료를 매년 받아서 그것을 회사의 운영비에 사용하고 원리금을 매년 사망한 가입자의 보험금수취인에게 균등하게 분배하였다. 그래서 1인당 분배액은 사망자수의 정도에 따라 변경되었다.

1790년에는 보험가입자의 수를 4천명으로 증가시켰다. 1807년에는 생명보험을 영업할 수 있는 특허장을 취득하고 가입자에 대한 개방, 보험료를 연령에 따라 차별화하는 방법을 사용하였다. 이 회사는 1866년 노르비히(Norwich) 생명보험회사와 합병할 때까지 영업하였다.

3) 영국의 생명보험 발전

1720년에 설립된 왕립거래보험회사와 런던보험회사는 1721년에 생명보험 영업을 시작하였다. 1756년에는 Dodson이 헬리혜성을 발견한 천문학자 Halley가 독일 바르샤와시(市)의 생존자와 사망자를 기초로 하여 작성한 헬리생명표(Halley's Motality table)의 영향을 받아 생명보험료를 가입자의 연령에 따라 차등을 둔 사망보험의 개념을 도입하려고 하였다.

이에 따라 1757년 4월에 특허장을 신청하였지만 왕립거래보험회사와 런던보험회사가 강력히 반대하여 무산되었다.

이후 여러 가지 어려움을 겪은 후에 1762년 9월 17일자로 생명·생존공정보험회사(Society for Equitable Assurance on Lives and Survivorships)가 창설되었다. 생명·생존공정보험회사는 보험계리인을 두고 오늘날에 행해지고 있는 것과 같은 연령별 평균보험료방식에 의한 생명보험사업을 운영하는 최초의 생명보험회사가 되었다.

이 회사는 현존하는 최고의 생명보험회사로서 올드이퀴터블(The Old Equitable)이라고도 불려진다. 이후 생명·생존공정보험회사를 모방하여 여러 생명보험회사가 설립되었다. 이에 영향을 받은 우애조합도 그 운영방법을 개선하게 되었다. 생명·생존공정보험회사에 이어 설립한 회사는 페리칸(Perican)보험회사이다. 이 회사는 그 사업이 번성한 까닭에 1806년에 런던생명보험회사, 프로비던트(Provident)생명보험회사, 록(Rock)생명보험회사 등과 같은 회사들이 설립하는 계기를 만들어 주었다.

4) 미국의 생명보험

가. 생명보험회사

미국 최초의 생명보험회사는 1759년에 설립된 장로교회 곤궁목사·과부·유아 구제회사(長老敎會 困窮牧師·寡婦·遺兒 救濟會社; The Corporation for The relief of Poor and Distressed Presbyterian Ministers, and for The Poor and distressed Widows and Children of Presbyterian Ministers)이다. 이 회사는 곤궁에 처한 장로교의 목사와 그 가족들을 구제하는 것을 목적으로 하는 회원분담제 기금의 성격을 가진 것이었다. 이 회사는 오늘날까지도 번영하여 장로교회 목사기금(Presbyterian Ministers Fund)으로 이어지고 있다.

나. 영리보험회사

1792년 미국 최초의 영리보험회사인 북미보험회사가 설립되어 1794년에 해상화재 및 생명보험의 특허장을 취득하여 개업하였다. 그렇지만 최초에는 해상보험을 주업으로 하고 화재보험 및 생명보험을 부업으로 영업하였다. 얼마 후에는 생명보험의 인수를 멈추었다.

그러므로 미국에 있어서 상업베이스로 최초의 생명보험회사는 1809년에 설립된 펜실베니아생명연금보험회사(Pensylvania Company for Insurance on Lives and Granting Annuities)이다. 이 회사는 1812년까지 특허장을 얻지 못하였다. 그리고 1813년까지 개업도 하지 못하였다. 당시 미국에서는 연금이 생명보험보다도 더 대중성이 있었기 때문에 펜실바니아생명연금보험회사는 연금에 영업중점을 두었다.

보험료 산출에 있어서는 보험계리상의 제 원칙이 이용되어졌다. 피보험자에 의한 고지를 계약의 유효성 기준으로 삼았을 정도로 이 회사의 업무실태는 상당히 근대화되어 있었다.

다. 신탁보험회사

보험회사들은 신탁업에 대한 업무도 겸업하여 상당한 성공을 거두었다. 1830년에 뉴욕생명신탁보험회사(New York Life Insurance and Trust Company)가 설립되었다. 1836년에는 지라드생명보험년금신탁회사(Girard Life Insurance, Annuity and Trust Company)가 주식회사로 설립되었다. 당시 미국에서는 보험계약자를 보험사업 운영의 결정적 원인으로 보는 견해가 지배적이었다. 이 때문에 지라드생명보험연금신탁회사도 주식회사였지만 동사의 보험계약자를 동사의 기업이윤분배대상에 포함시켰다. 이 보험계약자배당제도는 성공을 거두어 생명보험상품의 대부분은 계약자배당부로 이루어졌다. 동시에 정기보험이 쇠퇴하고 종신보험이 증가하는 경향을 보였다.

1840년에 미국에서 설립된 생명보험회사는 29개사였지만 1850년까지 10년간에는 31개사가 설립되었다. 그 중 뉴욕생명보험회사(New York Life Insurance Company), 뉴욕상호생명보험회사(Mutual Life Insurance Company of New York), 뉴져지상호이익생명보험회사(Mutual Benefit Life Insurance Company of New Jersey) 등이 상당한 역할을 하였다.

라. 보험주식회사

1859년에는 하이드(Henry B. Hyde)가 공정생명보험회사(Equitable Life Assurance Society)를 주식회사로 설립하였다. 1865년부터 1870년까지 5년간에 107개의 생명보험회사가 설립되었는데 거의 대부분이 주식회사였다. 1865년에는 뉴욕메트로폴리탄생명보험회사(Mertopolitan Life Insurance Company of New York), 1873년에는 프로덴셜 생명보험회사의 전신이 되는 과부 및 고아친목회사(Widow's and Orphans' Friendly Society)가 설립되었다. 이와 같은 상황아래 생명보험시장에는 과다경쟁이 초래되어 1870년대에는 불경기까지 겹쳐 많은 생명보험회사가 도산하는 사태가 발생하였다.

1858년에는 미셰츄세츠주(州) 보험감독관에 취임하였던 라이트(Elizur Wright)가 불몰수가액에 관한 불몰수법을 적용시키는 등 미국내의 생명보험회사들의 과도한 영리주의 경영을 시정하려고 노력하였다. 또 호만(Sheppard Homanns)은 미국 최초의 경험생명표를 작성하여 보완한 후 1868년에 미국경험표라는 명칭으로 공표하였다. 그렇지만 당시의 생명보험업계에는 규제 등이 미흡하였다.

1900년 전후에는 소위 5대 생명보험으로 대표되는 거대한 생명보험기업들의 세력이 확장됨에 따라 영리주의가 팽배되었다. 이에 따라 1905년에 뉴욕주의회 내에 생명보험회사의 기업활동 전반을 조사하기 위한 위원회가 설치되었다.

이에 의해 대규모 생명보험회사에 대한 투자 및 정치활동에 대한 조사가 행해져 그 동안 제기되었던 문제점들이 지적되었다. 이로 인해 생명보험회사의 신용이 상당히 실추되었지만 이를 계기로 미국의 생명보험회사들이 발전하는 발판이 되었다.

(3) 한국의 생명보험

1) 생명보험의 태동 및 요람기

한국생명보험의 태동기라 할 수 있는 1870년대는 조선의 개항으로 서구와 일본의 문물이 대거 진출했던 시기에 일본 및 구미생명보험회사들이 대리점 형태로 진출했으며, 이중 일본의 제국생명(帝國生命)이 1891년에 가장 먼저 진출하였다.

일본의 생명보험 회사는 한국에서의 영업 강화를 위해 대리점을 지점으로 격상시키고 투자를 확대한 바 있으나, 일본의 패전으로 한국인에 대해 보험금을 지급치 않아 생명보험에 대한 이미지가 좋지 않았다.

또 생명보험의 요람기라 할 수 있는 1946년부터 1961년까지는 해방 후 조선생명보험주식회사가 영업을 실시한 후 협동생명보험회사, 대한생명보험주식회사 등이 설립되었다. 1957년에 동방생명보험주식회사, 1958년에 대한교육보험주식회사가 창립되었고, 1959년에 동아생명보험주식회사가 설립되어 영업을 실시하였다.

그런데 생명보험은 혼란한 사회경제 때문에 영업 성적이 좋지 않았다. 이에 따라 1954년 재무부가 개입하여 정책적으로 보조를 하였다. 그 중 조선생명은 1955년에 상호를 한국생명보험주식회사로 개칭하고 새로운 출발을 시도하였으나 결국 1962년에는 영업을 중지하게 되었다. 1955년 이후에는 생명보험의 발전에 대한생명과 고려생명이 그 일익을 담당하였다. 초기에는 단체보험계약이 주종을 이루었다.

그런데 단체보험이 개업회사의 증가에 따라 경쟁이 치열해지자 1958년 재무부가 각 생명보험사측에 정확한 통계자료와 계산근거에 의해 보험료 및 책임준비금을 산출하도록 하였다. 이 시기에는 생명보험업계가 외형적으로 안정된 것으로 보여졌으나 경영면에서는 상당한 문제를 안고 있었다.

2) 생명보험의 육성기

생명보험의 육성기인 1960년대에 국민저축조합법의 제정으로 생명보험회사가 내자동원기관으로 지정되면서 보험 영업이 급격히 신장되는 한편, 1970년대에는 정치적 안정과 경제성장에 힘입어 비약적으로 발전하였다. 이러한 과정에서 생명보험회사간 경쟁이 격화되어 모집질서 문란 등 부정적인 면이 있었으나, 1977년 보험산업 근대화 시책과 소득공제의 도입 등으로 질적 성장을 이룩하였다.

3) 생명보험의 성숙 및 개방기

생명보험의 성숙기 및 개방기의 1980년까지의 비약적인 성장을 기반으로 생명보험업계는 양적, 질적으로 건전경영을 도모하는 가운데 1985년 미국의 보험시장 개방 압력에 따라 1987년 이후 27개사의 신설생보사가 설립되기도 하였다.

한편 국내 대형생보사들이 해외 정보수집, 해외 투자 및 영업을 목적으로 국제금융 중심지로 진출 및 해외활동을 전개하고 있다.

또한 OECD의 가입으로 보험시장이 추가 개방되고 국가간 보험가입이 자유로워지는 크로스보더(Cross-Border)가 허용되고 새로운 판매 채널인 보험중개사(Broker)제도가 본격적으로 도입되어 치열한 경쟁이 이루어지고 있다.

연습문제

1. 보험의 등장 및 발전과정을 간략히 설명하라.
2. 모험대차와 해상보험제도에 관하여 비교 · 설명하라.
3. 로이즈의 등장과정을 간략히 설명하라.
4. 로이즈의 조직과 특징에 관하여 설명하라.
5. 영국해상보험의 발전과정을 간략히 설명하라.
6. 미국해상보험의 발전과정을 간략히 설명하라.
7. 로이즈의 보험증권 및 영국해상보험법에 관하여 설명하라.
8. 우리나라의 해상보험 발전과정에 관하여 간략히 설명하라.
9. 영국과 미국의 생명보험 발전과정을 간략히 설명하라.
10. 우리나라의 생명보험 발전과정을 간략히 설명하여라.

제3장 보험의 기초 이론

제1절 보험의 의의

1. 보험의 개념

인류의 역사는 인간의 생활안정을 위한 노력의 승화된 기록이라 할 수 있다. 생활의 안정을 추구하는 마음이야말로 인간의 기본적 본능이다. 보험은 이 같은 인간의 기본적 본능을 만족시켜 주는 하나의 수단이라 하여도 좋을 것이다.

그런데 우리는 언제 어떠한 재화(災禍)에 조우하여 경제상의 위기에 직면할지도 모르는 이른바 예측할 수 없는 운명에 놓여져 있기 때문에 잠시도 안심할 수 없다. 즉, 돌연한 가장의 불행으로 인하여 행복해야 할 가정이 완전히 곤궁에 처해 버리거나, 가옥의 소실로 인하여 일생동안의 고생이 일순간 잿더미로 변해 버리는 경우가 있다. 또 예상할 수 없는 미지의 재해로 인하여 가정경제는 위기에 직면하거나, 사업의 파멸이 초래되는 경우도 있다. 농민들은 항상 수해나 한발과 같은 자연재해의 위험 하에 놓여있고, 무역업자나 해운업자는 끊임없이 그 선박・적하(積荷)의 안전을 강구하여야 한다. 이 같은 위험은 언제나 우리 인간의 생활안정 또는 기업경영의 안정을 위협하는 경제적 불안뿐만 아니라 정신적 불안까지도 유발하고 있다.

이 같은 현대의 동태적 경제사회에 대응하여 여러 위험을 극복하고 급변하는 사회에서 문화적인 생활 또는 풍요로운 인생을 유지하며 살아가기 위해서는 어떤 대책이 강구되어야 한다.

그런데 오늘날의 경제제도는 사유재산제도를 기초로 하는 원칙에 의해서 통제되고 그것에 의해서 질서가 유지되고 있다. 자본주의사회에서는 개인주의가 원칙이 되고 일체의 경제적 경영책임은 개별경제주체에 귀속되고 각개인의 경제경영은 자신의 책임 하에 모든 것을 부담해야 한다. 또한 사유재산제도와 자기의 책임원칙에 입각하는 현대의 경제사회제도에 있어서는 수지의 균형을 추구함은 물론 그 계획을 수립할 필요도 있다. 수입의 많고 적음에 따라 지출을 조절하고 지출은 수입을 초과하지 않도록 노력해야겠지만 원칙에 들의 경제활동에는 생각하지도 않았던 불상사가 돌발함으로써 수입의 감소, 지출의 증가에 따른 수지의 불균형이 야기되는 때가 많다.

여기에는 예측 가능한 것도 있지만 예측 불가능한 것도 있다. 전자를 확정적인 사고라고 하고, 후자를 우연적인 사고라고 할 수 있다. 확정적인 사고란 미리 정해져 있는 사고를 말하며, 우연적인 사고란 언제 발생할지 그 발생의 여부가 정해져 있지 아니하는 사고, 또는 발생하는 것은 정해져 있어도 그 시기가 정해져 있지 아니하는 사고를 의미한다. 그러나 확정적인 사고이건 우연적인 사고이건 일단 발생한다면 개개인 또는 기업의 경제는 대소의 영향을 받으며 그 결과 경제적으로 불안정해지거나 파탄으로 이어지는 최악의 상태도 배제할 수 없다.

물론 이 경우에도 개인적 또는 사회적인 구제방법이 마련되어 경제적인 파탄이 완화 또는 회피될 수도 있지만, 오늘날의 경제제도에서는 원칙적으로 개인주의를 기반으로 하는 이상, 자기의 책임은 자기가 져야 하기 때문에 이에 대하여 어떤 수단을 강구하지 않으면 안 된다.

일반적으로 우리들이 취할 수 있는 수단으로는 ⓐ예방책(豫防策) ⓑ진압책(鎮壓策)ⓒ선후책(先後策)의 세 가지를 들 수 있다.

첫째, 예방책이란, 사고의 발생을 미연에 방지하는 방책이다. 즉, 사고 발생의 원인을 탐구하고 그것을 근본적으로 배제함으로써 사고발생을 근절하거나 또는 축소토록 하는 것이다. 예를 들면, 질병예방 조치・재해방지시설・기계안전장치・교통안전대책 등 기술적 및 행정적인 모든 예방책이 이에 해당한다. 물론 오늘날은 자연과학 및 기술의 진보에 의해서 사고발생의 근절 및 축소가 상당한 수준으로 향상되고는 있지만, 재해발생 자체를 근절시키는 것에는 한계가 있다.

둘째, 진압책이란 발생한 사고의 영향을 가능한 한 극소화시키거나 근절시키는 방책이다. 예를 들면, 화재에 대한 소방시설, 해난에 대한 해난구조시설, 질병에 대한 의료시설이 이에 속한다. 그러나 진압책에 의해서도 충분히 목적을 달성할 수 없는 단점이 있다.

셋째, 선후책이란 발생한 사고에 대해서 그 영향을 완화・경감・제거하는 방책으로, 사고처리의 해결을 위한 가장 이상적인 시설이다. 이 같은 선후책에는 세 가지 방법이 있다. 먼저 타인의 힘을 빌리는 것으로 개인, 단체 또는 자치단체에 의한 부조, 구제, 기부 등에 의한 방법으로 특정한 사람을 대상으로 하는 것이고 모든 사람에 대한 선후책은 아니다. 다음에 저축에 의한 방법이다.

저축은 우연적 사고에 대비하는 좋은 방법이지만 필요한 자금을 축적하기까지는 상당한 기간을 필요로 하므로 만약 조기에 사건이 발생하는 경우에는 충분히 그 목적을 달성할 수 없으므로 이것 또한 합리적인 선후책이 될 수 없다. 마지막으로 보험제도가 있다. 이것은 우연적 사고에 대처하는 방법으로 발생한 사고에 대해서 그 영향을 완화・경감・해소・제거하고 또한 경제적 안정을 확보하는 제도이다. 이 제도에 의해서 가계는 물론 기업도 내재하는 우연적 불안을 제거할 수 있으며, 경제적 안정과 보장을 바탕으로 보다 고도의 경제활동을 영위할 수 있다.

2. 보험의 용어

assurance(insurance)란 독일어의 Versicherung: Assekutanz, 프랑스어의 assurance, 이탈리아어의 Assicuranza: Assictazione; Siccuezza, 포르투갈어나 스페인어의 Seguro; Aseguracion, Verzekung와 동일한 의미를 지니고 있으며 라틴어의 Securitas, 즉 「보증」, 「담보」라는 의미와 유사하다.

그런데 이상의 외국의 어휘 중[안전한, 신뢰할 수 있는, 확실한]이라는 의미를 나타내는 부분이 공통적으로 포함되어 있음을 알 수 있는데, 예를 들면 assurance의 sura가 그것이다. sura란 sure의 의미로 확실하며 의심이 없음을 나타내는 가장 간단한 용어로서, 명확한 이유나 증거에 기인하며 [확실한]이라고 말할 때의 certain이나, 어떤 것을 확신하기도 하고 확실한 것을 기대할 때에 사용하는 Confident 또는 부동의 확신을 말하는 positive와는 다소 그 의미상 차이가 있다.

그런데 Assurance란 원래 라틴어의 ad와 securus의 합성어라고 알려지고 있다. 이 ad는 add로써 [부가한다]·[덧붙인다]라는 의미이며, securus는 [안전]을 의미한다. 따라서 assurance의 본래 의미는 한층 안전하게 하는 것으로 그 안전을 위협하는 다양한 우연한 사고에 대처하는 것이라고 볼 수 있다. 우리가 현재 assurance의 번역어로써 사용하고 있는 [보험]이라는 용어에 있어서 [保]는 [무엇을 신뢰할 수 있는, 무엇인가 확실한, 의심할 것이 없는]이라는 의미를 가지고 있음을 추론할 수 있다. 그러면 무엇을 확실하게 하느냐 라는 의문이 생길 것이다.

그 때문에 보험의 [險]이 가지는 의미를 살펴보아야 할 것이다. assurance, Versicherung 혹은 Seguro에는 그것을 나타내는 부분이 없다. 그러나 위험, 보험의 [險]을 말하는 것으로 추론하여도 별 문제는 없을 것이다.

결국 [보험]이란 [위험을 어떤 방법을 사용함으로써 확실하고 의심이 없는 것으로 하는 것], 즉 [위험을 어떤 방법을 이용하여 보증하는 것]이라고 할 수 있다. 문제는 어떠한 사람이 어떠한 방법으로 어떠한 위험을 보장하느냐 라는 기술에 달려 있다.

3. 보험의 본질에 대한 제학설

보험학에 있어서 그 연구대상인 보험사상의 공통 또는 기본적인 이론영역을 바르게 파악하고, 「보험의 본질이란 무엇인가」를 명확하게 규정하는 것은 보험학에 있어서의 최초의 과제임과 동시에 보험학 연구에 있어서의 최후의 결론이라 할 수 있는 바, 이 과제에 관한 개념규정의 논의가 일반적으로 보험학설이라 불리고 있다. 보험본질에 관한 학설은 초기에는 주로 해상보험의 법률적 해석이 대부분을 점하고 있었다. 따라서 보험은 손해보상의 계약이라는 설이 오랫동안 무비판적으로 주장되어 왔었다. 그러나 18세기에 생명보험이

19세기말에는 사회보험이 각각 성립하면서부터 보험의 과학적 연구가 전개되면서부터 보험의 본질도 단순한 손해분담의 경제적 구조라는 개념만으로는 그 설명이 충분하지 못하게 되었다. 그 후 보다 적절한 보험의 본질을 해명하기 위한 연구가 계속되어 왔고 다종다양한 학설이 주장되어 왔으나 아직까지 이 문제에 관한한 정설이 없다고 해도 과언이 아닐 것이다. 왜냐 하면 보험의 본질을 파악하기 위한 제 학자들의 학문적 견해와 그 접근방법이 서로 상이할 뿐 아니라, 사회경제적 발전에 부응한 보험사상에 대한 역사적 인식 또한 변화하고 있기 때문이다.

본 장에서는 이와 같은 「보험의 본질에 대한 학설」 중에서도 주된 학설만을 취하여 그 논점이 현대의 보험사상을 어떻게 집약적으로 설명하고 있는가를 살펴봄으로써 보험의 본질을 보다 명확하게 이해할 수 있도록 하겠다.

그러면 지금까지 제창되어 왔던 학설을 발전적 계통에 따라서 분류해 보면 다음과 같이 도시해 볼 수 있을 것이다.

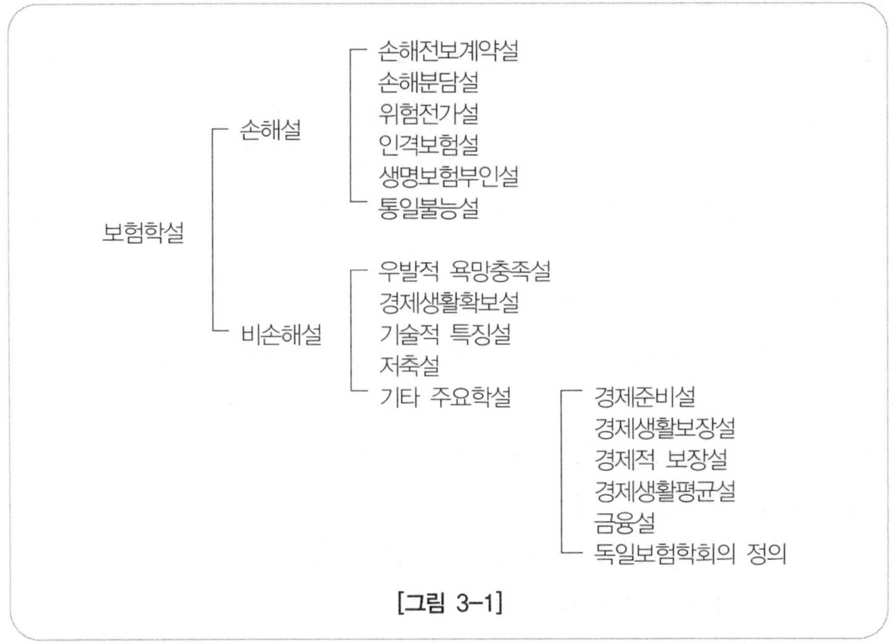

[그림 3-1]

(1) 손해설

보험의 본질을 설명함에 있어서 손해라는 개념을 도입하여 보험의 본질은 손해의 보상에 있다는 입장에 속하는 학설군(群)을 칭하여 일반적으로 손해설이라 부르고 있다.

1) 손해보상계약설

손해보상계약설에 의하면, 보험이란 당사자의 일방이 약정한 금액을 징수하는 대신에 상대방이 직면하고 있는 위험이나 사고의 발생으로 인하여 입게 되는 손해를 보장하는 계약이라고 하고 보험계약을 정의하기 위하여 한결같이 계약당사자의 입장에서 보험의 개념을 설명하고 있다. 따라서 이 학설의 특징은 ① 보험의 기능을 손해의 보상으로 본다는 점과 ② 보험을 보험자와 보험가입자 사이의 계약으로 본다는 점에 있다.

이 학설을 주창한 대표적인 학자로서는 영국의 S. Marshall, 독일의 A. Masius 등을 들 수 있다.

그런데 보험의 본질을 손해의 보상에서 찾으려는 경우, 물건을 대상으로 하는 손해보험일반에서는 통용될 수 있을지라도 생명보험에 있어서는 손해라는 개념으로는 설명할 수 없다.

인간의 사망을 과연 경제상의 손해라는 의미로서 설명할 수 있을까. 가령 사람의 사망이 경제상의 손해를 야기하는 것으로 인정한다 하더라도, 사망의 반대현상인 생존에 대하여 보험을 지급하는 생존보험의 경우, 즉 피보험자가 일정 연령까지 생존하는 경우를 조건으로 하고 손해의 발생유무나 발생의 대소와는 관계없이 약정한 보험금이 무조건 지급되는 경우에도 이것을 손해보상이라는 개념으로 해석하는 것은 참으로 부자연스러울 것이다. 따라서 보험의 본질을 손해의 보상에서 찾으려는 이 학설로는 보험일반의 본질을 설명하기에는 적절하지 않다. 또 이 학설은 보험을 하나의 계약관계로서 설명하지만 원래 계약과 보험을 동일시하는 생각은 잘못이다.

생각컨대 보험은 다수의 경제주체 사이에 성립하는 하나의 경제제도이고, 보험계약은 이 제도에 참가하는 보험자와 보험가입자의 사법상의 계약관계를 나타내는 것에 지나지 않기 때문이다.

이 같은 비판에도 불구하고 손해보상계약설은 1936년경의 미국 보험학자들의 사이에 널리 주장되었으며 그 대표적인 학자로서 F. Gephart와 H.

Magee를 들 수 있다. Gephart는 그의 저서「보험학의 원리」에서「보험이란 일회 또는 수회에 걸쳐 현금을 받는 대신에 어떤 우연사고의 결과 발생하는 손해를 보상하기 위하여, 일정한 금액을 지급하는 계약」이라 하였고, Magee는「보험이란 보수를 받음으로써 피보험자가 직면하게 될 손해를 보상할 의무를 보험자에게 부담시키는 계약」이라고 정의하였다.

2) 손해분담설

손해보상계약설의 계약적 이론구성을 탈피한 손해설로서 A. Wagner가 주창한 손해분담설이 있다. Wagner는 1898년에 집필한「보험학」 속에서 보험을 다음과 같이 정의하고 있다.「경제상의 의의에 있어서 보험이란 피해자에 있어서는 우연한 사고, 즉 개개인의 경우에는 그 발생을 예견할 수 없는 사고에 의해서 일개인이 재산상의 불이익한 결과를 동일한 위험에 처해 있으면서도 아직 실제로는 이에 조우하지 않은 다수의 경우에 분할함으로써 배제 또는 경감하는 경제제도이다.」

그런데 Wagner가 주창한 손해분담설은 손해라는 말을 피하고 재산상에 입는 불이익(실질적으로는 손해개념과 동일의미)이라는 말을 사용하여 보험을 설명하고 있지만, 그러나 보험의 개념을 손해의 전보에서 찾으려 하는 한 생명보험의 설명에 대해서는 손해전보계약설과 똑같은 비판을 면하기 어렵다.

또한 Wagner가 주창한 손해분담설은 손해전보계약설과 같이 보험을 보험자와 보험계약자와의 계약관계로 보지 않고 보험수가입자의 상호관계임을 강조하고 불이익한 결과를 다수의 경우에 분할함으로써 손해를 전보한다고 함으로써 실제상 보험으로 보기 어려운 자가보험까지도 보험으로 포괄하여 규정하고 있다는 비판도 받고 있다.

그럼에도 불구하고 Wagner의 손해분담설은 손해보상계약설과 같이 보험을 보험자와 보험계약자와의 계약관계로 보지 않고 보험성립의 기초가 되는 단계적 기능에 착안하여 다수경제주체의 집합을 이론구성의 중요한 요소로서 투입하고 있는 점에 높은 평가를 받고 있다.

3) 위험전가설

위험전가설은 보험이란 위험을 타인에게 전가하는 것이라고 보는 학설이다. 여기에서 위험이라는 말은 보험용어상 여러 가지 의미로 해석되고 있지만 이 학설에서 의미하는 「위험이란 경제상의 손해를 입을 가능성」을 표현하는 것으로 보험은 이 같은 의미의 동일한 위험에 직면하고 있는 다수의 사람들이 보험단체를 구성하고 가입자 개개인의 위험은 그 단체에도 전가된다고 하는 관계에서 보험의 본질을 설명하고 있다. 따라서 손해분담설이 사고발생후의 사태를 나타내는 개념임에 대하여 이 학설은 사고발생이전의 사태를 나타내는 개념이라 할 수 있다. 그러나 이 학설도 손해의 전보 또는 분담이라는 관념에서 보험의 본질을 파악하려 하는 한, 상술한 두 학설과 똑같은 비판을 면하기 어려울 것이다.

이 학설은 미국 보험학자들에 의해 널리 주장되고 있으며 그 대표자는 H. Willett이다. 그는 1901년에 간행된 「위험과 보험의 경제이론」 속에서 「보험이란 자본의 불확정한 손해에 대처하기 위하여 자금을 축적하는 사회적 시설이며, 다수의 개인의 위험을 일개인 혹은 다수개인의 집단에게 전가함으로써 이루어지는 것이다」라고 정의하고 있다.

4) 인격보험설

인격보험설은 손해라는 개념을 확대해석하여 물질적 손해는 손해보험이 전보하고 생명보험은 정신적 손해를 전보한다는 논리로서 보험일반을 설명한 것이다.

이 학설의 대표적 학자인 J. Koholar는 인격보험이라는 용어를 사용하여 생명보험의 손해성을 부인하는 입장에 반발하여 다음과 같이 주장하고 있다.

「인보험이 보험이 되는 이유는 그것이 인사상의 사고에 의해서 야기된 재산상의 손실을 전보하기 때문임을 물론 그 같은 사고로 인하여 근친을 잃은 유족이 그와 아울러 평소 그 사람에게서 받던 정신적·도덕적 감화까지 상실하여 생활상의 안정은 물론 삶의 용기도 자극도 없어지게 되었을 때 보험금은 그에 대한 전보도 아울러 실현시킬 수 있다. 만약 생명보험을 단순히 사람의 사망에 따른 재산상의 손실만을 전보한다고 보는 것은 유물주의적 관점에서 취한 잘못된 견해이다」

그는 또한 「생명보험과 상해보험을 미(未)손해보험이라고 하고 기타의 것을 손해보험이라고 하여 양자를 구별하고 있으나 엄밀히 말하면 생명보험과 상해보험은 인격보험이다」라고 주장하고 있다.

Koholar의 이 같은 인격보험설은 확실히 재산상의 사고로 발생하는 정신적 손실은 경제적 급부, 즉 금전적 급부에 의해서 이를 경감・완화하는 것이 가능하다. 그렇지만 육친을 잃은 데서 오는 정신적 고통을 어떻게 금전 기타의 경제적 급부로 전보할 수 있으며, 유족에게 지불되는 생명보험금을 이 같은 종류의 「인격적 손해」, 즉 격려나 위안 등의 정신적 손해를 금전적으로 평가한 것으로 볼 수 있을까. 또 가령 생명보험이 사망이라는 생명가치의 상실을 전보하는 것이라고 주장한다면 사망과는 반대의 생존의 경우에 지불되는 생존보험금(만기보험금)에 대해서는 어떻게 설명하면 좋을까. 이 같은 의문점이 존재하는한 인격보험설을 정론으로 받아들이기는 곤란할 것이다.

5) 생명보험부인설

생명보험부인설은 보험과 손해전보성은 불가분의 관계에 있음을 강조하고 생명보험에 대하여는 손해라는 개념을 재산상의 손실이라는 협의의 해석으로도 또 인격보험설과 같이 광의의 해석으로도 도저히 납득이 가능한 충분한 설명을 할 수 없다는 이유로 생명보험의 보험성을 부정하는 특색을 가지고 있다.

법학자의 견해의 대부분은 생명보험은 보험의 성질이 결여되어 있고, 보험과는 다른 종류의 계약 또는 단순한 금액을 지불하는 계약이라고 주장하고 있으며 경제학자로서 생명보험을 부인하는 학자의 견해도 대체로 법학자의 견해와 다를 바 없다. 예컨데 독일의 경제학자인 L. Elster도 「독일에 있어서의 생명보험」이라는 저서 속에서 생명보험에 대하여 손해전보성을 전면 부인하고 국민경제적 관점에서 볼 때 생명보험은 저축에 지나지 않는다고 그 보험성을 부정하고 있다. 또 미국의 경제학자 H. Wiooett도 「생명보험은 보험이 아니고 일종의 투자(investment)이다」라고 하였다.

이 같은 생명보험부인설은 생명보험이 손해의 전보 또는 분담이 없다는 이유만으로 그 보험성을 부인하고, 더욱이 각국의 법률이 이를 보험이라고 성문법에 규정하고 있는 오늘날의 상황에서는 도저히 시인할 수 없는 학설이라 하겠다.

6) 통일불능설(이원설)

통일불능설은 인보험과 손해보험과의 사이에는 공통하는 개념이 없기 때문에 한 개의 개념으로 양자를 통일적으로 정의하는 것은 불가능하다고 보는 학설이다. 결국 생명보험과 손해보험 사이에는 양자를 통일시킬만한 공통적인 요소가 없기 때문에 각각에 대하여 별개로 정의해야 한다는 주장이다.

이 설은 많은 법학자들에 의해 제창되고 있는데 이는 오늘날 각국의 법전(法典)속에는 보험계약에 관한 규정이 통일적으로 규정되어 있지 않고 손해보험(물보험, 재산보험)과 생명보험(인보험)으로 나뉘어 규정되어 있고, 또 보험계약법상으로도 손해보험과 생명보험은 그 법적 성질이 매우 상이하기 때문에 법에 의한 규제나 법해석상으로도 양자를 별개로 취급할 필요가 명백히 인정되고 있기 때문이다.

이 설을 주장하는 대표적인 학자로서는 독일의 유명한 V. Ehrenberg를 들 수 있다. 그에 의하면「보험이란 손해의 전보 혹은 일정금액의 지불을 목적으로 하는 계약이며, 보험계약은 당사자의 일방이 계약에 정해진 불확정한 사건이 발생한 경우에 상대방에게 발생한 손해를 전보할 의무 또는 약속한 금액을 지불할 의무를 유상으로 부담하는 독립적인 계약이다」라고 하였다.

그러나 이 설도 부분적으로 우연히 손해라는 개념을 고집하고 있다는 점과 보험에 대한 통일적인 정의의 규명을 단념 또는 포기하여 버렸다는 점에서 중대한 결함을 안고 있다.

(2) 비손해설

보험의 본질을 설명함에 있어서 손해라는 개념에 집착하지 않고 통일적인 이론을 추출하고 이를 통하여 모든 보험의 본질을 일원적으로 정의해 보려고 시도한 학설군을 일반적으로 비손해설이라고 한다.

1) 우발적 욕망충족설

우발적 욕망충족설은 모든 경제행위의 내용은 결국 욕망충족에 근거한다는 주관적인 학자와 보험사상과의 이론적 관련을 찾아내어 보험의 목적, 기능이란 우연한 특정사고의 발생에 의하여 어떤 물적 수단에 대한 욕망이 생긴 경우에 이를 조달 또는 충족하는 것이라고 보는 설이다. 예를 들면 손해보험에서는 손해의 전보에 의해서 경제적 욕망을 충족하고 생명보험에서는 일정금액의 급부에 의해서 경제적 욕망을 충족한다는 주장이다.

이 학설의 대표적 학자로서 이탈리아의 U. Gobbi를 들 수 있는데, 그는 손해의 전보라고 하는 것도 결국은 경제적 욕망의 충족에 지나지 않는다는 생각에서 인간은 그 생활을 유지발전하기 위해서는 여러 가지 욕망을 가지며 그 욕망에는 현재적 욕망도 미래적 욕망도 있다. 미래적 욕망에 대해서는 미래의 욕망을 야기할지도 모르는 우연적 사고에 대한 준비가 필요하지만 이 준비의 방법으로서 저축을 생각할 수 있다. 그러나 그 준비의 필요성이 느껴지는 사태의 발생이 불확정한 경우는 저축만으로는 불충분하다.

이 같은 생각에서 Gobbi는 우연적 사고의 확률에 준거하여 필요자금을 저축한다면 비교적 부담이 적고 더구나 예상되는 사고가 실제로 발생한 경우에는 그 저축에 의해서 충분히 충족시킬 수 있다고 주장하고 이같이 조직적으로 저축하는 것을 보험이라 하였다. Gobbi는 보험을 다음과 같이 정의하고 있다.

「보험이란 욕망을 일으키는 우발사고가 발생한 경우에 필요한 자금을 최소의 비용과 충분한 확실성을 가지고 조달함을 목적으로 하는 것이다」

이상의 Gobbi의 설은 독일의 유명한 보험학자 A. Manes에 승계되어 보완된 후에는 당시 보험학회의 지배적인 학설이 되었다. Manes는 1930년에 저서 「보험론」 제5판에서 보험의 정의를 다음과 같이 내리고 있다.

「보험이란 똑같은 위협을 받는 다수의 경제주체가 우연하지만 계량할 수 있는 금전상의 욕구를 상호적으로 충족하는 것이다」. 이 Manes의 정의는 보험의 본질, 기능을 우연한 금전필요의 충족이라고 본 점에 최대의 특색이 있다고 할 수 있다.

그런데 이 설은 경제학적 입장에서 보험의 본질을 탐구하고 또한 학설사상 대전환기를 가져온 것이라는 평가에도 불구하고 보험의 경제적 목적과 기술적 구성이 명확하게 구별되지 않는다는 비판, 즉 똑같은 불안은 무엇이며, 상호적 충족은 무엇이냐 예를 들어 생존보험은 금전상의 필요충족을 목적으로 한다고 할 수 있느냐라는 문제점이 지적되고 있다.

2) 경제생활확보설

경제생활확보설은 보험가입자의 목적 및 동기를 중시하고 가입자가 보험에 의해서 달성하려고 하는 보험의 목적 및 보험금지급조건은 반드시 직접적인 관계는 없고 그 참된 목적은 보다 근저에 있는 공통적인 경제의식, 즉 불확실한 미래생활에 대하여 경제상의 안전을 확보하려는 일반적인 고려가 모든 보험에 공통하는 통일된 개념이라고 보는 견해이다.

이 학설은 오스트리아 윈 대학의 보험법교수였던 J. Hupka에 의하여 발표되었는데 그는 1901년에 발표한「보험계약의 개념」속에서 다음과 같이 주장하고 있다.

「모든 보험에 공통하는 특성은 종래 학자들이 주장하는 바와 같이 반드시 측정한 우연적 사고에 대한 경제준비가 아니고 불확실한 미래에 대하여 경제상의 보호를 얻으려는 동기에 기인하여 미래에 대한 일반적인 준비이다」

이와 같은 Hupka의 학설은 전술한 우발적 욕망충족설과 비교해 볼 때 근본적인 차이점을 발견할 수 있다. 즉, 우발적 욕망충족설에서는 가입자가 보험에 의하여 충족하려는 우발적 욕망은 당사자가 보험사건으로 규정되어 있는 어떤 특정사건의 직접적인 결과로서 야기된 것이며 보험은 이 같은 욕망의 충족을 목적으로 하는 제도하는 주장인데 비하여, Hupka는 상술한 것은 재산보험에 대해서만 인정될 뿐 생명보험에서는 보험에 의해 충족하려는 욕망도 반드시 보험사건으로 정해져 있는 특정의 사건과 직접적인 인과관계가 있는 것이 아니고 그것은 보험사고이전에 이미 발생한 것도 있으며 또 보험사고가 발생한 이후에야 비로소 생긴 것도 있을 수 있다고 하였다. 환언한다면, 우발적 욕망충족설에서는 보험사고와 욕망사고를 동일시한데 반하여 Hupka는 이를 동일한 것으로 보지 않는다는 것이다.

그런데 이 학설도 다른 학설로서는 설명이 곤란한 생존보험을 포함하는 모든 보험을 일원적으로 설명하는데는 성공한 것 같이 보이지만, 보험은 개개의 보험사고와의 직접적인 관련을 무시할 수 없음에도 불구하고 특정한 보험사고와 보험의 급부와의 밀접한 관계를 부정하고 또 가입자의 이용목적이란 각자의 주관에 따라서 다양하고 일률적으로는 규정할 수 없음에도 이를 보험의 개념으로 취급하려는 것은 객관적 타당성을 생명으로 하는 정의는 될 수 없다는 비판을 받고 있다.

3) 기술적 특징설

기술적 특징설이란 보험의 특징을 기술에 있다고 보고 이 같은 측면에서 손해보험과 생명보험을 통일적으로 개념지우려는 학설이다. 이 설을 처음 주장한 것은 이탈리아의 상법학자 C. Vivamte인 데 그는 저서 『보험계약론』에서 「보험계약은 보험기업에 우발사건이 발생할 때에 그 발생사건의 확률에 따라서 계산된 보험료 적립금에 의하여 일정한 금액의 지불의무를 지는 계약이다」라고 주장하였다.

또 독일의 B. Krosta는 「보험이란 유상적(有償的)인 평균을 목적으로 행하는 위험의 결합이다」고 정의하고 이 경우 「위험의 평균」이란 각종 위험의 정도를 보험료 결정의 때에 정확하게 평가하는 것을 의미한다고 강조하고 있다.

이 설은 보험의 기능을 완수하기 위해서는 이와 같은 특수기술의 원용이 불가결한 요소라고 할지라도 보험의 기술적 요소만을 지나치게 중시한 나머지 보험의 경제적 목적 및 기능을 등한시했다는 비판을 면하지 못하고 있다.

4) 저축설

저축설은 경제의 불안정에 대하여 발생한 것으로, 보험이란 경제의 불안정에 대한 일종의 저축이며 미래의 욕망을 위해서 축적하는 소득의 부분이라고 주장하고 있다. 이 설의 대표적인 주창자로서 F. Hulsse를 들 수 있는데 그는 「경제적 의미에 있어서의 보험이란 경제의 불안에 기인하는 저축의 불경제적인 성질을 제거하기 위해서 불안을 이용하여 저축의 부담을 동일한 불안 속에 있는 다수의 경제에 분할하는 시설」이라고 정의하고 있다. 이어서 그는 보험에 대해서 다음과 같은 설명을 추가하고 있다.

보험이 성립하는 근본이유는 경제의 불안정에 있다. 경제생활이 혹은 문명이 진보하면 경제행동을 지배하는 것은 이미 현재의 욕망만이 아니라 현재·미래에 걸치는 모든 욕망이다. 따라서 욕망충족을 위한 규율적 행위는 재화의 획득 이외에 소득을 다수의 경제기간에 분할함에 의해서도 성립한다. 그러므로 규율적 경제행위는 현재의 욕망충족을 위한 화폐지출만이 아니라 미래의 욕망충족을 확보하기 위함이다.

경제준비의 초점이 되는 것은 재산상의 위험도 아니고 재산상의 욕망도 아닌 바로 소득이 동요하기 쉬운 것 및 충분하지 못하기 때문이며 소득을 더 얻고 싶다는 욕망이 생기는 데 있다.

보험은 경제준비이며 일종의 저축이지만 저축이 보험이 되기 위해서는 준비비용이 저렴하고 그 안전이 확보되는 방법에 의해서 우연을 이용할 수 있는 단체조직에 의하여 결성되어야 한다.

사(私)경제상의 의의에 있어서는 보험은 저축이 아니지만, 국민경제적 기능에 착안하면, 그것은 공동의 저축이라 할 수 있다. 경제상의 준비가 오로지 사경제상의 저축일 때에는 그것은 보험의 영역에 속하지 않지만, 그러나 사경제상의 저축의 성질이 상실되고 특수한 경제적 저축현상으로서 존재하고 우연을 이용하여 우연을 제거하게 되면 이것은 보험이라고 할 수 있다. 우연을 이용하는 것이 경제불안을 제거하기 위하여 행해질 때 여기에 보험이 존재하는 것이다.

이 설은 지금까지 발표된 보험학설이 주로 손해설, 욕망충족설에 중점을 둔 데 반해서 경제학적 견지에서 경제의 안정을 추구한 점에 있어서는 높은 평가를 받고 있지만 소득의 문제에 집착한 나머지 물(物)보험에 대한 설명에는 부적합하다는 비판을 받고 있다.

5) 기타 주요학설

가. 경제준비설

보험이란 일정한 우연사고에 대한 경제준비의 사회적 형태로서 다수의 경제주체가 결합하고 확률계산에 근거하여 공평한 분담을 행하는 경제시설이다.

나. 경제생활보장설

보험이란 우연적인 사고에 기인하는 경제불안에 대한 선후책이며, 경제안정을 도모하는데 필요한 수단을 합리적으로 산정된 갹출에 의하여 다수의 경제주체가 협조하여 상호간에 조달하는 경제시설이다.

다. 경제적 보장설(예비화폐설)

보험이란 가정 또는 기업이 경제적 보장을 달성하기 위한 예비화폐를 사회적 형태로 축적하는 제도로서 다수의 경제주체가 결합하고 확률계산에 기인하는 합리적인 분담액의 갹출을 그 방법으로 하는 제도이다.

라. 경제생활평균설

보험이란 사유재산제도하에서 경제생활에 있어서의 미래의 불안을 제거·보존하고 나아가서 이를 한층 발전시키기 위한 혹은 각 개별경제간의 생활자료의 평균을 획득하기 위한 부분적 집합책임의 시설이다.

마. 금융설

보험이란, 우연성을 가지는 사실의 현실을 발생조건으로 하는 금융제도이다.

바. 독일 보험학회의 정의

보험이란, 개별적으로는 불확실한 그러나 전체적으로는 평가 가능한 금전적 필요를 개별경제의 다수를 결합함으로써 얻을 수 있는 위험의 평균화에 의해서 계획적으로 충족하는 것이다.

이상과 같이 보험 본질론은 보험의 목적이나 기능을 어떻게 파악하느냐에 따라서 여러 가지 학설이 있을 수 있고 모든 보험을 포용할 수 있는 보험의 본질을 찾아내는 것은 쉬운 일이 아님을 알았다. 그러나 상술한 제 학설은 각기 나름대로 우수한 특징을 지니고 있어서 이들을 정리하여 보면, 보험의 정의를 얻을 수 있다.

「보험이란, 우연적 사고에 의한 경제불안의 가능성을 제거하기 위하여 다수의 경제주체가 결합하고 합리적으로 계산된 갹출에 의해서 공동준비금을 형성하는 경제제도이다」

4. 보험의 요소

상술한 보험의 정의는 다음의 4가지 요소에 의하여 구성되어 있음을 알 수 있다.

① 우연적 사고에 의한 경제불안의 가능성제거
② 다수의 경제주체의 결합
③ 합리적으로 계산된 갹출
④ 공동준비금의 형성

그러면 이들 구성요소에 대하여 검토하여 보자.

(1) 우연적 사고에 의한 경제불안의 가능성제거

보험은 개별경제주체가 직면하는 우연적 사고에 의한 경제불안의 가능성을 제거하는데 그 목적을 두고 있다. 우연적 사고란, 개별경제주체의 관점에서 볼때 장래 발생자체가 불확실한 사고 혹은 장래 발생시기가 불확실한 사고를 말한다. 예를 들면, 화재나 지진은 전자에 속하고, 사망은 후자에 속한다. 그리고 경제불안의 가능성이란, 장래 재산상의 손해, 소득의 상실, 금전지출 등에 의해 개별경제주체의 안정적인 수지의 균형이 깨어질 가능성을 의미한다. 우연적 사고에 의한 경제불안의 가능성이란 위험이라고도 표현할 수 있기 때문에 보험은 개별경제주체의 위험을 제거함을 목적하는 제도라고도 한다.

(2) 다수의 경제주체의 결합

보험은 다수의 경제주체의 결합을 기반으로 하는 제도이다. 보험이 기능하려면 다수의 경제주체의 결합체인 보험단체 혹은 위험단체의 존재가 불가결하게 된다. 여기에서 말하는 다수란, 보험이 대상으로 하는 위험의 성질에 따라서 다르지만, 원칙적으로 대수의 법칙이 보험단체에 작용할 수 있는 정도일 것이 요망된다. 보험은 대수법칙의 작용을 이용한 제도라고도 할 수 있다. 그렇게 함으로써 개별경제주체의 입장에서는 예측이 불가능한 우연적 사고가 보험단체의 입장에서는 예측가능한 확정적 사고가 된다.

(3) 합리적으로 계산된 갹출(醵出)

다수경제주체의 결합의 결과로서 갹출이 합리적으로 계산될 수 있다. 여기에서 합리적이라는 의미는 보험단체로 하여금 수지가 균형을 유지하는 것을 의미한다. 즉, 보험단체에 있어서 갹출의 총액과 보험금의 총액이 일치하도록 갹출이 계산되어야 한다. 소위 수지상등의 원칙이 달성될 수 있도록 갹출이 산정되어야 한다. 보험단체에 있어서 우연적 사고가 예측가능한 확정적 사고가 되기 위해서는 그 위험률, 평균손해율에 근거하여 보험단체의 장래의 필요자금이 확정될 때에 비로소 가능하게 된다.

(4) 공동준비금의 형성

갹출 집적의 결과로써 공동준비금이 형성된다. 이 준비금은 현실적으로 우연적 사고에 조우한 보험단체의 가입자인 개별경제주체를 위하여 충당된다.

하나의 경제제도로서 보험이 성립하기 위해서는 이상의 제요소가 모두 충족되어야 한다.

제2절 보험의 기본원리

1. 대수의 법칙과 보험제도

보험제도의 운영은 손해를 발생 전에 정확하게 예측할 수 있는 경우에만 가능하게 된다. 손해를 정확하게 예측할 수 있는 경우에는 위험을 경감시킬 수 있다. 그 같은 경감은 「대수의 법칙(大數의 法則; law of large numbers)」이라는 수학적 원리에 기인한다.

어떤 특정의 가옥에 대하여 금후 1년 사이에 화재로 인한 소실여부를 예측하는 것은 거의 불가능하지만, 관찰의 대상을 넓히고 장기간에 걸쳐서 화재발생의 실적을 관찰하면, 거기에 일정한 규칙성이 존재한다는 사실을 알 수 있다. 즉, 발생빈도에 관한 확률을 통계적으로 파악할 수 있는 것이다.

이같이 개개의 경우만을 본다면, 그 발생이 우연적인 것이어서 전혀 예측이 불가능한 경우에도 이것을 장기간에 걸쳐 대량으로 관찰해 보면 그 발생에 대한 일정한 확률을 파악할 수 있는 데, 이것을 대수의 법칙이라 한다. 환언한다면, 대수의 법칙이란 특정의 우연적 사고 예를 들어 화재와 같은 사고의 과거 발생률을 불특정다수에 대하여 장기간에 걸쳐 관찰하면, 일반사정에 특별한 변화가 없는 한, 미래의 발생률인 확률은 과거의 그것과 비교해서 큰 차이가 없다는 법칙을 말한다.

대수의 법칙을 그 데이터에 적용함으로써 보험회사는 손해액을 사전에 예측할 수 있다. 보험회사 예측의 상대적 정확성은 보험단체 속의 위험단위수가 많아짐에 따라 증가한다.

더욱이 손해의 결과를 그 발생 전에 정확히 예측할 수 있다면, 비용을 사전에 견적하고 적정한 보험료를 부과할 수 있다. 거액이면서 불확실한 손해를 소액이면서 확실한 비용으로 바꿔 놓는 것이 보험의 본질이다.

손해보험에 있어서 화재나 교통사고와 같은 위험은 다수 집적되면 될수록 대수의 법칙이 보다 잘 작용하여 불확실성을 감소시킬 수 있지만, 지진이나 풍수해와 같은 거대한 이상재해위험의 발생 혹은 인공위성의 발사위험과 같이 동종·동질의 계약이 대량으로 획득될 수 없는 경우에는 대수의 법칙이 작용하지 않아 위험의 분산이 충분히 기능하지 않는다. 그 때문에 재보험의 이용이 반드시 필요하다.

손해보험에서는 동종의 보험에 대하여 위험동질성의 원칙을 작용시키면서 대수의 법칙을 구하기 위하여 대량의 계약을 획득하는 것이 과제이다.

한편 생명보험에 있어서는 인간의 사망이라는 확률사상은 다수 집적되면 될수록 대수의 법칙이 잘 작용하고 불확실성의 감소가 가능하게 되어, 위험의 정도를 상당히 작게 할 수 있어 보험회사의 경영이 바람직한 상태가 된다. 더구나 생명보험에서는 보험계약이 성립하고 보험단체가 성립하면 그 단체 내에서 위험분산과 평균화가 이루어져 위험의 동질성도 수반되기 때문에 다수의 계약을 모으는 것이 생명보험회사의 경영을 안정시키는 중요한 요인이 된다.

손해보험경영 및 생명보험경영에서 대수의 법칙을 적용시키기 위하여 위험대량의 원칙, 위험분산의 원칙, 위험동질성의 원칙 등 보험경영의 기술적 3원칙을 강하게 요구하고 있음도 바로 이 때문이다. 더욱이 이들 원칙이 그 기능을 충분히 발휘할 수 있기 위해서는 위험혼합의 원칙 및 위험상태의 원칙 등도 보조원칙으로서 그 중요성이 매우 높다.

2. 수지상등의 원칙

보험은 대수의 법칙을 응용하여 특정사고의 발생확률을 파악하고 그것을 기초로 산정된 보험료를 각 보험계약자로부터 징수하여 특정사고가 발생한 경우에 지급하는 보험금의 총액과 각 계약자로부터 징수한 보험료의 총액이 과부족 없이 균등하도록 짜여진 경제합리성에 기초하는 제도이다.

이같이 어떤 보험집단의 구성원이 지급한 보험료의 총액과 구성원이 수취한 보험금의 총액이 균등해야 한다는 법칙을 수지상등(收支相等)의 원칙이라고 한다. 이같이 수입보험료 총액이 지급된 보험금 총액과 일치한다는 것, 또는 적어도 후자가 전자보다 많아서는 안 된다는 것은 보험이 기술적으로 성립하는 데 필요한 제1의 요건이다.

예를 들면, 지금 동질의 목조주택으로 평가액 3,000만원의 집을 가지고 있는 사람이 1,000명 있다고 가정하고 과거의 통계로부터 연간 화재로 인하여 소실될 확률이 1000분의 2라고 한다면, 각 사람이 지급해야 할 보험료는 다음과 같이 계산된다.

30,000,000×1,000×2/1,000＝60,000,000(원) ······························ ①

이 손해액을 전 가입자 1000명으로 나눈다면 1인당 부담액은

60,000,000÷1,000＝60,000(원) ··· ②

즉, 각각 지급하는 보험료는 6만원이 된다.
이 6만원을 1000명의 가입자가 각출한다면 그 결과, 보험료의 총액은 6,000만원이 되고, ①의 지급보험금총액과 균등해진다. 이것을 수지상등의 원칙이라 한다.

손해보험에서는 한 종류의 보험만으로는 수지가 안정되지 않는 경우가 많기 때문에, 다른 종류의 보험과의 사이에 손익상쇄를 행하고 모든 종류의 보험에 대하여 수지가 상등하면 된다. 손해보험에서는 일반적으로 영업보험료 속에 이익이 포함되어 있으므로 이것도 포함해서 생각해야 되겠지만, 자금운영에 의한 수익에 있어서는 장기성의 적립형 보험과 단기성의 보장형 보험을 달리 취급해야 할 것이다.

생명보험에서는 동일보험종류에 대해서 부가보험료를 포함하는 보험료총액과 지급되는 보험금총액 및 관리운영에 필요한 모든 비용의 합계 사이에 수지상등의 관계가 성립해야 한다. 따라서 계약자배당은 수지상등의 관계를 성립시키기 위한 사후수정이라고 할 수 있다.

3. 급부 · 반대급부균등의 원칙

급부・반대급부균등(給付反對給付均等)의 원칙은 개개의 보험관련 순보험료를 산정하는 경우에 위험의 정도에 응하여 보험료를 결정하기 위한 원칙이다.

앞서 제시한 예에서, 보험금액에 대한 보험료의 비율은 60,000원÷30,000,000원=2/1000, 결국 보험요율은 2/1000이다. 따라서 보험금액에 이 보험요율 곱하면 각자가 부담해야 할 보험료가 산출된다.

$$30,000,000 \times 2/1000 = 60,000(\text{원})$$

위의 관계를 독일의 경제학자 W. Lexis는 다음의 등식으로 표시하였다.

(P : 순보험료, w : 확률, Z : 보험금)

$$P = wZ \quad \cdots\cdots ①$$

이 수식은 개개의 보험계약에서 각 가입자가 지급해야 할 순보험료의 금액은 각 사람이 보험사고발생시에 수취하는 보험금 액수의 수학적 기대치와 똑같아야 한다는 것을 나타내는 것으로, 이를 급부・반대급부균등의 원칙 혹은 Lexis의 원칙이라 부르고 있다.

또한 ①의 식에서 w를 r/n(r은 보험금을 수취하는 사람의 수, n는 가입자수)로 변환한다면, 다음과 같은 식이 성립한다.

$$P = r/n \times Z \quad \cdots\cdots ②$$

$$nP = rZ \quad \cdots\cdots ③$$

이 중 ③식은 수지상등의 원칙을 수식으로 나타낸 것이다.

손해보험경영에 있어서는 화재보험이나 자동차보험 등은 통계자료의 정비나 요율검증이 이루어지고 있어서 순보험료 산정단계에서는 급부・반대급부균등의 원칙이 달성되고 있다. 그러나 해상보험이나 신종보험에서는 과거의 경험이나 당사자의 판단을 기준으로 보험료 개별화의 원칙을 적용하는 경우가 많고, 반드시 엄밀한 급부・반대급부균등의 원칙이 관철되고 있다고는 할 수 없다.

생명보험에서는 수리계산에 있어서 통계수치의 정확성 증대나 위험선택에 있어서 위험의 세분화 등 보험요율 산정기술이 고도의 수준에 달해 있고, 순보험료 산정에 관해서는 급부・반대급부균등의 원칙은 거의 달성되고 있다.

제3절 보험의 기능과 비용

보험은 개인과 기업에게 많은 기능을 제공하기도 하고 비용을 초래하기도 한다. 보험의 중요한 경제적, 사회적 기능과 비용은 다음과 같다.

1. 보험의 기능

보험의 기능은 경제적 기능과 사회적 기능으로 나눌 수 있다. 그리고 경제적 기능은 다시 개별경제적인 것과 국민경제적인 것으로 분류된다.

(1) 보험의 경제적 기능

1) 개별경제적 기능

위험에 대하여 다수의 경제주체가 결합하고 합리적 갹출을 통하여 효율적으로 경제불안을 제거하는 보험제도는 개별경제에 여러 가지 경제적 기능을 가져온다.

가. 신용의 증대

가계나 기업의 경영에는 금융기관으로부터 융자를 필요로 할 때가 적지 아니하다. 즉, 주택구입이나 공장기계설비, 선박, 항공기 등의 신설이나 건조에는 가계나 기업이 소유하는 자기자금만으로는 부족하기 때문에 금융기관으로부터 융자를 필요로 한다. 그런데 금융기관은 융자를 받고자 하는 자의 지불능력의 확보 또는 담보물의 안전을 전제로 하여 융자를 해준다.

이 경우 융자를 받고자 하는 자는 화재보험이나 해상보험과 같은 손해보험을 이용함으로써 소유담보물의 신용을 높이고 생명보험에 가입함으로써 대인신용을 높혀 금융기관으로부터의 자금조달을 용이하게 하고 있다. 오늘날 추락, 침몰 등의 사고가 일어나면 단 한 번에 수십억 원 혹은 수백억 원 이상에 달하는 거액의 손해를 초래하는 점보제트기나 석유수송선, 인공위성, 나아가서는 일기(一基)에 수천억 원에 이른 거대한 석유화학 콤비나트나 원자력발전소 등에도 융자의 길이 열리고 이 같은 위험한 사업의 개시 및 유지가 가능한 것도 참으로 보험이라는 위험분산제도의 덕택이 아닐 수 없다. 또한 최근에는 사업자만이 아니라 일반소비자도 생명보험에 가입함으로써 주택자금의 융자를 비롯하여 자동차 등 고가의 물건을 할부로 구입할 수 있는 소비자신용보험(consumer credit life insurance)도 일상화하고 있다.

나. 사업경영의 합리화

만약 보험이 없다면, 현대사회의 다양하고도 거대화하고 있는 위험에 직면하는 가계나 기업은 발생자체가 불확실한 위험에 대하여 자산가치에 상응하거나 그 이상의 거액의 위험준비금을 적립하고 대응하여야 할 것이다. 그런데 보험이 이와 같은 위험을 보험료라는 소액의 확정적 비용으로 대응할 수 있도록 해줌으로써 가계나 기업은 위험에 대한 비용을 소액의 경상비로 처리하고 사업의 합리적 경영은 물론 확대도 꾀할 수 있게 되었다.

다. 경영의 안정

보험은 재산·자산의 보전, 수익의 안정, 소득의 안정, 책임부담의 제거, 예측불능의 비용지출의 제거 등을 통하여 경영의 안정을 도모한다. 즉, 보험이 있음으로 해서 각 경제주체는 경영의 안정을 꾀할 수 있고 경영자는 안심하고 경영에 임할 수 있다.

예를 들면, 주택, 공장, 점포, 기계설비, 선박, 항공기 등이 여러 가지 위험에 의해 손해를 입는 경우에도 보험금의 지급을 통하여 신속한 원상회복을 가능하게 해주며, 가계에 있어서는 가계주체의 사망, 실업, 질병, 상해 등에 의하여 소득이 중단 또는 상실되는 경우에 가계의 불안정을 제거하고 예측할 수 없는 비용지출의 불안을 경감시켜줌으로써 가계나 경영의 안정을 도모하게 해주는 것도 보험이다.

오늘날 우리들의 일상생활이나 기업의 사업활동은 항상 타인의 신체 또는 생명, 재물에 위해(危害)나 손상을 주고 그로 인하여 손해배상책임을 져야 할 뿐만 아니라, 현대사회에 있어서 권리의식의 고양(高揚), 무과실책임주의의 진전, 생명이나 재산가치의 고평가 등에 의한 손해배상액의 증대에 따른 책임부담의 기회와 정도의 확대 등은 가계나 기업의 안정적 발전에 커다란 장해요소가 되고 있다고 할 수 있다. 각종의 책임보험의 급부는 가계나 기업의 책임부담을 제거하고 경영의 안정을 도모하고 있다.

라. 신규사업의 진출촉진

기업이 새로운 기술, 새로운 생산설비, 새로운 제품을 개발하거나 그것을 생산・판매함에 있어서는 거액의 투자를 필요로 하고 또 거액의 배상책임부담을 져야할 경우가 생긴다. 예를 들면, 원자력개발 및 그 시설의 설치가 좋은 예이다. 만약 이 거대위험을 보험에 전가할 수 없다면 이 같은 신규사업에의 진출을 단념하거나 계획자체를 수정해야 할 것이다. 보험은 그것을 촉진시키는 기능을 가지고 있다.

2) 국민경제적 기능

국민경제는 개별경제에 의하여 구성된다. 개별경제에 미치는 보험의 기능에 대하여는 전술한 바와 같지만 개별경제에 있어서 경제불안이 현실로 나타나는 경우 비록 보험에 의하여 구제를 받을 수 있다 하더라도 국민경제에 있어서는 손실이 됨은 말할 것도 없다. 즉, 보험은 구체적이고도 유형적인 가치를 창출하는 것이 아니기 때문이다. 그러나 보험은 국민경제에 있어서 다음과 같은 기능을 가지고 있다.

가. 손해발생의 방지

보험은 사고가 발생한 때에는 소정의 보험금을 지급함으로써 보험가입자의 경제적 안정에 기여할 뿐만 아니라 사고발생 그 자체의 방지에도 유효하다. 왜냐하면 사고발생이 감소하면 그 만큼 보험자의 부담도 줄고 결국 그것이 보험가입자의 부담경감이 되기 때문이다. 따라서 한 나라의 보험사상의 보급 또는 발달은 그 국가의 물적・인적자원의 감소나 남용을 저지하는 효과를 가져

온다.

최근에는 보험자 자신이 이 점을 참작하고 그 수익의 일부를 각종 재해방지시설(예: 소방기구의 기증, 재해방지를 위한 공익광고)이나 후생사업시설(예: 성인병 검진차의 기증이나 순회, 병원의 직접운영)에 적극적으로 투자하고 있다.

나. 가격의 안정

보험은 시장에 있어서 가격의 안정에 이바지한다. 즉, 보험은 위험에 대한 비용을 소액의 보험료라는 확정적 비용으로 가격 속에 포함시켜 상품의 소비자에게 안정적 가격을 제공할 수 있도록 해준다. 또 대기업이나 시장점유율이 높은 기업에 위험이 발생하고 생산활동이 중단되는 경우에 그 조기회복을 보험금을 투입함으로써 공급의 감소를 방지하고 가격상승을 억제하는 효용을 가진다.

다. 자본시장의 활성화

보험은 자본시장의 활성화에 이바지한다. 보험에 의해 축적된 거대한 보험료는 자본시장에서 독특한 영향력을 발휘한다. 특히 생명보험과 같은 장기보험에서는 보험가입자가 불입한 보험료는 은행과 같이 자유로운 입출금이 허용되지 않기 때문에 보험자는 이것을 장기적인 산업자금으로 활용할 수 있다.

라. 노동생산성의 향상

단체생명보험, 각종 사회보험 등은 근로자의 기업귀속의식을 강화시키고 노무관리를 원활하게 하며 근로자의 생산의욕의 향상을 가져옴과 동시에 국민경제적인 입장에서 볼 때 노동생산성을 높이는 효용을 가져온다.

마. 국제수지의 개선

보험은 국제수지의 개선에 이바지한다. 예를 들면 해상보험은 국제성이 강한 무역, 해운 등 해사기업(海事企業)의 경제보장제도이기 때문에 해상보험도 국제성을 가지고 있다. 무역거래에는 여러 가지 형태가 있지만 주된 것이 F.O.B.계약과 C.I.F.계약이다. 수출의 경우, C.I.F.조건으로 계약을 맺으면 보험료상당액의 외화를 획득할 수 있고, F.O.B.조건으로 계약을 맺으면 보험료상당액의 외화가 국외로 유출된다.

즉, F.O.B.계약으로는 보험료상당액의 외화를 지급하지 않으면 안 되지만, C.I.F.계약으로는, 자국보험시장이 충실한 경우에는, 보험료상당액의 외화를 절약할 수 있다. 이같이 해상보험은 보험상당액의 외화의 수입, 지출을 수반하기 때문에 국제수지에 커다란 영향을 주게 된다. 무역거래가 수출C.I.F., 수입F.O.B.와 같이 해상보험 계약체결권을 확보하는 형태로 이루어진다면 해상보험은 참으로 국제수지의 개선에 기여하게 된다. 또 생명보험의 경우에도 적극적인 해외시장에서의 원수보험의 획득을 통하여 외화를 획득할 수 있다.

(2) 보험의 사회적 기능

보험은 경제적 기능뿐만 아니라 부차적으로 다방면에 걸쳐 사회적으로도 기능하고 있다.

1) 저축심의 앙양

보험은 경제적 욕망의 충족을 위한 우연적인 사고에 대한 경제적 준비의 합리적인 형태로서 저축의 불경제성을 제거하는 것이지만, 반면에 저축이 갖는 특징도 가지고 있다. 즉, 보험이 공동준비재산의 형성을 의미하는 데 대해서, 저축은 단독준비재산의 형성확보를 의미하는 점에서 공통성을 가진다. 그러므로 저축성을 띤 보험은 근로의 정신을 조장함으로써 사회의 미풍을 함양하는 데에도 큰 의의가 있다.

2) 사회불안의 완화

경제적 준비의 합리적인 형태로서 보험은 경제 안정은 물론 나아가 정치 안정의 기반이 된다. 따라서 생활 불안을 경감 또는 제거하는 보험의 본질적 기능은 사회불안의 완화 내지는 조화에 공헌을 하고 있다. 즉, 보험은 국민소득의 확보와 노후생활의 안정을 도모함으로써 부의 분배과정에 균형을 조성하여 계층 간의 조화를 이룩하며, 나아가 노사화합의 실현으로 사회생활의 안정향상에 기여하는 바가 크다. 이러한 예는 선진국들의 경우 사회보장제도의 확립과 사회보험의 발달로 사회복지의 터전이 마련되어 있음을 통해서도 알 수 있다.

3) 국제교류도모

이 밖에도 국제간의 교류를 도모한다. 즉, 재보험 등의 형태로 국제적으로 광범위하게 교류되고 있으며, 또한 생명보험과 해상보험 등은 국제회의, 공동해손규정 등을 추진하여 국제간 이해와 친화의 증진에 기여하는 바가 크다.

2. 보험의 비용

앞에서는 보험의 기능을 긍정적 측면에서 살펴봤다. 그러나 보험에는 이러한 긍정적 기능이 있는 반면에 불가피하게 부정적인 측면도 나타날 수 있는데, 이를 보험의 비용이라 할 수 있다.

(1) 보험자의 운영비용

보험의 기능이 제대로 발휘되기 위해서는 여러 가지 비용을 발생시키는데 대체로 이 비용은 보험자가 징수하는 보험료에 포함되어 있다. 일반적으로 이러한 비용이 총보험료에서 차지하는 비용은 보험의 종류나 보험자의 형태에 따라 다르나 대개 30～40%에 해당되며 이를 보통 경비율이라고 부른다. 이러한 비용에 포함되는 비용으로서는 모집인의 수수료, 일반경비, 보험료에 따르는 세금 등 여러 가지가 있다.

이처럼 보험이 사회시설로서 제 기능을 다하려면 위와 같은 보험자의 비용이 필요한데 이를 보험의 직접적 사회비용이라고 할 수 있다. 또한 보험자는 보험의 기능을 발휘함에 있어 인적자원뿐만 아니라 자본, 토지, 건물 등의 자원을 사용하게 되는데 이 또한 기회비용의 측면에서 역시 보험의 사회비용으로 간주할 수 있다.

(2) 보험사기 등으로 인한 사회적 비용

피보험자와 보험계약자 등은 보험금을 목적으로 고의로 사고를 일으키는 경우가 있다. 이와 같이 피보험자 측에서 보험금을 받기 위하여 고의로 보험사고를 일으킨 위험을 도덕적 위험이라 한다. 예를 들면 피보험자가 보험에 가입하면서 불리한 사실이나 약점을 은폐 또는 부실하게 고지하거나 허위의 사실을 보험자에게 알리거나, 의료진단에 다른 사람을 이용하거나, 보험계약 체결 후에 보험금을 사취하기 위하여 방화, 살상과 같은 고의적인 사고의 발생을 꾀하거나, 사고의 발생을 가장·위증하는 경우, 또는 선박보험의 경우 고의로 선박을 침몰시켜 해난사고로 가장하는 경우, 보험금의 과잉청구 등이 그것이다.

그 밖에도 피보험자의 주의력이 저하되어 위험을 증가시킬 수 있는데, 예를 들면 피보험자는 보험에 가입함으로써 장래의 경제적 보상을 얻을 수 있기 때문에 재해에 대한 관심을 상실하여 사고의 발생을 유발할 수 있고, 실제로 보험사고가 발생한 때에도 적절한 손해의 방지나 경감을 위한 활동을 소홀히 할 수 있다. 이와 같이 피보험자나 보험계약자의 잘못된 태도나 도덕관념은 오히려 위험을 증가시킬 수 있다. 이것은 보험을 악용할 때 생길 수 있는 반사회적인 현상으로서 보험제도의 폐단이라 볼 수 있다.

보험법은 이러한 폐단을 막기 위하여 고지의무, 통지의무, 손해방지·경감의무 등 여러 가지 제도적 장치를 마련하고 있다.

(3) 보험자에 의한 사회적 비용

보험자측에 의해서도 사회적 비용이 유발될 수 있는데 도박보험의 유발과 보험자산의 남용을 들 수 있다.

즉, 전자의 경우에 보험자는 자기의 이익을 위하여 피보험이익의 가액을 과대하게 평가하거나 보험료 수입을 증대시킬 목적으로 피보험이익의 유무에 관계없이 보험을 인수하는 경우도 있는데, 이는 피보험자의 사행심을 자극하여 보험의 도박화를 유발시킬 수 있다.

후자의 경우에는 원래 보험에 있어서는 보험료의 수입은 보험금 지급을 위한 공동준비금이 되며, 이와 같은 의미의 공동준비재산을 형성하는 거액의 자금은 보험가입자의 이익을 위하여 적절하게 관리·운영되어야 한다. 그러나 보험자가 그 적립을 태만히 하고 보험료수입을 불법으로 전용할 위험성이 있다. 이렇게 되면 보험금의 지급이 불확실하게 됨으로써 가입자에게 막대한 손해를 주게 되고 사회적인 비용을 증가시킬 수 있다.

그 외에도 보험자 측의 태만으로 보험사고 발생 시에 보험금의 지급을 거절하거나 지연시킴으로써 가입자에게 손해를 주는 경우도 있다. 또 보험대리점이나 보험모집인 등과 같은 중개기관의 고의나 중과실에 의하여 보험의 목적에 대한 평가가 제대로 이루어지지 못하거나, 보험료의 횡령 등과 같은 부정행위에 의해 건전한 보험거래가 저해되는 경우도 있다. 또한 부당한 경쟁에 의하여 무모하게 보험료를 인하함으로써 보험사업의 경영자체를 위태롭게 할 수도 있다.

보험업법 등에서는 이러한 보험자 측의 폐단을 막기 위하여 보험의 모집, 보험자산의 적절한 운용 등에 대한 감독을 규정하고 있다.

제4절 보험의 범죄

1. 보험범죄 연구의 필요성

모든 제도에는 좋은 점만 있고 부작용이 없는 제도란 거의 있을 수 없다. 마치 칼의 양쪽의 날과 같아서 그것을 좋게 이용하면 득(得)이 되지만 그를 악용·남용하면 실(失)이 된다는 것과 마찬가지라 할 수 있다.

「위험을 보증한다는 사회적 제도」로서의 보험이라 해서 역시 예외일 수는 없다. 따라서 보험과 관련해서도 많은 범죄가 나올 수 있는 소지가 있는 것은 부인할 수 없다.

그래서 선진국에서는 일찍부터 「보험과 범죄」라는 단행본이 나올 정도로 보험의 부정적 측면에 관한 고찰과 연구가 많이 이루어지고 있었음을 볼 때, 우리도 이제는 보험의 긍정적 측면의 부각과 더불어 부정적 측면의 축소화에 역점을 두는 방향으로 보험정책과 보험경영 그리고 보험홍보가 전개되어야 할 것으로 생각한다.

특히 최근 보험산업의 급속한 발달과 더불어 보험경영실무에 있어서도 많은 변화가 야기되고 있는 바, 이것이 보험범죄를 자극할 수 있는 요인이 되고 있음을 간과해서는 안 될 것이다. 이들 변화의 요인들을 요약해 보면 다음과 같다.

① 신계약의 대량화
② Computerization의 진행, 보험업무 처리를 위한 컴퓨터 도입
③ 계약사정의 단순화 · 기계화
④ 각종 신종보험의 발매
⑤ 유통경로의 다양화
⑥ 특약에 의한 고액 보험상품 출현
⑦ 극히 저렴한 보험료에 의한 부보가능
⑧ 보험종류의 선택가능성 증대

이상과 같은 보험경영의 변화는 종래의 도덕적 위험에 대한 계약선택을 어렵게 만들었을 뿐만 아니라, 보험범죄자가 아니더라도 역선택(逆選擇; adverse selection)을 노리는 사람조차도 쉽게 고액보험에 가입할 수 있도록 해 주었다.

최근 많은 보험분야에서 보험제도를 부당하게 악용하려는 보험범죄 행위가 급속하게 증대하고 있고, 또한 보험범죄의 형태도 그 수법이 다양하고, 피해금액이 대형화되고 있고, 더욱이 인명을 볼모로 하는 죄질이 나쁜 범죄건수가 증가하고 있어 그로 인한 우려의 목소리도 높아지고 있다.

보험살인과 같은 극단적인 형태의 보험범죄의 발생건수는 극히 한정된 것이지만, 인명에 관계되는 이상 완전하게 방지해야 한다.

완전방지를 위한 대책이란 일반적인 도덕적 위험의 배제 또는 차단을 통해서만이 비로소 가능하다. 따라서 가령 발생건수나 사취되는 보험금액이 보험경영적으로는 문제가 되지 않는다 하더라도 완전방지를 위한 일반적인 도덕적 위험의 배제를 위해 노력하는 것이 범죄에 의한 희생자를 미연에 구제함과 동시에 선량한 보험계약자의 이익을 증진하고 보험사업에 대한 국민의 신뢰를 확보할 수 있는 계기가 될 수 있음을 간과해서는 안 된다.

2. 보험범죄의 개념

보험범죄(Insurance Crime)란 보험계약자, 피보험자 또는 제3자가 보험금을 수령할 목적으로 인위적으로 보험사고를 야기시키거나 보험자를 기만하여 부당하게 높은 보험금의 지급을 요구할 목적으로 고의적이며 악의적으로 행동하는 행위를 의미한다. 혹자는 보험범죄를 보험사기와 같은 의미로 사용하고 있다.

그러나 일반적으로 보험사기의 개념은 보험자에 대한 모든 사기적 행위를 포함하는 것으로 보험범죄보다 넓은 의미로 사용되고 있다.

구체적인 예를 든다면, 보험계약을 체결함에 있어서 보험자가 진실을 알았다면 전혀 인수하지 않았거나 할증보험료를 부가하여 인수하였으리라 여겨지는 경우에, 고의로 허위 또는 불완전한 진술, 즉 고지의무를 위반함으로써 보험계약자가 보험자를 기만하는 사기적 행동은 넓은 의미로 보험사기의 개념에 포함될지는 몰라도 보험범죄는 아니다. 즉, 보험범죄자가 사취하려는 이익의 본질은 사기적인 계약체결이 아니고 보험자에 의해서 지급되는 보험금에 있기 때문이다.

따라서 보험범죄는 보험금의 사취로서 완결되는 보험사기의 핵심적 부분을 형성하는 개념으로 이해되어야 할 것이다.

3. 보험범죄의 형태

(1) 보험사고의 고의적 유발

사기적 의도를 가지고 보험사고를 고의로 일으키고, 이를 불의의 사고로 철저히 위장하는 형태이다. 예를 들면, 화재보험에 있어서는 방화에 의해서, 상해보험에 있어서는 자신의 수족을 스스로 절단함으로써, 생명보험에 있어서는 피보험자를 살해함으로써 보험사고를 일으키는 경우이다.

보험계약자 또는 보험금을 수령할 사람이 고의로 보험사고를 일으킨 경우에는 보험자는 원칙상 급부의무를 지지 않는다.

(2) 사기성 보험계약

이것은 보험금을 부당하게 사취할 의도를 가지고 보험계약을 체결하는 형태이다. 예를 들면, 보험계약 체결 시에 보험금을 사취할 목적으로 사전에 치밀한 계획을 수립하고 초과보험이나 중복보험의 형태로 보험에 가입하는 경우이다. 이러한 형태의 보험범죄는 생명보험과 손해보험 전 분야에서 나타나고 있다. 상법은 초과보험과 중복보험이 발생한 경우, 보험가액을 초과하는 부분에 대해서는 무효처리하고 있다.

(3) 보험사고의 위장

이것은 보험사고를 사기적으로 위장하는 경우를 말하는데 두 가지 형태로 구분할 수 있다.

1) 실존하지 않는 보험사고를 날조하는 것

예를 들면, 상해보험에 들어 있는 보험계약자가 계단에서 넘어져 부상을 입었다고 허위로 신고하고 보험금을 청구하는 경우이다. 생명보험에 있어서는 타인의 사체를 피보험자의 사체로 위장하는 경우 혹은 피보험자가 실종하였다고 위장하는 경우를 들 수 있다.

2) 보험사고로 위장하는 것

실제로 발생하였지만 보험금청구권이 없는 사고를 보험사고로 위장하는 것으로써 예를 들면, 도둑이 자물쇠가 채워져 있지 않은 문으로 침입하여 물건을 훔친 경우(단순절도), 침입절도보험의 보험사고에 해당되지 않기 때문에, 도둑이 잠겨진 문을 열쇠로 열고 침입하였다고 허위사실을 주장하는 경우이다. 생명보험에 있어서는 사망사고 발생 후, 사고 발생 전에 보험계약이 신청되어져 있었던 것같이 문서를 위조하는 경우가 이에 속한다.

이 같은 종류의 행위에는 보험약관이나 판례 및 실무에 대한 지식이 요구되고 있기 때문에 가끔 보험회사직원이 범행에 연루되어 있는 경우가 있다. 보험계약자에 의한 보험사고의 위장에 대해서는 보험자는 보험급부 의무를 지지 않는다.

(4) 보험사고 발생 시의 사기

실제로 발생한 보험사고에 대하여 위장 또는 허위의 진술을 함으로써 보험급부를 사취하는 경우를 말한다. 예를 들면, 도난보험에 있어서는 도둑맞은 물건의 양이나 가치를 허위로 신고하는 경우를 들 수 있다. 또 생명보험에 있어서는 피보험자가 자연사하였거나 자살하였음에도 이를 재해로 인한 사망으로 위장함으로써 재해특약에 따른 재해 사망보험금을 사취하는 경우가 이에 해당한다.

4. 보험범죄의 동기

보험범죄의 동기(Motive)를 검토함에 있어서 먼저 내적 동기와 외적 동기의 양 개념을 구별할 필요가 있다. 예를 들면 모욕을 받았다는 것이 방화를 초래한 내적 동기라고 주장하는 경우, 실제로는 그것은 단순한 행위에의 외적 동기에 지나지 않는다. 이 경우 내적 동기로서 복수심을 들 수 있다.

즉, 내적 동기「인간의 노력을 일정한 목적으로 향하도록 만드는 의식적 또는 무의식적 추진력의 총체」를 말하며, 외적 동기란「이 의식적·무의식적 추진력을 현실화하여 어떤 행위를 불러일으키는 경우의 구체적인 사정」을 말한다.

보험범죄자의 특성 중 하나인 보험범죄의 내적 동기에 대하여 좀 더 구체적으로 살펴보자.

대부분의 보험범죄에 있어서 가장 중요한 위치를 점하고 있는 동기는 이득의 추구, 소유욕이다. 금전을 소유하고 싶다는 원망은 범인으로 하여금 범행에 대한 억제를 무력화시킨다. 이 같은 내적 동기는 범죄계획에 관계없이 모든 범죄자 유형에서 공통적으로 나타나고 있다. 이때 범행을 형성하는 환경이 여러 가지 영향을 미친다.

소유욕이라는 보편적으로 존재하는 동기의 배후에는 반드시 심리적 문제가 잠재되어 있다. 그리고 이와 같은 심리적 문제는 다양한 형태로 존재하는 것이므로, 원인은 하나라고 하는 관찰방법은 별로 도움이 될 수 없다. 많든 적든 중요한 역할을 연출하고 소유욕과 결합하여 전혀 다른 동기를 유발한다. 예를 들면 보험살인의 경우, 증오와 탐욕이 결합하여 위험한 조합이 되는 것이다.

보험학자 Farny는 화재보험범죄와 생명보험범죄의 동기를 다음과 같이 비교하고 있다. 즉, 화재보험에 있어서는 사기적 방화의 주된 동기인 금전욕·소유욕에 때때로 공명심, 질투, 애정, 허영심 등 다양한 인간적 감정이 결합하는데 비하여 생명보험에 있어서는 본질적으로 소유욕과 공명심이 지배적이라고 주장하고 있다.

5. 보험범죄의 방지대책

(1) 국가에 의한 방지대책

1) 형사법에 의한 대책

범죄는 예방적 또는 억압적 조치에 따라 방지되지만 전자에는 형법에 의한 형벌의 위협에 대한 공포, 후자에는 경찰제도를 들 수 있다. 형벌의 위협이라는 심리적·교육적 수단은 잠재적인 범죄인의 행동억제력을 강화하고, 범행의 실행을 저지하려는 것이다.

억압적 범죄대책은 범행과 동시에 시행된다. 그 수단으로서는 기소, 형사소송, 형의 집행, 보안 또는 교육처분 등을 들 수 있다.

2) 상법에 의한 대책

일반적으로 상행위에 관한 법규는 소위 임의법규임을 원칙으로 하고 계약당사자간에 이것과 다른 특약이 있는 경우에는 그 특약이 당사자를 구속한다. 보험계약법도 이 일반원칙을 따라야 하겠지만 보험제도의 기술성 및 사회성을 고려할 때 보험계약에 관한 법적 규제에 있어서도 어떤 종류의 규정은 보험계약자의 불이익으로 변경되는 것을 허락하지 않는 소위 반면적 강행규정(反面的 强行規定)으로 하거나 어떤 종류의 규정은 계약당사자 모두의 이익으로 변경되는 것을 허락하지 않는 전면적 강행규정(全面的 强行規定)으로 하는 것이 필요한 경우도 있다.

보험계약법상에 있어서 보험범죄에의 유인을 제거하기 위한 규정을 두는 경우가 있다. 이들 규정의 대부분은 상술의 전면적 강행규정 또는 반면적 강행규정에 속한다. 예를 들면, 독일보험계약법 또는 일본상법은 보험계약자 또는 보험수익자가 피보험자의 사망을 고의로 유발하였을 때는 보험자는 급부의무를 면할 수 있다는 뜻을 규정하고 있다.

또한 보험금사취를 목적으로 하는 어린이 살해를 방지하기 위하여 독일보험계약법은 미성년자를 피보험자로 하는 사망보험의 체결에 대하여는 일정한 조건하에서 후견인의 동의를 요구하고 있지만, 그것만으로는 어린이 보호에 충분하지 못하다고 하여, 보험감독관청은 어린이의 연령구분에 따라 최고보험금액을 규정한 법령을 두고 있다.

(2) 보험회사에 의한 방지대책

1) 보통보험약관

우리나라 화재보험회사에서 사용되고 있는 화재보험의 보통약관에는 보험계약자, 피보험자 또는 이들 법정대리인이 고의로 일으킨 손해에 대해서 보험회사는 보험급부의 의무가 면제된다고 규정하고 있다. 보험약관의 규정에 의해 범죄에의 유인이 제거됨으로써 사기적 방화가 방지된다. 즉, 사기범에게 방화의 경우 보험회사로부터 계약상의 급부가 거부될 수도 있다는 위험이 상존할 때에는 보험사기를 포기하는 역할을 하게 된다.

또 우리나라의 생명보험의 보통약관에는 사망사고가 발생하여 계약에 따라 급부를 청구하는 경우에는 반드시 사망진단서를 제출하도록 의무화하고 있다. 덧붙여서 보험자는 필요한 증명을 요구하고 혹은 스스로 조사할 권한을 가지는데 이 같은 약관의 규정은 보험범죄의 실행을 매우 어렵게 하여 범죄저지에 유용하다고 보험학자 Farny는 평가하고 있다.

2) 보험계약의 사후처리

보험계약을 사무적으로 적절하게 처리함으로써 보험범죄를 효과적으로 방지하는 경우를 말한다.

이 때, 주관적 위험(subjective risk)에 대한 의미가 특히 중요하다. 근본적으로는 주관적 위험의 범위는 보험계약자의 성격이나 도덕적 자질에 따라서 결정된다.

주관적 위험을 도덕적 위험(moral risk)이라고도 하지만, 이 표현은 물질적 위험(physical hazard)에 대한 주관적 위험을 도덕적 위험이라고 부르는 영미 국가에서 유래한 것이다.

주관적 위험의 정도를 알기 위해서는 보험계약신청서에 기재된 질문에 대한 회답의 진실성을 확인하는 것이 하나의 중요한 열쇠가 된다. 보험회사의 보고서에 따르면 보험범죄자는 일반적으로 고지의무를 위반하는 경우가 많으므로 이 같은 조치는 즉시 보험범죄를 방지하는데 유용하다.

특히 고액보험을 체결할 때에는 전문조사원에게 그 조사를 의뢰하거나 상업흥신소에 보험계약의 신청인 또는 신청기업에 관한 정보를 구하는 것이 필요하다. 때때로 그 위험을 지금까지 인수해왔던 보험회사로부터 정보를 제공받을 수도 있다. 또 주관적 위험이 특히 의미를 가지는 보험분야(도난, 화재보험)에 있어서 독일보험업계는 정보서비스를 운영하고 있다. 즉, 보험협회는 수시로 일종의 블랙리스트(Black List)를 회원회사에 송부함으로써 과거에 어떤 보험사기적 행위에 연루된 사람과의 계약 체결에 신중을 기하도록 경고하고 있다.

주관적 위험과 더불어 객관적 위험(objective risk)에 대하여도 상세하게 조사를 해야 한다. 왜냐 하면 보험대상의 실질적 상태가 자주 사기적 행위에의 유인이 되기 때문이다. 화재보험에 있어서 낡아서 붕괴의 위험이 상존 하는 건물에 대한 부보신청은 거부되어야 한다.

더욱이 손해보험영역에 있어서 초과보험의 존재는 보험범죄의 최대유인이라 하여도 좋을 만큼 타당한 보험금액이 부보되고 있는가에 주의를 기울이는 것이 보험기술적인 방지에 있어서 가장 뛰어난 수단이 된다고 할 수 있다.

정기보험의 영역에서는 말할 것도 없이 초과보험의 개념은 적용되지 않는다. 그러나 보험범죄에 악용되는 생명보험에 있어서는 항상 보험금액이 비교적 높다고 하는 특징을 가지고 있다. 따라서 보험금액이 보험계약자, 피보험자 및 보험수익자의 경제상태와 필요에 상응하는 금액인가를 살펴보는 것이 기본이라고 할 수 있다.

이같이 해서 보험범죄는 보험회사의 사무처리를 통하여 유효하게 방지될 수 있다. 그러나 보험범죄의 방지는 모든 보험회사의 공통목표이기 때문에 보험회사간의 긴밀한 협력과 보험협회의 활동강화에 의해서 보다 효과적이고도

능률적으로 범죄방지의 결실을 거둘 수 있을 것이다.

3) 보험설계사제도의 활용

도덕적 위험을 배제하려면 보험회사의 보험설계사제도가 가장 큰 가능성을 지니고 있다.

일반적으로 보험계약의 체결은 주로 보험설계사의 손을 거쳐 이루어지고 있다. 일반대중은 보험회사와의 사이에 중재자로서의 보험설계사의 활동에 의하여 보험의 필요성을 인식하고 보험계약의 체결을 결심하게 된다.

보험설계사은 고객과 혈연관계, 친구 혹은 친지관계에 있는 경우가 많다. 또 보험설계사은 고객의 보험가입에 의해 수수료 수입을 얻기 때문에 가능한 한 고객을 비호하는 입장에 서려고 한다.

이같이 보험회사와 고객 사이에 존재하는 보험설계사의 입장은 보험범죄방지측면에서 볼 때 바람직한 것이라고는 할 수 없다.

그러나 한편으로는 고객의 도덕적 위험을 결정하는 개인적 사정에 가장 정통한 사람은 보험계약체결을 중계하고 고객의 거주지역을 담당하는 보험설계사밖에 없다.

보험범죄자의 대부분은 전혀 모르는 미지의 보험설계사에게 보험계약을 신청하는데 이것은 이미 알고 있는 보험설계사에게는 자신의 도덕적 위험이 알려질 가능성을 두려워하고 있기 때문이다.

보험설계사제도가 때때로 보험범죄자에게 이용되는 경우가 있었다고 하여도 보험계약을 체결함에 있어서 보험설계사의 존재 그 자체가 대부분의 잠재적 보험범죄자의 범행을 사전에 단념시켜 왔거나 혹은 보험설계사이 자신의 명예나 직업의식 또는 트러블을 피하기 위하여 사기적인 의도가 염려되는 보험계약체결의 중계를 회피하여 왔음을 간과해서는 안 될 것이다.

이 같은 점에 있어서 보험범죄방지의 측면에서 보험설계사제도가 가지고 있는 여러 가지 역할을 적극적으로 평가하고 또 그들에게 보험범죄의 방지를 위해 계몽과 교육을 실시하여 보다 큰 공헌을 기대하는 것도 중요하다.

제5절 보험성립의 한계

1. 보험의 기술적 조건

합리적인 보험이 성립하기 위해서는 위험의 측정이 가능해야 한다. 만약 그 측정이 부정확하거나 불가능한 경우에는 합리적인 보험의 성립은 어렵게 된다. 즉, 이 같은 경우에는 순보험료의 계산이 부정확하게 되고 나아가 보험단체에 집적된 순보험료의 총액과 보험단체가 필요로 하는 보험금의 총액 사이에 불균형이 발생하여 수지상등의 원칙이 달성될 수 없으므로 합리적인 보험의 성립은 어렵다. 이것을 보험의 기술적 조건이라고 한다.

이 같은 보험의 기술적 한계를 극복하려면 기본적으로 위험을 측정하는 통계적 기초가 가능한 한 완벽해야 한다. 그러나 통계적 기초의 완벽성을 엄격히 추구하는 것은 대부분의 보험에 있어서 매우 어려운 일이다. 따라서 이 기술적 조건은 대부분의 보험에서 정도의 차이는 있지만 기본적으로 상존하는 것이라 할 수 있다. 다만 오늘날의 보험경영에서는 이 보험기술적 한계를 어떻게 극복하느냐가 중요한 과제가 되고 있고 그 때문에 보험경영상 여러 가지 극복책이 마련되고 있다.

(1) 피보험이익이 있어야 한다.

피보험이익(被保險利益)이란 보험에 들고자 하는 사람이 그 물건 또는 사고에 대하여 부보할 권리를 법적으로 가지고 있어야 한다는 것을 의미한다. 만약 사람과 물건 또는 사고 사이에 이 같은 권리가 존재하지 않는다면, 계약된 보험은 무효가 되고 법률상 어떠한 효과도 가지지 못한다.

(2) 보험은 금전적 가치를 한도로 한다.

보험은 금전적 보상만을 제공할 수 있다. 손해가 발생하였을 때, 감상적인 가치나 평가는 보상될 수 없다. 따라서 보험의 영역은 해당물품의 잠재가치, 즉 보험사고의 금전적 결과 그 자체에 한정된다. 생명은 금전적인 척도로 명확히 측정될 수 없다는 점에서 생명보험은 어느 정도 이 원칙을 수정한 것이라 할 수 있다.

(3) 다수의 동종(同種)위험이 존재해야 한다.

보험의 경영은 대수의 법칙을 기초로 해서 파생된 것이라 할 수 있다. 만약 보험기금이 비교적 소수 가입자의 갹출금으로 구성되었다고 한다면, 개개인의 갹출금은 도저히 부담을 견뎌낼 수 없을 정도로 고액이 될 것이다. 이와 같은 경우가 발생한다면, 보험기금은 제대로 운영될 수 없고 경제적으로 실행 불가능한 것이 될 것이다.

(4) 손해의 위험도를 산정하는 것이 가능해야 한다.

대다수의 위험은 수리적인 평가치를 가진다고 할 수 있다. 즉, 과거의 발생상황이나 통계를 면밀히 검토한다면, 손해의 발생가능성과 크기의 전망을 합리적으로 예측할 수 있다. 이 위험도 예측의 과학이 모든 보험의 배후에 있고 그 같은 가능성이 존재하지 않는 경우, 보험은 실시될 수 없다. 따라서 유행의 변화 또는 경쟁회사의 경영활동에 의해서 발생하는 손실위험은 보험화할 수 없다.

(5) 손해는 합리적으로 예측 가능해야 한다.

손해발생의 가능성이 거의 확실할 정도로 높은 경우, 상업적인 의미에서의 보험은 불가능하다. 이런 이유 때문에 백화점 내에서 발생하는 소규모 절도위험을 도난보험으로 담보하는 것은 극히 드물다. 또 개인의 보험에 있어서는 심장에 중대한 질환을 가진 사람이 생명보험에 가입하는 것은 불가능하다.

보험기금이 적절히 기능하기 위해서는 보험금청구가 비교적 드물고, 가입자 전원의 갹출금에 의해서 보상되는 것이 소수자에 국한될 필요성이 있다.

(6) 손해는 우발적으로 발생한 것이어야 한다.

고의성이 높은 범죄, 살인, 방화 등 보험금 취득을 목적으로 한 행위에는 우연성이 없다. 이 같은 위험은 방지가 곤란하고 정확한 예측을 할 수 없기 때문에 보험화하는 것이 쉽지 않다. 기존의 보험에서도 의도적으로 야기한 손해에 대해서는 도덕적 위험으로서 보험금지급은 거절된다.

그러나 보험이 발달함에 따라서 도덕적 위험에 대한 제한도 완화되어졌다. 예를 들면, 생명보험에서 이전에는 피보험자가 자살한 경우에는 보험금 청구권이 상실되는 것으로 여겨져 왔다. 그러나 오늘날에는 피보험자의 자살에 대해서도 계약 후 2년이 경과하였다면 보험금이 지급되고 있다. 또 책임보험에서 피보험자의 과오나 과실의 결과를 보상하고 있는 것도 좋은 예가 된다.

(7) 손해발생률이 보험자에게 예측 가능해야 한다.

합리적인 보험이 이루어지기 위해서는 매우 정확한 위험률의 측정과 근거 있는 보험료의 산정이 가능하고, 수지의 균형을 예측하는 것이 필요하다. 이 같은 조건을 충족하지 못하는 이상재해의 위험은 보험화되기 어렵다. 왜냐 하면, 지진, 분화, 풍수해, 전쟁 등의 위험은 규칙성이 없고 그 결과의 정도를 예측하는 것이 어렵기 때문이다.

그러나 이들 위험은 전혀 보험화하는 것이 불가능한 것이라고는 할 수 없다. 영국 로이즈에서는 경험률에 비추어서 이들 위험을 인수하고 있다.

(8) 다수의 사람이 일반적으로 공감하는 위험이어야 한다.

분화나 홍수, 서리와 같은 위험은 지역성이 한정되기 때문에 특정지역의 주민 이외의 사람들은 동일보험시스템에 가입하는 것을 바라지 않는다. 따라서 이 같은 위험을 보험화하여도 다수의 사람들을 모으는 것은 곤란하기 때문에 보험제도가 성립하기 어렵다.

(9) 극히 드물게 발생하는 위험은 보험화하기 어렵다.

지진, 홍수, 분화 등 발생빈도가 드문 위험에 대해서는 사고가 발생한 직후 보험의 필요성을 통감하지만, 시간이 경과하면 보험의 필요성은 점차 줄어든다. 따라서 보험을 성립시킬 수 있을 만큼의 다수 계약자를 확보하기 어렵다.

(10) 지나치게 과소하거나 과대한 위험은 보험화하기 어렵다.

자전거나 라디오의 고장, 자동차 엔진의 마모, 창문의 파손 등과 같이 일상적으로 자주 발생하는 위험은 억지로 보험화할 필요성을 느끼지 않기 때문에 보험수요도 적을 것이다.

또한 지진, 태풍, 전쟁, 원자력사고와 같이 사고발생의 충격이나 영향이 큰 위험은 보험화하려고 해도 보험료부담이 지나치게 높기 때문에 보험화하는 것이 어렵다. 따라서 이들 위험에 대해서는 통상 보험약관상 면책이 되고 있다.

2. 보험의 경제적 조건

보험이란 다수의 경제주체가 결합하여 보험단체를 구성하고 이들이 갹출하는 준비금을 기초로 해서 성립하는 경제제도이며, 더구나 그 가입자로부터 예탁된 준비금이 약정기간까지 다양한 방법으로 운영되어 보험회사가 필요로 하는 각종 기금조달의 원천이 되고 있다.

이 같은 약정기간의 거래관계가 견실하게 운영되기 위해서는 화폐경제의 발달상황에 응하여 신용, 금융, 교통 및 통신제도 등이 상당한 정도까지 발달되어 있어야 할 필요가 있다. 동시에 보험이 합리적으로 성립하기 위해서는 보험에 대한 수요가 다수의 경제주체 사이에 충분히 발생하여야 하며 이를 위해서는 국민소득과 생활수준 그리고 국부의 정도가 중요한 변수가 될 수 있다.

또한 보험은 장래의 경제상의 불안정을 제거하기 위하여 유상적(有償的)으로 사전준비를 하는 것이므로 가입자가 현재의 생활수준을 유지하고 나아가 장래를 위하여 준비할 정도의 갹출능력을 가져야 할 필요가 있다.

따라서, 아래와 같은 몇 가지 요건들이 충족되지 않는다면, 보험에 대한 수요는 미약하게 되고 다수의 경제주체의 결합은 물론 보험의 성립도 어렵게 된다. 이것을 보험의 경제적 조건이라고 할 수 있다.

(1) 보험료의 부담이 경제적으로 가능해야 한다.

보험은 경제주체의 보험료부담이 경제적으로 불가능하거나 곤란한 경우에는 성립하지 못한다. 예를 들면, 쉽게 발생하는 위험은 위험률이 극히 높기 때문에 이에 따라 산정되는 보험료도 높아서 경제주체가 경제적으로 부담하기 곤란하다. 따라서 고액의 부담을 극복하고도 결합하려는 경제주체의 수는 한정되기 때문에 합리적인 보험이 성립할 수 있을 만큼의 보험단체를 구성하기 어렵다.

(2) 보험의 이용이 경제적이어야 한다.

경제적으로 볼 때, 보험을 이용할 필요가 없는 경우와 보험 이외의 위험처리방법을 이용하는 것이 효과적인 경우가 있다. 전자의 예로서는 자기부담 가능한 위험, 즉 위험에 의해 발생하는 경제적 불안이 극히 작은 경우를 들 수 있다. 이 같은 위험에 대해서는 개별경제주체가 경제적으로 단독부담이 가능하고 보험보호가 필요 없다. 후자의 예로서는 단일의 경제주체가 위험발생의 객체를 상당히 많이 소유하고 있는 경우를 들 수 있다.

예를 들면, 다수의 선박을 소유하는 해운기업, 다수의 건물을 소유하는 부동산 임대회사 등에 있어서는 발생 가능한 해상위험, 화재위험 등을 처리하는 경우 반드시 보험만을 고집할 필요는 없다.

왜냐 하면, 이 같은 경제주체는 그 소유하는 물건에 대하여 스스로 위험단체를 구성할 수 있고 이를 토대로 위험의 측정은 물론 준비금의 합리적 축적도 가능하기 때문에 이 같은 경우에는 부가보험료를 포함하는 보험료를 지급하여 보험을 구하기보다도 자가보험(自家保險)으로 처리하는 것이 경제적으로 유리하기 때문이다.

(3) 보험단체를 구성하는 각 경제주체의 보험료부담이 공평해야 한다.

이 경우의 경제적 한계는 보험단체를 구성하는 각 경제주체의 보험료부담이 불공평한 경우에 발생한다. 예를 들면, 위험사정이 양질인 위험과 위험사정이 불량한 위험이 혼합된 보험단체가 형성되고 각 경제주체의 보험료부담이 동일하다면 위험사정이 양질인 보험의 경제주체는 불공평함을 느끼고 보험단체로부터 이탈하게 된다. 그 결과 보험단체는 축소되고 보험의 성립은 한계에 부딪친다.

(4) 충분한 보험수요와 안정적인 보험공급이 있어야 한다.

보험경영이 가능하게 되기 위해서는 보험기술을 구사할 수 있을 정도로 보험사상을 가진 다수의 가입자가 존재하지 않으면 안 된다. 또한 보험수요가 존재하더라도 그 수용에 응할 수 있는 보험공급이 있어야 한다. 구체적으로는 보험기업의 존재이다. 위험부담을 전문으로 하는 보험인수기관이 보험수요에 응할 수 있는 보험용역을 공급하는 것이 필요하다.

따라서 이상의 요건을 동시에 충족할 수 있기 위해서는 기본적으로 국부, 국민소득, 생활수준 등이 상당수준에 달해 있고, 개개인에게는 경제보장으로서 혹은 경제준비로서의 보험수요가 존재하여야 하며, 정책적으로 보험산업을 육성시키려는 정부의 의지 또한 요구된다.

3. 보험의 법률적 조건

보험경영이 경제적으로나 기술적으로 가능하더라도 국가의 법률이 위험에 대한 보험적 보호를 허용하지 않는 경우에는 보험은 성립하지 않는다. 예를 들면, 코란으로 대표되는 이슬람교 신봉국가들 중에는 보험을 도박으로 간주하거나, 상업성 보험이나 생명보험을 정부의 공식입장에서 금지하고 있는 경우가 있다.

또한 공공질서에 위배되거나 피보험이익이 불명확하거나 사회도덕상 폐해가 있는 경우에는 보험화하기 어렵다. 예를 들면, 입시불합격의 보험, 이혼보험, 도박보험 등은 상기의 이유 때문에 그 성립이 불가능하다. 보험 그 자체가 도박으로 간주되지 않도록 하기 위해서는 도박성이 강한 보험계약은 물론 미풍양식에 위배되는 보험 또한 무효가 되어야 할 것이다.

제6절 보험의 분류

1. 보험 분류의 기준

보험의 분류에 대해서는 다양한 방법이 제시되고 있지만, 아직까지 이론적으로 체계화되어 있지 않은 상태이다.

[표 3-1] 보험의 분류

분류 기준	보험 종류
① 보험사고 발생의 객체	① 인보험 물보험
② 보험에 가입하는 경제 단위 (보험료 부담자)	② 가계보험 기업보험
③ 보험료의 성격	③ 저축성보험 보장성보험
④ 보험 경영의 주체	④ 민영보험 공영보험
⑤ 보험경영의 동기	⑤ 영리보험 비영리보험
⑥ 보험급부의 방식	⑥ 정액보험 손해보험
⑦ 보험가입의 선택성	⑦ 강제보험 임의보험
⑧ 보험기간	⑧ 단기보험 장기보험
⑨ 피보험자의 선택성	⑨ 개별보험 집단보험
⑩ 위험의 분담관계	⑩ 원수보험 재보험
⑪ 정부의 정책적 요소의 유무	⑪ 보통보험 경제정책보험
⑫ 법적 구분	⑫ 손해보험 인보험

오늘날 보험은 가정생활이나 기업경영이 복잡·다양해지면서 현저하게 그

종류가 증가되고 있다. 이들 다양한 보험의 종류를 어떤 특정의 기준에 따라 분류한다는 것은 학문연구상 필요할 뿐만 아니라 보험을 보다 정확하게 이해하는데 크게 도움이 될 것이다.

보험의 분류기준으로서 일반적으로 열거되고 있는 것은 <표 3-1>과 같다.

그러나 이와 같은 분류방법으로는 산업사회의 발달과 더불어 보험상품이 확장되는 경우에 모든 보험을 수용하기에는 한계가 있으며, 이들 보험의 개념적 분류방법의 적용은, 개개마다 각각 다르고 무언가 체계적 사고에 입각한 것이라기보다는 단순히 개개보험의 특징을 여러 가지 시각에서 표시한 것에 지나지 않는다.

2. 보험의 분류

(1) 인보험과 물보험

보험사고발생의 객체가 인간이냐 물건이냐에 따라서 보험을 인보험(人保險, insurance of persons)과 물보험(物保險, property insurance)으로 나눌 수 있다.

일반적으로 인보험에서는 인간의 신체·생명의 손상·사망에 대해서 금전적 평가가 불가능하지만 물보험에서는 재물의 손해에 대해서 금전적 평가가 가능하다. 그 때문에 경제적 평가를 수반하는 손해개념, 나아가서는 피보험이익의 개념이, 물보험에는 타당하여도 인보험에는 타당하지 않는 것으로 여겨지고 있다.

생명보험, 질병보험, 상해보험, 사회보험으로서의 의료보험, 고용보험은 인보험에 속한다.

화재보험, 해상보험, 운송보험, 자동차보험, 항공보험, 기계보험, 도난보험 등은 물보험에 속한다.

(2) 기업보험과 가계보험

보험가입자의 성격에 따라 가계보험(家計保險)과 기업보험(企業保險)으로 분류된다. 가계보험은 가정의 생활설계와 관련된 위험으로부터 생계의 유지,

안정을 목적으로 한 보험이고, 보험료는 가계소득으로부터 지출된다. 기업보험은 기업활동, 기업경영과 관련된 위험으로부터 기업의 유지·발전을 목적으로 한 보험으로 금일에 있어서는 기업의 리스크 매니지먼트(Risk Management)의 주요한 수단으로써 활용되고 있다. 기업보험에 있어서 보험료는 기업수익으로부터 지출되지만 때때로 제품가격에 가산되어 소비자에게 전가되는 경우도 있다.

점포, 사무소, 공장, 상품, 원재료 등에 관한 화재보험, 무역거래에 관한 해상보험, 영업용자동차에 대한 자동차보험, 기업연금 등은 기업보험에 속하며, 주택, 가계에 대한 화재보험, 가정용자동차에 대한 자동차보험, 가계로부터 보험료가 지출되는 생명보험 등은 가계보험에 속한다.

(3) 저축성보험과 보장성보험

생명보험을 저축성보험(貯蓄性保險)과 보장성보험(保障性保險)으로 구분하고 있는데, 이는 생명보험상품의 내용이 저축성성향을 많이 가지고 있는가, 보장성성향을 많이 가지고 있는가에 의하여 구분한 것으로 이러한 구분은 극히 인위적인 구분이라 할 수 있다. 우리나라에서는 보장성보험이란 보험기간 동안에 지급한 보험료의 총액이 약정한 보험금액보다 적은 상품을 의미한다. 그리고 보장성이 아닌 모든 상품을 저축성상품으로 구분하고 있다.

(4) 민영보험과 공영보험

보험경영의 주체가 사적 성격의 것이냐 공적 성격의 것이냐에 따라 보험을 민영보험과 공영보험으로 분류할 수 있다. 민영보험에는 로이즈와 같은 개인경영의 형태와 유럽각국에서 보여지는 각종의 조합경영의 형태, 나아가서는 주식회사 및 상호회사에 의한 회사경영의 형태가 있다. 현재 우리나라에서는 보험업법상 민영보험을 취급할 수 있는 것은 주식회사와 상호회사에 한정되고 있고, 그 때문에 협동조합이 취급하는 보험은 공제(共濟)라는 이름으로 구별되고 있다. 공영보험에는 국가가 운영하는 국영보험과 시·도·지방공공단체가 운영하는 협의의 공영보험이 있으며, 이들은 주로 사회정책 또는 경제정책실현의 수단으로 보험을 취급하고 있다.

산재보험, 건강보험, 국민연금보험, 고용보험(이상사회정책보험), 농업보험, 어선보험, 수출보험, 중소기업신용보험, 자동차사고의 피해자 구조를 목적으로 하는 자배책보험(自賠責保險)(이상경제정책보험) 등이 공영보험에 속한다.

(5) 영리보험과 비영리보험

보험경영의 동기에 따라서 영리보험과 비영리보험으로 나눌 수 있다. 영리보험은 보험사업의 운영을 통하여 이익 또는 이윤을 얻으려는 것으로 주식회사에 의한 보험사업이 그 대표적인 형태가 되고 있다. 비영리보험은 이익 또는 이윤에 집착하지 않고 보험사업을 운영함에 있어 보험의 공공성, 사회성, 복지성 등을 주된 지침으로 삼고 있는 경우를 말한다. 공영보험의 대부분이 비영리보험이고 각종 협동조합이 취급하는 공제도 조합원의 상호부조를 목적으로 하고 있다. 또한 형식적으로 상호회사가 경영하는 보험사업도 비영리보험의 범주에 들어간다.

(6) 정액보험과 손해보험

급부의 기준에 따라서 보험을 분류한다면 정액보험과 손해보험으로 나뉘어진다. 정액보험(定額保險; insurance of fixed sums)은 보험급부가 미리 약정된 일정금액으로 지급되는 보험으로, 인간의 신체·생명의 손상·사망을 금전적으로 평가하기 어려운 생명보험이나 처음에 약정했던 일정금액이 정기적으로 지급되는 연금보험 등에서 이용되고 있다.

이에 대하여 손해보험(損害保險; insurance against loss of damage)은 재물의 손해를 금전적으로 평가할 수 있기 때문에 위험의 발생에 따라 손해액에 상응하는 급부가 주어진다.

우리나라의 경우, 손해보험회사가 취급하고 있는 보험 중에서 상해보험과 질병보험을 제외한 대부분의 보험은 손해보험이며, 생명보험, 상해보험 또는 질병보험은 정액보험에 속한다.

(7) 임의보험과 강제보험

보험가입이 임의이냐 강제이냐에 따라 보험을 임의보험(coluntary insurance)

과 강제보험(compulsory insurance)으로 나눌 수 있다. 임의보험은 개개인이 자기의 판단 하에 스스로를 위하여 보험에 가입하는 것으로 가입하지 않아도 무방하며 가입금액도 자유롭게 정할 수 있다. 한편 강제보험은 국민의 복지증진을 꾀하기 위하여 공적인 어떤 힘을 발동시켜 강제로 가입하게 하는 경우로서 건강보험, 산재보험, 고용보험 등이 이에 해당된다.

(8) 단기보험과 장기보험

보험계약기간이 단기이냐 그렇지 않으면 장기이냐를 기준으로 삼는 경우, 보험은 단기보험(short-time insurance)과 장기보험(long-time insurance)으로 나눌 수 있다. 통상 보험기간이 1년 이하의 것은 단기보험으로, 5년 이상의 것은 장기보험으로 부르고 있다.

단기보험은 손해보험에서 많이 보여지며 보험자금의 축적도 없고 경제변동이나 인플레이션에 의한 영향도 적다.

반면 장기보험은 생명보험에서 많이 보여지며 보험자금이 축적되고 금융기능이 중시된다. 생명보험에 저축성이 개재되고 있는 근거도 이 점을 이용한 때문이다. 그런데 장기보험에는 인플레이션에 의한 수혜금액의 감소라는 약점이 발생하고 있지만 이 점에 대해서는 현재 변액보험(variable insurance) 등의 대응책이 강구되고 있다.

(9) 개별보험과 집단보험

보험의 대상이 되고 있는 재물이나 피보험자의 선택방식에 따라 개별보험과 집단보험으로 구분된다. 보험자가 보험가입을 희망하는 사람이나 보험에 들려고 하는 대상물을 하나하나 엄선하고 위험의 동질화를 꾀하면서 보험을 인수하는 것이 개별보험이다. 이 경우 위험의 정도에 따라 개별보험료가 부과된다.

집단보험은 일정의 조건을 갖춘 다수의 피보험자 또는 다수의 물재(物財)를 하나의 계약으로 일괄해서 가입시키는 보험이다. 집단보험의 예로서는 생명보험에 있어서는 단체생명보험, 손해보험에 있어서는 선박이나 자동차의 후리트계약(fleet contract)등이 있다.

(10) 원수보험과 재보험

보험분담관계의 유무에 따라서 보험은 원수보험(原受保險; original insurance)과 재보험(再保險; reinsurance)으로 분류된다. 보험계약자가 보험자와 직접으로 계약하는 보험이 원수보험이고, 보험자가 자신이 인수한 계약상의 책임의 전부 또는 일부를 다른 보험자에게 전가하는 보험을 재보험이라 한다.

재보험은 산업사회의 진전과 함께 재산의 단위당 가격의 거대화 또는 고액화와 관련하여 보험경영의 안정을 꾀하기 위한 기술적 수단이며 그 내용은 개개의 보험금액을 분할함으로써 위험의 분산 또는 평균화의 효과를 직접 또는 간접으로 얻으려는데 있다. 재보험의 형태 중 중요한 것으로서 개개의 보험계약에 임의로 재보험을 체결하는 임의재보험(facultative reinsurance)과 보험자 사이에 특약을 두고 자동적으로 재보험이 이루어지는 특약재보험(obligatory reinsurance)이 있으며, 더욱이 특약재보험은 위험부담방식에 따라 비례분할재보험(guota share reinsurance)과 보유초과재보험(surplus reinsurance), 초과손해재보험(excess of loss reinsurance)으로 나뉘어진다.

재보험은 생명보험에서는 이용되는 경우가 적고, 주로 손해보험에서 많이 이용되고 있으며 일종의 책임보험이라고 할 수 있다.

(11) 보통보험과 경제정책보험

보험에 정책성이 있느냐의 유무에 따라 보험은 보통보험과 경제정책보험으로 분류된다. 보통보험은 특정한 국가정책의 목적을 수행하는 수단으로서는 의미가 없고, 오직 가계나 기업과 같은 개별경제의 자유로운 의사에 따라 선택되고 이용되어지는 보험을 말한다. 일반적으로 생명보험이나 손해보험회사에 의해서 취급되고 있는 대부분의 보험이 여기에 속한다. 반면, 경제정책보험은 특정한 국가정책적 목적을 달성하기 위한 수단으로서 보험기술이 원용되어지는 경우에 나타나는 보험을 말한다. 우리나라에 있어서 수출보험이 여기에 해당된다.

(12) 손해보험과 인보험

보험을 법률상으로 분류할 때 손해보험과 인보험으로 나눌 수 있다. 우리나라의 상법에서는 우연한 일정사고에 의해서 발생하는 손해를 보상하는 손해보험과 사람의 생사와 관련하여 일정의 금액을 지급하는 인보험으로 구분하여 규정하고 있으며, 이것을 기초로 보험사업도 손해보험사업과 인보험사업으로 분류된다.

그러나 이 분류는 이론적으로 반드시 타당한 분류라고는 할 수 없으며, 이 때문에 최근 눈에 띄게 발전하고 있는 각종의 의료보험이나 상해보험 등이 손해보험과 인보험의 어느 쪽에 속하는지가 명확치 않은 경우도 발생하고 있다.

이렇듯 상해, 질병, 간병보험처럼 인보험과 손해보험 중 어느 분야에 속하는지 명확히 구분할 수 없는 보험을 제3분야(Gray Zone)보험이라고도 하는데, 이에 따라 보험업법에서는 보험을 생명보험업, 손해보험업, 제3보험업으로 나누고 있다.

제7절 보험과 유사제도

보험의 본질을 보다 명확하게 파악하기 위해서는 보험과 유사한 여러 가지 제도에 대해서도 깊은 관심을 가질 필요가 있다. 왜냐 하면 이들도 장래의 경제적 불안에 대한 준비로서 보험에 못지않게 기능하고 있기 때문이다. 보험과 유사한 제도로서는 저축 · 공제 · 도박 · 보증 · 자가보험 · 무진 및 계 · 자선 등이 있다. 여기에서는 이들 보험유사제도가 보험과 어떤 점에서 서로 유사하고 어떤 점에서 구별되어야 할 것인가를 살펴보고자 한다.

1. 저축

저축(saving)이란 은행 기타의 금융기관을 통하여 장래의 경제적인 불안에 대비하기 위한 경제준비를 의미한다.

이 같은 점에 있어서는 보험과 유사한 목적을 가지고 있지만, 경제준비를 행하는 방법에 있어서는 양자는 전혀 다르다.

즉, ① 보험은 우발적 요건을 필요로 하지만 저축에는 불필요하며, ② 보험은 다수의 경제주체의 결합에 의해서 행하여지는 반면 저축은 개별적으로 행해지며, ③ 보험의 경우에는 보험가입자가 갹출한 보험료는 보험단체에 속하는 재산이므로 보험가입자가 이것을 자유롭게 처분할 수가 없지만 저축의 경우는 개인의 전속재산이므로 원칙상 자유로운 처분이 가능하다. 또, ④보험은 계약과 동시에 경제적 보장을 확보할 수 있는데 반하여 저축은 목표액달성시에만 보장이 가능하며, ⑤기술적인 면에서도 보험의 경우는 전체보유고의 면에서 급부, 반대급부가 균등한 것을 전제로 하고 있는데 반하여 저축에서는 그것이 개별적으로 성립한다.

따라서 저축과 보험은 개별경제의 안정과 보장에 있다는 목적 면에서는 유사하지만 양자의 준비형태의 방법에 있어서는 근본적으로 차이가 있다. 물론 보험 중에는 저축요소와 결합한 생명보험의 형태도 있다(예 : 양로보험). 그러나 생존·사망이라는 우연사고의 발생을 전제요건으로 성립하고 있는 점에 있어서는 저축과 명확하게 다르다.

2. 공제

공제(mutual aid)란 같은 직업 또는 지역에 속하는 자가 단결하여 조합을 만들고 조합원 또는 그 가족이 사망하거나 질병에 걸린 경우 또는 조합원 소유의 재산이 화재 등으로 손상을 입은 경우에 일정의 공제금 또는 건축자재 등 현물을 지급 받는 상호구제의 제도로서 그 역사는 고대의 그리스, 로마시대로까지 거슬러 올라갈 수 있다.

다수의 사람이 집단을 형성하고 그 중 우연사고로 희생된 자에게 소정의 구제금을 지급한다는 면에 있어서는 공제는 보험과 흡사하지만 양자의 사이에는 일반적으로 다음과 같은 차이가 있다. 즉, 공제는 보험과는 달리 ① 가입자의 범위가 직업적 또는 지역적으로 특정되어 있고, ②그 규모가 충분히 크지 않는 경우에는 보험의 경우에서 볼 수 있는 것과 같은 충분한 위험의 평균화를 추구할 수 없으며, ③ 사고를 당한 조합원에게 지급되는 급부금(給付金)도 그 금액으로 볼 때 위로금정도의 범위를 벗어나지 못하는 경우가 있다. 그러나공제도 그 규모가 확대되어 대수의 법칙이 적용가능한 단계에 이른다면 그것은 이미 공제의 영역을 벗어나 보험과 다를 바 없다.

3. 도박

도박(gambling)이란 일정한 금액에 대하여 트럼프나 화투 등 우연한 사건의 결과로서 금전 또는 재물을 수수(授受)하는 행위로서 손해와 이득의 기회가 병존하는 소위 사행행위(射倖行爲)이다.

보험에 있어서도 피보험자(보험계약자)는 납부하는 보험료에 비해 극히 많은 보험금을 지급받는 경우가 있는 반면, 무사고로 인하여 보험료의 반대급부를 전혀 얻지 못하는 경우도 있어, 마치 이득과 손해의 기회가 병존하는 것 같이 보인다. 따라서 이전에는 보험을 사행행위 또는 도박행위의 한 형태로 보는 논자도 있었다.

그러나 이용자 측에서 본다면, 보험은 우연적 사고의 발생에 즈음하여 경제적 보장을 확보하려는 목적을 가지고 있으며, 경제보장 이상의 이득을 얻으려는 것은 아니다. 이에 반하여 도박은 우연한 사건의 발생이 없었다면 얻을 수 없는 재산상의 결과를 그 우연을 이용하여 얻으려는 것으로 이득이 있음과 동시에 손해의 위험도 있으므로 경제생활을 불안정시키는 반면 보험에서는 가입자에게 우연적 사고가 발생하든 아니하든 경제적 보장이 확보되어 있기 때문에 경제생활의 안정을 도모할 수 있다.

결국 보험과 도박의 근본적인 차이점은 도박의 경우에는 지금까지 전혀 손실의 가능성이 없었음에도 도리어 손실의 가능성(위험)을 창조하려는 점이며, 보험의 경우에는 기존의 위험을 분산 또는 경감시키려는 점이다.

4. 보증

보증(guaranty)이란 법률상의 채무를 이행하지 않는 경우에 채무자 이외의 자(보증인)가 대신하여 그 채무를 이행하는 것을 말하지만, 일반적으로 경제상의 의미로서는 당사자의 일방이 책임을 지고 상대방에게 일어나는 손해를 인수하는 것을 가리킨다. 이 같은 의미에서 보험과 보증은 자주 용어 사용상 혼동하는 경우가 적지 않지만, 그 조직방법에 있어서는 양자 간에 명확한 차이가 있다.

보증에 있어서는 보증인과 피보증인의 사이에는 법률상의 관계만이 존재하며 다수의 경제체의 결합이라는 특수한 경제조직을 필요로 하지 않는다. 보험은 보험료의 수수를 기초로 하는 소위 유상계약(有償契約)에 의하여 다수의 경제체가 유기적으로 결합된 제도이다. 또한 보증에 있어서는 유상의 경우도 있지만, 일반적으로 무상계약으로 성립되며 타경제관계에 부수하거나(품질보증의 경우) 당사자 간에 독립적으로 행해지는 경우가 많다. 가령 유상적으로 보증된다고 하더라도 그 대가가 확률을 기초로 산정된 것이 아닌한 보험과는 다르다. 그러나 유상적인 보증관계가 다수의 사람들 사이에 체결되고 그것이 합리적인 위험의 측정을 토대로 계획적으로 이루어지게 된다면, 그것은 이미 보증의 영역을 벗어난 보험이 될 수 있다.

따라서 일반적으로는 보험과 무관한 보증도 그 방법에 따라서는 보증자체가 보험의 대상이 될 수 있다는 것이다. 더구나 현대에는 이 같은 종류의 보증보험의 판매가 증가하고 있다.

5. 자가보험

자가보험(self-insurance)이란 단일의 경제체가 자기가 소유하는 재산 또는 고용종업원에게 발생하는 위험에 대비하기 위하여 보험과 같은 방법으로 조직적으로 일정비율의 준비금을 적립하여 스스로 그 위험에 대처하는 제도이다.

예를 들면 다수의 선박 · 차량 · 가옥 또는 재고품 등을 소유하는 선박회사 · 렌트카(rent-car)회사, 부동산회사 또는 창고회사 등은 그 소유재산의 손해사고에 대해 대수의 법칙을 적용할 수 있는 가능성이 있다.

이 때 보험과 동일한 기술을 이용하여 보험료에 상당하는 일정한 비율의 금액을 적립하고 그 목적물에 발생한 손해를 보상함으로써 보험과 같은 목적을 달성할 수 있다. 이 방법에 의한 이점은 하나의 기업이 보험료상당액의 적립금을 자기자금으로 이용할 수 있다는 점과 사고발생이 예상보다 작을 때에는 그것이 자사의 이익이 된다는 점이다. 특정의 우연사고에 대한 경제준비라는 점에서는 보험과 자가보험은 동일의 기능을 가지지만 준비금의 적립에 있어서는 양자사이에 차이가 있다.

보험에 있어서는 다수의 경제체 사이에 형성되는데 비하여 자가보험은 하나의 경제체 내부에 축적되는 것이다. 또한 자가보험은 경제준비가 불충분한 경우에 우연사고가 발생한다면 저축기능과 같은 한계를 벗어나기 어려운 것은 자명하다. 이런 의미에서 다소 계획적으로 행해진다고는 하지만 자가보험의 실체는 저축과 다를 바 없다.

6. 자선

자선(charity)이란 타인에 의하여 일방적으로 주어지는 무상의 부조, 은혜를 말하다. 그러므로 자선은 궁핍한 경제생활을 보장해 줄 수 있다는 점에 있어서는 보험과 유사하지만, 근본적으로는 그 성질을 달리하고 있다.

즉, ① 보험은 자력에 의한 합리적인 선후책(先後策)인데 반하여 자선은 타력에 의한 선후책이라는 점, ② 보험은 그 성격에 있어서 양면적이고 유상적인 반면 자선은 일방적이고 무상적인 점, ③ 보험은 일정한 급부를 요건으로 하고 일정한 기금을 필요하지 않는다는 점, ④ 보험에는 계약상의 권리로서 보험금에 대한 청구권이 있는 반면, 자선에는 이러한 의미의 청구권이 존재하지 않는다는 점 등이 상호 구별된다.

결론적으로 보험은 공동준비재산의 형성과 확보를 위해 갹출되는 자금의 산정이 합리적으로 이루어지며 지속적인 경제제도로서 존속하지만, 자선의 경우는 과학적 기초를 전혀 필요로 하지 않는 궁핍한 경제생활의 해결로서 그 존재가치를 상실하는 임기응변적이며 도덕적인 조치에 지나지 않는 것이라 할 수 있다.

[표 3-2] 보험과 유사 제도의 비교

	보험과 저축	보험과 도박 · 투기	보험과 보증	보험과 공제	보험과 자가보험
동기	경제불안대비	부의 획득	손실보상	손실보상	위험의 제거 또는 감소
사회적 인식	생산적	비생산적	생산적	생산적	생산적
유사점	위험의 제거 또는 감소	돈의 이전	도덕적 위태 감소	우연적 사고에 대한 손실보상	특정의 우연사고에 대한 경제준비
차이점	보험은 계약시 효력이 발생하나 저축은 일정액을 충족시켜야만 효력발생. 또한 저축은 보험보다 목적이 더 포괄적이다.	보험은 순수위험을 대상으로 생활안정에 목적이 있으나 투기 · 도박은 인위적 위험을 대상으로 이익 획득에 목적이 있다.	보험은 대부분 우연적 손실을 보상하나 보증은 대부분 도덕적 위태로 인한 손실 보상이 목적이다.	공제는 회원만 가입 가능하고 판매원이 없고 상호 이익을 목적으로 하나 보험(주식회사)은 가입제한이 없고 판매원을 이용하며 이윤을 목적으로 한다.	보험은 다수의 경제주체 사이에 형성되지만 자가보험은 하나의 경제주체 내부에 축적된다.

연습문제

1. 보험의 정의를 간단히 설명하라.
2. 보험의 본질에 대한 학설 중 손해설에 관하여 설명하라.
3. 보험의 4가지 요소에 관하여 설명하라.
4. 보험의 기본원리에 관하여 설명하라.
5. 보험의 대수의 법칙(law of large numbers)에 관하여 설명하라.
6. 보험의 기본원리에서 수지상등의 원칙과 급부 · 반대급부균 등의 원칙을 비교 · 설명하라.
7. 보험의 경제적 효용과 비용에 관하여 설명하라.
8. 보험범죄의 개념과 형태에 관하여 설명하라.
9. 보험범죄의 방지 대책에 관하여 설명하라.
10. 보험 성립의 기술적 조건과 경제적 조건을 비교 · 설명하라.
11. 인보험 · 물보험을 비교 · 설명하라.
12. 강제보험과 임의보험을 비교 · 설명하라.
13. 보험의 대상이 되는 요건에는 어떠한 것이 있는지 설명하라.
14. 우리나라의 상법에서 분류하고 있는 보험의 체계를 설명하고 비판해보라.
15. 보험의 유사제도는 어떠한 것이 있는지를 나열하고 비교 · 설명하라.

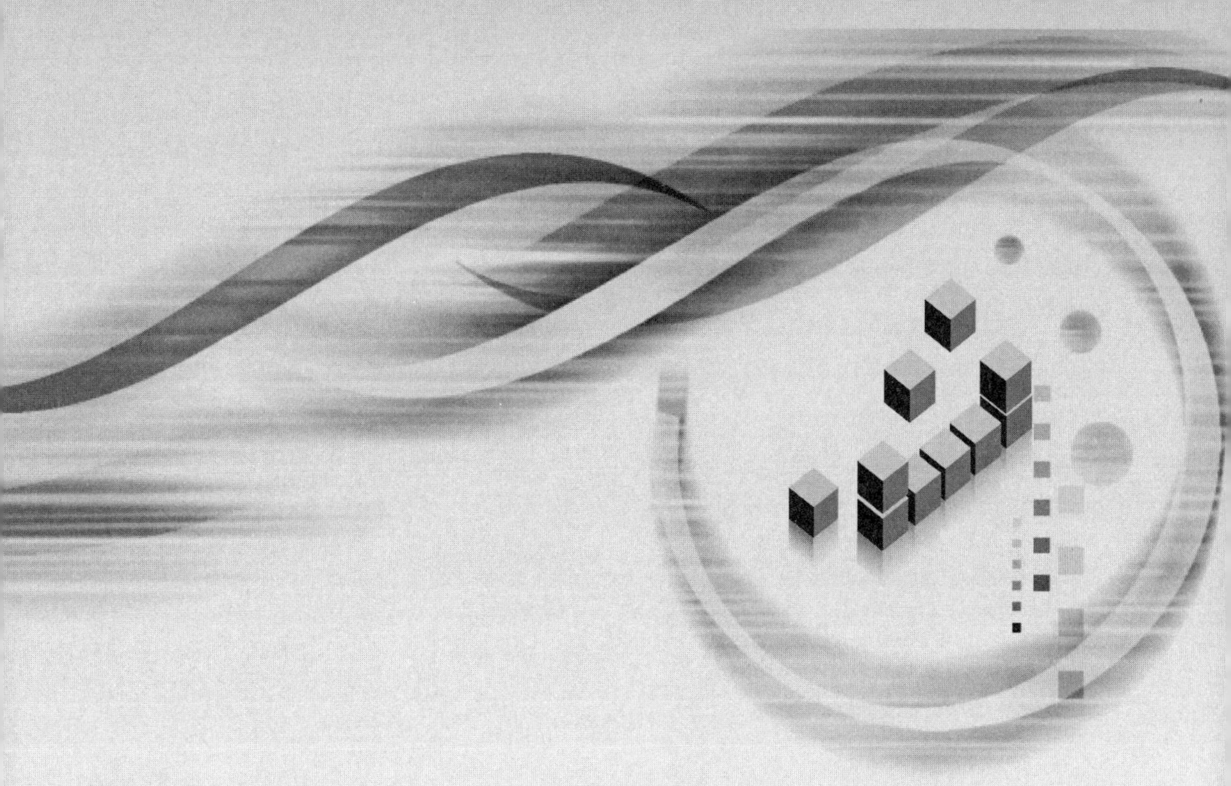

제 2 부 보험계약의 법적원리

제4장 보험계약의 기초

제1절 보험계약의 의의와 성질

1. 보험계약의 의의

보험의 본질에 관한 학설이 다양한 것과 마찬가지로 보험계약의 개념에 있어서도 많은 논의와 학설이 대립되어 왔다. 즉, 연혁적으로 보험의 범위가 해상보험에 국한되고 있었던 시대에 있어서는, 손해의 보상이라는 면을 보험의 기본으로 들 수 있다.

그 후 보험의 이용은 손해보험의 범위에 한정되지 않고 인간의 생명에 관한 정액급부의 생명보험이 보험업계에서 중요한 지위를 차지함과 동시에 상해, 책임, 실용보험 등과 같은 새로운 종류의 보험형태가 계속해서 등장하고 있는 금일에 있어서는 이들 모든 보험계약일반의 특징을 일체적으로 파악하고 통일적으로 해명할 수 있는 정의를 구하는 것은 극히 곤란하다. 최근의 학설에서는 보험계약의 정의를 단순히 구체적 특징을 명료하게 표현하는 것만으로 만족하고 있다.

각국의 보험계약법도 대개 손해보험계약과 생명보험계약에 공히 적용되는 통일적인 정의를 피하고 별개로 서로 다른 정의를 내리고 있는 것이 일반적인 형태이다. 즉, 상법 제665조에 의하면, 손해보험계약이란 사고가 발생한 경우 그 사고로 인하여 발생할 손해의 보상을 약속하는 계약이라고 규정하고 있다.

이에 반해 상법 제730조에 의하면, 생명보험계약이란 사고가 발생하면 약정한 금액을 지급할 것을 약속하는 계약이라고 규정하고 있다. 이같이 대치되는 정의 방식은 반드시 이론적이라고는 할 수 없으며, 만일 보험계약일반에 대해서 일원적(一元的)으로 정의를 구하려 한다면 보험계약이란, 「보험자가 상대방으로부터 보험료를 징수하고, 일정의 우연한 사고가 발생한 경우, 상대방 또는 제3자에게 특정의 취지에 따른 약정금액을 지급할 것을 약속하는 유상계약이다」라는 택일적이고도 추상적인 내용의 정의를 가지고 다른 계약과 구별해야 할 것이다.

2. 보험계약의 성질

(1) 유상계약성

보험계약은 유상계약(有償契約; conditional contract)이다. 이것은 보험자가 특정한 보험사고가 발생한 경우에 손해의 보상 또는 약정한 보험금을 지급할 것을 약속하고, 그 대신에 보험계약자는 그 보수로서 보험료를 지급한다는 상호 급부 반대급부의 관계(대가관계)에 있다는 것을 의미한다.

(2) 쌍무계약성

보험계약은 쌍무계약(雙務契約; bilateral contract)이다. 보험자는 보험사고가 발생한 경우에 일정한 조건에 따라서 손해의 보상 또는 약정한 보험금을 지급해야할 의무를 부담하고, 이에 대하여 보험계약자는 보험료의 지급의무를 지고 있다. 보험계약은 보험자의 보험금 지급의무와 보험계약자의 보험료 지급의무가 상호 대립하는 관계에 있는 쌍무계약이라 할 수 있다.

(3) 낙성계약성

보험계약은 낙성계약(諾成契約; consensual contract)이다. 보험계약은 당사자 쌍방 간의 합의에 의해서 성립한다. 즉, 보험계약자의 신청에 대한 보험자의 승낙에 의해서 성립한다. 여기에는 어떠한 형식도 문제되지 않는다. 구두로 하든 전화로 하든 보험계약은 성립한다.

대부분의 보통보험약관에 있어서는 보험자의 책임은 최초의 보험료가 납입되었던 때로부터 개시한다는 규정을 두고 있으나, 보험료의 납입은 보험자의 책임개시를 위한 요건에 지나지 않는다.

또 실무적으로 보험자는 일정한 양식의 보험계약신청서를 사용하고 또 보험증권의 교부라는 승낙통지의 방법을 취하고 있지만, 보험계약신청서는 보험자가 이것을 기초로 필요한 조사를 행하고 위험의 측정이나 보험요율의 결정 등 계약의 승낙에 유용하게 이용하기 위한 것이며, 또한 보험증권은 이미 성립한 계약의 효과로서 발행되는 증거증권에 지나지 않는 것이다.

(4) 사행계약성

보험계약은 사행계약(射倖契約; aleatory contract)이다. 사행계약이란 일반적으로 우연에 의한 불로이득을 취할 목적으로 이루어지는 행위 등의 의미로 사용되고 있지만, 보험계약에 있어서도 우연적인 사실에 의해서 보험금의 지급이 좌우되는 계약이라는 의미에 있어서는 사행계약성을 가진다고 할 수 있다.

그러나 보험자 측의 경영전반에서 고찰한다면, 대수의 법칙에 따라서 산정된 보험료와 보험금이 균형을 이루고 있어 보험의 사행성을 인정하지 않는 입장을 취하고 있으며, 법제상 이 같은 사행계약일반에 대해서 특별한 효과를 인정하고 있지 않는 이상, 보험계약의 사행성을 논하는 것은 특별한 의미가 없다는 설도 있다. 그러나 보험이 도박적 행위에 악용되는 위험을 방지하기 위하여 당사자 간의 신의성실의 원칙을 특히 강조할 필요가 인정되는 측면에서 볼 때 보험계약의 사행성을 인식하는 것은 결코 무의미한 것은 아니다.

보험계약자에게 부과되고 있는 고지의무위반이나 위험의 급변, 급증의 경우에 보험자에게 계약해제권이 주어지고 있는 것은 보험계약의 사행계약성에 그 당위적 근거를 제공하는 것으로도 설명되고 있다.

(5) 부합계약성

보험계약은 부합계약(附合契約; contract of adhesion)이다. 보험계약은 그 성질상 다수의 보험계약자를 상대로 대량의 계약이 체결된다. 이 때문에 개개의 계약에 대해 그 계약의 조항을 각각 정하는 것은 극히 번잡하고도 불가능에 가까운 일이므로 보험자는 미리 보험계약의 표준적인 계약조항이 될 내용을 정한 보통보험약관을 작성하고 그것을 토대로 대량의 보험거래를 간편하고 신속하게 처리하는 방식을 채용하고 있다. 따라서 보험계약의 체결에는 상호 대립하는 두 인격체간의 의사가 일치되어 계약이 맺어진다고 하는 계약자유의 원칙은 실질적으로 의미가 없고 보험자에 의해서 일방적으로 그 내용이 정해진 보험약관을 보험계약자가 그대로 전면 승인하는 형식으로 체결되고 있다. 이 같은 보험계약의 부합성에 비추어 볼 때, 보험계약자의 이익이 부당하게 저해되지 않도록 보험사업에 대한 행정적 감독은 말할 것도 없고, 보험약관의 작성 및 사용 혹은 내용상의 변경 등에 대해서는 금융위원회의 인가를 얻도록 규정하고 있다.

(6) 선의계약성

보험계약은 선의계약(善意契約; a contract based upon the good faith)이다. 전술한 보험계약의 사행계약성과 관련하여, 보험계약의 체결 및 이행에 즈음하여 통상적인 계약이상으로 보험관계자의 선의와 신의성실의 원칙이 요구되고 있는 것을 볼 때 보험계약을 선의의 계약 또는 최대선의(utmost good faith)의 계약이라는 설이 주장되고 있다. 한편 이에 대하여 당사자의 신의성실이 요구되는 것은 계약일반의 원칙이므로 이것을 특별히 강조하는 것은 의미가 없다고 주장하는 설도 있다.

(7) 상행위성

보험계약은 보험자에게 있어서 상행위(商行爲; business transaction)이다. 보험을 영업으로 하는 경우에 상법은 이를 영업적 상행위로 규정하고 있다. 그것은 보험자로서 보험계약을 체결하는 것을 영업으로 간주한다는 의미이다. 따라서 보험자는 상인이고 보험계약에 대해서는 상행위 일반에 관한 법칙 및 상인이 행하는 상행위에 관한 특별법칙이 준용된다.

상호회사는 법률상 상인이 아니므로 그가 영위하는 보험사업도 영업이 아니며 또 상호보험계약은 영업적 상행위가 아니다. 그러나 경제적으로는 영리보험계약과 실제상 동질의 성질을 가지고 있기 때문에 상법은 성질이 허락하는 한, 영리보험계약에 관한 상법의 규정을 상호보험에도 준용할 것을 규정하고 있다. 다만 상행위 일반에 관한 상법의 규정은 상호보험계약에는 준용되지 않는다.

제2절 보험계약의 성립과 효력

1. 보험계약의 성립

일반적으로 계약은 당사자의 청약(請約)과 승낙(承諾)에 의하여 이루어진다. 보험계약은 낙성불요식(諾成不要式)의 계약이므로 당사자 쌍방의 의사표시, 즉 보험계약자의 청약과 보험회사의 승낙에 의해 의사가 합치되면 보험계약은 유효하게 성립한다.

그러나 이 같은 표시, 즉 신청과 승낙에는 자주 오해와 논쟁의 원인이 되는 것도 많고 또 보험자는 대량의 거래를 신속하고도 확실하게 처리하려는 필요 때문에 실제상으로는 계약의 신청・승낙도 정형화되어 요식계약에 가까운 것이 현실이다.

(1) 보험계약의 청약

보험계약은 보험자가 미리 작성한 일정 양식의 보험계약신청서에 소정의 사항을 기재하고 기명날인한 후, 여기에 소정의 보험료를 첨부하여 보험자 또는 그 대리인에게 제출함으로써 행해지고 있다. 또 그 계약에 적용되고 지침이 되어야할 보험약관은 보험신청서에 인쇄되어 있지 않는 경우가 일반적이지만 보험 계약은 부합성을 가지는 것이므로 신청자는 보험약관을 계약의 기초로 한다는 전제하에서 보험 신청을 한 것으로 간주되고 있다.

(2) 승낙

보험회사의 승낙은 보험계약의 청약에 기인하여 필요에 따라 보험의 목적을 검사하거나 보험의(保險醫)로 하여금 피보험자의 건강 상태를 진단하고 계약체결에 응할 수 있다고 판단되면 승낙의 의사표시로서 보험자 또는 그 대리인은 보험료 영수증 또는 계약성립 통지서를 보험 계약자에게 교부한다. 그 후 보험자는 보험증권을 보험계약자에게 송부한다.

(3) 보험계약 승낙의 거절과 청약 철회

보험회사는 보험계약자의 청약이 있었다고 하더라도 피보험자 및 피보험목적물이 보험계약에 적합하지 않을 경우에는 승낙을 거절할 수 있다. 한편 보험계약자는 청약을 한 당일 또는 제1회 보험료를 납입한 날로부터([그림 4-1] 참조) 15일 이내에 그 청약을 철회할 수 있다(2010년 4월부터는 전화, 홈쇼핑 보험의 경우는 청약철회기간을 30일로 연장).

(4) 보험계약 승낙 및 거절기간

보험회사는 보험계약의 청약을 받고 제1회 보험료(일정기간 단위의 분할보험료)를 받은 경우에 건강진단을 받지 아니하는 계약(무진단 계약)은 청약일로부터, 건강진단을 받는 계약(진단 계약)은 건강 진단일로부터 30일 이내에 승낙 또는 거절하여야 하며, 승낙한 경우에는 보험증권을 교부한다. 그러나 만약 30일 이내에 승낙 또는 거절의 통지가 없으면 승낙된 것으로 본다.

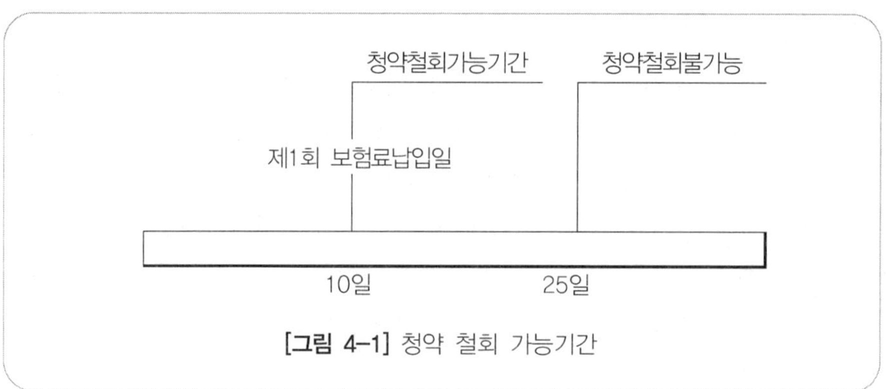

[그림 4-1] 청약 철회 가능기간

(5) 보험계약 내용의 변경

보험계약 성립 이후에 보험계약자의 경제적 여건, 보험수익자와의 인적·물적 관계 등이 변하기 쉽다. 따라서 보험 계약자는 보험회사의 승낙을 얻어 보험종목, 보험기간, 보험가입금액, 보험계약자 또는 보험수익자, 보험료 납입, 보험료 납입방법 및 수금 방법 등을 변경할 수 있다.

이 경우 보험회사는 승낙을 서면으로 알리거나 보험증권에 배서(背書)해 주고 있다. 이러한 계약내용의 변경은 보험계약자에게 편의를 제공하여 보험계약을 유지함으로써 중도해약으로 인한 보험계약자와 보험회사 쌍방의 손해를 방지하기 위한 것이다.

참조

〈사례〉 부인·딸 명의 66억 보험…이혼으로 전액 날려

70대 남성이 부인과 딸 이름으로 수십억원 상당의 보험 계약을 체결했으나 이혼하는 바람에 전액을 날리게 됐다. 18일 서울중앙지법에 민사합의21부(임성근 부장판사)에 따르면 A(73)씨는 2006년 1월 부인과 딸 3명의 이름으로 연금보험계약을 체결했다. 당시 그는 자신이 관리하던 부인과 딸 명의 은행계좌에서 인출한 돈으로 보험료 전액을 일시에 납부했고 이후 2008년 2월까지 매달 연금형식의 보험금을 지급받았다.

그는 같은 해 2월에도 딸들의 이름으로 다른 연금보험계약을 체결한 뒤 자신이 관리하는 딸들 통장에서 인출한 돈으로 보험료를 전액 납부했다. A씨가 이같은 방식으로 가입한 보험상품은 모두 8건으로 총 보험금액은 66억4천여만 원에 달했다. 그러나 A씨가 부인과 이혼하면서 문제가 발생했다. 부인과 딸들이 계약상 보험금 수령 계좌를 A씨가 관리하는 계좌에서 자신들이 직접 관리하는 계좌로 변경하면서 A씨가 보험금을 지급받지 못하게 된 것.

A씨는 전 부인 등을 상대로 보험금 지급 정지를 구하는 가처분을 신청했으나 법원이 이를 기각하자 결국 소송을 제기했다.

그는 금융소득세 등 세금절감을 위해 전 부인과 딸 이름으로 계약을 체결했고 보험금 역시 모두 자신의 재산인 만큼 보험계약자 보험보험수익자 명의를 자신으로 변경해야 한다고 주장했지만 법원은 부인과 딸들의 손을 들어줬다.

재판부는 "A씨가 자신이 개설해 관리하고 있는 부인과 딸 명의 계좌에서 돈을 인출해 보험료를 납부했다고 해도 계약자 명의나 수익자가 부인과 딸들로 돼 있는 만큼 이들을 계약당사자로 볼 수 있다"고 밝혔다.

또 "계약내용을 서면으로 작성한 경우 당사자의 의사가 무엇이든지 간에 계약서에 기재된 내용에 따라 의미를 판단해야 한다"고 말했다.

재판부는 "A씨와 보험사 사이에 보험계약자를 A씨로 한다는 의사의 합치가 있었다고 보기도 힘들고 부인과 딸들이 보험계약자 및 보험수익자의 권리를 양도했다는 의사표시를 했다고 볼 수도 없다"고 덧붙였다.

연합뉴스 2009/09/18

(6) 계약 불성립시의 보험료 환불

보험계약이 성립되지 않는 경우에 보험회사는 이미 납입한 보험료를 계약자에게 환불하여야 한다.

1) 보험료의 환불

보험회사가 제1회 보험료를 받고 승낙을 거절한 경우에는 거절 통지와 함께 받은 금액(보험료)을 환불하며, 보험계약자가 청약을 철회한 때에는 3일 이내에 보험료를 환불한다.

2) 보험료 한불시 이율 적용

보험계약자가 청약을 철회한 경우에는 반환기일의 다음날로부터 반환일까지의 기간에 대하여 약관 대출이율을 연 단위 복리로 계산한 금액을 더하여, 보험회사가 청약에 대한 승낙을 거절한 경우에는 보험료를 받은 기간에 대하여 "예정이율+1%"를 반환한다.

참조

〈사례〉 반송보험료 방치 중 생긴 사고 책임져...

따뜻한 봄날 오후 K씨는 신문에서 심근경색으로 사망률이 증가하는 추세란 기사를 보고 생명보험의 필요성을 느껴 직접 영업소를 방문하여 보험 계약을 체결하였다.

여사원 L은 K씨 나이가 40세가 넘어 진단을 받아야 한다고 설명하였다. 진단결과 A판정임을 확인한 설계사는 K씨로부터 청약서와 제1회 보험료를 수령하여 입금하였는데, 3일 뒤에 심사과로부터 40세 이상이고 고액건이어서 특별진단건에 해당한다는 통보를 받게 되었다.

설계사는 K씨에게 특진을 받아야만 보험가입이 가능하다는 것을 알리지 않고 있다가 청약이 반송처리 되었고, 반송보험료가 방치되어 있던 중에 K씨는 일요일에 교통사고로 사망하였다.

Question : K씨 가족은 상기의 경우 휴일재해보험금을 받을 수 있을까?

➡ 약관상 회사가 제1회 보험료를 받고 청약을 승낙하기 전에 보험금 지급사유가 발생하였을 때에도 보장책임을 지고, 다만 고지의무위반 사항과 보험금 지급사유 사이에 인과관계가 있는 경우에는 보장책임이 없다.

Answer : 회사는 계약자 K씨가 승낙거절 통지를 받은 사실이 없고 제1회 보험료를 환급받지도 않았기 때문에 승낙전 보험사고에 해당하여 휴일재해 보험금을 지급하였다.

➡ 설계사 B씨와 여사원 L씨가 K씨에게 제때에 승낙거절통지를 하고 반송 보험료만 돌려주었다면, 회사는 보험금 지급책임이 없었을 것이다. 이처럼 제1회 보험료 입금과 반송보험료의 환급업무는 매우 중요한 업무이다.

2. 보험계약의 효력

보험회사는 보험계약의 청약을 승낙하고 제1회 보험료를 받은 때로부터 약관이 정한 바에 따라 책임을 진다. 그러나 보험회사가 청약시에 제1회 보험료를 받고 청약을 승낙한 경우에는 제1회 보험료를 받은 때로부터 책임을 진다. 이와 같이 보험회사가 책임을 지기 시작하는 시기를『책임 개시일』이라 한다.

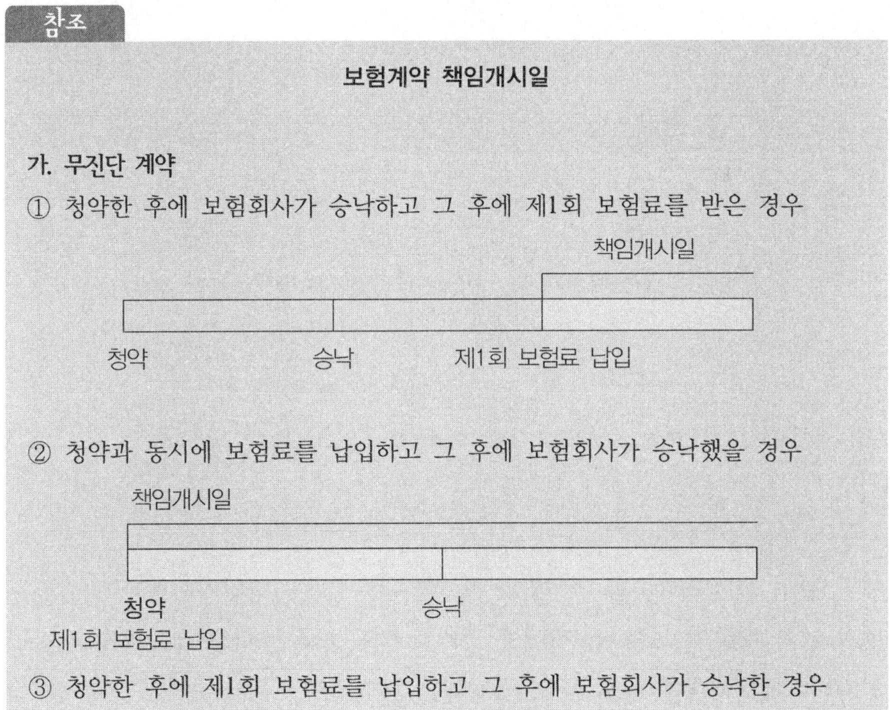
참조

보험계약 책임개시일

가. 무진단 계약

① 청약한 후에 보험회사가 승낙하고 그 후에 제1회 보험료를 받은 경우

② 청약과 동시에 보험료를 납입하고 그 후에 보험회사가 승낙했을 경우

③ 청약한 후에 제1회 보험료를 납입하고 그 후에 보험회사가 승낙한 경우

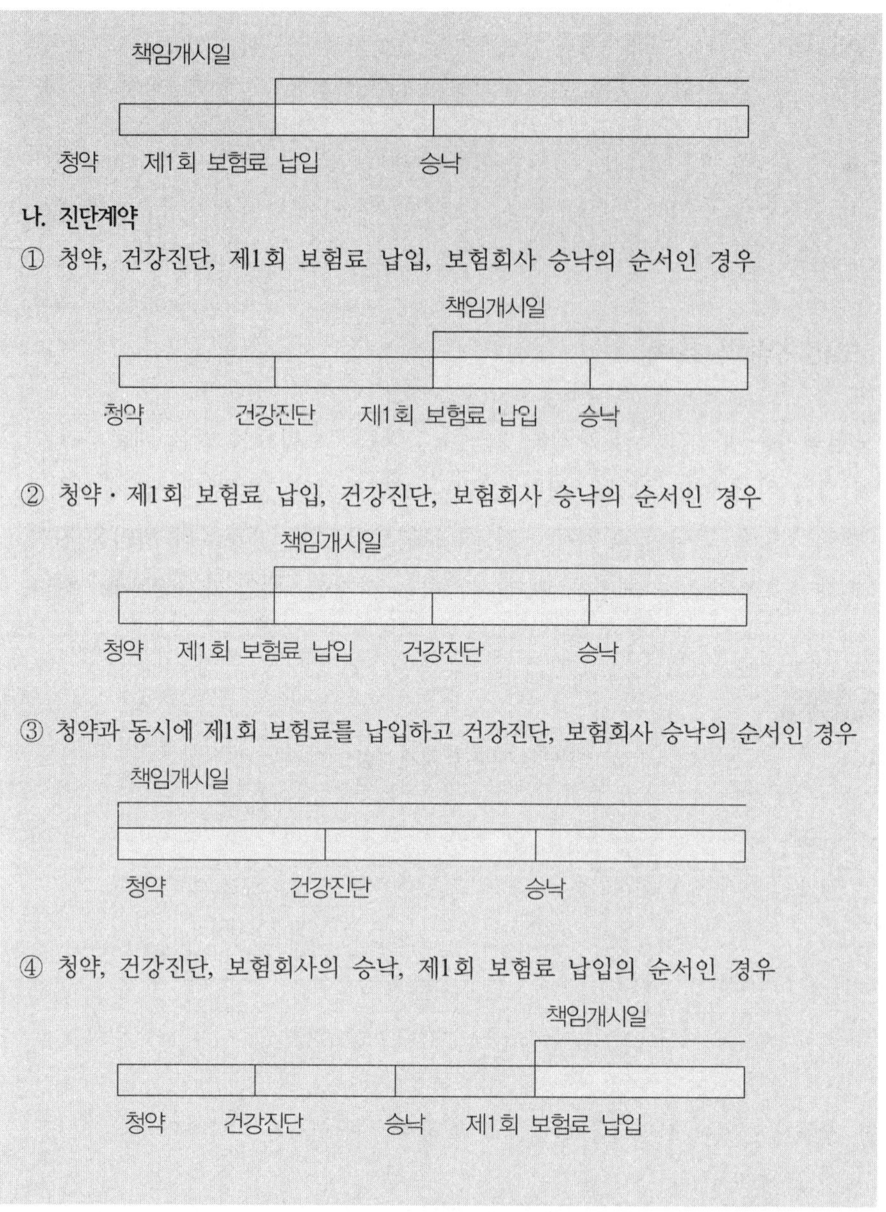

이와 같이 고객으로부터 제1회 보험료를 받은 날은 책임개시일과 밀접한 관계가 있기 때문에 보험계약자에게 전달할 영수증의 날짜를 정확하게 기입하고 즉시 보험회사에 입금조치를 취하는 것이 올바른 자세이다.

(1) 승낙전 책임

보험회사가 제1회 보험료를 받고 청약을 승낙하기 전에 보험금 지급사유가 발생하였을 경우 보험회사는 책임개시일(제1회 보험료 납입)로부터 약관이 정하는 바에 따라 책임을 진다.

참조

승낙전 보험 사고시 보험회사가 책임을 지지 아니한 경우

㉠ 약관상 가입자의 고지의무 규정을 준용하여 책임을 지지 아니한 경우
㉡ 보험계약자 또는 피보험자가 보험회사에 알린 내용 또는 건강진단 내용이 보험금 지급사유의 발생에 영향을 미쳤음을 보험회사가 입증하는 경우
㉢ 계약자 또는 피보험자가 청약시에 피보험자의 직업 또는 직종에 관한 고지의무를 위반함으로써 청약서에 명시되어 있는 보험가입 한도액을 초과 한 경우
㉣ 보험회사가 승낙하기 전에 보험금 지급사유가 발생한 경우에는 그 초과 청약액에 대하여 책임을 지지 않으며, 회사가 승낙한 경우에는 그 초과액에 대하여도 책임을 진다.

(2) 보험안내자료 등의 효력

보험을 모집한자(설계사 등)가 모집 과정에서 사용한 보험회사(영업국 또는 지점, 영업소 또는 지부 및 대리점 포함) 제작의 보험 안내자료 (서류, 사진, 도화, 등 모든 자료)의 내용이 약관의 내용과 다른 경우에는 보험계약자에게 유리한 내용으로 계약이 성립된 것으로 간주한다.

참조

〈사례〉 안내장이 약관보다 우선시 될 수도…

A는 보험회사를 우연히 지나가다가 만기시 확정배당금 천만원을 지급한다고 기재된 안내장을 보게 되었다. 그런데 보험상품이 은행예금 금리보다 높은 것 같아서 계약을 하기로 결심을 하였다. K사와 수익자를 본인으로 하여 보험계약

을 체결하고 계속 유지하여 만기가 되었으나 확정배당금이 천만 원에 미치지 못하는 3백만 원밖에 발생하지 않은 것을 만기보험금 수령시에 알게 되어 K사에 대해 소송을 제기하였다.

Question : A는 상기 경우에 만기 확정배당금 1천만 원을 받을 수 있는가?

➡ 약관에 확정배당금은 정기예금이율의 변동에 따라 변한다고 규정하였음으로 약관에 의해 K사가 3백만 원을 지급하는 것이 전혀 문제가 없는 것처럼 보이지만, 표준약관 제45조는 보험모집안내장의 내용이 약관의 내용과 다른 경우에는 보험회사는 안내장에 따라 책임을 져야 한다고 규정하고 있다.

Answer : 본 건의 모집안내장은 조사 결과 모집영업소의 J소장이 만든 것으로 확징배당금은 징기예금이율에 따라 변한다는 내용이 안내장에 기재되어 있지 않았으므로 K사가 약관의 효력을 주장할 수 없다. 안내장의 내용에 따라 수익자 갑에게 확정배당금 천만 원을 지급하였다.

➡ 보험모집안내장이란 보험사업자(영업국, 영업소 및 대리점 포함)에 의해서 제작 인쇄되어 보험모집에 사용되는 것으로 계약체결 회사에 명백하게 영향을 미칠 수 있는 서류, 사진, 도화 등이다. 보험안내장은 보험모집을 위해서는 필수 불가결한 것이지만 안내장에 기재된 내용이 그대로 계약사항이 되는 것이므로 안내장을 제작, 배포하는 경우에는 항상 상품 내용과 약관의 내용에 부합하게 제작, 배포하여야 할 것이다.

참조

〈사례〉 설계사가 임의로 작성한 보험안내장의 운명은?

B영업소 설계사 L씨는 오빠의 친구들을 소개받게 되어 여러 보험상품을 안내하게 되었다. 오빠 친구는 60세 이후의 노후를 감안하여 연금 상품에 관심이 있다고 하여 저축 연금보험상품을 설명하였고, 원금과 이자에 대해서 상세하게 묻자 '60세에 원금이 나오고 7년이 지나면 원금과 이자까지 130%가 나옵니다.'라고 수익률을 과장해서 설명, 가입설계서에 자필로 써 주었다. 60세후 7년 뒤 오빠친구는 영업국 창구에 물어보니 기납입보험료에 못 미치는 O백 O십만원을 안내받았다. 이에 보관 중이던 가입설계서를 제시, 민원을 제기하였다.

Question : 오빠 친구는 원금과 이자까지 130%를 받을 수 있는가?

➡ 약관에서는 보험을 모집한 자가 모집과정에서 사용한 회사제작의 보험안내장내용이 약관의 내용과 다른 경우에는 계약자에게 유리한 내용으로 성립된 것으로 본다고 규정하고 있다.

그러나 본 사례의 L씨는 회사제작의 가입설계서에 손수 이자에 대해서 기재한 것이어서, 계약자가 그 기재내용대로 보험계약에 체결된 것이라고 믿을 수 있는 합리적인 이유가 있다고 회사는 결정하였다.

Answer : 회사는 기납입보험료를 지급하였고, 설계사 L씨에 대해서는 이에 대하여 책임을 묻고, 그 차액에 대하여 구상권을 행사하였다.

(3) 보험계약의 무효

다음의 경우에는 보험 계약을 무효로 하고 이미 납입한 보험료를 환급한다.

① 계약에 관하여 보험계약자, 피보험자, 또는 보험 수익자의 사기 행위가 있었을 경우

② 타인의 사망을 보험금 지급사유로 하는 계약에서 계약체결시까지 피보험자의 서면에 의한 동의를 얻지 아니한 경우

③ 사망을 보험금 지급 사유로 하는 계약에서 만 15세 미만자(상해보험 제외), 심신상실자 또는 심신박약자를 피보험자로 한 경우

제3절 보험계약의 효과

1. 보험자의 의무

(1) 손해보험계약의 경우

1) 보험금 지급의무

보험자는 보험사고에 의해서 손해가 발생한 경우에는 일정한 요건하에 피보험자에게 보험금을 지급할 의무를 진다. 그 요건으로서는 보험자가 부담하는 보험사고가 약정 또는 법정의 보험기간 중에 발생한 것임을 요한다. 보험자에 의한 손해의 보상은 통상 금전의 급부에 의해서 이행되는 것이 원칙이지만 특약에 따라 현물(現物)의 급부 또는 노무(勞務)의 급부(예: 자동차보험의 경우)에 의한 것도 가능하다.

2) 보험료 반환의무

보험자는 다음과 같은 경우에는 보험료를 반환하는 의무를 진다.

첫째, 보험계약을 체결할 때에 보험자가 보험약관의 교부·명시의무를 이행하지 아니함으로써 보험계약자가 보험계약이 성립한 후 1월내에 그 계약을 취소하여 그 보험계약이 처음부터 무효로 된 때에는 보험자는 지급받은 보험료를 전액 보험계약자에게 반환하여야 한다.

둘째, 보험계약의 전부 또는 일부가 무효가 된 경우에 보험계약자와 피보험자가 선의이며 중대한 과실이 없는 때에는 보험자는 보험료의 전부 또는 일부를 반환할 의무를 진다.

셋째, 보험사고가 발생하기 전에는 보험계약자는 언제든지 계약의 전부 또는 일부를 해지할 수 있으며, 이 경우에 당사자간에 다른 약정이 없으면 보험자는 미경과보험료(未經過保險料; unearned premium)를 반환하여야 할 의무를 진다(상법 제649조). 여기에서 미경과보험료란 수입보험료 중에서 아직 보험자의 책임이 잔존하고 있는 기간(이것을 미경과기간이라 한다)에 대응하는 보험료를 말하며 일반적으로 보험거래에 있어서는 보험계약이 해지된 때에 일할(日割)로 계산하여 나머지 기간에 대한 보험료를 반환하고 있는 것이 실정이다.

넷째, 보험사고가 발생하지 않은 채 보험기간의 만료, 기타에 의해 계약이 소멸하더라도 보험자는 보험료반환의 의무를 지지 않는 것은 당연한 일이지만, 약관에 따라서 보험료의 일부를 반환한다는 규정을 두고 있는 경우가 있다. 보험금지급의무, 보험료반환의무는 2년의 시효(時效)로 소멸한다.

3) 보험증권 교부의무

보험증권은 보험계약의 성립시 보험계약자에게 지체 없이 보험증권을 교부하여야 한다(상법 제640조).

또 이미 교부된 보험증권이 분실 또는 현저하게 훼손된 경우에는 보험계약자의 청구가 있으면 보험자는 보험증권을 재교부하여야 한다.

4) 보험계약자에 대한 이익배당의무

보험자는 그 사업으로부터 발생하는 이익을 보험계약자에게 분배할 의무를 당연히 지는 것은 아니지만, 약관에 그 이익의 일부를 배당한다는 규정을 두는 것은 문제가 없다.

이것을 규정할 때는 그 조항에 따라서 이익배당을 이행할 의무를 지고 이 경우에는 보험자는 그 지급을 위하여 특히 준비금을 적립할 필요가 있다. 손해보험약관에서는 생명보험의 경우와는 달리 이런 조항을 두지 않는 것이 보통이다.

(2) 생명보험계약의 경우

1) 보험금 지급의무

보험자는 보험사고가 발생한 때, 즉 피보험자가 보험기간 내에 사망한 경우, 또는 보험기간만료까지 생존한 경우에는 그 원인의 여하를 막론하고 원칙적으로 약정한 보험금액을 지급할 의무를 진다. 또 생명보험약관에서는 피보험자가 재해로 인하여 사망한 경우에는 추가보험금을 지급하기로 하는 경우가 있는데 이것은 생명보험의 보장적 기능을 높이기 위한 것이라 할 수 있다.

2) 보험료적립금 반환의무

보험자는 보험계약의 보험료 미납입, 고지의무위반 등을 이유로 보험계약을 해지한 때에는 보험금지급책임을 지지 않는다. 그러나 상법은 이 같은 경우에는 보험자에게 보험료 적립금의 반환의무를 지게하고 있다(상법 제736조).

이것은 생명보험과 같은 장기보험계약에 있어서는 보험료징수방식으로 평균보험료방식이 채택되어 보험기간의 초기에는 여분의 보험료가 징수되고 있기 때문이다. 따라서 해당피보험자의 계약에 대응하는 적립부분을 반환하지 않는다면, 보험자는 부당한 이득을 취하는 입장이 되기 때문이다. 그러나 보험계약자가 고의 또는 중대한 과실로 보험사고를 일으킨 경우에는 보험자는 보험료적립금 반환의무를 지지 아니한다(상법 제736조).

실제상으로는 약관에 의해 적립금을 반환할 때에는 보험자는 보험계약의 체결시에 소요된 비용을 공제한 잔액을 지급하는 것이 통례이다. 보험료적립금반환의무는 2년의 시효로 소멸한다(상법 제662조).

3) 보험계약자에 대한 대부의무

보험자는 보험약관에 따라 해지환급금의 범위 안에서 보험계약자로부터 청구가 있으면 대부를 해 주어야한다. 생명보험계약은 대부분 장기계약이므로 보험계약자의 경제사정에 따라서 보험료의 지급이 곤란하게 되거나 혹은 일시적으로 금전사용이 필요한 경우가 있다.

이 같은 경우에 보험계약을 존속시키는 한편 당사자 쌍방이 모두 유리한 입장이 될 수 있도록 해지환급금을 담보로 그 범위 내에서 보험증권을 제출하는 조건으로 보험계약자는 보험자에게 대부를 청구할 수 있다.

실제 보험금액 또는 해지환급을 지급하는 사유가 발생한 때는 보험자는 대부금 및 그 이자를 공제한 잔액을 지급하게 되며 또 보험계약자가 그 대부금을 보험기간 중에 변제하지 않은 채 장기간 경과하고 그 원리금의 합계가 피보험자를 위하여 적립한 금액을 초과하는 경우에는 그 계약은 당연히 효력을 상실하게 되는 것은 말할 나위가 없다.

4) 보험계약자에 대한 이익배당의무

보험약관에 따라서 보험계약자에 대하여 이익배당을 약정하는 경우가 많다. 이 같은 약정이 있는 경우에는 보험자는 약관이 정한 바에 따라 이익을 배당할 의무를 지며 그 때문에 이익배당준비금을 적립하지 않으면 안 된다.

이러한 보험을 이익배당부생명보험(利益配當附生命保險)이라 한다. 그런데 우리나라의 보험업법은 보험모집에서 사용하는 모집문서도화(募集文書圖畵)에는 보험사업자의 장래 이익의 배당 또는 잉여금의 분배에 대한 예상에 관한 사항을 기재하지 못하게 하고 있다.

이것은 그 보험상품에 의한 배당이익의 발생유무가 불확실하고 또 그 예상배당을 기재할 때에는 보험사업자 사이에 경쟁이 심화되어 보험모집질서가 저해될 수 있기 때문이다.

2. 보험계약자 · 피보험자의 의무

(1) 손해보험계약의 경우

1) 보험료 지급의무

보험계약자는 보험자에 대하여 보험료를 지급할 의무를 진다. 이 보험료지급은 위험부담에 대한 대가이며 보험계약자의 가장 중요한 의무의 하나이다. 보험료 지급의무자는 타인을 위한 보험계약의 경우에도 보험계약자이지만, 보험계약자가 파산선고를 받거나 보험료의 지급을 지체한 때에는 그 타인이 그 권리를 포기하지 아니하는 한 그 타인도 보험료를 지급할 의무가 있다(상법 제639조의 3). 보험료는 위험측정의 표준이 되는 일정기간(보험료기간)에 대해서는 불가분의 것이므로 감액은 있을 수 없지만, 다음과 같은 경우에는 보험계약자측에 일방적인 감액을 청구할 권리가 인정되고 있다.

첫째, 보험계약의 당사자가 특별한 위험을 예기하여 보험료의 금액을 정한 경우 보험기간 중 그 예기한 위험이 소멸한 때에는 보험계약자는 그 후의 보험료의 감액을 청구할 수 있다(상법 제647조).

둘째, 보험기간 중 보험금액이 보험의 목적의 가액(보험가액)을 현저하게 초과한 때에는 감액을 청구할 수 있다. 이 감액청구권은 보험계약자로부터의 일방적 의사에 의해 그 효력을 발생시키는 일종의 형성권이고 보험자의 승낙을 요하지 않는다. 또한 그 감액의 효과는 장래에 대해서만 적용되는 것이기 때문에 청구의 때에 속하는 보험료기간의 보험료는 영향을 받지 않고 다음 보험료기간이후의 보험료부터 감액된다.

보험료의 지급시기 · 방법 · 장소에 대해서는 전 보험기간에 대한 보험료를 한 번에 지급하느냐 또는 나누어서 지급하느냐에 따라 일시지급과 분할지급으로 구별되고 또 보험기간개시 전에 지급하느냐 또는 개시후에 지급하느냐에 따라 선지급과 후지급로 구별되지만, 그 어느 것을 택하느냐는 약관 또는 당사자간의 특약에 의해서 정해진다.

지급시기에 대해서는 특약이 없는 한 계약 성립 후 보험자의 청구에 의하여 지체 없이 보험료의 전부 또는 일부를 지급하여야 하며 보험료가 적당한 시기에 지급되지 아니한 때에는 보험자는 상당한 기간을 정하여 보험계약자에게 최고(催告)하고 그 기간 내에 지급하지 아니한 때에는 계약을 해지(解止)할 수 있다(상법 제650조).

2) 손해방지의무

보험계약자와 피보험자는 손해의 방지에 노력하여야 한다(상법 제680조). 이 의무를 손해방지의무(duty to sue and labour)라 한다. 법이 이 같은 의무를 피보험자에게 규정한 이유는 피보험자는 보험의 목적에 직접관계를 가지고 손해를 방지할 수 있는 위치에 있기 때문이며, 또 피보험자가 보험에 가입하고 있다는 이유만으로 보험의 목적에 대하여 평소라면 주의를 기울였을 손해방지를 수수방관할 염려도 있고 재물보호의 공익상의 요청으로부터도 허용될 수 없다고 해서 인정한 의무이다.

현행법에 의하면, 손해방지의무를 피보험자에게만 부과하고 보험계약자에게는 이 의무를 지우지 않는데 대해서는 논쟁의 여지가 있다. 예를 들면 창고업자가 하주(荷主)를 위하여 보관화물에 대하여 화재보험을 체결하는 경우에 손해방지행위를 할 수 있는 자는 보험계약자인 창고업자라는 사정도 있기 때문에 각종 손해보험의 보통약관에서는 보험계약자에게도 이 의무를 부과하고 있는 경우가 많다.

손해방지를 위해 어느 정도 노력해야 하느냐에 대한 구체적인 요령에 대하여는 특별한 규정은 없지만, 보험의 목적이 무보험상태에 있는 경우에 피보험자가 자기의 이익을 위하여 요구되는 정도의 주의력을 가지고 손해방지에 힘을 기울이면 충분하고 그 이상의 방지조치가 요구되지 않는다는 것이 통설이다. 의무이행의 방법으로서는 자기 스스로 하든, 타인에게 이를 시키든 상관이 없다.

가. 손해방지비용

손해방지의무는 실질적으로는 피보험자가 보험자를 대신하여 보험자를 위하여 손해방지에 노력하는 것이며 손해방지를 위해서는 많은 비용이 소요된다. 이때 손해방지를 위하여 필요하고도 유익한 비용을 손해방지비용(sue and labour charges)이라 한다. 그리고 이 비용과 보험자가 보상하는 손해액의 합계가 약정한 보험금액을 초과하는 경우라도 보험자는 이를 부담하여야 한다

(상법 제680조).

나. 손해방지의무위반의 효과

보험계약자 또는 피보험자가 손해방지의무를 게을리 한 경우의 효과에 대하여는 상법에 특별한 규정은 없지만, 채무불이행(債務不履行)의 경우의 일반원칙에 따라서 보험자는 피보험자의 의무위반에 의해서 입게 되는 손해의 배상을 청구할 수 있고 따라서 보험자는 지급할 보험금에서 의무위반에 의한 손해액을 상쇄하고 그 잔액을 지급하여도 상관이 없다.

보험약관에서는 이 의무를 제대로 이행했더라면 방지경감할 수 있으리라고 인정되는 손해액을 공제한 잔액을 기초로 보험자의 손해액을 산출한다는 내용의 규정을 두고 있는 것이 일반적이다.

3) 위험의 변경, 증가 및 사고 발생 통지의무

보험기간 중에 보험계약자 또는 피보험자 책임으로 돌릴 수 없는 사유에 의하여 위험이 현저하게 변경 또는 증가한 경우에는 지체 없이 이를 보험자에게 통지하여야한다. 이것을 이행하지 않을 때에는 보험자는 그 사실을 안 날로부터 한 달 내에 계약을 해지할 수 있다. 역시 사고 발생사실에 관해서도 지체 없이 통보해야한다.

(2) 생명보험계약의 경우

1) 보험료 지급의무

보험계약자는 보험자에게 보험료의 지급의무를 진다. 다만 타인을 위한 생명보험에 있어서 보험계약자가 파산의 선고를 받았을 때는 보험수익자도 보험료 지급의무를 진다(상법 제639조). 그러나 보험수익자가 보험금 청구를 유기한 때에는 그렇지 않다. 생명보험계약에 있어서 보험계약자가 보험료의 지급을 이행하지 않았을 때에는 어떠한 효과가 있을까?

보험계약자가 보험료 지급의무를 이행하지 아니한 경우에는 보험자는 계약을 해지할 수 있다.

그러나 실제상으로는 약관에 따라 보험자의 책임은 제1회 보험료를 수령한 때로부터 시작되고 제2회 이후의 보험료납입을 태만히 한 경우에는 납입기일

후 일정한 유예기간을 두고 이 기간 내에 발생한 사고에 대해서는 보험자는 책임을 지지만, 이 기간이 경과한 후에는 보험료체납의 효과로서 계약은 당연히 효력을 잃게 되는 것이 일반적이다.

대부분의 약관에서는 효력상실 후의 일정기간 내에 보험계약자가 피보험자의 건강상태에 관한 의사의 진단서, 기타의 서류와 함께 그 때까지의 연체보험료에 약정이자를 붙여 보험자에게 지급함으로써 종전의 계약이 효력상실 전과 같이 유효하게 된다는 규정을 두고 있다. 이것을 보험계약의 부활(復活)이라 한다.

2) 사망통지의무

보험계약자 또는 보험수익자는 보험금지급사유가 되는 보험사고의 발생을 알았을 때에는 지체 없이 보험자에게 이를 알려야 한다. 이것은 보험자로 하여금 신속하게 보험사고에 대한 조사 또는 보험금지급의 준비 등을 할 수 있는 기회를 제공해 주기 위함이다.

이 통지의무위반의 효과에 대하여 상법이나 약관에서는 특별한 규정을 두고 있지 아니하지만, 이것 때문에 보험자에 대한 보험금청구권을 잃는 것은 아니며 보험자는 이 통지가 있기까지 보험금지급의무를 이행할 필요는 없다.

3) 위험의 변경, 증가의 통지의무

보험기간 중에 보험계약자 또는 피보험자의 책임으로 돌릴 수 없는 사유에 의하여 위험이 현저하게 변경 또는 증가한 경우에는 지체 없이 이를 보험자에게 통지하여야 한다.

이 의무위반의 효과에 대하여는 손해보험계약에서 언급한 규정이 그대로 준용된다. 그러나 생명보험계약에 있어서는 위험의 변경, 증가는 실제상 문제가 되지 않는다. 생명보험은 위험이 해마다 증가하는 성질의 것이지만 피보험자가 보험기간 중에 어떠한 직업에 종사하거나 또 어떠한 곳에 여행을 하더라도 보험자는 계약을 해지하거나 특별보험료의 징수를 하지 아니하며 생명보험계약상의 책임을 무조건 부담한다는 규정을 두고 있다.

3. 보험계약 효력의 종료

(1) 손해보험계약의 경우

1) 보험기간의 종료

보험자의 책임기간이 만료한 때는 보험계약은 당연히 종료한다. 보험사고가 발생하지 않았던 경우이든, 이미 사고발생에 의해 보험금액의 일부만이 지급된 경우이든 불문한다. 약관에 따라서 보험기간의 만료에 즈음하여 보험자가 새로이 차기보험료를 영수하고 그 보험계약의 계속을 승낙한 경우에 있어서도 원수계약(原受契約)은 일단 종료한 것으로 해석해야할 경우가 많다.

2) 보험사고의 발생

보험사고의 발생에 의하여 전손이 발생한 경우에는 피보험이익이 소멸하고 보험의 대상은 없어지므로 보험계약은 종료하지만, 분손의 경우에는 보험의 대상인 피보험이익이 아직 잔존하기 때문에 그 부분에 대한 보험계약은 의연히 존속하는 것으로 해석하기도 한다.

이에 대하여 대부분의 보통보험약관은 보험의 목적의 일부에 대하여 손해가 발생한 경우에 그 손해를 보상하였을 때는 보험금액에서 이것을 공제하고 남은 잔액을 가지고 나머지 보험기간의 보험금액으로 하고 또 그 잔액이 당초 정한 보험금액의 일정비율이하가 되었을 때는 계약은 종료한다는 내용의 규정을 두고 있는 것이 통례이다.

3) 피보험이익의 소멸, 위험의 소멸

보험자가 부담해야 할 보험사고 이외의 사유에 의하여 보험의 목적의 전부 또는 일부가 소멸하고 그 결과 피보험이익의 전부 또는 일부가 소멸한 경우에는 그 때로부터 보험계약은 그 전부 또는 일부에 대하여 당연히 효력을 잃는다. 그 원인이 보험계약자 또는 피보험자의 귀책사유에 의하여 생긴 것이든 아니든 문제가 되지 않는다. 또 그것이 보험자의 책임개시전이냐 후이냐를 묻지 않는다. 위험이 소멸한 경우도 마찬가지이다.

보험자의 책임개시 전에 피보험이익의 전부 또는 일부의 소멸 또는 위험의 소멸이 발생한 경우에는 보험계약자와 피보험자가 선의이며 중대한 과실이 없는 때에는 보험자는 보험료의 전부 또는 일부를 반환할 필요가 있다(상법

제648조). 그러나 책임개시 후에는 보험자는 그때까지의 보험료기간에 대한 보험료를 지급받을 수 있지만 실제거래에 있어서는 단기요율에 의하여 보험료를 정산하고 있는 것이 일반적이다.

4) 보험계약의 해지

가. 보험자에 의한 해지

① 보험기간 중에 위험이 보험계약자, 피보험자 또는 보험수익자의 고의 또는 중대한 과실로 인하여 사고발생의 위험이 현저하게 변경 또는 증가된 때에는 보험자는 그 사실을 안 날로부터 1월안에 계약을 해지할 수 있다(상법 제653조).

② 보험계약자 또는 피보험자가 고지의무를 위반한 때에는 보험자는 그 고지의무위반 사실을 안 날로부터 1월안에, 계약을 체결한 날로부터 3년안에 보험계약을 해지할 수 있다(상법 제651조).

③ 보험계약자가 보험계약에서 정해진 계속보험료를 지급기일에 지급하지 않으면 보험자는 상당한 기간을 정하여 보험계약자에게 최고하고 그 기간안에도 보험료를 지급하지 않으면 계약을 해지할 수 있다(상법 제650조).

④ 보험기간 중에 보험계약자 또는 피보험자가 사고발생의 위험이 현저하게 변경 또는 증가된 사실을 알면서 그 통지의무를 게을리 한 때에는 보험자는 그 사실을 안 날로부터 1월안에 해지할 수 있다(상법 제652조).

나. 보험계약자에 의한 해지

① 일상적인 계약에 있어서는 계약당사자가 일단 계약을 체결한 이상은 임의로 이것을 해지할 수 없는 것을 원칙으로 하지만, 보험계약자는 보험사고 발생 전에는 언제든지 계약의 전부 또는 일부를 해지할 수 있으며 이 경우 당사자 사이에 다른 약정이 없으면 미경과보험료의 반환을 청구할 수 있다(상법 제649조).

② 보험자가 파산선고를 받은 경우에는 보험계약자는 계약을 해지할 수 있다(상법 제654조). 보험계약은 보험자의 지급능력 등을 그 신용의 기초로 삼고 성립되고 있기 때문에 보험자가 파산선고를 받은 경우에는 보험계약자에 대하여 가능한 한 그 지위의 불안정성으로부터 자신을 방어

할 수 있는 기회를 주기 위하여 보험자의 파산선고를 안 때는 즉시 그 계약의 해지를 인정하고 있다. 이때 계약을 해지하지 않으면 파산선고 후 3월을 경과한 때에는 보험계약은 당연히 그 효력을 잃는다(상법 제654조).

③ 위에 든 사유 외에, 손해보험에서는 약관상 일정의 요건이 있는 경우에는 보험계약자가 계약을 해지할 수 있음을 정하고 있다.

(2) 생명보험계약의 경우

생명보험계약의 종료에 대하여는 이미 손해보험에서 언급된 공통된 사항에 대해서는 생략하고 생명보험계약에 있어서 특별한 사항만을 살펴보기로 한다.

1) 보험기간의 만료

보험기간 내에 피보험자가 사망하거나, 생존보험(生存保險)에 있어서 피보험자가 계약만기일까지 생존하여 보험금액이 지급된 때에는 계약은 그 목적달성에 의해 종료한다.

2) 피보험자의 사망

보험자가 보험금지급의 책임을 지지 않는 사유에 의하여 피보험자가 사망한때에는 계약은 종료한다. 이 경우 보험자는 보험수익자를 위하여 적립한 금액을 보험계약자에게 지급하여야 한다(상법 제736조).

3) 보험자의 파산후의 일정기간경과

손해보험계약에서 언급한 바와 같다. 이 경우에도 보험자는 보험계약자에 대하여 적립한 금액을 지급하여야 한다(상법 제654조).

4) 보험료의 납입연체

보험약관(생명보험표준약관 제14조)에서는 보험계약자가 제2회 이후의 보험료를 납입하지 않은 채 납입기일후 일정의 유예기간을 경과한 때는 계약은 유예기간이 끝나는 날의 다음날부터 더 이상 효력을 가지지 않는다는 규정을 두고 있다.

5) 보험자의 책임개시전의 해지

이 점은 손해보험계약에서 언급했던 규정과 마찬가지이다. 이 경우에는 피보험자를 위하여 적립된 금액이 있으면, 보험자는 이를 보험계약자에게 지급하여야 하지만, 보험약관에서는 통상 제1회 보험료납입이 있기까지는 보험자의 책임이 개시되지 않는다는 규정을 두고 있다. 따라서 보험자의 책임개시전에는 보험료의 납입이 없고 따라서 피보험자를 위하여 적립된 금액이 없으므로 책임개시전의 해지에 대하여 적립금의 환급이 문제가 되는 경우는 실제상 있을 수 없다.

6) 고지의무위반에 의한 해지

이 점도 손해보험계약에서 언급한 바와 같다. 다만, 해지의 결과 보험자가 보험금지급의 책임을 면제받은 경우에라도 보험자는 보험계약자에게 보험수익자를 위하여 적립된 금액이 있으면 이를 지급하여야 한다.

7) 위험의 변경 · 증가에 의한 해지

상법은 이미 언급한 손해보험계약에 관한 규정을 준용하고 있다. 이 해지에 의해 보험자가 보험금지급책임을 지지 않을 때에라도 보험자는 보험계약자에게 보험수익자를 위하여 적립한 금액을 지급하여야 한다(상법 제736조).

참조

〈사례〉 수익자가 피보험자를 해치면 보험금 안줘…

서울영업국 설계사 김씨는 토요일 오후 상담 중에 직원으로부터 연락을 받았다. 집안 친척 A라는 사람이 방문했다는 것이었다. 설계사 김씨는 상담을 마치고 1층에서 기다리고 있는 친척 A를 만나서 이야기 중에 요즘 사업도 잘 안되고 불안하다며 사망하면 보험금을 많이 수령할 수 있는 보장성 보험 가입의사를 표시해 암보험과 휴일 교통 사망보험금을 권유하여 주고 상품 내용을 설명하였다.

그러나 A는 자녀도 셋이고 하니 보험 하나로는 충분한 보장이 어렵다며 A자신을 계약자 및 피보험자로 해서 한 건, 자신의 처인 C를 계약자 및 피보험자로 해서 한 건, 도합 두 건의 보험료를 납입하고 청약서를 작성하였다. 사망시 수익자는 두 건 모두 상속인으로 하였다. 보험에 가입한 후 A가 부부 싸움 도중 자신의 처인 C를 칼로 찌르고 자신도 그 칼로 자신을 자해하여 A자신은 1개월 후 사망하고 C는 3개월 치료를 받다가 사망하였다.

김씨는 4개월쯤 후 A의 부모에게 보험에 대해 안내를 하고 사망진단서와 호적등본 등 청구서류를 갖추어 보험금을 청구하라고 안내를 하였다.

Question : A의 상속인은 보험금을 모두 받을 수 있는가?

Answer1 : A의 부모가 서류를 갖추어 보험금을 청구하자 회사는 A가 피보험자인보험은 2년 이내에 자살을 하였기 때문에 기납입한 보험료만이 지급되며 C 가 피보험자인 보험 계약은 일부수익자가 피보험자를 해쳤다며 남편의 지분을 제외한 두 자녀 지분만이 지급된다고 안내를 하였다.

➡ A의 부모는 회사에서 A가 피보험자인 보험은 자살로 보아 기납입액만 지급하는 것이 옳지만, C가 피보험자인 보험은 아이들만이 정당한 수익자이므로 A의 지분을 제외하고 주는 것은 잘못된 것이라고 주장하여 민원을 제기하였다.

Answer2 : 민원을 검토한 결과 보험금의 일부 수익자가 피보험자를 해친 경우 잔액을 다른 수익자에게 지급한다고 규정하고 있고, 수익자가 상속인인 경우 상속인은 피보험자가 사망할 당시에 생존한 자만이 될 수 있으므로 피보험자인 C보다 먼저 사망한 A는 수익자라고 볼 수 없고 민원인의 주장대로 A의 두 자녀만이 상속인으로 수익자가 되므로 발생한 보험금 전체를 지급하였다.

연습문제

1. 보험계약의 의의에 관하여 설명하라.
2. 보험계약의 법적 성질에 관하여 설명하라.
3. 보험계약의 성립과 효력에 관하여 상세히 설명하라.
4. 보험계약의 청약과 승낙에 관하여 설명하라.
5. 손 · 생 보험계약 효과에서 보험자의 의무를 설명하라.
6. 손 · 생 보험계약 효과에서 보험계약자 · 피보험자의 의무를 설명하라.
7. 손 · 생 보험계약 종료에 관하여 설명하라.
8. 보험계약에서 유상계약성과 쌍무계약성을 설명하라.
9. 보험계약의 낙성계약성을 설명하라.
10. 보험계약의 부합계약성과 선의계약성을 설명하라.

제5장 보험계약의 요소

제1절 보험계약의 당사자

1. 보험계약의 주요 당사자

(1) 보험자

보험자(保險者; insurer)란 보험회사를 의미하는 것으로써 보험사고가 발생할 경우 보험금 지급의무를 지는 자로서, 보험자는 금융위원회의 사업 허가를 얻은 자라야 한다.

(2) 보험계약자

보험계약자(保險契約者; policy holder)란 보험계약의 당사자로서 자기명의로 보험자에게 보험계약을 신청하고 보험료를 납입할 의무를 지는 자를 말한다. 보험계약자는 계약당사자로서 보험계약을 맺을 때에 고지의무를 지고 또 보험계약이 성립한 후 보험증권교부청구권 등 각종의 권리를 가지며, 보험료 지급의무 등 각종의 의무를 진다.

보험계약자는 자기 스스로 직접 보험자와 보험계약을 체결할 수 있으며 또 대리인에게 의뢰하는 경우도 있다. 대리인으로 하여금 보험계약을 체결케 하는 경우에는 계약의 당사자는 그 대리인이 되지만 그 계약으로부터 생기는 효과는 대리인에게 미치지 않고 본인인 보험계약자가 이를 받는다. 보험계약자가 되기 위한 자격에 대해서는 법률상 별도의 제한은 없고 개인이건, 법인이건 불문하며 다수인이 공동으로 보험계약자가 될 수도 있다.

(3) 피보험자

피보험자(被保險者; insured, assured)의 개념은 손해보험과 생명보험에서 각각 다른 의미로 쓰여진다.

① 손해보험계약에 있어서 피보험자란 보험사고(위험)가 보험의 목적(선박, 건물, 항공기 등)에 발생함으로써 손해를 입는다고 하는 이해관계(피보험이익)를 가지는 자, 즉 피보험이익의 주체로서 보험사고가 발생한 경우에 손해보상이라는 형식으로 보험금을 청구할 수 있는 자를 말한다. 보험계약자와 피보험자는 동일인일 수도 있고 그렇지 않을 경우도 있지만, 양자 동일인의 경우에는 그 계약을 「자기를 위한 보험계약」이라 하고, 그렇지 않는 경우의 보험계약을 「타인을 위한 보험계약」이라 한다.

② 생명보험계약에 있어서 피보험자란 사람의 삶과 죽음(生死)이라는 보험사고발생의 객체가 되는 자, 즉 그 생명이 보험에 부보되고 있는 자를 말하며, 손해보험에서 의미하는 「보험의 목적」에 해당한다. 따라서 생명보험계약의 피보험자는 보험계약에 의해서 어떠한 권리도 주어지지 않는다. 피보험자는 보험계약자와 동일인일수도 제삼자일수도 있으며, 보험계약자 자신을 피보험자로 하는 경우를 「자기생명 보험계약」이라 하고, 보험계약자 이외의 제삼자를 피보험자로 하고 그 사람의 생명을 보험사고로 하는 경우를 「타인생명 보험계약」이라 한다. 피보험자의 자격에 대해서는 손해보험의 경우에는 별도의 제한이 없지만, 생명보험의 경우에 피보험자가 될 수 있는 자는 그 성질상 자연인에 한정되며 생명의 위험이 없는 법인은 포함되지 않는다.

참조

〈사례〉 계약시 피보험자의 동의 없이 계약을 체결했을 시는 무효

L은 대학 동기의 누나인 S사 설계사 B가 보험을 가입해 줄 것을 권유하자, 자신은 이미 보험을 많이 가입하였으니, 조카인 K앞으로 계약을 하나 하겠다고 하여 계약자 및 피보험자를 K로 하여 보험을 가입하였다.

그러나 K는 그로부터 3개월여만에 교통사고로 사망하였다. 이에 K의 상속인들이 S사에 재해사망 보험금의 지급을 청구하였다.

Question : K의 상속인들은 S사로부터 재해사망보험금을 받을 수 있는가?

Answer : S사는 해당 보험계약이 피보험자인 K의 동의 없이 L임의로 체결된 것임을 이유로 계약무효 처리를 하였다.

➡ 이와 같이 생명보험계약에 있어 타인의 생명을 보험사고로 하는 경우에는 피보험자의 동의가 있어야 하며 동의가 없는 경우에는 무효가 된다.

(4) 보험수익자

보험수익자(保險受益者; beneficiary)란 보험금수취인이란 용어로서도 쓰여지고 있는데 이것은 손해보험에서는 피보험자가 손해보상을 받으나, 생명보험에서는 반드시 피보험자가 보험금의 지급을 받는 것이 아니기 때문이다.

보험수익자란 생명보험계약에서는 보험사고가 발생한 경우에 보험자로부터 보험금을 수취할 권리를 가지는 자를 말한다. 보험수익자가 되기 위한 자격에 대해서는 아무런 제한이 없다. 보험계약자와 보험수익자가 동일인인 경우에는 「자기를 위한 생명보험계약」이라 하고, 보험계약자 이외의 제삼자를 보험수익자로 하는 경우를 「타인을 위한 생명보험계약」이라고 한다. 또 보험수익자는 피보험자와 동일인이 될 수도 있고 다른 사람이 될 수도 있다.

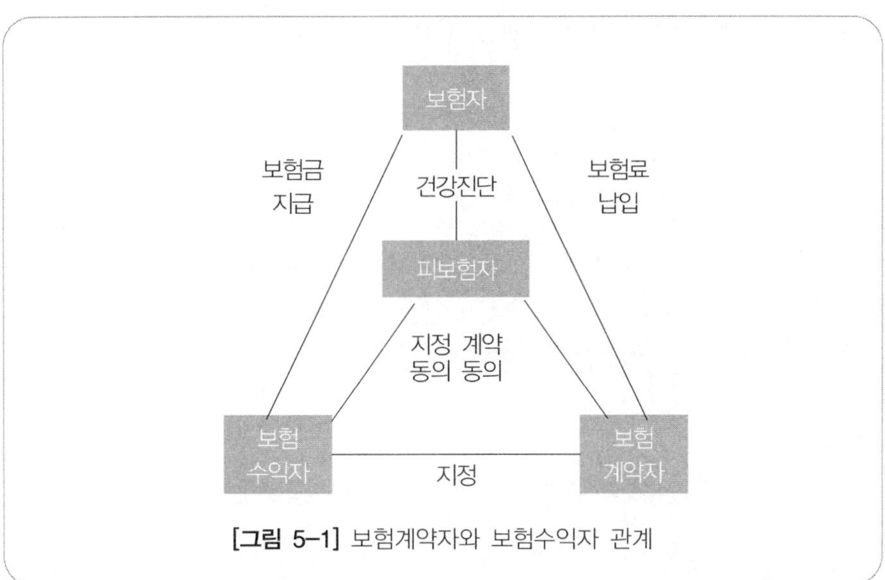

[그림 5-1] 보험계약자와 보험수익자 관계

손해보험계약서는 보험수익자가 되는 것은 피보험자이지만 피보험자로부터 보험금청구권을 물려받은 자를 실무상 보험수익자로 칭하는 경우도 있다.

또 피보험자, 보험수익자는 보험계약의 직접당사자는 아니지만 보험관계자로서 통지의무, 손해방지의무 혹은 고지의무 등을 지는 외에 경우에 따라서는 보험료납부의무도 지지 않으면 안 된다. 보험계약자와 보험수익자와의 관계는 [그림 5-1]과 같다.

보험계약자는 각 1인인 것을 통례로 하나, 다수인이 공동하여 보험자, 보험계약자, 보험수익자 또는 피보험자가 되는 일이 있다. 즉,

① 다수의 보험회사가 하나의 계약을 공동으로 인수하는 경우
② 다수인이 공유하는 부동산을 보험의 목적으로 하는 경우
③ 생명보험에 있어서 피보험자가 다수인이 되는 단체보험의 경우
④ 피보험자의 다수인의 자녀가 생명보험의 보험수익자가 되는 경우

다수인의 보험자가 공동으로 1개의 보험계약을 체결한 경우에는 그 보험계약은 각 보험자에게 영업적 상행위가 되므로 다수인의 보험자는 연대책임을 지게 된다.

이에 반하여, 보험계약자가 다수인일 경우에는 그 보험계약이 그 1인 또는 전원을 위하여 행한 부속적 상행위인 경우에만 연대책임을 진다.

참조

보험수익자 변경

보험수익자의 지정과 변경권은 보험계약자에게 있으며, 타인의 생명보험계약(보험계약자와 피보험자가 서로 다른 경우)에서 보험수익자를 지정하거나 변경시에 피보험자의 동의와 보험회사의 승낙이 필요하다.

참조

〈사례〉 보험수익자를 지정하지 않아서 발생한 분쟁사례

영동 영업소의 설계사인 A는 평소 활동영역을 넓히고 더 많은 고객을 만나는

스피드 영업을 하기 위해 중고 자동차 한대를 구입하게 되었다.

그러나 그는 자동차에 대한 지식이 없고 중고차여서 자주 고장이 발생하여 카센터에서 수시로 수리를 하게 되었는데, 고장난 자동차를 성실하고 꼼꼼하게 수리해주는 카센터의 B군에게 고마움을 느끼고, 자동차 정비라는 직업에서 혹시 발생할 수 있는 사고를 대비하도록 보험을 권유하게 되었고, B군도 흔쾌히 받아들여 사망시 수익자를 상속인으로 하는 보장성보험에 가입하였다.

그 후 B군은 자동차수리 중 동료의 실수로 사망하였으며, 현재 B군은 결혼도 하지 않았고 부모 및 일가친척이 하나도 없는 고아로 호적상 법적상속인이 전혀 없고 다만 주민등록상 고아원장이 세대주로, 다른 원생들은 동거인으로만 되어 있다.

Question : 상기 사유시 B군의 사망보험금은 어떻게 될 것인가?

Answer : B군과 같이 호적상 상속인이 전혀 존재하지 않는 경우에는 고아인 B 군과 생계를 같이 했던 자나, 요양간호를 하거나 특별한 연고가 있던 자가 가정법원에 특별한 연고자임을 주장하여 상속재산에 대한 분여를 청구함으로써, 법원이 이를 인정할 경우에 한하여 보험금 지급이 가능하다.

➡ 위 경우 특별한 연고가 있는 고아원장이 가정법원에 청구하여 법원이 특별연고자로 인정할 경우 사망보험금은 고아원장에게 지급된다.
따라서 가입할 때 상속인이 존재하지 않는 경우에는 사망시 수익자를 특정인으로 지정토록 안내하는 것이 중요하다.

2. 보험계약의 보조당사자

(1) 보험대리점

보험대리점(保險代理店; Insurance agent)은 마케팅 경로조직상 회사 외부조직으로서 보험사업자를 위하여 보험계약의 체결을 대리하는 자로서 보험업법 제87조의 규정에 의하여 등록된 자를 말한다.

보험대리점은 보험 회사와의 계약에 따라 일정한 상품에 대해 판매 및 계약을 대행하는 독립된 사업자이다. 즉, 보험자를 대리하여 보험계약의 체결권과 보험료 징수권·고지의무 수령권이 인정된다.

보험대리점은 인격(人格)에 따라 개인대리점과 법인대리점으로 분류되고, 업무범위에 따라 전업(專業)대리점과 겸업(兼業)대리점으로 분류된다. 또한 보험계약의 체결대리권이 하나의 보험사업자에게 전속되어 있으면 전속(專

屬)대리점과 복수(複數)대리점으로 분류되고 있다.

우리나라 생명보험대리점은 종전에는 일사전속주의(一社專屬主義)였으나 1994년부터 법인대리점에 한하여 2개의 보험회사와 대리점계약을 체결할 수 있는 복수대리점제도가 도입되었다. 또 96년 4월과 97년 5월에 손·생보사에 독립대리점제도(獨立代理店制度)가 도입되어 동일보험 종목에 대하여 다수의 보험회사와 대리점 계약을 체결할 수 있게 되었다.

이에 앞서 1983년 후반기부터 손·생보사의 겸업대리점제도가 도입됨으로써 보험대리점은 서로 다른 생명보험, 손해보험, 제3보험대리점, 보증보험의 모집을 겸할 수 있게 되었다.

① 취급보험에 따라 생명보험, 손해보험 및 제3보험대리점으로 구분하는데 겸업을 허용하기도 한다.

② 일반적으로 전속대리점은 한 개의 보험회사를 대리하고 전속된 보험회사로부터 특정지역의 독점권을 갖게 된다. 비전속대리점은 두 개 이상의 보험회사를 대리하며 어느 보험회사로부터도 특정지역의 독점권을 가지지 못한다.

③ 보험영업의 고유성에 따라 전업대리점과 부업대리점으로 나눈다.

참조

Direct marketing	보험회사가 직접 잠재적 소비자들과 우편물, 신문잡지, 전화, 컴퓨터 통신 방식을 통해 직접 계약자들에게 접근하는 비용 경제적 영업방식이라 한다.
외야조직	보험모집인과 보험대리점을 합하여 보통 외야조직이라 한다.
부업대리점	백화점, 부동산중개사 등이 고유의 업무 외에 보험대리점 업무를 취급하는 것을 의미한다.

(2) 보험중개사

보험중개사(保險仲介士; insurance broker) 제도는 대리점 제도와 달리 보험자와 완전히 독립하여 보험계약자를 위해 최선의 보험요율과 조건으로 보험계약을 주선하는 전문직업인이다.

다른 보험 조직은 보험회사를 대리 또는 대표하는 조직인데 반하여 보험중개사는 보험계약자의 이익을 위해 활동한다는 점이 다르다. 특히 이 제도는 역사적으로 선진국의 해상보험부분에서 발전하여 온 제도이다.

[표 5-1] 중개사과 대리점의 일반적 특성 비교

구 분	중개사	전속대리점	독립대리점
조직 및 형태	보험자, 비전속으로 피보험자를 대리	1사 전속으로 1개 보험사를 대리	1사 또는 2사 이상이 보험자를 대리
기능	• 보험계약 체결을 중개	• 보험계약 체결을 대리	좌 동
조직의 성질	• 보험자와는 독립된 별개의 전문외부조직	좌 동	좌 동
절차	• 금융감독원장 실시 시험 및 금융위원회등록	• 금융위원회 등록	좌 동
요율협의자격	있 음	없 음	좌 동
계약상 문제발생시 처리에 대한 책임	있 음	없 음	없 음
수수료지급 및 회사지원	• 신규계약에 높은 수수료, 계속계약에 낮은 수수료가 관례이며 전속대리점보다 저위수준. 수수료 외 기타경비는 회사지원 없음	• 중개인 또는 독립대리점 보다 높은 수수료 • 수수료 외 시설 지원	• 신계약, 계속계약에 동일한 수수료 지급이 관례 • 수수료 외 기타경비는 회사 지원 없음
재모집여부	• 재보험 중개사가 전담	없 음	좌 동
영업성향	• 대형기업 물건에 대한 보험에 주력(주로 특종, 해상보험)	• 주로 대중성보험에 주력	• 주로 기업보험에 주력
업무면	• 보험료가 유리한 회사와 계약중개 • 보험증권의 교부 • 위험조사관리 · 상담	• 전속사의 업무만 대리 • 보험료 및 해지환급금의 산출 • 보험증권의 교부 • 위험조사관리 · 상담 • 기타 보험사업자가 위임하는 업무	• 거래사의 업무를 대리 • 보험증권의 발급 • 손해사정 및 보험금 지급 • 독립손해사정신청권 • 손해방지전문가채용
각국의 예	• 영국, 미국 등에서 채택	• 한국, 일본 등 동양문화권에서 채택	• 미국 등 광활한 서구문화권에서 채택

보험중개사이 영위하는 업무범위는 특종보험만을 취급하는 경우도 있으며 여러 부문을 종합적으로 취급하는 경우도 있다. 보험중개사의 보수는 성과에 따른 능률비례 수수료 제도가 일반적이다.

우리나라의 보험중개사 제도는 1977년 12월 보험업법 개정시에 법규상 처음으로 도입된 제도이다. 이 제도는 보험산업의 근대화 작업의 일환으로 마련된 대책 중의 하나로서 보험 조직을 전문화하고 전문모집조직의 기반을 마련하기 위한 취지에서 도입하였으나, 모집질서의 현실 여건상 시행되지 못하였다.

그러나 최근 OECD가입에 따른 보험시장의 국제화·개방화의 추진으로 인하여 1997년 4월에 이르러 손해보험중개사세도를 시행하고, 1998년 4월에는 생명보험중개사제도를 시행하게 되었다.

① 보험중개사는 보험사업자와 보험계약자의 중간에 서서 객관적으로 다수의 보험회사상품 중에서 소비자가 요망하는 최적의 상품을 중개해 주는 모집조직이다.

② 보험중개사는 계약자와 보험자간의 계약 체결후 발생되는 결과에 대해 법적인 책임을 지지 않는다.

③ 보험중개사의 종류는 생명보험중개사, 손해보험중개사 및 제3보험중개사로 구분하며 영업을 겸하고자 할 경우는 각각의 자격증을 취득해야 한다.

(3) 보험설계사

보험설계사(insurance salesman)이란 보험사업자를 위하여 보험계약의 체결을 중개하는 자로서 일정한 자격을 갖추어 금융위원회에 등록한 자를 말하며, 생활설계사, 보험모집인으로도 불리고 있다. 이러한 보험설계사는 보험회사에 종속되어 있고 보험회사의 직접적인 지휘·감독을 받으며 일정한 비율의 수수료를 대가로 보험모집에 종사하고 있다. 보험설계사의 중개행위는 보험계약을 체결하기 위한 중개 또는 권유행위에 불과하기 때문에 대리점의 법률적 성격과 다르다.

그런데, 미국에서는 보험설계사도 보험대리인과 똑같은 법적 지위에 있다. 보험모집에 있어, 금반언(禁反言)행위란 보험설계사가 보험계약자나 피보험자로 하여금 사실이 아닌 것을 믿게 한 후 보험자가 보험계약이행을 거부하는 것을 금지하는 것으로 예를 들어, 어떤 보험계약자가 보험설계사에게 중대한 사실을 고지했으나 보험설계사는 보험계약자에게 문제가 없다고 이야기한 반면, 그 내용을 보험자에게 알리지 않고 보험계약을 체결해서 사고가 발생했을 때 보험계약이 유효한 것인가 하는 문제이다. 이 같은 보험계약은 우리나라에서도 유효하다고 인정하는 것이 통례이다. 이와 같이 보험설계사에 대해서도 보험대리점과 똑같은 법적 지위를 인정하는 경향이 있기 때문에 보험회사는 보험설계사 선정에 신중을 기해야 한다.

[표 5-2] 보험 모집조직별 장단점 비교

구 분	장 점	단 점
직급 모집	• 본사에 의한 영업관리 통제가 용이 • 고객으로부터의 높은 신뢰도 • 특정 대형물건 획득용이 • 불완전 판매의 감소	• 고액 기업물건 위주의 모집으로 신시장 개척의욕의 부진 • 막대한 인건비, 간접비 소요, 고급인력의 과소유 • 보험의 대중화에는 부적합
보 험 대리점	• 시장영역 확대의 무한성 • 수수료 이외의 사업비 지출 불필요 • 계약자에 대한 사후서비스 제고 • 모집조직의 전업화, 전문화 실현 • 전문분야별 기능화 확립 – 본사 : 위험관리 – 모집 : 대리점	• 과당경쟁, 리베이트 지급으로 모집 질서 문란 • 고도의 보험기술 습득에 장기간 소요 • 실적위주 경향으로 불량물건 인수 가능
보 험 설계사	• 모집인 대량 확보로 시장영역 확대 • 능률급제에 의한 사업비 절감 • 가계성 보험시장 개척용이	• 불완전 판매 • 유지율의 불량 • Turn-over
보 험 중개사	• 보험소비자의 이익제고 • 보험모집시장의 혼란방지 • 소비자에게 다양한 상품과 정보제공	• 보험유치를 위한 중개사 유치 과당 경쟁

제2절 보험계약관련 주요용어

1. 보험의 목적

손해보험에서는 보험사고발생의 객체를 보험의 목적(保險의 目的; subject matter of insurance)이라 부른다. 즉, 위험의 발생에 의해서 손실을 입은 물건이 보험의 목적이다. 가옥, 가재도구, 공장건물 및 기계, 사무소, 자동차, 선박, 항공기 등을 예로 들 수 있다. 일상의 보험거래에서는 부보되는 물건을 가리키고, 생명보험에서는 사용되지 않는다.

이에 대하여 보험계약의 목적이란 보험에 의해서 보호를 받는 대상을 말한다. 보험의 목적이 화물이나 선박, 건물 등 재산 그 자체를 의미하는 것임에 반하여 보험계약의 목적은 그 재산에 대해서 가지는 이해관계, 즉 피보험이익이라고 할 수 있다.

2. 보험료

보험계약은 유상계약이다. 위험부담에 대한 대가로서 보험계약자가 보험자에게 지급하는 금전을 보험료(保險料; premium)라고 한다. 보험료는 보험자가 부담하는 위험도 혹은 손해의 발생가능성의 정도에 따라 변화한다. 보험료에는 순보험료와 부가보험료가 있다. 순보험료는 보험금의 지급에 충당되고, 부가보험료는 회사의 각종 경비, 사원의 급료, 대리점수수료, 광고선전비, 건물임대료 등에 충당된다.

3. 보험금

보험사고가 발생하였을 때, 보험자가 피보험자 또는 보험금(保險金; Claim Amount) 수취인에게 지급하는 금전을 보험금이라 한다. 손해보험은 손해보상의 계약임에 대하여, 생명보험은 확정급부의 계약이므로 생명보험의 보험금액수는 원칙적으로 보험금액과 동일하다. 다만, 생명보험의 주 계약에 부대하여 계약되는 각종의 특약에 대해서는 각각의 약속에 근거하여 지급된다.

4. 보험사고

보험자가 보험금지급을 약정한 불확실성을 가진 사고를 보험사고(保險事故; risk covered)라 한다. 예를 들면, 손해보험에서는 화재라든가 지진, 교통사고 등 보험증권으로 담보된 위험이 우연적으로 현실화된 경우에 보험금이 지급된다. 생명보험에서는 보험자의 보험금지급의무를 발생시키는 사실의 발생을 의미하고 사망이나 질병뿐만 아니라 미리 약속된 시기까지 생존한 경우에도 보험사고가 된다.

제3절 보험가액 · 보험금액

1. 보험가액

보험가액(保險價額; insurable value)이라 함은 보험계약의 목적, 즉 피보험이익의 경제적 가치를 말한다. 환언한다면, 보험사고가 발생한 경우에 피보험자가 입게 되는 손해액의 최고한도를 의미한다. 피보험자가 보험가액 이상의 손해를 입게 될 경우는 있을 수 없으므로 보험가액은 보험자의 손해보상책임의 최고한도를 의미하기도 한다.

보험가액은 보험기간 중 언제나 일정한 것이 아니고 시간의 경과, 장소의 이동에 따라 수시로 변동하는 것으로, 이것은 보험가액 가변주의(保險價額 可變主義)라 한다. 그리고 손해보험은 피보험자가 입은 손해의 보상을 목적으로 하는 이상, 보험자가 보상해야 할 손해액은 원칙적으로 손해가 발생한 때와 장소에 있어서의 보험가액에 기인하여 결정된다.

그러나 해상보험이나 운송보험과 같이 보험의 목적인 선박이나 화물운송품이 광범위하게 이동하는 보험에서는 손해발생의 때와 장소에 있어서의 보험가액을 산정하는 것이 곤란한 경우가 있을 뿐만 아니라 손해발생의 때와 장소 그 자체가 불명확한 경우도 적지 않다. 그래서 우리나라의 상법도 해상보험에 대해서는 보험자의 책임개시 때와 선적 때의 가액을 보험가액으로 하고 있다.

보험가액 불변경주의(保險價額 不變更主義)에 의해 보험기간 중의 보험가액의 변동에 대한 문제는 없어졌지만 보험가액이 얼마였는지에 대해서는 논쟁이 생길 수 있다. 그래서 실제거래에서는 보험계약 체결시에 당사자 간에 보험가액을 협정하는 경우가 행하여지고 있다.

계약당사자가 협정한 보험가액을 기평가보험가액(旣評價保險價額)이라 하고 보험가액이 협정된 보험계약을 기평가보험(Valued policy), 그렇지 않은 보험계약을 미평가보험(unvalued policy)이라 한다. 화재보험, 자동자보험과 같은 육상보험에서는 미평가보험이, 해상보험이나 운송보험에서는 기평가보험이 일반적으로 이용되고 있다.

2. 보험금액

보험금액(保險金額; sum insured)이란 손해발생시에 보험자가 부담하는 보상책임의 최고한도로서 미리 당사자 간에 정해진 금액을 말한다. 이같이 보험금액을 정하는 이유는 계약 체결시에 보험자의 급부의무의 한도가 미정인 상태에서는 보험료의 산출이 불가능하기 때문이다. 말하자면 급부한도는 보험가액에 의해서 설정되지만, 전술한 바와 같이 보험가액은 때와 장소에 따라 변동하고 그 평가도 상당히 곤란하다. 더구나 계약의 대부분이 손해의 발생 없이 종료되는 것임을 고려한다면, 평가는 무용(無用)할 뿐만 아니라, 책임보험의 경우와 같이 평가자체가 불가능한 것도 있다.

또 보험계약자가 보험료절약 등을 이유로 반드시 보험가액의 전액을 보험금액으로 하지 않는 경우도 있으므로 실제로는 보험가액의 평가를 생략하고 보험금액만을 정하고 이것을 보험료산출의 기초로 삼아 보험자가 지급하는 보상금액의 최고한도로 정하는 경우가 많다.

3. 보험금액과 보험가액의 관계

보험금액을 보험가액과의 관계에서 보면 보험금액은 반드시 보험가액과 일치하지는 않으며 보험가액을 초과하는 경우도 있는 반면, 보험가액에 미치지 못하는 경우도 있다. 이 관계로부터 다음과 같은 보험의 종류가 발생한다.

(1) 전부보험

전부보험(全部保險; full-insurance)이란 보험금액과 보험가액이 일치하는 경우를 말하며, 보험자는 전손과 분손을 불문하고 발생한 손해의 전부를 보상하여야 한다. 보험사고에 의해 전손이 발생한 경우에는 보험자는 보험금액에 상당하는 보상을 할 필요가 있다. 동일한 피보험이익과 담보위험 그리고 보험기간에 대하여 복수의 보험자와 보험계약을 체결하고 전체적으로 보험금액과 보험가액이 일치하는 보험이 있다. 이런 보험도 전부보험에 속하며, 보통 공동보험이라고 한다. 로이즈(Lloyd's)는 이와 같은 방식을 이용하여 거대위험까지도 담보하고 있다.

(2) 초과보험

초과보험(超過保險; over insurance)이란 보험금액이 보험가액을 초과하는 경우를 말한다. 우리나라 상법은 보험금액이 보험계약의 목적의 가액(보험가액)을 현저하게 초과한 때 또는 그 계약이 보험계약자의 사기로 인하여 체결된 때에는 그 계약을 무효로 한다고 규정하고 있다(상법 제669조). 보험사고의 발생에 의해 피보험자가 실손액 이상의 이득을 얻기 위해 고의로 손해를 일으키거나 손해보험계약이 불법적이고도 도박적인 행위로 악용되는 것을 막기 위함이다.

초과보험은 계약체결 당시부터 이미 존재하는 경우도 있지만 경기변동으로 피보험이익의 가치가 떨어진 경우에도 발생한다. 이 같은 초과보험이 당사자의 의도와는 관계없이 생겨나는 단순한 경우, 예를 들어 보험기간 중에 시세의 변동, 가격의 하락 등에 의해 보험가액이 현저하게 감소한 경우에는 보험계약자는 보험자에게 보험료와 보험금액의 감액을 청구할 수 있다(상법 제

669조).

그러나 보험료의 감액은 장래에 대하여서만 그 효력이 있으므로, 이미 납입된 보험료의 감액반환을 청구할 수는 없다.

(3) 일부보험

일부보험(一部保險; under insurance)이란 보험금액이 보험가액에 미달한 경우를 말한다. 따라서 일부보험의 경우에는 당연 무보험부문이 발생하며, 이 부문은 다른 보험자에게 부보되거나 혹은 피보험자의 자기부담이 된다. 일부

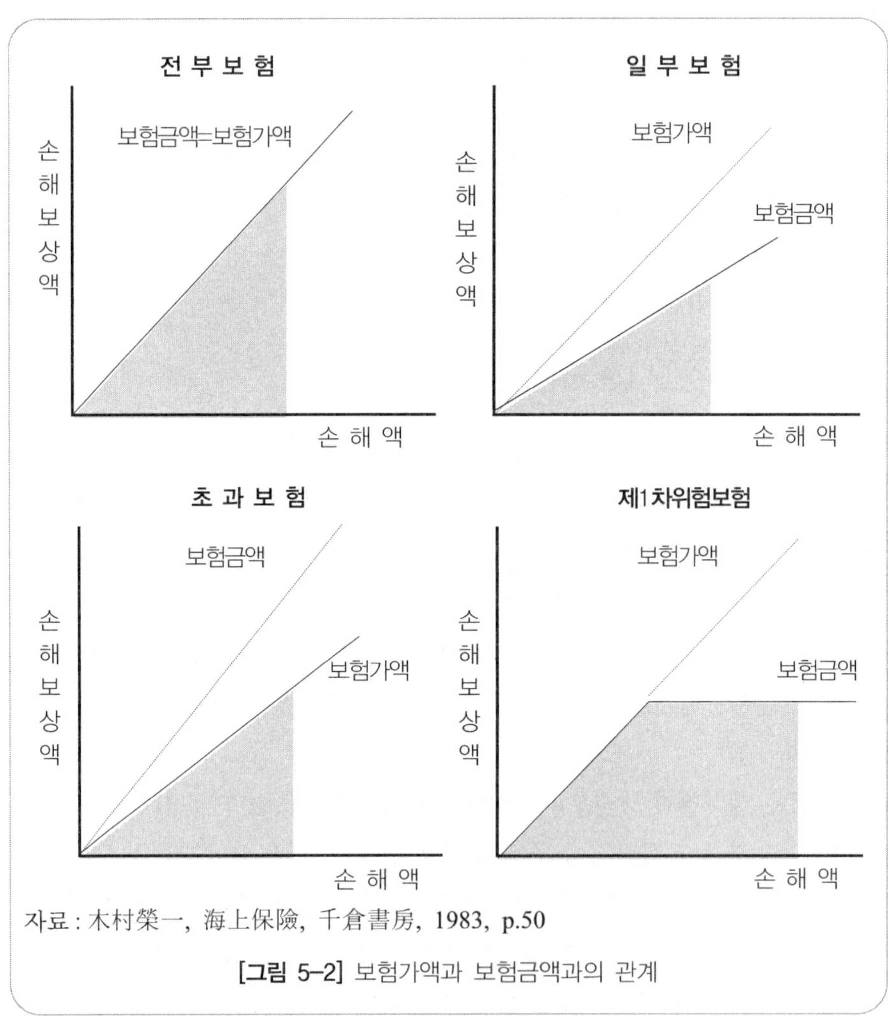

자료 : 木村榮一, 海上保險, 千倉書房, 1983, p.50

[그림 5-2] 보험가액과 보험금액과의 관계

보험이 발생하는 사유로는, 예를 들면 계약체결당초부터 보험계약자에 의해서 의식적으로 보험료를 절약하기 위한 방편으로 사용되는 경우, 계약체결 후에 갑작스런 물가폭등 때문에 자연적으로 보험금액이 보험가액에 미달하는 경우 등이 있다.

일부보험의 경우에 보험자의 부담은 보험금액의 보험가액에 대한 비율에 의하여 정해진다(상법 제674조). 즉, 보험가액에 대한 보험금액의 비율에 손해액을 곱하여 얻은 금액이 보험자가 부담하는 금액, 즉 보상액이 된다(손해액×보험금액/보험가액＝보상액).

이 같은 보험자의 책임결정방법을 비례부담의 원칙이라 한다. 그리고 일부보험의 경우라 할지라도 당사자사이에 특약에 의해 적어도 보험금액의 한도내에서 보험자가 손해액의 전액을 지급할 것을 약정한 실손보상조건의 계약도 체결할 수도 있다(상법 제674조).

이 같은 보험을 제1차위험보험 또는 실손보상계약이라 한다. 이 경우의 보험요율은 통상의 보험계약보다도 높은 것이 특징이다.

(4) 중복보험

중복보험(重複保險; double insurance)이란 동일한 보험목적물에 피보험이익의 위험 및 시기에 관하여 복수의 보험계약이 존재하며, 그 보험가입금액의 합계가 보험가액을 초과하는 경우의 보험을 말한다. 그러나 동일한 보험목적물에 복수의 보험계약이 존재할 경우라도 피보험이익이 다른 경우는 중복보험이라고 할 수 없다.

중복보험은 복수의 보험계약이 동일한 피보험이익을 대상으로 하기 때문에 전체로서 보험금액이 보험가액을 초과하지만, 개개의 보험계약 자체는 초과보험이 아니다.

중복보험은 복수의 보험자가 동일한 피보험이익과 동일한 보험사고를 담보하는 보험을 공통으로 인수한 공동보험(共同保險; Co-insurance)과는 그 성격이 다르다. 그래서 전체로서 보상액이 보험가액을 초과하지 않도록 각 보험자가 어떠한 범위의 책임을 지느냐에 대해서는 여러 가지 문제가 발생한다.

중복보험의 경우, 보험자의 손해보상방법은 복수의 보험계약이 동시에 체결되었는가 그렇지 않으면 때를 달리하며 체결되었는가에 따라 다음과 같이 구별된다.

첫째, 동일한 보험의 목적에 대해 동시에 복수의 보험계약이 체결된 동시중복보험(同時重複保險)의 경우에는 각 보험자는 각자의 보험금액의 비율에 따라서 손해액을 부담하며 통상 이것을 비례책임주의(比例責任主義)라고 한다.

둘째, 동일한 보험의 목적에 대하여 시기를 달리하고 순차적으로 복수의 보험계약이 체결된 이시중복보험(異時重複保險)의 경우에는 먼저 보험계약을 맺은 보험자가 손해를 부담하고, 만일 그 부담액이 손해의 전부를 보상하기에 부족할 때는 뒤에 체결한 보험자가 이것을 부담하며 통상 이것을 우선주의(優先主義)라 부른다.

우리나라의 상법은 중복보험에 대하여 연대비례보상책임주의(連帶比例補償責任主義)를 인정하고 있다. 이것은 복수의 보험계약의 동시·이시의 체결을 묻지 않고 각 보험자로 하여금 각자의 보험금액의 한도 내에서 연대책임을 지고 각자의 보험금액의 비율에 따라 보상책임을 지도록 한 방법이다(상법 제672조).

제4절 보험증권과 보험약관

1. 보험증권

보험증권(保險證券; insurance policy)이란 보험계약의 성립 및 그 내용을 명확히 하기 위하여 보험자가 작성하고 보험계약자에게 교부하는 증서이다. 보험증권에는 보험약관을 비롯하여 계약의 내용이 되는 특정사항이 기재된다. 상법 제640조에는 보험자는 보험계약이 성립한 때에는 지체 없이 보험증권을 작성하여 보험계약자에게 교부하여야 한다고 규정하고 있다.

보험계약은 요식계약이 아니고 낙성계약이기 때문에 보험증권의 발행교부는 보험계약성립의 전제요건은 아니다.

보험증권의 발행은 계약성립의 효과로서 보험자가 부담하는 의무에 지나지 않는다.

또 보험증권의 발행에 의해 비로소 보험계약상의 권리의무가 발생하는 것도 아니고 또 그 발행에 있어서는 보험자만의 서명이 있을 뿐 보험계약자의 서명은 필요로 하지 않는다. 따라서 보험증권은 설권증권(設權證劵)도 아니고 계약서도 아니다.

더욱이 보험증권의 소지가 없으면 보험금 청구권이 인정되지 않는 것도 아니므로 유가증권도 아니다. 그러므로 보험증권은 보험자에 의해서 정식으로 작성, 교부되고 보험계약자에 의해서 이의 없이 수령되었을 때는 그 기재는 보험계약성립 및 그 내용에 대해서 사실상의 추정적 효력을 가지는 증권에 지나지 않는다고 보는 것이 통설이다.

보험증권의 기재사항에 대해서는 상법 제666조에서 다음과 같이 규정하고 있다(이것은 손해보험증권의 일반적인 사항이며, 화재보험증권(제685조), 운송보험증권(제690조), 해상보험증권(제695조), 생명보험증권(제728조, 제738조) 등은 각 보험의 특수성과 관련하여 특별한 기재사항이 규정되어 있다).

① 보험의 목적

② 보험사고의 성질

③ 보험금액

④ 보험료와 그 지급방법

⑤ 보험기간을 정한 때에는 그 시기와 종기

⑥ 무효와 실권의 사유

⑦ 보험계약자의 주소, 성명 또는 상호

⑧ 보험계약의 연월일

⑨ 보험증권의 작성지와 작성년월일

그러나 인보험증권의 경우에는 상술의 기재사항 이외에도 보험계약의 종류, 피보험자의 주소와 성명, 보험수익자를 정한 때에는 주소와 성명 등을 기재하여야 한다.

2. 보험약관

보험약관(保險約款; policy conditions, insurance clause)이란 보험계약에 관해서 보험자가 미리 작성한 정형적(定型的)인 계약조항을 말한다. 이는 보험계약이 다수의 보험계약자를 상대로 체결되는 계약이기 때문에 대량의 계약을 인수하고 신속하게 처리할 수 있도록 하기 위함이다. 개개의 보험계약은 일반적으로는 보험약관을 계약내용으로 해서 체결된다.

보험약관에는 개개의 보험계약에 획일적으로 적용되는 보통보험약관(general policy conditions)과 특별한 합의나 할증보험료의 납부 등에 의해서 특별하게 적용되어지는 특별보험약관(special policy conditions)이 있다.

보통보험약관은 일반적으로 보험의 종류(예를 들면, 주택종합보험, 자동차종합보험, 해외여행상해보험, 선박보험, 항공기보험, 종신보험 등)마다 마련되어 있으며 그 내용은 부보의 대상에 따라 약간의 차이는 있지만, 일반적으로 보험금지급사유, 보험계약의 무효원인, 보험자 또는 피보험자의 의무, 당사자간의 분쟁 등이 주된 사항이 되고 있다.

손해보험에서는 공동보험의 인수, 재보험의 인수, 보험료율의 결정 등과 관련하여 보험회사 각사가 똑같은 보험약관을 사용하고 있는 경우가 많다. 이 경우의 보험약관을 통일약관(uniform policy conditions)이라 한다.

보통보험약관은 보험사업의 허가신청서에 첨부하는 서류(소위 기초서류)의 하나가 되고 있고 특별보험약관은 기초서류의 하나인 사업방법서(事業方法書)에 그 규정이 요구되고 있는 사항의 하나이다.

보험약관은 보험용역이라는 무형의 급부를 문장화한 것으로 실제상 보험이라는 서비스의 중핵을 이루고 있다.

보험약관은 보험계약자를 구속하는 사적 자치법으로서의 성격을 가지고 있고 그 사용에 의해 보험계약이 부합계약화되기 때문에 그 내용을 충분히 주지하지 않으면 안 된다.

보험약관은 보통 보험자에 의하여 작성되는 것이기 때문에 보험계약자측에 불리한 내용이 되지 않도록 그 제정 또는 변경에 대해서는 금융위원회에 신고하도록 되어 있다(보험업법 제127조).

제5절 피보험이익

1. 피보험이익의 개념

피보험이익(被保險利益; insurable interest)이란 피보험자가 보험의 목적에 대해 가지는 경제상의 이해관계를 말한다. 환언한다면, 어떤 물건에 우연한 위험 혹은 보험사고가 발생함으로써 어떤 사람이 손해를 입을 염려가 있는 경우에 어떤 사람과 어떤 물건과의 이해관계를 말한다. 화재보험을 예로 든다면, 건물・동산의 소유자는 화재위험의 발생에 의해 건물・동산이 소실 또는 손상하는 손해를 입고 소유관계에 손상을 받게 된다.

건물의 소실에 의해 ① 건물의 임대인은 건물임대료수입을 잃고 수익관계에, ② 임차인은 사용관계에, ③ 건물의 저당권자는 저당권의 목적물을 잃고 담보관계에, 또 ④ 건물의 소실, 손상에 의해 소유자는 화재쓰레기의 처리나 복구에 많은 비용을 지출하게 되어 담보관계에 각각 손상을 입게 된다. 더구나, ⑤ 중과실에 의해 화재가 이웃건물 까지도 소실시켰을 경우에는 제3자에 대하여 책임관계가 발생한다.

이같이 건물・동산이라는 물건을 둘러싸고 사람은 여러 가지 이해관계를 가지고 있고 이러한 관계를 일컬어 화재보험의 피보험이익이라 부른다.

피보험이익은 재산과 사람의 관계이지만, 여기에서 재산이라 함은 보험계약상, 보험의 목적으로 불리는 것으로서 위험발생의 객체를 의미하며, 사람이라 함은 피보험자를 의미하고 관계의 주체, 즉 피보험이익의 주체를 가리킨다.

손해보험이란 보험의 목적에 대해서 사고가 발생하였을 때 그 손해를 보상하는 것이지만, 그 손해의 전제로서 당연히 보상되어야 할 어떤 이해관계가 존재할 때 비로소 사회공공성의 본질에 적합한 것이 될 수 있다.

정당한 이해관계가 존재하지 않는 것을 보험에 부하고 보험의 목적에 경제적 손해가 발생하였다는 이유만으로 보험금을 수취하는 형식을 취하는 것은 결과적으로 보험을 우연에 의한 불로의 이득을 목적으로 하는 도박적 행위로 악용하거나 공공질서에 위배되는 효과를 인정하는 셈이 된다. 이 같은 의미에서 볼 때 손해보험계약이 유효하게 성립하기 위해서는 보험의 목적에 대해 보험사고가 발생함으로써 피보험자가 경제상의 손해를 입는 관계가 상존하는 것이 불가결의 요건이 되고 있다.

2. 피보험이익의 요건

손해보험계약이 유효하게 성립하기 위해서는 피보험이익은 아래 요건들을 구비하여야 한다.

(1) 적법한 것일 것

피보험이익은 법의 금지규정을 위반하거나 공공질서에 위배되는 이익이어서는 안 된다. 예를 들면, 밀무역, 탈세, 도박, 절도 등과 관련된 이익은 피보험이익이 될 수 없다.

(2) 금전으로 산정할 수 있는 이익일 것

피보험이익은 금전으로 평가할 수 있는 이익이어야 한다.(상법 제668조) 만약 피보험이익을 금전으로 평가할 수 없는 경우에는 손해액의 산정이 불가능하고, 보험의 도박화에 의해 실손액(實損額) 이상의 손해보상을 받을 가능성이 있기 때문이다. 따라서 개인적인 특수한 가치밖에 가지고 있지 않는 감정적·신앙적 혹은 도덕적 이익은 피보험이익이 될 수 없다.

(3) 확정할 수 있는 것일 것

피보험이익은 계약 성립시에 객관적으로 그 존재가 사회통념상 확인되는 것 이어야 한다. 즉, 사고 발생시까지 이익의 존재나 귀속이 확정되어야 한다. 예컨대 이익을 확정할 수 없다면 손해를 확정할 수 없고 또 보험자는 손해액이나 피해자를 정할 수 없기 때문이다. 피보험이익의 존재는 보험계약성립의 유효요건이기 때문이다. 다만 그 존재를 확정할 수만 있다면, 현재의 이익이건 장래 발생하는 이익이건 상관하지 않는다.

3. 피보험이익의 종류

피보험이익은 일반적으로 적극적 이익과 소극적 이익으로 대별되며, 전자의 경우에는 소유이익, 수익이익, 채권이익, 대상이익 등으로 분류되고, 후자의 경우에는 비용이익, 책임이익 등이 있다.

(1) 소유이익

소유이익이란 재산의 소유자 또는 공유자가 재산에 대하여 소유권을 가지는 경우의 피보험이익이다. 예를 들면 해상보험에 있어서 선박의 소유주가 자기의 선박이나 속구에 대하여 또는 하주가 적하에 대하여, 자동차보험에 있어서 자동차의 소유주가 자신의 소유자동차에 대하여 가지는 피보험이익을 말한다. 이 때 재산에 대한 소유권은 다른 물권이나 채권에 의해 제한되고 있는 경우이든, 장래 그 취득이 기대되고 있는 경우이든 관계없다. 소유이익은 각종 피보험이익 중에서도 가장 일반적인 이익이라 할 수 있으며, 대표적인 것으로는 화재보험, 선박보험, 화물보험, 자동차차체보험, 도난보험, 동산종합보험 등을 들 수 있다.

(2) 수익이익

수익이익이란 재산의 소유자이든 사용자이든 관계없이 보험의 목적으로부터 기대할 수 있는 수익을 의미하며 여기에는 수익에 대하여 소유자 자신이 기대할 수 있는 경우와 타인의 소유물로부터 기대할 수 있는 경우의 두 가지가 있다. 예를 들면 전자의 경우에는 선박소유자의 운송임, 임대료, 희망이익 등이 있으며, 후자의 경우에는 선박임차인의 운송임, 화물중개인의 보수수수료 또는 커미션 등이 있다.

수익이익의 대표적인 보험으로는 해상보험분야에 있어서는 운임보험, 선박불가동손실보험, 희망이익보험, 화재보험분야에서는 휴업보험, 이익보험, 신종보험에서는 기계이익보험, 식중독휴업보상보험, 컴퓨터종합보험 등이 있다.

(3) 채권이익

채권이익이란 채권이나 대부금에 대하여 채권자가 가지는 피보험이익을 의미한다. 이는 채무자의 불성실, 도산, 지불불능, 담보물의 멸실 등에 의한 채권취득불능으로 인하여 채권자가 입을지도 모르는 피보험이익을 말한다.

채권이익에 대한 보험보호의 시작은 해상보험에서 모험대차의 형태로 시작하였지만 금융업의 발달과 통신기관의 완비 등으로 인하여 유명무실해졌고 현재는 채권보전화재보험, 신용보험, 보증보험 등에서 볼 수 있다.

(4) 대상이익

대상이익(代償利益)이란 어떤 대상의 취득을 목적으로 비용을 지출하였음에도 불구하고 그 물적 대상에 위험이 발생함으로써 그 대상의 취득이 곤란하게 된 경우의 피보험이익이다.

예를 들면 선주가 선비를 지출하였음에도 불구하고 해상위험의 발생으로 인하여 착불운임을 취득할 수 없게 된 경우나, 화주가 선불운임을 지출하였음에도 불구하고 해상위험의 발생에 의하여 희망이익을 얻을 수 없었던 경우가 이에 속한다.

대상이익의 종류로는 해상보험분야에서는 수입세보험과 선박수선비보험이 있으며, 육상보험분야에서는 화재와 같은 특정한 우연적 사고로 인하여 기업의 영업이 저지된 결과 발생한 손해를 보상하는 이익보험을 들 수 있다.

(5) 비용이익

비용이익이란 보험사고의 발생으로 인하여 피보험자가 부득이하게 비용을 지출하게 된 경우의 피보험이익을 의미한다. 예를 들면 해상보험에 있어서의 손해방지비용, 임의구조료, 회항비용, 손해증명비용 등과 화재보험에 있어서의 일시비용과 잔존물 처리비용 등이 이에 속한다.

(6) 책임이익

책임이익이란 피보험자가 제3자의 재산 또는 신체나 생명에 손상을 끼친 경우에 피보험자가 피해를 입은 제3자에게 부담해야 하는 손해배상책임에 대한 피보험이익을 의미한다.

예를 들면 선박충돌의 결과, 가해선주가 상대선박의 선주 또는 화주에 대하여 부담하는 선박충돌손해배상책임 또는 생산자가 제품의 결함으로 인하여 제3자에게 끼친 손해를 부담해야 하는 제조물손해배상책임 등이 여기에 속한다.

책임이익의 보험은 최근 권리의식의 고양, 손해배상액의 고액화, 컨슈머리즘에 대한 높은 지각, 피해자구제를 위한 법이념의 출현 등과 같은 사회적, 경제적, 법적 시장요인에 대응하기 위하여 그 종류가 다양화하고 있으며, 대표적인 것으로 자동차손해배상책임보험, 근로자재해보상책임보험, 배상책임보험, 선주책임보험 등이 있다.

이상과 같이, 피보험이익은 재산과 사람의 관계가 어떤 것이냐에 따라 여러 가지 형태를 취하지만, 이들 피보험이익 중 보험거래의 관행으로서 일반적인 부보대상이 되고 있는 이익은 소유이익이다. 그러나 이 관행은 모든 손해보험에 똑같이 나타나는 것은 아니며 한결같이 소유이익만을 부보이익으로 하는 손해보험도 있지만, 소유이익을 중심으로 다른 이익까지도 부보이익으로 하는 손해보험도 있다.

제6절 고지의무와 통지의무

1. 고지의무

고지의무(告知義務; disclosure and representation)란 보험계약을 체결함에 있어서 보험계약자 또는 피보험자가 보험자에 대하여 중요한 사실을 고지하고 또 중요한 사항에 대해서 불실의 고지를 하지 아니할 의무를 말한다(상법 제651조).

법이 이 같은 의무를 규정한 이유는 보험의 기술적인 요청에 기인한 것이다. 즉, 보험은 통계에 의해서 산출된 사고발생률에 의해서 일정한 보험료를 정하고 계약을 체결한 것이지만, 실제상 다수의 개개 계약에 대해 그 위험률을 하나하나 측정하고 이것을 인수할 것이냐의 여부나 보험요율을 결정하는 문제는 보험자에게 있어서 극히 번잡한 일이다.

따라서 법은 위험선택의 자료가 되는 중요한 사실에 대해 보다 사정에 밝은 보험계약자 및 피보험자 측에 고지자료의 협력의무를 부여하고 보험제도의 합리적 운영을 꾀하려는 것이 이 입법상의 근거이다.

보험자는 이 고지의무의 이행을 강제할 수 있는 위치는 아니고, 다만 보험계약자 및 피보험자가 이 의무를 위반하였을 때는 일정한 조건하에 계약의 해지라는 불이익처분을 줄뿐 위반하였다고 해서 손해배상의 의무를 부과하는 것은 아니다. 따라서 고지의무는 신정한 의무는 아니고, 보험계약자 또는 피보험자가 르 부과해 불이익처분을 받지 않도록 하기 위한 일종의 전제요건으로 볼 수 있다.

2. 고지의무위반의 요건

고지의무위반이 성립하려면, 다음과 같은 요건을 필요로 한다.

① 중요한 사항의 불고지(不告知 : 중요한 사항을 알면서 알리지 아니하는 것) 또는 부실고지(不實告知 : 사실과 다르게 말하는 것)가 있음을 요한다.

상법은 불고지 또는 부실고지에 대해 『중요한 사항』이라는 용어를 사용하고 있지만, 여기에서 말하는 『중요한 사항』이란 보험자의 위험측정상 중요한 관계가 내재되어 있는 사항, 구체적으로는 만약 보험자가 그 사실을 알고 있었다고 한다면 계약을 체결하지 않았거나 또는 적어도 동일조건으로는 계약을 체결하지 않았을 것으로 여겨지는 사실을 말한다.

고지의무자가 알고 있는 사실이라면 그 알고 있는 사실의 원인여부는 불문하고 고지사항이 되지만 고지의무자의 단순한 기대, 신념, 우려 등은 고지의무의 대상이 되지 않는다.

상법상에서 고지의무자는 보험자측의 질문이 없더라도 중요한 사항과 관련된 것이라면 기꺼이 이를 고지하여야 하지만, 보험에 관한 전문지식이 없는 보험계약자의 경우에는 무엇이 중요한 사항이고 고지해야 할 내용인가를 판단하기 곤란하므로, 실제적으로는 보험자는 미리 필요하다고 여겨지는 중요한 고지사항을 정리하여 질문표를 작성하고 이것을 통하여 고지의무자의 회답을 구하거나, 보통보험약관에 고지할 사항을 특정하여 두기도 한다.

이 질문표에 표기되고 있는 사항 혹은 약관의 특정사항은 모두 중요한 사항으로 추정되고 이에 대하여 정확하게 답하고 묵비(黙秘)하거나 거짓진술을 하지 않는 이상은 고지의무가 지켜진 것으로 보는 것이 일반적이다.

또한 고지하여야 할 상대방이 보험자임은 말할 것도 없지만, 보험자를 보조하는 자가 고지의 수령에 대하여 보험자를 대리하는 권한(이를 고지수령권이라 한다)을 가지느냐에 대해서는 그와 보험자사이에 이 같은 수권관계가 있느냐의 여부에 따라 결정된다.

일반적으로 보험회사와 보험대리점은 계약의 체결권한이 주어져 있기 때문에 고지수령권을 가지나 보험설계사는 보험가입의 권유, 신청의 중개를 주업무로 하기 때문에 고지수령권은 없다.

또 보험중개사도 대리권이 없으므로 고지수령권이 없다. 그러나 보험회사를 위하여 중요한 사항을 조사하는 책무를 가지는 보험의(保險醫)에 대한 고지는 보험자에 대한 고지와 동일한 효과로 인정되고 있다.

② 보험계약자 또는 피보험자의 고의 또는 중대한 과실이 있었음을 요한다.

여기서 고의라 함은 보험자를 착오에 빠뜨리려는 해의(害意)가 아니고 고지해야 할 어떤 중요한 사항의 존재를 알고 있으면서도 이를 고지하지 아니하거나 또 부실의 고지를 한 것을 의미한다. 예를 들면, 피보험자가 과거의 병력(病歷)을 숨기고 싶어서 이를 고지하지 아니한 것을 말한다.

중대한 과실이란 보험계약자 또는 피보험자가 조금만 주의를 기울였다면 제대로 알 수 있었음에도 불구하고 중요한 사항의 존재를 알지 못하고 불고지 또는 부실고지를 하여 버린 상태를 말한다.

그러나 고의 또는 중대한 과실이라 하여도, 어떠한 경우에 그것이 성립하느냐의 판정은 극히 곤란하다. 결국은 사실문제(事實問題)이고 최종적으로는 법원의 심리를 기대할 수밖에 없을 것이다.

③ 불고지 또는 부실고지에 대한 입증을 요한다.

보험자는 고지의무위반의 전제조건인 중대한 사항이 고지되지 아니하거나 부실하게 고지되었던 사실이 보험계약자 또는 피보험자의 고의 또는 중대한 과실로 야기된 것임을 입증하여야 한다.

3. 고지의무위반의 효과

보험계약자 또는 피보험자가 고지의무를 위반한 경우에는 보험자는 이를 입증하고 보험계약을 해지할 수 있다(상법 제651조). 이 계약해지권(契約解止權)은 보험자가 고지의무위반사실을 입증하고 일방적인 의사표시에 의하여 행사할 수 있으므로 일종의 형성권(形成權)으로서 보험사고 발생 전후에 관계없이 행사할 수 있다.

해지의 방법은 민법의 일반원칙에 따라서 계약상대방인 보험계약자 또는 만약 보험계약자가 사망한 때에는 그 상속인에게 일방적으로 의사표시를 하면 되고, 그 의사표시가 보험계약자에게 도달하면 해지의 효력이 발생함은 말할 것도 없다.

고지의무위반을 이유로 계약이 해지되었을 경우, 그 해지의 효과는 계약해지 이후의 기간에 대해서만 발생되며 소급효과는 존재하지 않는다. 따라서 보험자는 계약해지가 있었던 날로부터 보험금 지급의무가 면제되고, 보험계약자는 보험료 납입의무를 지지 않는다. 동시에 보험자는 이미 납입된 보험료를 반환할 필요가 없으며 해지 때를 포함하는 보험료기간까지의 미납입보험료를 청구할 수 있다.

보험사고발생 후에 해지된 경우에도 보험자는 보험금을 지급하지 아니하여도 되며, 만약 이미 보험금이 지급된 경우에는 그 반환을 청구할 수 있다(상법 제655조). 다만, 이 경우 보험사고의 발생이 고지의무에 위반한 사실에 기인하지 않았음을 고지의무자가 증명하였을 때는 보험금청구권은 소멸하지 않고 이미 지급된 보험금은 반환할 필요가 없다(상법 제655조).

참조

〈사례〉 계약과정이 정상적이지 못하면

A형 간염초기로 가끔씩 통원치료를 받아오던 K는 설계사 B의 소개로 S사의 보장성 암보험을 가입하고 4년 후에 위암 판정을 받은 후 직장에서 근무 중 6개월만에 사망하였다.

따라서 K의 상속인들은 관계서류를 갖추어 K의 사망으로 인한 암사망보험금을 청구하였다.

Question : K의 상속인들은 암사망보험금을 받을 수 있는가?

Answer1 : 보험회사의 조사결과 K는 계약 체결 전 만성위염을 앓고 있었던 사실을 발견하였고 보험계약시 고지의무 위반을 이유로 보험금 지급을 거절하였다.

➡ 그러나 K의 상속인들은 K가 계약체결 당시에 청약서상에 자필서명만 하였을 뿐, 고지사항란에 대한 설명을 듣거나 직접 기재를 한 적이 없다고 주장하였으며, 법원에 보험금 지급을 청구하는 소송을 제기하였다.
이에 소장을 접수한 보험회사는 청약서 원본상에 분명히 자필서명이 되어 있으며, 또한 모집설계사 B도 계약당시 K 자신은 '아픈 곳이 없다' 라고 하며 청약서상에 기재만을 대신했다고 진술한 점 등을 고려하여 K가 고지의무를 위반하였음을 확신하였다.

Answer2 : 소송 진행 중 K가 소지하고 있던 청약서 부분에는 고지란의 기재가 되어 있지 않은 사실이 발견되었다. 계약 체결시에 B가 자필서명만을 받고 청약서 부본을 K에게 교부 한 후 나중에 B가 고지란을 기재한 것으로 판명되어 결국 보험회사에서 암사망보험금을 지급하였다.

그러나 고지의무위반이 있었다고 하더라도, 보험자 또는 그 대리인이 계약을 체결할 당시에 고지의무의 대상인 중요한 사실을 알고 있었을 때 또는 당연히 알 수 있었음에도 불구하고 중대한 과실로 인하여 알지 못한 때에는 이 해지권을 행사할 수 없다(상법 제651조).

또 보험자가 해지의 원인을 안 날로부터 1월내에, 또 계약이 성립한 날로부터 3년이 지나면 그 계약을 해지할 수 없다(상법 제651조).

4. 통지의무

보험계약이 성립된 후에 보험계약자 또는 피보험자는 보험자에 대하여 다음의 경우에는 통지의무(通知義務)를 져야 한다.

첫째, 보험기간 중에 보험계약자 또는 피보험자의 책임으로 돌릴 수 없는 사유에 의하여 위험이 현저하게 변경 또는 증가한 경우에는 그 내용을 지체 없이 보험자에게 통지하여야 한다(상법 제652조). 만약 그 통지를 태만히 하였을 때에는 보험자는 그 사실을 안 날로부터 1월 이내에 한하여 계약을 해지할 수 있다(상법 제652조). 다만, 이 해지는 장래에 대해서만 효력을 발휘한다. 따라서 해지의 때에 속하는 보험료기간의 보험료에 대해서는 보험자는 그 권리를 주장할 수 있다.

어느 정도의 위험의 변경・증가를 "현저하다"고 보느냐는 고지의무의 중요사항에 관한 경우와 마찬가지로, 만약 계약체결 당시에 이 같은 위험의 증가를 예상하였다고 한다면 보험자는 적어도 동일조건으로는 보험계약을 체결하지 않았을 것으로 여겨지는 보험기간 중의 위험의 변경・증가를 의미한다. 또 "지체 없이"라는 말은, 자신의 책임 있는 사유로 늦춤이 없이 라는 뜻으로 사회통념에 따라 결정할 문제이다.

둘째, 보험계약자 또는 피보험자는 보험사고의 발생을 안 때에는 지체 없이 보험자에게 그 통지를 발송하여야 한다(상법 제657조). 이것은 보험자에 대하여 손해의 원인, 손해의 종류, 범위, 손해액 등의 조사, 손해의 확대방지 등을 조사하고 그에 대한 적절한 조치를 취할 수 있도록 기회를 부여하기 위함이다.

따라서 이 통지의무는 계약체결시에 고지의무와 같이, 단순히 보험계약자 또는 피보험자가 불이익을 받지 않도록 하기 위한 전제조건에 머물지 않고 계약의 효과로서 보험자에 대한 진정한 의무이다.

이 통지의무를 태만히 한 경우의 효과에 대해서는 상법상 특별한 규정은 없지만, 이 의무위반에 의해서 보험자가 손해를 입었음을 증명한 때는 위반자는 그 손해를 배상할 의무를 지는 것으로 보고 보험자는 지급하는 보험금으로부터 그 손해액을 공제할 수 있다.

이다만 보험사고의 통지가 늦어진 경우에도 보험사고의 확정 또는 보험자의 보상책임의 범위를 정하는데 영향을 미치지 아니한 때에는 보험자는 그 보상책임을 면할 수 없다.

제7절 담 보

1. 담보의 의의

담보(擔保; warranty)란 피보험자가 특정한 일을 행하거나 또는 행하지 않을 것을 약속하는 사항이며, 또한 특정한 조건을 구비해야 하거나 특정한 사실상태의 존재를 긍정하거나 부정하는 약속사항을 말하며 보험인수의 조건을 가리킨다. 담보에 있어서 보험계약자나 피보험자의 진술사항은 절대적인 것이어야 하며, 담보되어진 사항은 문자 그대로 위험 측정상 중요한 것이냐 그렇지 않느냐, 또는 보험계약자의 진술이 선의의 것이냐 그렇지 않느냐를 불문하고 충족되어야 한다.

담보는 보험자에게 있어서 보험계약이 지니고 있는 특징을 확실히 하기 위한 안전벨브라고 할 수 있다. 중요한 진술사항이 보험자에게 고지되는 경우 중요한 진술사항의 기록으로써 각서를 만들도록 보험자가 보험중개사에게 권고하는 경우도 있지만, 보다 안전한 방법은 중요한 표시를 담보의 형태로 계약에 삽입하도록 요구하는 것이다. 즉, 보험계약이 최대선의에 기초한 계약이며, 피보험자는 고지의무에 따라 중요한 모든 사항을 고려하여 진술하게 되지만, 실제로 보험자 측에서 고지의무위반 또는 부실고지가 있었다는 것을 증명하기란 대단히 어려운 것이다. 따라서 보험자는 피보험자가 반드시 이행하거나 충족하여야 할 사항을 명시담보로 명시하여 담보함으로써 안전대책을 마련코자 하는 것이다.

담보에는 정지조건인 것과 해제조건인 것이 있다. 정지조건은 특정시기까지 계약의 효력을 정지시키는 효과를 가지고 있는 것과 특정행위를 행하거나 행하지 않을 것을 감독하는 것과 어떤 특정의 사실상태의 존재를 긍정 또는 부정하는 데 대한 합의인 것이 있다. 그 같은 담보위반이 발생하면 해당 계약은 완전히 구속력이 없게 된다. 해제조건은 특정한 사상(事象)의 발생에 의하여 계약을 종료시키는 조건을 말한다.

2. 담보의 종류

보험에 있어서 담보는 크게 두 가지의 의미로 해석된다. 하나는 증권의 표면에 기재된 약정으로서 계약은 그 약정의 문자대로 반드시 지켜졌을 때에 비로소 유효하게 되는 조건이며, 또 하나는 일체의 보험계약에 예외 없이 고유하는 기본적 요소 또는 조건이다. 전자에 속하는 담보는 증권에 기재된 약정이므로 명시담보라고 한다. 후자는 보험증권 또는 기타의 증서에 표현되지 않고도 법적으로 그 내용이 내재되어 있는 것으로 이해되기 때문에 묵시담보라고 하며 절대적으로 계약을 지배하는 효력을 가진다.

가. 명시담보

명시담보(明示擔保; express warranties)란 명시의 의사표시가 행해진 보험조건이고 보험증권면에 기재되어져 하나의 약관으로 기능하는 담보를 말한다. 따라서 명시담보의 사항은 반드시 보험증권면에 기재되어져야 하며, 그렇지 않는 경우에는 담보로서의 법률적인 효과가 발생하지 않는다.

명시담보는 그 성질에 따라 중립담보와 안전담보로 구분된다.

중립담보(中立擔保; warranty of neutrality)란 보험의 목적이 보험자가 인수한 위험이 개시되었을 때에 중립성을 가지는 것을 명시의 보험조건으로 하는 담보이다.

즉, 선박이 전시에 교전국 소속의 것이 아니라는 것, 또는 봉쇄지역을 운행하거나 그곳을 침입하지 않을 것, 또는 화물이 전시금지품이 아닐 것 등을 담보하는 것이다. 그리고 보험계약자 또는 피보험자는 위험이계속될 때에는 그 중립성을 유지하는데 노력해야 할 의무를 지니고 있다.

안전담보(安全擔保; warranty of good safety)란 보험의 목적이 특정일에 무사하거나 안전할 것(well or in good safety)을 명시의 보험조건으로 하며, 특정일의 어느 때를 막론하고 안전한 상태에 있다면 그것으로 담보책임이 이행된 것으로 간주하는 담보를 의미한다.

따라서 보험의 목적의 상태가 불명확하거나 정확한 상태가 의문시될 때에 또는 사고발생이 이미 판명되어 있는 상황 하에서 보험의 수배를 필요로 하는 경우에는 안전담보 혹은 그 대신에 "이미 보고되어 있는 사고는 담보하지 않는다"는 조건으로 보험계약을 체결할 수 있다.

나. 묵시담보

묵시담보(黙示擔保; implied warranties)란 보험계약 체결의 행위자체로부터 묵시적으로 보증되었다라고 법률에 의해 창조된 계약내용의 하나를 말한다. 그리고 묵시담보는 엄격하게 충족되어야 할 성질의 계약내용으로서 그 위반으로 인하여 보험자가 손해를 입었든 입지 않았든, 또는 담보의 대상이 위험과 중요한 관계를 가지고 있든 아니하든 일단 묵시담보의 위반이 발생하면 보험자는 선택에 의해 보험계약을 해제할 수 있다.

묵시담보는 계약당사자가 현실적으로 합의한 것이 아니며, 또한 그렇게 할 필요도 없으며, 나아가 합의하였다고 추정될 필요도 없다. 더구나 묵시담보는 보험증권에 명시한 것도 아니며 계약체결의 행위 그 자체로부터 계약내용의 하나라는 법률의 일반원칙에 기인하여 창조되고 계약에 삽입되어 있다는 점에서 명시담보와 다르다.

묵시담보에는 내항담보와 적법담보 두 가지 종류가 있다.

내항담보(耐航擔保; warranty of seaworthiness)란 선박보험과 화물보험을 불문하고 일체의 항해보험에서 선박이 위험이 개시될 시기에 항해위험 또는 항내의 위험에 내항할 수 있는 상태를 보험조건으로 하는 담보를 말한다. 선박이 부보된 항해의 통상적인 위험에 견뎌 낼 수 있는 선체와 필요한 의장을 갖추고 있는 경우에는 내항성이 있는 것으로 간주된다.

따라서, 선박은 출항시에 견고한 선체와 적당한 의장용구를 갖추고, 기량 있는 선장과 필요한 다수의 선원을 승선시키고 기타 부보된 항해에 필요한 준비를 해야 한다.

또 화물의 경우에도 그것을 적절하게 적재하고 과적해서는 안 된다. 특히 특수화물의 경우 예를 들면, 냉동육과 같은 화물에 대한 보험에 있어서는 냉동설비를 완비한 선박이 아니라면 내항상태라고 할 수 없다. 그리고 내항담보는 일종의 담보이고 그 담보책임의 위반은 일반적으로 보험계약자 또는 피보험자가 선의 또는 무과실의 경우에도 보험자는 면책되기 때문에 선박의 출항 시에 상당한 주의를 기울여야 하며 또는 불내항(不耐航)이 잠재하는 하자에 기인하는 것임을 증명한다 하더라도 담보의 위반을 피할 수는 없다.

적법담보(適法擔保; warranty of legality)란 피보험항해가 위법이 아니고 피보험자가 지배할 수 있는 한 피보험항해를 합법적으로 행할 것을 보험조건으로 하는 담보를 말한다. 결국 불법항해는 공익상 허락될 수 없고, 법률상 허락해서는 안 되는 것을 보험의 이익으로 인정하는 것은 부당하기 때문이다.

그러나 피보험자가 지배할 수 없는 불법에 의한 손해에 대해서는 보험자가 보상해야 한다.

적법담보의 내용에는 두 가지가 있다. 그 하나는 피보험항해가 위법이 아닐 것, 예를 들면, 피보험항해가 밀무역 또는 적국과 통상을 하기 위한 항해가 되어서는 안 된다는 것이며, 또 하나는 피보험자가 지배할 수 있는 한, 피보험항해를 합법적으로 행할 것, 예를 들면, 출항허가도 없이 항해를 하지 않을 것 또는 항해금지 해역을 항해하지 않을 것 또는 선적에 관한 단속규칙에 위반하는 선적을 하지 않을 것 등이다.

3. 담보위반의 효과

담보는 위험에 대하여 중요하든 중요하지 아니하든 정확하게 충족되어야 하며 이것이 정확하게 충족되지 않으면 보험증권에 별도의 규정이 없는 한, 보험자는 담보위반의 날로부터 책임이 면제된다. 그러나 담보위반 전에 발생한 보험자의 책임은 이에 영향을 받지 않는다.

담보위반이 발생한 경우 자동적으로 그 계약이 종료하는 것은 아니다. 위반의 결과에 대하여 법률적 효력을 부여할 것이냐 안 할 것이냐의 여부는 보험자의 선택에 달려 있고, 보험자는 담보위반에 대한 권리를 포기할 수도 있다. 실무상 낮은 보험요율을 유지하기 위하여 담보가 보험증권에 삽입되어 있는 경우, 보험자는 담보위반에 대하여 적절한 추가보험료를 징수하고 보험자의 책임을 계속 유지하는 것이 보편적으로 인정되고 있다. 또한 담보위반이 발생하였음에도 이것이 허용되는 경우도 있다.

예를 들면, 사정의 변경으로 인하여 담보가 계약의 사정에 적용될 수 없게 되었을 때 또는 담보의 충족이 그 후의 법률에 의해서 위법이 되었을 때가 그 좋은 예이다. 따라서 어떤 담보가 위험개시시에 현행법에 위반되는 것이라면 그 보험증권은 위법 때문에 무효가 될 것이다.

제8절 위험부담과 인과관계

1. 위험부담

(1) 담보위험과 면책위험

1) 담보위험

담보위험(擔保危險; perils covered or perils insured a iinst)이란, 보험자가 그 위험에 의해서 발생한 손해를 보상할 것을 약속한 위험이다. 따라서 보험자가 보상책임을 지기 위해서는 손해가 담보위험에 의해서 생긴 것임을 필요로 한다. 담보위험은 일반적인 보통약관으로 담보되는 위험도 있는 반면, 원래는 담보되지 않지만 특별약관으로 담보되는 확장담보위험도 있다.

반면, 보험자에게 인수되지 않았던 위험, 즉 보험자가 그것에 의해서 발생한 손해를 보상한다는 명시도, 또한 면책한다는 명시도 없는 위험을 비담보위험(非擔保危險; peril not insured)이라고 한다.

따라서 비담보위험이 단독으로 발생한 경우에는 그것을 원인으로 발생한 담보위험까지도 적극적으로 면책할 만큼 효과를 가지지도 않으며 또한 그것을 원인으로 발생한 면책위험의 효과에 대하여 영향을 미칠 정도의 것도 아니다. 즉, 비담보위험이란 담보위험과 면책위험 이외의 모든 위험의 총칭이기 때문에 보험자가 원칙적으로 모든 위험을 담보한다는 요지의 규정을 두고 있는 경우에는 비담보위험은 있을 수 없다.

2) 면책위험

면책위험(免責危險; excepted perils)이란, 보험자의 보상책임이 면제된다고 특별히 명시한 위험을 말하며, 보험자의 보상책임을 적극적으로 제한하는 효과를 가지고 있다. 따라서 어떤 위험이 담보위험으로 정해져 있더라도 해당위험에 관한 면책약관이 담보위험에 우선하는 것이라면 보험자는 담보위험에 의해서 발생한 손해에 대하여 보상책임을 지지 않아도 된다.

면책위험의 특정은 담보위험과 비담보위험에 대해서도 행해진다. 예를 들면, 해상보험과 같이 포괄책임주의 하에 있어서도 모든 위험을 담보위험으로 하지 않고 피보험자의 고의나 전쟁위험 등은 면책되고 있다.

(2) 면책의 사유

면책(exclusion)이라 하면 보통 보험자의 면책을 의미하며 이는 특정의 사유를 원인으로 하는 사고에 대하여 보험자의 책임이 면제되는 것을 의미한다. 면책사유는 상법이나 보험약관에 특정되어 있다. 상법에서는 신의성실의 원칙이나 사회일반의 공공질서에 반하는 사유 또는 보험료계산의 기초를 위태롭게 하는 사유를 면책하고 있다.

우리 상법에서는 전쟁위험(제660조), 피보험자나 보험수익자의 고의 또는 중대한 과실(제659조), 보험의 목적의 성질, 하자, 또는 자연소모로 인한 손해(제678조) 등이 면책사유로 규정되어 있는데, 이를 법정면책사유라고 부른다. 면책사유의 종류로는 상술의 법정면책사유 외에 법률 또는 약관에 의해서 면책(약관면책사유)되고는 있지만, 계약 당사자의 합의하에 특약을 체결함으로써 담보 가능한 상대적 면책사유와 공공질서의 차원에서 특약을 체결하더라도 절대적으로 담보할 수 없는 절대적 면책사유가 있다.

법정면책사유는 대부분의 보험 분야에서 절대적 면책사유가 되고 있지만, 양자가 반드시 일치한다고는 할 수 없다.

일반적으로 보험자가 위험을 면책하는 이유로서는 다음과 같은 것을 들 수 있다.

① 위험을 일반보험료로 부담하기에는 위험의 규모가 지나치게 큰 경우(예를 들면, 전쟁, 파업, 지진 등)

② 보험의 목적의 성질 또는 하자로 인하여 발생하였거나 또는 우연성이 결여되어 있는 경우
③ 위험을 부담하는 것이 공공질서에 위배되는 경우
④ 보험계약자 또는 피보험자의 고의 또는 중대한 과실
⑤ 위험도가 지나치게 높은 경우(예를 들면, 보험료가 비경제적인 위험)

(3) 위험부담의 원칙

손해보험은 위험에 의해서 발생하는 손해의 보상을 목적으로 하는 경제제도이므로, 보험자가 부담하는 위험이 무엇인가를 검토해 볼 필요가 있다. 보험자가 부담하는 위험이 복수인 경우에 그 담보위험의 범위를 한정하는 방법으로는 담보위험을 구체적으로 열거하는 열거책임주의와 일체의 위험을 포괄적으로 정하는 포괄책임주의가 있다.

1) 열거책임주의

열거책임주의(列擧責任主義)는 보험자가 부담하는 담보위험을 열거하는 방법으로 열거된 위험에 대해서만 보상책임을 진다. 열거책임주의가 적용되는 경우에는 부보된 피보험이익에 손해가 발생할 것과 그 손해가 열거위험으로 인하여 발생한 것임을 입증하는 책임이 피보험자에게 있으며 만약 피보험자가 이를 입증치 못하는 경우에는 피보험자는 보험금을 수취할 수 없다.

열거책임주의에는 도난에 대한 도난위험, 채무불이행에 대한 신용보험, 보증보험, 법적 책임 부담에 대한 책임보험과 같이 단일 위험만을 열거하여 부담하는 방식과, 화재 낙뢰 폭발에 대한 보통화재보험, 지진 분화 해일에 대한 지진보험과 같이 수 개의 위험을 열거하여 부담하는 방식과, 주택종합보험 점포종합보험 외항화물보험과 같이 다수의 위험을 열거하여 부담하는 방식이 있다.

2) 포괄책임주의

포괄책임주의(包括責任主義)는 원칙적으로 모든 위험, 우연적 사고를 부담하는 방법이나 일반적으로 면책 위험을 열거하고 있다.

다시 말하면 부담위험을 열거하지 않고 면책위험만 열거함으로써 면책 위

험을 제외한 모든 위험을 부담한다.

우리나라 상법 및 해상보험 약관을 비롯하여 독일, 프랑스, 이탈리아, 노르웨이 등에서 채용되고 있다. 우리나라 상법 제693조는 「항해에 관한 사고」라는 표현에 의해서 해상보험자가 부담하는 위험의 인수방법을 명시하고 있다.

포괄책임주의 하에서는 피보험자는 보험기간 중 손해를 입었다는 사실을 입증하면 그것으로 충분하고 그 손해가 특정의 담보위험에 의해서 생긴 것까지 입증할 필요는 없다.

이상과 같이 열거책임주의에서는 열거된 위험만이, 포괄책임주의에서는 일체의 위험이 각각 담보위험이 되고 있지만, 오늘날 보험거래에서는 보험조건에 따라 열거책임주의의 경우에는 열거위험을 확장하거나 신종 위험을 열거위험으로 하는 보험이 상품화되고 있고, 포괄책임주의의 경우에는 면책위험을 설정함으로써 포괄책임을 축소하는 경향이 보여지고 있다.

3) 열거책임주의와 포괄책임주의의 효과상의 차이

열거책임주의와 포괄책임주의의 우열을 비교함에 있어 어느 국가이거나 위험약관의 제 조항 및 특별약관에 의해서 담보위험의 제한이 행하여지고, 특히 영국의 위험약관에 대해서는 위험의 제한 외에 위험의 종류적 확장도 행하여지기 때문에 위험약관만의 우열을 결정하는 것은 큰 의미가 없다.

그러나 전반적인 면을 고려하여 그 우열을 비교한다면 다음과 같이 이야기할 수 있다. 포괄책임주의에 있어서는 일체의 위험이 일단 보험자의 부담에 속하기 때문에 피보험자 측에는 유리하다.

열거책임주의에서는 사회의 변천에 따라 지금까지 경험하지 못했던 위험이 발생한다면 그때마다 하나하나의 위험을 추가하지 않으면 피보험자는 보험보호를 받을 수 없다. 그리고 그 추가가 늦어지게 되는 경우도 일단 고려된다.

또 손해보상청구에 있어서 열거책임주의 하에 있어서는 손해가 보험자가 부담한 위험에 의해서 발생한 사실을 증명할 의무는 당연히 피보험자 측에 있는 결과, 피보험자 측에 있어서는 불리한 경우가 발생한다.

반면, 포괄책임주의 하에서는 이론상 피보험자 측은 손해가 생겼다는 사실을 설명하고 손해액을 증명한다면 충분하고 보험자가 보상책임을 부정하려고 할 때에는 그 손해가 보통약관의 다른 조항 또는 특별약관에 의해서 면책된 위험으로 인하여 생겼다는 반증을 하지 않으면 안 된다. 결국 보험자측의 입장에서 보면 열거책임주의 쪽이 유리하고 피보험자측에서 보면 포괄책임주의 쪽이 유리하다고 말할 수 있다. 단, 열거책임주의는 포괄책임주의보다 보험료가 저렴하다.

2. 인과관계

인과관계(因果關係; causation)란 일반적으로 원인으로서의 어떤 상태나 사실이 발생한다면 결과로서의 다른 상태나 사실이 발생한다는 원인(原因)과 결과(結果)의 관계를 의미하는 것이라 할 수 있다. 따라서 인과관계의 개념은 법률학뿐만 아니라 철학, 논리학, 자연과학, 종교 기타 여러 분야에서 문제가 되고 있다.

보험법상 문제가 되는 것은 위험과 손해와의 인과관계이다. 보험법상 보험자가 손해에 대해 보상책임을 지기 위해서는 손해가 보험자가 부담하는 일정한 부담위험의 결과로서 발생해야 한다. 이같이 일정한 위험이 손해의 원인이 되기 위해서는 이 위험과 손해와의 사이에 위험이라는 선행현상이 발생하지 않았다면 손해라는 후행현상이 일어나지 않았을 것이라는 두 현상간의 필연적이고도 불가피한 관계가 존재하여야 하며 이를 일반적으로 보험법상 인과관계라고 부른다.

보험에 있어서 보험자가 위험을 부담한다고 하는 것은 보험자가 위험의 불발생을 보증한다는 것이 아니라 위험에 의해서 손해가 발생한다면 그 손해를 보상할 책임을 진다는 것을 의미한다. 그래서 보험자가 부담하는 위험과 손해와의 사이에 어떤 관계가 있다면 그 손해가 담보위험에 의해서 생긴 손해인가에 대하여 인과관계가 문제가 된다.

손해가 부담위험 또는 면책위험 어느 일방의 위험에 의해서 발생한 경우에는 문제가 없다. 즉, 손해발생의 조건이 하나밖에 없는 경우를 들 수 있다. 이 경우에 해당조건이 부담위험이고 이 부담위험의 직접적인 결과로서 손해가 발생하고 또한 해당부담위험과 손해와의 사이에 일정한 인과관계가 인정되는 한 보험자는 보상의 책임을 지지만 반대로 면책위험에 의해서 손해가 발생하고 이들 위험과 손해의 관계가 인정되어 진다면 보험자의 보상책임은 배제되게 된다.

그러나 동일의 보험증권에 대하여 부담위험과 면책위험의 두 개 이상의 위험의 협력에 의해서 손해가 발생한 경우에 보험자의 보상책임을 어떻게 결정해야 할 것인가가 문제가 된다. 이 같은 경우 궁극적으로는 부담위험과 면책위험 또는 비담보위험의 세 위험의 협력관계에 따라서 보험자의 보상책임의 유무를 결정하게 되지만 그러면 어떠한 판단기준에 기인하여 손해의 원인이 선택되는가는 다음에 인과관계를 둘러싼 주요 학설을 통하여 고찰하여 보기로 하자.

(1) 근인설

근인설(近因說)은 다수의 원인 중 근인으로서 보험자의 책임유무를 결정하고 원인(遠因)은 적용치 않는다는 학설이다 그런데 근인이란 무엇인가에 대해서는 뚜렷한 개념은 없다. 그러나 본래는 시간상 최후에 발생한 원인을 근인으로 하는 것이기 때문에 이 설을 택할 경우에는 개개의 경우에 있어서 특정한 손해에 대한 원인을 간단히 확정할 수 있어서 매우 편리한 반면, 단순히 시간상의 전후에 의해서 원인의 여부를 결정하는 것은 결국 기계적으로 원인을 정하게 되므로 때때로 상당히 부조리한 결과를 야기할 염려도 있다는 지적도 있다.

(2) 상당인과관계설

상당인과관계설(相當因果關係說)은 특정한 사실이 어떤 손해를 발생시키는 조건을 구성하는 경우, 우리의 일상경험으로부터 판단하여 단순히 그 경우만이 아니고 일반적으로도 동종의 결과를 발생시킬 가능성이 있다고 인정되어질 때에는 조건과 결과와의 사이에 인과관계의 존재를 인정하지만 그렇지 않는 경우에는 원인을 구성치 않는 것으로 인식하는 방법을 말한다. 더욱이 이 설에 따르면 일정위험이 시간상 손해에 근접하여 이것을 발생시켰는가의 여부는 불문하고, 또 두 개 이상의 위험이 협력하여 손해를 발생시켰어도 그들이 함께 손해에 대해서 상당인과관계에 있다면 어느 쪽도 그 원인이 될 수 있다고 해석하는 것이다.

(3) 최유력조건설

최유력조건설(最有力條件說)은 어떤 결과의 발생에 빠뜨릴 수 없는 조건 중 손해발생에 대해서 가장 유력하게 작용한 하나의 조건을 손해의 유일한 원인으로 간주한다는 설이다.

어떤 조건이 손해발생에 의해서 가장 유력한 조건을 가지는가는 여러 가지 조건 중 손해발생에 대해서 거래상 필연적인 관계를 가진다고 합리적으로 간주되는 것에 의해서 결정된다.

제9절 보험기간

1. 보험기간

보험기간(保險期間; duration of risk)이란 보험자의 위험부담책임의 존속기간을 말한다. 즉, 보험자가 보험사고가 발생한 경우에 손해보상 또는 일정금액을 지급해야 할 책임이 개시한 후 종료할 때까지의 기간을 의미한다.

보험자는 보험기간 중에 발생한 위험(보험사고)에 의해서 생긴 손해를 보상할 책임을 진다. 따라서 손해가 보험기간 개시 후에 발생하더라도 그 원인이 되는 위험이 보험기간개시 전에 발생한 것이라면 보험자는 그 손해를 보상할 책임을 지지 않으며, 반대로 보험기간 중에 위험이 발생하고 그에 따른 손해가 보험기간종료 후에 발생하더라도 보험자는 그 손해를 보상할 책임을 지게 된다.

(1) 보험기간의 설정

보험기간은 다른 약정이 없는 한 최초의 보험료를 받은 때로 부터 개시하여 그 종료일까지이다(상법 제656조). 그러나 실무상으로는 보험자의 책임기간을 명백히 하고 당사자 사이의 분쟁을 막기 위하여 특약에 따라 보험기간의 설정을 달리 하고 있다.

첫째, "○년 ○일부터 1년간 또는 ○년 ○일부터 ○년 ○일까지"와 같이 일시(日時)를 가지고 정하는 경우로서 가장 많이 사용되고 있다. 주로 화재보험이나 자동차보험에서 이용되고 있으며 보험기간은 1년의 경우가 많지만 최근에는 5년,10년의 장기보험도 이용되고 있다. 또 국내여행, 해외여행상해보험에서도 채택되고 있지만 이 경우는 여행기간에 따른 보험기간의 시기(始期)와 종기(終期)와의 시간까지 특정되는 경우도 있다.

둘째, "뉴욕항에서 부산항까지"와 같이 장소를 가지고 정하는 경우이다. 주로 화물해상보험, 운송보험 등에서 이용되는 방식으로 뉴욕항을 출발한 때로부터 부산항에 도착할 때까지와 같이 보험기간이 장소적으로 정해진다. 예를 들면, 현재 화물해상보험에서는 화물이 선적지의 하송인(荷送人)의 창고에서 도착지의 하수인(荷受人)의 창고까지, 즉 "창고에서 창고까지"(from warehouse to warehouse) 부보되는 것이 보통이다.

셋째, "뉴욕항에서 부산항까지, 3주간"과 같이 일정의 사실과 일정의 시기를 함께 정한 혼합기간도 있을 수 있다.

넷째, "기공시(起工時)부터 진수시(進水時)까지" 또는 "공사착수로부터 공사완료까지"와 같이 일정행위를 가지고 보험기간을 정하는 경우이다. 주로 건설공사보험이나 토목공사보험, 선박건조보험, 조립보험 등에서 사용되고 있다.

(2) 보험계약기간과 보험료기간

보험계약기간(保險契約期間; duration of policy)이란 보험계약이 유효하게 존속하는 기간, 즉 보험계약의 성립의 때로부터 그 종료에 이르기까지의 기간을 가리킨다. 이것은 보통 보험기간과 일치하지만 보험의 성질이나 사무처리의 편의 때문에 실제로 일치하지 않는 경우도 있다. 예를 들면, 화재보험이나 생명보험약관에서는 그 계약의 성립과 동시에 보험자의 책임은 개시하지 않으며 보험료를 영수하였을 때에만 비로소 개시하고 약정된 보험기간의 최종일 오후 4시에 종료하는 것이 일반적이다.

보험료기간(保險料期間; premium period)이란 보험자가 위험을 측정하고 보험료를 산출하는데 있어서 표준이 되는 단위기간을 말한다. 보험료는 어떤 일정한 기간을 한 단위로 하고 그 단위기간 내의 위험률을 측정하여 정하여진다. 따라서 보험료기간을 보통 1년으로 하는 손해보험에서는 보험기간과 일치하는 경우도 있지만, 하나의 보험기간이 여러 개의 보험료기간으로 나뉘어지는 생명보험에서는 반드시 일치하지 않는 경우도 있다.

2. 소급보험

소급보험(遡及保險; retroactive insurance)은 보험계약의 성립전의 어느 시기부터 보험기간이 시작되는 것으로 정한 보험을 말한다(상법 제643조). 보험기간은 특별한 사정이 없는 한 계약당사자 사이에 보험계약이 체결되고 최초의 보험료가 납입된 이후에 개시되는 것이 보통이다.

그러나 F.O.B조건의 수입자(하주)가 선적통지의 수령 후에 화물해상보험계약을 체결하는 경우에는 보험자의 위험부담책임을 선적시점까지 소급시키는 거래가 이루어지는 경우가 있다. 이것을 소급보험이라 하고 이 보험에서는 보험계약체결 전에 보험기간이 개시하게 된다. 이 같은 소급보험이 유효하려면, 보험계약자 또는 피보험자가 보험계약을 체결할 당시에 이의 위험이 발생하고 있었다는 사실을 모르고 있는 것이 전제가 되고 있다(상법 제644조).

제10절 손해보상

1. 손해의 형태

손해(損害; loss)란, 위험의 작용에 의한 피보험이익의 전면적 혹은 부분적 소멸을 말하며, 보험의 목적에 담보위험이 발생함으로써 피보험자가 입는 재산상의 불이익 또는 부담을 의미한다. 환언한다면 손해란 재산 그 자체가 손상 또는 멸실 하는 것을 말한다.

손해보험은 피보험자가 담보위험에 의해서 발생하는 손해는 여러 가지가 있으며, 개개의 계약에서 보험자가 실제로 보상책임을 지는 손해는 반드시 동일하지 않다.

(1) 전손과 분손

전손(全損; total loss)이란, 피보험이익의 전부가 소멸하는 것을 말하며 이는 ① 피보험재산이 물리적으로 완전히 파괴되거나 소멸한 경우, ②피보험재산이 물적으로는 잔존하고 있지만, 부보된 종류의 재산본래의 성질을 상실한 경우, ③ 피보험재산이 현존하고는 있지만 탈취되어 재차 이를 회복할 수 없거나 비용, 기술, 기간 등의 사정을 고려해 볼 때 회복을 기대할 수 없는 경우에 발생한다. 이들 전손은 일반적으로 현실전손(現實全損; actual total loss) 또는 절대전손(絶對全損; absolute total loss)이라고 불리지만, 이에 대하여 현실적으로는 전손이 발생하지 않았지만 그 발생이 확실시되는 경우와 수리 또는 회수에 요하는 비용이 보험가액을 초과하는 경우에는 법률해석 또는 의제에 의하여 전손으로 간주되는데 이 같은 경우의 전손을 해석전손(解釋全損; constrective loss) 또는 추정전손(推定全損)이라 한다.

분손(分損; partial loss)이란, 피보험이익의 일부가 소멸하는 것을 말하며, 따라서 분손은 보험 목적의 일부가 손상 또는 멸실하거나, 보험의 목적의 일부점유가 탈취되어 회복을 기대할 수 없는 경우에 발생한다.

분손은 실무상 단독해손과 공동해손으로 분류된다. 단독해손(單獨海損; partial average)이란 피해자의 단독부담에 속하는 분손이며 분손 중 공동해손이 아닌 손해를 말한다. 예를 들면, 해상보험에 있어서 선박이 좌초해서 추진기 또는 선저(船底)를 손상했을 경우의 손해는 단독해손에 속한다. 공동해손(共同海損; general average)이란, 선박·적하 및 운송인의 이해관계자의 공동부담에 속하는 분손을 말하며, 선박이 침몰, 화재, 그 기타 위험에 처했을 경우 공동 안전을 위해 고의적으로 또는 합리적으로 피보험목적물의 일부를 희생시킬 때에 발생하는 비용이나 희생에 대하여 보상하는 경우의 손해, 즉 공동해손 행위의 결과로 생긴 손해를 의미한다.

공동해손은 공동해손희생손해(general average sacrifice)와 공동해손비용(general average expenditure)을 포함한다. 공동해손은 선박, 적하 및 운송인의 공동해손 이해관계자의 전부에 의해 공평하게 분담되어야 하며, 이때 이해관계자 각각의 분담금을 공동해손분담액(general average contribution)이라 한다.

(2) 실체의 손해와 비용 · 책임손해

실체적 손해(physicsl loss)란 적극재산에 관한 피보험이익의 멸실감소를 말하고 보험 목적의 멸실 또는 손상으로 인한 손해이다. 즉, 유체물에 위험이 작용함으로써 적극 재산에 발생하는 손해이다.

비용손해(loss of damages and expenses) 및 책임손해(liability loss)란 보험사고가 발생함으로써 결과적으로 비용의 지출이 불가피하게 되거나 또는 타인에게 손해배상의 책임을 지는 경우에 발생하는 경제적 불이익 또는 재산상의 부담이다. 비용손해 및 책임손해는 대부분 간접손해의 성질을 가지지만, 항상 그렇지는 않다.

그리고 이 같은 종류의 손해보험은 비용보험 및 책임보험으로서 독자적으로 존재할 수 있다.

(3) 직접손해와 간접손해

직접손해(direct loss)와 간접손해(indirect loss)를 구별하는 기준은 두가기가 있다.

첫째, 부보된 피보험이익에 직접 발생한 물적손해를 직접손해라 하고, 부보된 피보험이익의 이익에 발생한 손해를 간접손해라고 한다. 예를 들면, 선박보험에 가입하였을 경우 해당선박의 멸실 또는 손상에 의한 손해는 직접손해이나 선박의 멸실 또는 손상에 의한 손상으로 인하여 선박이 가득할 수 없는 운송임의 상실은 간접손해이다. 다만, 이 분류기준은 해상보험계약상의 피보험이익과 상대적인 것이고, 손해자체의 특성에 기인하는 것은 아니다.

둘째, 보험사고와 손해와의 인과관계가 직접인지 간접인지에 따라서는 직접손해와 간접손해로 구별된다. 이 경우 직접손해라 함은 보험사고가 직접적인 원인이 되어 발생한 손해이며, 간접손해는 보험사고가 간접으로 원인이 되어 발생한 손해이다. 간접손해의 경우에는 보험사고와 손해사이에 별도의 위험 또는 위험사정이 존재하고 있다. 예를 들면 동맹파업 때문에 생긴 항해지연으로 피보험화물의 품질이 저하되고 이로 인한 매각손은 동맹파업의 간접손해이며 지연의 직접손해이다.

보험자는 원칙적으로 직접손해만을 보상하고 간접손해에 대해서는 보상책임을 지지 않는다. 그러나 이것은 어디까지나 원칙이며 실제로는 법률 또는 약관의 규정에 의하여 일정의 간접손해도 보상하고 있다.

2. 손해보상의 원칙

(1) 직접손해 보상의 원칙

손해보험은 손해보상을 목적으로 하지만, 보험자는 담보위험에 의하여 발생한 모든 손해, 즉 모든 피보험이익의 손해를 보상하는 것이 아니라 일정한 원칙에 따라서 보상한다. 이것을 직접손해보상의 원칙이라 한다.

직접손해보상의 원칙이란 보험자는 원칙적으로 직접손해·실제로 입은 경제적 손실, 즉 부보된 피보험이익에 발생한 손해만을 보상하고 간접손해, 즉 부보되지 않았던 피보험이익에 발생한 손해는 보상하지 않는다는 원칙이다. 예를 들면 각종의 피보험이익 가운데서 일반적으로 소유이익을 부보하는 것이 관행이 되고 있는 해상보험, 화재보험 등에서는 선박·화물·건물·동산 등에 해상위험, 화재위험이 발생하여 각종의 피보험이익의 손해가 발생한 경우에 보험자가 원칙적으로 보상하는 손해는 소유이익의 손해라는 것이다.

참조

실제로 입은 경제적 손실이란

A라는 사람이 자기소유의 건물을 보험금 1억2천만원의 화재보험에 가입한 후 화재로 인하여 3,000만원의 손실이 발생하였다면 보험회사는 실제로 입은 경제적 손실인 3,000만원을 보상하게 된다. 이와 같이 손해보상의 원칙에 의해 실제로 입은 경제적 손실만을 보상하는 데에는 피보험자가 보험을 통하여 금전적 이익을

얻지 못하게 하는 등의 도덕적 위태를 제거하고자 하는데 목적이 있다.

실제현금가치(actual cash value) = 대체비용 − 감가상각
(대체비용: 손실보상시점에서 손실을 원상태로 복구하는 비용)

그러나 이 같은 직접손해보상의 원칙은 실제 보험계약에서는 손해보상의 범위에 바탕을 둔 보험조건에 따라서 제약 또는 변경이 행해지고 있다. 특히 손해보상의 범위에 따라서 직접손해라도 특정의 손해가 보상되지 않거나, 간접손해라도 특정의 손해를 보상하는 등의 수정이 가하여 지고 있다.

(2) 보험자가 보상하지 않는 직접손해

1) 소손해

보험자가 소액의 손해가 보험사고에 의해서 발생하였을 때에라도 그 손해가 보험가액의 일정비율 또는 일정금액 이하인 소액의 경우에는 보상책임을 지지 않는 데 이 같은 제도를 소손해면책(小損害免責; franchise)라고 한다.

소손해면책에는 손해액이 보험가액의 일정비율에 미달할 때에는 전혀 보상하지 않지만 면책한도액에 달하였거나 초과하였을 때에는 손해의 금액이 전부 보상되는 방식인 franchise와 손해액에서 항상 보험가액 일정비율의 금액을 공제하고 초과액만을 보상하는 방식인 excess와 deductible이 있다.

우리나라의 구 상법 제707조는 공동해손이 아닌 손해 또는 비용으로서 그 계산에 관한 비용을 산입하지 아니하고 보험가액의 100분의2를 초과하지 아니하는 때에는 보험자는 이를 보상할 책임이 없다라고 규정하여 소손해면책을 인정하고 있었으나 신 상법은 보험약관에 의하여 그 면책의 비율 또는 금액을 정하고 있는 보험거래의 실정에 따르도록 하기 위하여 이를 삭제하였다.

2) 보험의 목적의 성질. 하자

보험자는 보험의 목적의 성질, 하자 또는 자연소모로 인한 손해가 보험사고에 의해서 발생하였을 때라도 보상하지 않는다. 이 성질손해는 피보험 목적물이 통상적인 항해과정에서 보통 발생하는 것으로써 그 발생이 확실한 것이므로 보험손해의 성질을 가지지 않는다.

(3) 보험자가 보상하는 간접손해

1) 손해방지비용

손해방지비용(sue and labor charge)이라 함은 발생하면 보험자의 부담에 속하는 손해를 방지 · 경감하기 위하여 피보험자가 입은 비용이다. 이는 보험사고로부터 직접 발생한 위험이 아니고, 보험손해를 방지 · 경감하기 위하여 피보험자가 지출하는 비용의 손해이므로 당연히 보험자가 부담할 성질의 것은 아니다. 그러나 공평의 원리에서 오늘날 각국의 상법은 이 비용을 보험자에게 부담시키도록 규정하고 있다(우리나라 상법 제680조 참고).

2) 손해조사비용

손해조사비용(survey charge)이란 보험자가 부담한 손해를 조사 · 확정하기 위한 비용으로 손해검사 및 확정을 위한 여비, 입회비용, 통신비, 감정료, 해난보고서 작성비용, 항해일지 발췌비용 등이 여기에 속한다.

3. 실손보상의 원칙과 비례보상의 원칙

보험자가 손해를 보상하는 경우, 피보험자의 재산적 지위를 사고가 발생하기 이전의 상태로 회복시킨다는 실손보상의 원칙을 전제로 하고 있다. 환언한다면 보험자가 보험금액을 한도로 실제의 손해액을 보상하는 것을 의미한다. 그러나 보험금액이 보험가액보다 적은 일부보험의 경우에는 이 원칙이 준용되지 않고 그 손해보상액은 실제로 입은 손해액을 기준으로 지급된다.

실손액은 그 손해가 발생한 장소의 당시가액에 따라서 정해지는 것이 원칙이다. 보험자가 지급하는 손해보상액이 실손액을 기준으로 산정된다고 하는 것은 보험금액의 보험가액에 대한 비율로 손해를 보상하는 것을 말한다. 이것을 비례보상의 원칙이라고 하며 우리나라의 상법 제708조에도 이를 규정하고 있다.

이때 피보험자는 손해액의 일부밖에 보상을 받지 못하므로 잔액은 피보험자 자신의 부담이 된다.

그러나 발생한 손해가 전손인 경우에는 비례보상의 원칙을 적용하여도 보험자의 손해보상액은 보험금액의 전액이 된다.

그런데 비례보상의 원칙이 적용되는 것은 보험가액을 확정할 수 있는 소유이익의 손해에 한정되며 비용이익이나 책임이익은 보험가액 자체가 비한정적이고 산정이 불가능하기 때문에 보험계약상 보험가액이 존재하지 않는다. 따라서 이들 손해에 대해서는 보험자는 보험금액을 한도로 하여 실손액의 전부를 보상한다.

제11절 보험대위

1. 보험대위

보험대위(保險代位; subrogation) 또는 보험자대위란 보험자가 보험사고로 인한 손실을 피보험자에게 보상하여 주고, 그 피보험자 또는 보험계약자가 보험의 목적이나 제3자에 대하여 가지는 권리를 법률상 당연히 취득하는 것을 말한다. 이것은 손해보험계약의 이득금지의 원칙에 의거하여 피보험자로 하

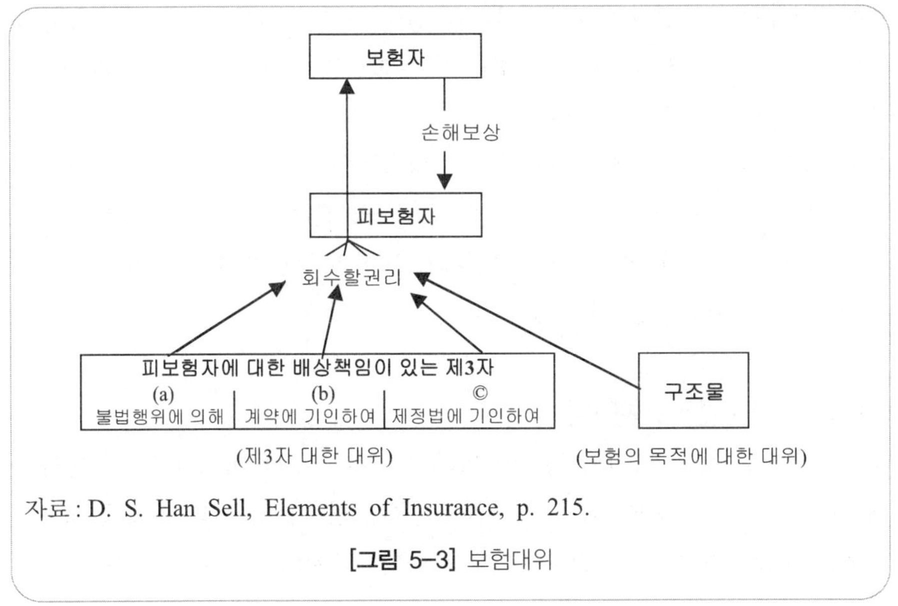

자료 : D. S. Han Sell, Elements of Insurance, p. 215.

[그림 5-3] 보험대위

여금 보험사고로 인한 손해에 대해 보험자로부터 보상을 받았을 경우에는 보험의 목적이나 제3자에 대하여 가지는 권리를 2중으로 행사하지 못하게 함으로써 손해보험의 보상원리의 경제적 의미를 확보하는데 그 목적을 두고 있다.

우리 상법은 이 같은 보험대위를 보험의 목적에 관한 것과 제3자에 관한 것의 두 가지로 규정하고 있지만, 실무적으로는 후자가 그 중심이 되고 있다.

(1) 보험의 목적에 대한 보험대위

보험의 목적이 전손이 된 경우에 잔존물의 가액을 공제하고 보험금을 지급하는 것도 고려할 수 있지만, 상법(제681조)에서는 보험자가 보험금액의 전부를 지급한 때에는 잔존물에 대해 피보험자가 가지고 있는 권리를 취득하는 것으로 규정하고 있다. 이것을 통상 보험의 목적에 대한 보험대위라 하며 잔존물대위(殘存物代位)라고도 한다.

보험자는 보험금액 전부의 지급에 의해 잔존물, 예를 들면 선박 또는 자동차의 잔해, 기계의 파손물에 대한 권리를 취득하고 그 매각에 의하여 보험금의 일부를 회복할 수 있지만, 반면 권리를 취득함으로써 잔존물의 처리에 따른 다액의 비용이 지출되는 경우도 있다. 그래서 화재보험약관 등에서는 그 보험의 목적은 피보험자의 소유에 속한다는 규정을 두고 있고, 또 최근의 주택화재보험약관은 보험자가 보험의 목적을 취득한다는 의사표시를 하지 않는 한, 피보험자의 소유에 속한다는 규정을 두어 보험의 목적에 대한 보험자대위권을 원칙적으로 파기하고 있다.

한편 일부보험의 경우에는 보험자는 보험금액의 보험가액에 대한 비율에 따라 보상할 책임을 지므로 보험자가 보험금액의 전부를 지급하면 보험금액의 보험가액에 대한 비율에 따라 피보험자가 보험의 목적에 대하여 가지는 권리를 취득하게 된다(상법 제681조).

(2) 제3자에 대한 보험대위

피보험자의 손해가 제3자의 행위에 의하여 생긴 경우에 피보험자가 보험금 외에 제3자로부터 손해배상금을 수취한다면 피보험자는 동일의 손해에 대하여 2중의 보상을 받게 되고 손해보험계약의 이득금지의 원칙에 반하게 된다.

한편 피보험자가 보험계약을 체결하고 있다는 이유로 제3자가 그 책임을 면하게 되는 것은 형평의 관념상 부당하다. 그래서 우리나라의 상법(제682조)은 손해가 제3자의 행위에 의해서 발생한 경우에 보험금액을 지급한 보험자는 그 지급한 금액의 한도에서 그 제3자에 대한 보험계약자 또는 피보험자의 권리를 취득한다는 규정을 두고 있다. 이 같은 제3자의 권리에 대한 보험자의 권리를 제3자에 대한 보험자대위이라 하며 구상권대위(求償權代位)라고도 불린다.

한편, 보험자가 보상할 보험금액의 일부를 지급한 때에는 피보험자의 권리를 해하지 않는 범위 내에서만 그 권리를 행사할 수 있다.

제3자에 대한 보험자대위에 관한 상법의 규정은 상술한 바와 같지만 최근의 보험실무에 있어서는 피보험자의 이익보호의 견지에서 피보험자가 보험에 의해서 그 손해의 전부회복을 받을 수 없는 경우에는 전부회복이 이루어질 때까지 피보험자의 청구권을 보험자의 대위권에 우선시키는 경향이 지배적이다.

2. 보험위부

손해보험의 일반원칙에 따르면 피보험자가 보험금을 취득하기 위해서는 피보험자는 보험사고로 인한 손해가 전손이건 분손이건 손해발생의 사실에 대하여 입증하여야 한다. 그러나 때때로 전손의 발생이 거의 확실함에도 불구하고 그 증명이 곤란하거나, 불가능한 경우가 있다. 또 그 증명자체는 곤란하지 않아도 그 증명을 확정하기까지 상당한기간이 요구되는 경우도 있다. 이 같은 경우에 전손을 증명할 수 없기 때문에 보험금이 지불되지 않는다면 피보험자로서는 보험의 목적을 이용할 수 없는 불이익을 당할 뿐만 아니라 보험금도 수령할 수 없기 때문에 경제적으로 매우 불리한 입장에 직면한다.

그래서 피보험자의 이 같은 경제적인 불안정이나 불리한 상태를 가능한 한 신속하게 제거하고 보험관계의 종국적인 해결을 도모하기 위하여, 예를 들어 선박의 행방불명 또는 특정의 경우를 전손으로 간주하고 피보험자에게 보험금전액을 청구할 수 있도록 권한을 부여하는 대신에 피보험자가 보험의 목적에 대하여 가지는 일체의 권리를 보험자에게 이전하는 제도를 보험위부(保險

委付; abandonment)라고 하며 주로 해상보험에서 이용되고 있다.

우리나라의 상법 제710조는 보험위부의 사유로서 다음과 같은 규정을 두고 있다.

① 피보험자가 보험사고로 인하여 자기의 선박 또는 적하의 점유를 상실하여 이를 회복할 가능성이 없거나 회복하기 위한 비용이 회복하였을 때의 가액을 초과하리라고 예상될 경우
② 선박이 보험사고로 인하여 심하게 훼손되어 이를 수선하기 위한 비용이 수선하였을 때의 가액을 초과하리라고 예상될 경우
③ 적하가 보험사고로 인하여 심하게 훼손되어 이를 수선하기 위한 비용과 그 적하를 목적지까지 운송하기 위한 비용과의 합계액이 도착하는 때의 적하의 가액을 초과하리라고 예상될 경우

연습문제

1. 보험계약의 주요당사자를 설명하라.
2. 보험계약의 보조당사자를 설명하라.
3. 보험계약자와 피보험자의 관계를 손 · 생보사 계약으로 나누어서 설명하라.
4. 피보험자와 보험수익자의 관계를 설명하라.
5. 피보험이익의 원칙에 관해 설명하고, 피보험이익의 요건에 관해 설명하라.
6. 보험금액과 보험가액과의 관계를 설명하라.
7. 중복보험과 초과보험, 일부보험을 설명하고 어떠한 경우에 일부보험이 되는지 설명하라.
8. 피보험자의 고지의무의 내용과 그 필요성에 관하여 설명하라.
9. 피보험자의 고지의무에서 중요한 사항은 무엇을 의미하는가.
10. 피보험이익과 보험의 목적을 구별 설명하라.
11. 보험증권과 보험약관에 관하여 설명하라.
12. 담보위험과 면책위험에 관하여 설명하라.
13. 위험부담의 원칙과 면책의 사유에 관하여 설명하라.
14. 인과관계와 보험기간의 설정에 관하여 설명하라.
15. 손해보상의 원칙과 보험자가 보상하지 않는 직접손해를 설명하라.
16. 실손보상의 원칙과 비례보상의 원칙에 관하여 설명하라.
17. 보험의 목적에 대한 보험대위와 보험위부에 관하여 비교 · 설명하라.
18. 묵시담보의 의미와 그 종류를 설명하라.
19. 고지의무위반의 결과와 담보위반의 결과를 비교 · 설명하라.

제3부 보험경영의 일반원리

제6장 보험기업의 경영

제1절 보험경영의 의의와 특성

1. 보험경영의 의의와 특성

보험사업의 경영은 다른 사업경영과 근본적으로 차이는 없다. 그러나 보험기업은 어떤 우연적 사고에 대비한 경제적 준비를 한다는 목적에 대하여 다수의 보험계약자를 결합하여 보험단체를 구성하고 각 계약자로부터 일정한 보험료를 징수하여 그 기금을 적립·관리·운영하고, 보험사고가 발생한 경우 보험금을 지급하는 업무를 영위하는 사업체라는 의미에서 다른 사업경영에서는 볼 수 없는 아래와 같은 보험사업의 특성을 가지고 있다.

(1) 경영규모의 확대

보험은 기술적으로 대수의 법칙을 기초로 하는 확률계산에 의해서만이 그 목적달성이 가능함으로 이 수리적인 기능이 활용되기 위해서는 보험의 기능은 그 성립초기부터 상당한 규모일 것이 요구된다. 계약고의 증대, 다시 말해 보험계약자의 수가 많으면 많을수록 대수의 법칙은 정확하게 작용하고 이를 통하여 경영의 안정은 물론 경비절감의 효과도 기대할 수 있기 때문에 끊임없이 신계약을 대량으로 획득하고 보유계약고의 증대를 도모하는 것이 필요하다.

(2) 자기자본을 많이 필요로 하지 않는 사업

보험사업은 다른 사업과는 달리 유형의 상품을 생산·판매하는 사업이 아니기 때문에 기계나 공장 등을 설비하기 위한 생산자본이나 원자재를 구입하거나 그것을 보관・수송하기 위한 유동자본과 같은 성질의 자금은 필요로 하지 않는다. 더구나 그 운영에 따른 제 비용은 보험료중의 부가보험료에 의해서 충당되는 것으로 이를 위한 자본도 필요로 하지 않는다. 물론 보험경영에 있어서도 회사의 설립에는 점포 또는 관리에 따른 토지・건물・기물 등의 고정적인 설비나 기타 필요경비를 위한 자금 등은 어느 정도는 필요하지만, 이것도 경영규모의 확대화에 수반하는 타인자본(주로 납입보험료)의 증가에 따라서 그 필요도는 줄어든다. 따라서 보험사업에 있어서의 자본은 주로 장래의 위험변동, 우발적인 이상위험에 대비하기 위한 담보자본의 성질을 벗어나지 못하고 있다.

(3) 금융기관으로서의 성격

보험사업은 은행과 같이 본래적 기능으로서는 금융기관은 아니지만, 각 계약자로부터 일정한 보험료를 징수・적립하고 소정의 보험사고가 발생한 경우에는 일정한 보험금의 지급을 그 업무로 하고 있다. 그 결과 보험료는 장래의 보험금으로 전환되기까지 일시적 유휴자금의 성격을 띠고 보험자의 수중에 축적되는 것이 보통이다.

특히 보험사고의 발생이 계약 후 수 년 또는 수 십 년 후에 발생하는 생명보험에 있어서는 이 같은 예탁축적액은 막대한 금액에 이른다. 그리고 보험자는 이를 단순히 사장・보관하지 않고 안전유리하게 운용하는 방법을 모색하여 보다 많은 이차익(利差益)을 확보하여 보험가입자에게 환원함으로써 보험료의 실질적 부담을 경감하는 등의 투융자의 기회를 가진다. 여기에 보험사업은 보험본래의 보장기능의 수행과정에 수반하여 은행, 신탁과 비등한 독자적인 화폐조작의 금융기관으로서의 성격을 가진다.

(4) 보험사업의 공공성

어떠한 사업이건 다수의 종업원의 생활안정을 보장하고, 생산하는 상품이나 서비스가 대중의 생활유지향상에 크게 이바지한다는 측면에서 볼 때 나름대로 공공성을 가진다고 할 수는 있지만, 보험의 경영을 불특정다수의 가입자로부터 보험료를 징수하고 우연한 사고에 직면하여 가정생활이나 사업활동상

손해를 입은 자에게 일정한 보험금을 지급하는 제도로서 경제상의 보장을 사명으로 하는 사업이고 동시에 수많은 계약자의 보험자산을 관리·운영한다고 하는 기능을 수행하여야 하는 사업이기도 하다.

따라서 그 운영의 잘잘못은 다수의 가입자는 물론 국민경제전반에 미치는 영향도 적지 않다. 특히 같은 보험사업이라도 가입자가 대체로 약자의 입장에 있는 일반대중을 상대로 하는 생명보험사업은 손해보험사업에 비하여 그 공공복지성은 한층 높다고 할 수 있다. 이러한 면을 고려해서 국가는 보험계약자의 이익옹호를 위하여 보험사업에 대하여 여러 가지 감독법규를 두고 있다.

(5) 경영상의 위험이 적은 사업

보험사업 이외의 경영에 있어서는 예를 들어, 국제경제가 쇠퇴하거나 국내수요가 격감한 경우 그 파동은 즉시 재고의 증대 → 가격하락 또는 생산과잉 → 조업단축과 같은 형태로 나타나고 나아가서는 이익률의 저하 혹은 고용의 감소문제로 고민하게 되는 것이 일반적인 추세이다. 그러나 보험사업에 있어서는 본래적 의미에 있어서 생산과 소비의 모순을 사업상의 해결과제로 삼을 필요가 없다.

즉, 수요를 모두 충족시킬 수 없을 정도의 공급부족현상도, 수요의 감소로 처리 곤란한 공급과잉현상도 없으며 수요가 동시에 공급을 본질적으로 구성하기 때문에 보험에는 초과수요나 초과공급 또는 재고로 인한 고민은 생기지 않는다.

물론 보험사업의 초기에는 어느 정도의 계약자수를 확보하기까지는 사업위험이 없는 것은 아니지만 그것이 달성된 이후는 보험사업의 경영상의 위험은 현저하게 감소한다.

(6) 경영입지의 문제가 그다지 중요하지 않은 사업

보험사업은 종이와 건물만 있으면 장소를 가리지 않고 가능하다고 할 만큼 다른 기업과는 달리 노동력의 확보, 판매망의 구축, 원자재구입의 용이성을 이유로 입지선정에 고민할 필요는 없다. 다만 본점 및 지점 등의 소재지를 선정하는 것이 문제가 된다.

본점 및 지점은 소재지를 선정할 때에 고려하여야 할 사항으로 ①가입자가 가장 많이 거주하고 있는 지역 ②교통・통신이 편리한 지역 ③주요 관청이 밀집된 지역 ④산업적 상업적 대도시 등을 들 수 있다. 왜냐 하면 이들 지역은 계약의 획득, 보험료의 징수 및 보험금의 지급업무가 용이하며 보험자산의 투자, 보관, 회수에 유리하기 때문이다.

(7) 인적요소가 극히 중요시되는 사업

보험사업은 판매되어야 할 사업대상이 보험이라는 무형의 상품(서비스)이고 그 판매 또는 생산에는 거액의 기계설비나 공장 등의 물적 요소를 특히 필요로 하지 않는다. 물론 업무처리에 있어서는 많은 서류정리나 정보처리를 위한 기계화가 추진되고는 있지만 아직도 인력에 의존하는 바가 크다.

말할 것도 없이 보험은 일반의 상품과 같이 직접 감각기관에 의한 지각적 혹은 인지적 과정을 통하여 그 가치가 판단되고 선택되어 구매되는 상품이 아니다. 따라서 보험 그 자체의 판매를 보다 효과적으로 촉진시켜 가기 위해서는 무엇보다도 고객이 가지고 있는 보험에 대한 막연한 지식을 명확하게 이해시킬 수 있는 보험판매인의 직접적인 인적판매의 노력이 절실히 요구되고 있다.

(8) 독점성이 강한 사업

현대 경제사회에 있어서 기업의 경영규모 확대화는 전반적 추세이고 보험기업에만 한정되는 것은 아니지만, 보험은 그 기술성과 단체성을 기초로 대규모화하고 또 이 규모를 확대함으로써 예탁축적액을 증대시켜 금융적 지배력을 강화하고 있으며 독점화의 경향이 강한 성격을 가지고 있다. 적어도 우리나라에 있어서는 소수의 보험회사에 의하여 보험시장은 지배되고 있고 그 신설은 국가의 허가를 요하는 만큼 쉽지 않다.

더구나 다른 상품의 매매가격에 비교되는 보험료는 시장의 수요공급의 원칙에 지배됨이 없이 보험자에 의한 일반적인 확률계산에 기인하여 산정되는 독점가격이다. 또 보험거래는 장기지속성을 근간으로 하고 있는 관계상, 가격카르텔에 해당하는 요율협정이나 생산카르텔에 해당하는 조건협정이 맺어지는 사업상의 특성을 가지고 있다.

2. 보험경영의 기술적 원칙

보험경영의 기술적 원칙이란 보험사업의 수지채산성을 보증하는 대수의 법칙이 충분히 작용하고 보험경영의 안정적 운영을 위한 기술적 구조에 기인하는 원칙이라 할 수 있다. 여기에는 기본적으로 다음과 같은 원칙이 있다.

(1) 위험대량의 원칙

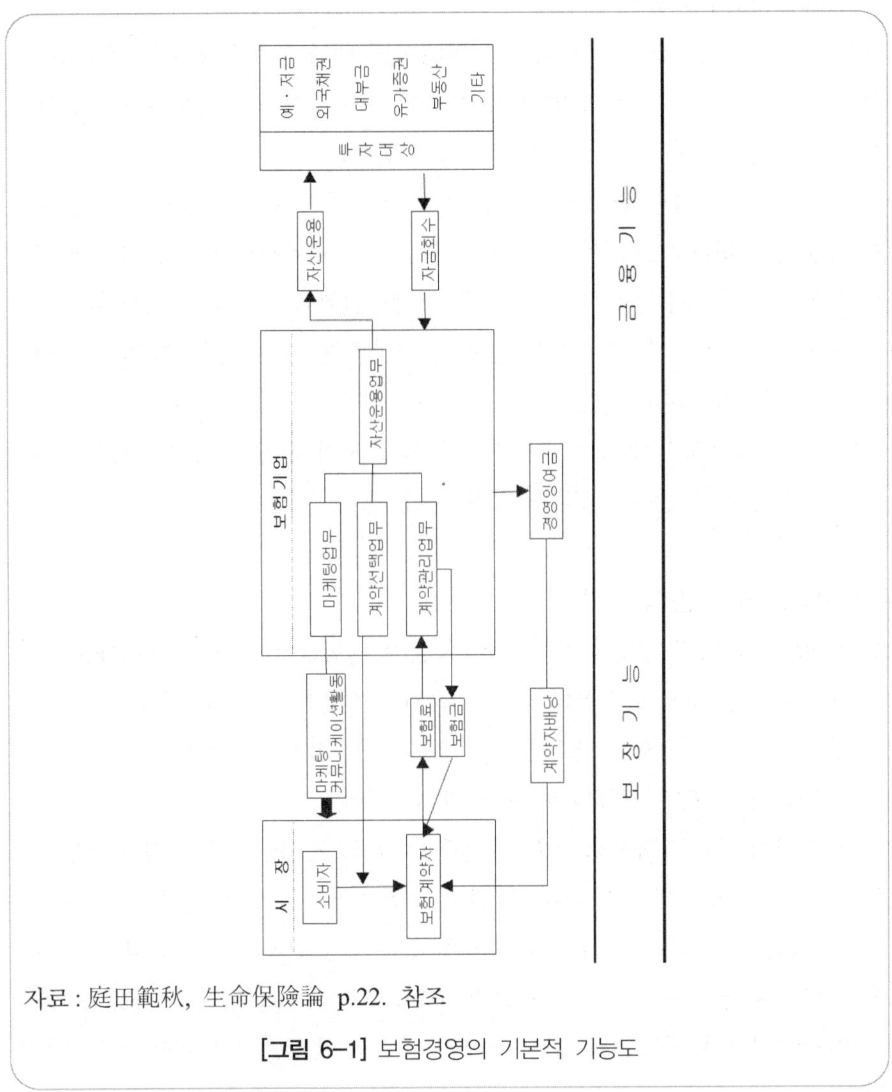

자료 : 庭田範秋, 生命保險論 p.22. 참조

[그림 6-1] 보험경영의 기본적 기능도

보험경영이 합리적으로 이루어지기 위해서는 가능한한 대량의 보험계약(위험)이 획득되어야 한다. 보험이라는 제도는 기술적으로 대수의 법칙을 응용하는 것이기 때문에 그 성립에는 이 대수의 법칙이 충분히 작용할 만큼의 다수의 보험계약을 필요로 한다. 계약고가 증대하면 할수록 대수의 법칙이 더욱 정확하게 작용하여 경영이 안정되기 때문이다. 따라서 대량의 보험계약고를 획득하고 그 증대를 꾀하는 것은 보험경영의 기본적인 전제조건이 된다.

(2) 위험동질성의 원칙

보험경영이 합리적으로 이루어시기 위해서는 대량의 보험계약을 획득하는 것이 필요한 것은 말할 것도 없지만, 개개의 보험자가 직면하는 우연사고의 위험이 가능한 한 동질성을 가지고 있어야 한다.

여기에서 동질성이란 위험의 종류, 정도, 금액 등이 유사한 것을 의미한다. 만약 동질성이 없다면, 대수의 법칙에 기인하는 확률계산이 불가능하게 되기 때문이다. 위험의 동질성을 확보하기 위해서는 위험을 분류하고 위험의 정도를 사정·선택하여 위험의 정도나 금액이 지나치게 높은 것은 그 인수를 거절하는 조치를 강구하고 가능한 한 동질·동액의 위험을 인수하는 보험기술이 필요하다. 이렇게 함으로써 위험의 평균화가 보다 쉽게 달성되고 보험료를 적정하게 산출할 수 있는 효과를 가져 온다.

(3) 위험분산의 원칙

보험사업의 합리적 경영을 위해서는 동질의 위험을 대량으로 확보하는 것이 바람직하지만, 동시에 위험의 집중을 방지하고 위험이 적절하게 분산될 필요가 있다. 즉, 가능한 한 광범위에 걸쳐 위험을 결합함으로써 다수의 위험이 특정지역에 밀집 또는 편중되는 것을 피해야 한다.

만일 특정지역에 밀집하고 있는 위험을 기초로 위험단체를 형성한다면, 1회의 사고발생으로 치명적인 손해를 입고 보험경영을 파탄에 이르게 할 우려가 있기 때문이다. 따라서 사업의 안정을 확보하기 위해서는 위험의 분산에 의해서 위험의 평균화를 추구할 필요가 있다. 일반적으로 평균을 취할 수 없는 고액계약이나 특별위험이 있는 계약을 인수할 때에는 재보험에 가입하는 것은 이 원칙에 따른 것이다.

손해보험이 오늘날과 같이 발전할 수 있었던 배경에는 실로 이 같은 위험 분산수단의 하나인 재보험의 이용에 힘입은 바가 크다.

(4) 투 · 융자 다양화의 원칙

보험사업에 예탁하는 자금은 경영규모가 확대되어짐에 따라 극히 다수의 계약자로부터 보험의 종류에 따라서는 상당히 장기간에 걸쳐 반강제적으로 확실하게 불입되는 보험료가 축적된다. 이것을 안전하고도 유익한 방법으로 운영하기 위해서는 투자의 4원칙인 안전성, 수익성, 환금성, 공공성 등을 배려하면서 각 투자대상 간에 적당하게 안배되는 운영이 준수되어야 한다.

제2절 보험경영의 직능과 조직

1. 보험경영의 직능

보험경영은 생산(판매), 언더라이팅(Underwriting), 통계의 관리와 요율설정(rate-making), 보험금청구처리(claim settlement), 투자와 재무, 회계 및 기타 기록보관 그리고 법률적 조언, 시장조사, 안전기술, 노무관리 등 각종의 업무수행을 그 직능으로 하고 있다. 물론 이들 업무들은 각 보험경영이 취급하는 보험종류, 책임이전의 비율, 이용 가능한 재무자원, 기업규모, 조직형태 등에 따라서 다소간의 차이는 있을 수 있다.

어떠한 기업경영에 있어서도 양호한 조직의 구축은 효율적인 운영을 실현하기 위한 기본적 요소라고 할 수 있으며 보험경영에 있어서도 마찬가지다. 따라서 보험경영의 조직화는 업무처리의 복잡성과 보험소비자에 대하여 양질의 서비스를 제공할 수 있도록 세심한 배려가 요구되고 있다. 보험제도는 오랜 경험을 통하여 만족할 수 있는 경영조직화가 모색되어 왔으며 기술진보에 발맞추어 업무처리의 실현을 위한 새로운 방법의 도입에도 대체로 다른 사업분야에 비해서 신속하고도 효율적 조직화를 추구하는 움직임이 강하게 작용하여 왔다.

보험경영에서는 지역적 및 직능적 조직구성을 기본으로 하고 있다. 다만, [그림 6-2]에서 보는 것은 영국에 있어서의 생·손보 겸영체제를 예시한 것으로, 우리나라의 경우는 보험업법상 겸영금지규정에 의해서 생명보험이나 손해보험 중 어느 하나만을 취급하는 조직체제가 되어 있다.

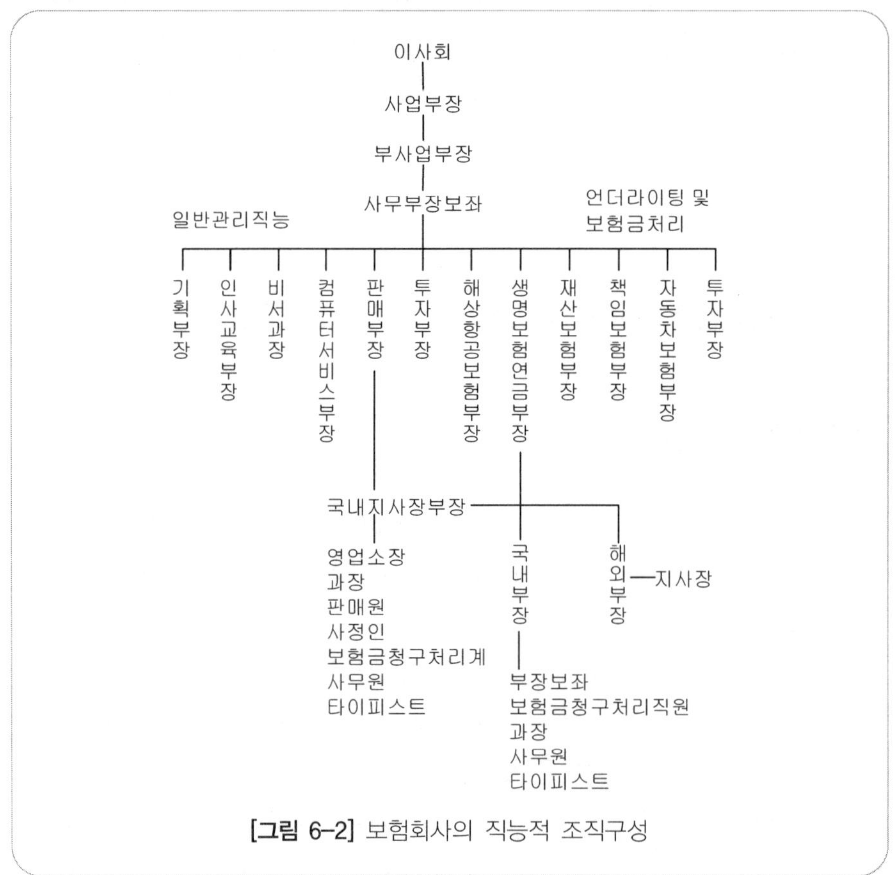

[그림 6-2] 보험회사의 직능적 조직구성

보험기업경영에서는 다른 사업의 기업경영과 마찬가지로 업무집행책임자인 사장 이하, 하위직 계층에 이르기까지 감사, 기획, 총무, 인사, 후생, 경리, 재무 등의 일반관리적 직능부분을 배치하고, 또한 보험사업 특유의 것으로 모집, 계약선택, 보전, 요율설정, 재보험, 안전기술, 손해사정 등의 부문이 설치된다.

보험자산의 투자는 계약자 혹은 주주에의 배당, 보험료의 할인 등에 영향을 미칠 수 있고 보험경제의 합리화를 위한 중요한 위치를 점하고 있으므로 일반 금융기관과 똑같이 중요한 직능을 수행한다.

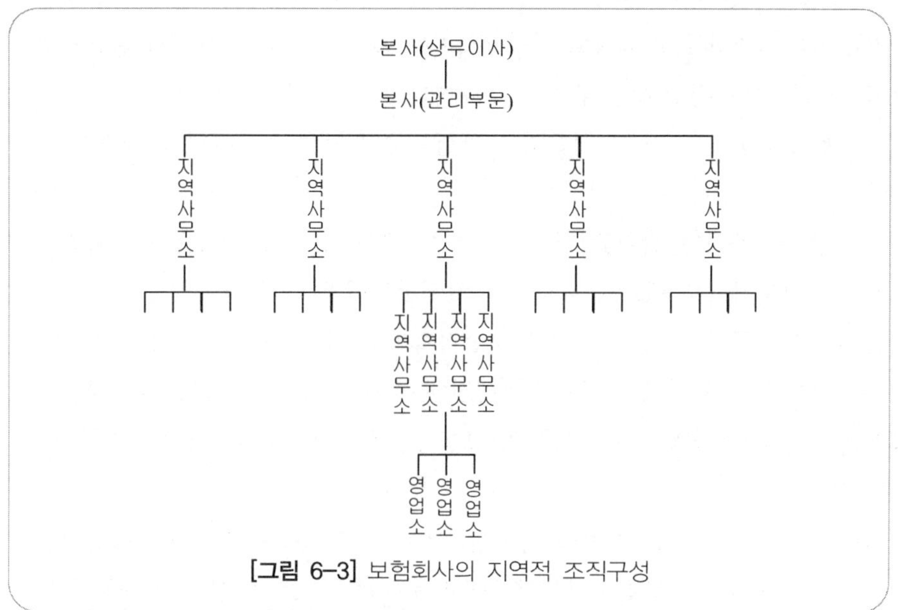

[그림 6-3] 보험회사의 지역적 조직구성

2. 보험경영의 규모와 관리체제

보험사업의 경영조직은 경영규모나 취급하는 보험종류 혹은 경영형태 등에 따라 조금씩 차이가 있다.

먼저 경영규모의 경우, 대규모경영은 위험의 평균화가 쉽고 고액의 위험을 인수할 능력과 금융능력도 강대하여 국민경제 전반에 기여하는 측면을 고려해 볼 때 보험사업으로서 매우 긍정적인 이유도 많지만, 감독행정이나 지휘통제에 지장을 가져올 정도로 규모가 큰 경우에는 경영 그 자체가 독점적인 관료화의 경향으로 흐르기 쉽고, 보험가입자와의 의사소통이 잘 이루어지지 않는 단점도 있다.

한편 중규모경영은 위험인수능력이 다소 떨어지지만, 지휘기관이 보험가입자와 근접해 있기 때문에 보험자와 보험가입자의 관계가 밀접한 경영적 활동을 행할 수 있다.

더욱이 소규모경영에서는 위험의 분산평균에 약간의 문제가 있지만, 가입자와의 관계가 긴밀하고 상호감독에 의해서 주관적 위험을 억제할 수 있는 점 등은 대규모 경영에서 기대할 수 없었던 이점이라고 할 수 있다. 따라서 보험경영규모의 확대화라고 하여도 적정규모라는 것이 존재하고 반드시 대규모경영이 중소규모의 경영보다 무조건 우월하다고는 할 수 없다.

다음에 보험종류의 경우, 취급하는 보험부문이 단수냐 복수냐에 따라서 다르다.

보험사업은 특정의 위험을 대상으로 하는 것이다. 따라서 취급하는 위험에 고유하는 전문지식을 필요로 한다는 사고에서부터 하나의 보험회사가 다수의 보험종류를 취급하는 것은 자칫 전문성결핍으로 인한 경쟁력 약화의 원인이 될 수 있다. 그러나 현재는 보험감독행정에 의해서 제한되지 않는 한, 대규모경영은 물론 중소경영에서도 복수의 보험종류를 동시에 취급하고 있는 것이 보통이다.

이것은 보험경영의 총 경비를 거래대상의 보험부문으로 분할하고 직접가입자와 접촉・교섭하는 모집조직을 집약적으로 이용함으로써 한 보험종류당 필요원가를 낮추는 것 외에, 어떤 종류의 위험으로 손실을 본 경우에도 다른 종류의 보험이익으로 위험의 평균화가 가능하다는 이유 때문이다.

우리나라에서는 보험사업의 공공성에 비추어 전업주의가 요구되고 다른 사업과의 겸업은 물론 생명보험과 손해보험의 겸영도 금지되고 있다.

일반적으로 손해보험사업에서는 위험의 변경이나 보험사고발생의 경우에 신속한 해결을 필요로 하기 때문에 조직방법으로서는 계약의 인수, 사정, 보험금의 지급에 이르기까지 일련의 업무활동을 지점에 위임하는 분권관리를 취하고 있다.

이에 반하여, 생명보험이나 연금보험사업에서는 그 성격상 위험의 변경이나 보험사고발생의 경우의 업무결정권을 모집하부기간에 위임할 수 없다는 것과 자금의 운영을 신속하고 집중화할 필요가 있기 때문에 보험모집 이외의 모든 업무는 본점을 중심으로 한 집권관리가 취해지고 있다.

(1) 집권관리

집권관리(集權管理; centralization)란 모든 실질상의 권한과 중요한 업무가 본사에 집중하고 지점은 단순히 판매거점으로서만 기능하는 것을 의미한다. 집권관리하에서는 모든 보험인수상의 결정, 보험증권의 작성, 인쇄, 문구조달, 경리, 갱신 및 보험금청구처리업무는 본사에서 처리된다. 따라서 지점은 그 지위가 낮아지고 하위의 직원에 의해서 유지 가능하다.

[표 6-1] 집권관리의 장 · 단점

구분	내용
장점	① 모든 기술적인 숙련자 및 전문담당자가 한곳에 모여 있기 때문에 소수로 인원으로도 주요업무의 처리가 가능하므로 급여보수의 절감이 가능함. ② 모든 문제를 처리하는 데 있어서, 본사사원은 기술적인 능력 및 경험이 지점인력에 비해 우수함. ③ 고가의 기계(예를 들면, 데이터처리를 위한 전산기)의 풀 사용 및 문구류나 인쇄의 대량구입이나 대량작성을 통하여 일반관리비의 대폭 절감 가능함. ④ 지점은 정형적인 직무(routine work)로부터 해방되어 신규계약의 획득에 집중가능. ⑤ 업무운영이 완전히 통일되고 결정에 대하여 지점과 본사간 의견의 대립이 없음.
단점	① 본사가 물가가 비싼 지역에 있을 경우, 사무소 경비 및 인건비의 부담이 증대함. ② 분산되어 있는 경우에 비하여 사원의 퇴직보충이 쉽지 않고, 결근자에 의한 업무운영상의 장해도 예상됨. ③ 지점의 사원은 자신들이 처한 지위나 직무와의 관련이 미미하기 때문에 의욕적인 업무추진의 애착이 없음. ④ 근대적인 통신방법이 아무리 설비되어 있더라도 시간적인 지연은 피할 수 없으므로, 이로 인하여 일반고객 및 지점사원의 불만이 야기될 수 있음. ⑤ 회사경영자는 일반고객과 직접 접촉하지 않고 결과적으로 지방의 정세나 욕구에 대한 인식이 결여될 수 있음. ⑥ 권한이 비교적 소수의 개인에게 집중되어 있으므로 사원전체에 있어서 승진의 기대감이 상실될 수 있음.

(2) 분권관리

분권관리(分權管理; decentralisation)는 회사의 각 지점은 실질상의 자치권(autonomy)를 가지며, 모든 결정, 증권작성 등 주요업무가 각 지역에서 행해지고, 본사는 단순히 일반적인 원칙에 관한 사항에 대해서 통제할 뿐이다. 분권제는 지점의 지위가 상대적으로 높은 것을 의미한다.

[표 6-2] 분권관리의 장 · 단점

장점	① 지점사원에 의한 참여의식의 증대는 직무에 대한 의욕적인 업무추진의 동기가 강함. ② 지점의 문제와 상황은 지점사원에 의해서 가장 잘 인식되고 이해됨. ③ 지점자체에서 의사결정을 할 수 있다는 점에서 신속한 서비스가 제공될 수 있음. ④ 보다 많은 사원이 경험을 쌓고 결과적으로 보충, 교체 및 승진이 훨씬 쉬워짐. ⑤ 지점간의 건전한 경쟁을 촉진할 수 있음.
단점	① 독립의식이 지나치게 강하여 본사를 적으로 간주하는 경우가 발생할 수 있음. ② 숙련자나 경험을 쌓은 사원의 배치가 어렵고 그 사원에게 있어서 고도의 직무가 충분히 주어질 수 없는 경우가 있음. ③ 지점이 정형적인 직무에 바쁜 나머지 주요한 결정이 자칫 간과될 수도 있음. ④ 지점에 따라 업무추진방법이 달라 업무 및 비용의 중복발생과 통계관리의 오류가 발생할 수 있음. ⑤ 대량구입, 대량처리 등 절약효과가 상실됨.

(3) 지역별조직

보험사업자는 현실에 있어 상술의 극단적인 관리체제를 피하고 중간위치의 조직구조를 선택하고 있다. 일부의 보험사업자에 의해서 취해지고 있는 일종의 중간수비위치(中間守備位置; half-way position)는 지역별조직(地域別組織; regional or zonal organization)이다. 이것은 집권관리와 분권관리의 양극단의 체제가 가지고 있는 장단점을 보완한 형태로 주요지점이 보험인수업무, 계약서작성, 보험금청구처리를 본사로부터 인수하여 직접관리하는 집권 · 분권 절충제체라고 할 수 있다.

지역별조직은 전국이 몇 개의 지역으로 분할되어 주요지점의 관리하에 통제된다. 지역지점(regional office)은 일종의 준본사(sub-head office)이고, 관리통제와 권한의 광범한 지배력을 가지고 있다. 이 같은 조직체제하에서는 본사는 전반적인 관리통제를 맡고 회사의 기본적인 보험인수방침의 지도를 행한다. 따라서 고가의 기계사용이 정당화될 수 있고 이 때문에 대량생산이 요구되는 경리나 인쇄와 같은 업무가 주로 맡겨진다.

그러나 최근에는 기술혁신에 수반하여 역행현상도 보여지고 있다. 예를 들면, 노무비의 절감, 계수관리의 정밀화·신속화, 정보처리의 합리화 등에 유효한 컴퓨터의 이용, Teleprinter, VDUs(visual display units) 등을 설치하며 지역관리사무소와 본사를 연결하고 집권관리가 용이해짐에 따라 하위관리소의 폐쇄나 주요지점으로부터 경상업무에 관한 권한을 축소하는 등의 조치가 취해지고 있다.

3. 보험경영의 경쟁과 협동

보험사업이 가지고 있는 여러 특성들을 고려해볼 때, 정부의 규제 또는 자기규제가 충분히 작용하지 않을 경우, 보험경영은 자칫 경직된 시장경쟁에 휘말리기 쉽다. 물론 보험요율, 계약조건 혹은 피보험자에 대한 서비스에 있어서 어느 정도의 경쟁은 오히려 소비자에게 이익을 가져다주는 경우도 있지만, 제한 없는 경쟁은 약소보험회사의 도산을 초래하고 나아가 보험회사 및 보험제도 전체에 대한 대중의 불신감을 조장할 뿐이다. 또한 보험대리점이나 보험중개사에 대한 과도한 수수료는 보험원가를 증대시켜 보험경영과 사회경제 일반에 비경제적인 결과를 초래할 수도 있다. 결과적으로 보험계약자 혹은 피보험자는 이로 인하여 불이익을 입게 되는 것은 자명한 일이다.

보험업계는 보험업법을 통한 엄격한 감독체제하에 있지만, 최근 협동조합을 통한 각종 공제, 우체국을 통한 간이보험 등 보험업법하의 보험제도 외곽으로부터의 공세가 강화되고, 보험산업의 국제개방과 함께 외국보험회사의 참여가 가속화되면서 보험시장의 경쟁이 더욱 치열해지고 있다. 여기에 보험업계에 대한 효율적 경영을 촉구하는 목소리가 높아지고 있고 보험시장의 지나친 경쟁에 의한 폐해에 대처할 수 있는 제도기반에 대한 재검토의 필요성이 대두되고 있다. 이같이 보험시장의 경쟁을 적정하게 통제하는 것은 중요하지만, 이를 위해서는 보험업계의 자율적 협조를 통하여 자기규제의 규칙이 확립되고 적정한 경쟁을 통하여 이익을 얻으려는 노력이 정착되어야 할 것이다.

보험시장의 경쟁을 적정하게 유지하기 위한 업계전체의 협조는 중요한 의의를 가진다. 보험사업은 사고의 발생이나 손해의 강도에 관한 개연성의 파악을 기술적 기초로 하고 있고, 보험사고에 관한 통계관리를 통하여 혹은 동질위험에 대한 대량의 계약을 확보하고 지역적 분산을 꾀함으로써 안정적 경영의 실현을 기대할 수 있다.

따라서 보험통계를 관리하고 보험요율의 설정이나 보험증권의 표준화에 대하여 업계전체가 연구하고 적정기준을 작성하는 것은 과잉경쟁을 피하면서 충분한 내용의 보장용역을 제공하는데 있어서 유효하다.

뿐만 아니라 손해방지, 손해사정, 공공관계, 행정조치에의 대응, 연구조사, 교육훈련 등에 대해서도 개개의 보험경영주체에 의해서 수행되기보다는 업계전체의 협동에 의한 경우가 보다 커다란 경제적, 효율적 활동을 기대할 수 있을 것이다. 또 거대위험이나 집적위험 혹은 통계기초가 불안정한 위험에 대한 자동재보험기구나 공동보험기구의 설치도 보험업계 협동의 좋은 예라고 할 수 있다.

우리나라에서는 손해보험협회, 생명보험협회, 보험요율산정위원회, 각종 보험 Pool 등이 설치되어 있고, 이들의 활동을 통하여 보험업계 혹은 보험산업의 건전한 발전을 꾀하고 보험계약자 및 피보험자의 보호는 물론 일반경제사회의 기대에도 부응할 수 있도록 업계의 다양한 협동시책이 강구되고 있다.

4. 보험기업의 조직형태

보험기업의 조직형태는 경영주체를 기준으로 민영보험과 국영보험으로 나눌 수 있고, 또 경영동기를 기준으로 영리보험과 비영리보험으로 분류할 수 있다.

물론 국가에 따라서는 다소간의 차이는 있을 수 있다. 여기에서는 경영주체를 기준으로 민영보험과 국영보험으로 분류하고 나아가서 민영보험을 개인조직과 회사조직으로, 국영보험을 직접국영보험과 간접국영보험으로 나누어 순차적으로 각 경영형태에 관한 특징을 고찰하여 보기로 하자.

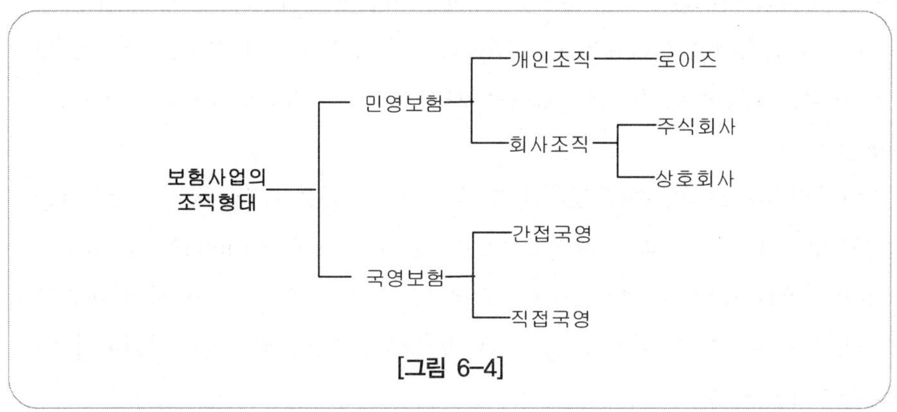

[그림 6-4]

(1) 민영보험

민영보험(private insurance)이란 개인, 조합, 회사 등 자연인(自然人) 혹은 사법인(私法人)이 경영주체가 되어 보험사업을 경영하는 경우를 말한다.

1) 개인보험업자

개인보험업자란 자연인이 타인과 경합함이 없이 단독으로 자기의 기업을 영위하는 것으로 보통 소유와 경영이 동일인에게 지배되어 있는 것을 말한다. 이 형태에 속하는 것은 Lloyd's of London이 있다.

로이즈에 대해 자세히 살펴보면 다음과 같다.

가. 로이즈의 구성원

로이즈는 다음의 네 가지 종류의 회원으로 구성되어 있다.

ⓐ 영업회원(underwriting members)

ⓑ 비영업회원(non-underwriting members)

ⓒ 연회비거출회원(annual subscribers)

ⓓ 준회원(associates)

이 중 보험을 인수할 수 있는 것은 영업회원뿐이다. 영업회원은 로이즈에 있어서 보험경영의 주체로서 그 대부분이 네임(Names)으로 불리고 있다. 이것은 그들이 보험의 인수업무를 자신이 소속하는 신디케이트(syndicate)의 언더라이터(underwriter)에게 위임하고 자신은 이름뿐인 보험자가 되고 있기 때문이다. 이에 대하여 신디케이트를 대표하여 스스로 보험의 인수를 행함과 동시에 네임을 대신하여 인수를 행하는 보험인수대리인(underwriting agent)도 존재한다.

비영업회원은 보험인수의 당사자가 될 수 없는 점을 제외하고는 모든 권한을 가지고 있다. 이 자격을 가지고 있는 자는 주로 중개사(broker) 및 회사중개사(brokerage firm)의 대표자이다. 그러나 중개사이나 회사중개사의 대표자의 대부분이 비영업회원인 것만은 아니고 경우에 따라서는 영업회원이나 연회비갹출회원도 될 수 있다.

연회비갹출회원은 주로 회사중개사의 대표자 및 그 간부사원 또는 언더라이터로서 연회비(年會費)를 지급하고 룸(Room)에의 출입이 허용되는 자이다. 룸에 출입함으로써 해상정보와 보험정보를 입수할 수 있는 외에 보험계약체결의 중개나 대리를 행할 수 있다. 그러나 어떠한 경우에도 연회비갹출회원은 비영업사원과 마찬가지로 자기 자신을 위하여 보험계약의 인수를 할 수는 없다.

준회원은 보험에 관하여 전문직업적 서비스를 제공받기 위하여 회원이나 연회비갹출회원과 접촉할 필요 때문에 소액의 회비를 지급하고 룸에 출입하는 자이다. 예를 들면, 해손정산인(海損定算人), 손해사정사, 변호사, 회계사 등의 자유직업인이 이에 속한다.

이외에 회원이나 준회원의 사용인으로서 룸에 출입이 로이즈위원회에 의해서 인정되고 있는 대리인(substitutes)이 있다. 이들은 사용주의 대리인으로서 행동하고 그 사용주는 대리인출입료로 소액의 연회비를 지급하여야 한다.

나. 독립책임제와 무한책임제

영업회원은 인수하는 보험의 종류에 따라 각각 신디케이트라 불리는 그룹에 속해 있다. 신디케이트의 수는 1989년 401개에 이르렀으나 이후 경영악화로 인하여 1994년말 현재 179개로 통폐합되었다. 주요한 신디케이트는 해상보험과 비해상보험(non-marine insurance)이지만, 항공보험, 자동차보험, 생명보험의 신디케이트도 있다. 영업회원은 복수의 신디케이트에 가입할 수도 있다. 그리고 각각의 신디케이트는 서로 간에 경쟁관계에 있다고도 할 수 있다. 영업회원은 제각기 개인보험업자로서 신디케이트를 통하여 결합하고 보험인수를 하게 된다.

이 경우 개인보험업자는 보험인수대리인과 개별로 대리계약을 맺음으로 신디케이트에 가입한다. 그리고 업무전반을 그에게 위탁함으로써 자기 자신은 보험증권에 이름만을 빌려주는 네임이 된다. 그러나 그들 신디케이트에 있어서의 분담비율은 미리 정해져 있고 각 멤버는 자기책임부분에 대해서만 독립하여 무한의 책임을 진다.

다. 중개사의 활동

로이즈에서의 보험계약은 보험신청인이 직접 보험인수대리인과 거래를 하는 것이 아니고 신디케이트에 의해 인수되어진다. 로이즈중개사의 기능은 ⓐ 보험계약의 체결, ⓑ 보험증권의 발행, ⓒ 클레임(claim)의 처리, ⓓ 기타 등이지만 중개사의 법적 성격은 보험계약자의 대리이지 로이즈보험자의 대리는 아니다.

보험계약의 위탁을 받은 중개사는 슬립(slip : 보험자에게 제시하기 위하여 위험의 명세를 기입한 쪽지)을 작성하고 룸으로 들어간다. 그리고 적당하다고 여겨지는 보험인수대리인에게 슬립을 제시하고 인수조건 및 요율에 대하여 교섭한다. 그런데 교섭이 성립하더라도 대부분의 경우 충분한 보험금액을 완전히 확보할 수 없으므로 중개사는 잔액의 인수를 받아줄 다른 보험인수대리인을 방문하고 똑같은 교섭을 행한다.

이 경우 최초로 계약을 인수한 보험인수대리인은 리더(leader)라 칭한다. 그리고 두 번째 이후의 보험인수대리인은 리더가 결정한 인수조건 등을 답습하는 것이 관례가 되고 있다. 따라서 누구를 리더로 선택하느냐가 중개사의 중요한 임무가 되고 있다.

다음에 보험금액의 전액이 인수되면 소정의 수속을 마친 후 중개사는 보험증권을 보험신청인에게 교부한다. 그리고 수수료와 함께 보험료를 징수하고 보험료를 보험인수대리인에게 인도한다. 인수된 계약금액은 이미 언급한 바와 같이 신디케이트의 멤버인 네임에게 자동적으로 할당되고 그들은 그 할당액에 대하여 개인적으로 무한의 책임을 지게 된다.

보험인수대리인은 수취한 보험료를 네임에게 직접 전달하지 않고 보험료신탁기금(premium trust fund)에 입금한다. 그리고 보험금지급의 경우에 보험인수대리인이 이 기금으로부터 인출하고 중개사를 통하여 피보험자(혹은 보험수익자)에게 지급하고 있다.

보험사고가 발생한 경우에는 보험계약자는 먼저 중개사에게 통지하고 중개사는 최초에 리더가 된 보험인수대리인에 대하여 보험금의 청구를 행한다. 리더는 세심하게 심사한 후에 이상이 없으면 자기부담에 대한 지급을 승인한다. 마찬가지로 제2, 제3의 보험인수대리인에 대하여도 청구를 행하고 이상유무의 확인 후에 보험금의 지급을 승인한다. 이같이 3인의 보험인수대리인이 지급을 승인하며 그 이후의 보험인수대리인은 더 이상 심사를 하지 않는 것이 보통이다.

이 때 보험사고가 비교적 간단하고 금액이 작을 때는 중개사가 필요서류를 작성하지만, 금액이 큰 분손, 전손, 공동해손의 경우나 보험자의 책임이 불분명한 경우에는 로이즈내부기관의 기술적 원조를 이용한다. 즉, 세계 주요항에 존재하는 로이즈대리점에 클레임처리를 의뢰하거나, 해손정산인이나 손해사정사 등의 전문적 직업인을 이용하기도 한다.

2) 회사조직

회사조직이란 회사가 경영주체가 되어서 보험사업을 영위하는 형태이다. 보험사업을 경영하는 회사에는 주식회사, 상호회사, 합자회사, 합명회사 등 여러 가지 회사형태가 존재하지만 그 중 가장 대표적인 경영형태라고 한다면 보험주식회사와 보험상호회사를 들 수 있다. 우리나라 현행법에서는 사영보험사업은 물적 신용을 기초로 하는 주식회사와, 상호보험을 대규모로 실현할 수 있는 회사조직인 상호회사가 아니면 보험사업의 경영이 법률상 금지되고 있다.

가. 보험주식회사

보험주식회사(保險株式會社)는 주주의 출자에 의하여 설립된 영리목적의 기업으로 일반의 주식회사와 별다른 차이가 없다. 다수의 주주는 자본단체를 구성하고 보험사업을 영위하는 것이다.

환언하면 보험주식회사는 보험사업의 경영자로서의 자격을 가지고 널리 보험가입자를 모집하거나 가입자로부터 징수하는 보험료의 수입으로 사업을 경영하고 가능한 한 사업수익을 획득하여 주주에게 배당하려는 보험회사이다. 다만, 일반의 주식회사와 차이가 있다면 보험사업은 타사업과는 달리 사회공공의 이익과 중대한 관련을 가지고 있으므로, 보험사업을 영위하는 주식회사에 대하여는 주식회사에 관한 상법 일반의 규정 이외에 보험업법 및 동 시행규칙 등에 특별조항을 두어 그 사업활동을 엄중히 감독하고 있다. 예를 들면, 자본금의 액수, 사업범위, 상호, 합병, 해산의 사유, 자산의 이용방법 등에 대하여 직접적인 감독을 받는다.

주식회사의 형태로서 보험을 경영하면, 많은 액수의 자본금축적, 기업경영에 따른 위험의 분산과 주주의 유한책임, 경영의 합리화를 통한 경영비용의 절약 등의 장점이 있는 반면, 이윤의 분배가 무제한이라는 단점도 있다.

오늘날 보험주식회사는 점차 대규모화하고 이해관계자집단이 증가함에 따라 사회의 공기로서 그 사회적 책임이 날로 강조되고 있다. 그럼에도 불구하고 현실적으로는 계약획득을 위한 보험회사간의 격렬한 경쟁으로 인하여 계약자 또는 사회일반의 이익을 위해서보다는 시장지배의 확대와 이윤증대의 추구가 주된 경영목적이 되어가고 있는 듯하다.

나. 보험상호회사

보험상호회사(保険相互會社)는 보험업법이라는 특별규정을 토대로 하여 사적인 권리능력이 특별히 보험사업에 대해서만 인정된 특수한 회사조직이다. 즉, 보험가입을 희망하는 자들이 결합하여 비영리적 입장에서 자주적으로 보험단체를 조직하고 동시에 회사의 조직자로서 스스로 회사를 경영하는 특수한 형태를 취하는 조직이다.

즉, 보험에 가입함으로써 보험 계약자가 됨과 동시에 회사의 구성원(사원)으로서 회사의 운영에 참가하는 자격을 가지게 된다.

이같이 보험상호회사는 제3자인 보험자의 매개를 배제하여 영리를 목적으로 하지 않고 보험을 이용하려는 자가 결합하여 자주적으로 보험단체를 구성하고 그 사업경영에 참여하는 조직임으로 그 법률상의 성격은 민법상의 영리법인도 또한 사회일반의 복지를 목적으로 하는 공익법인도 아니기 때문에 공제조합 또는 협동조합 등과 같은 일종의 중성적인 성격의 사단법인(社團法人)으로 해석되고 있는 것이 일반적이다.

보험상호회사는 지리적 기준에서 설립되거나 어떤 종류의 기업위험을 전가하기 위한 동업자의 집합이라는 기준에서 설립된 상호조합과는 조직형성의 방법과 경영기술면에 있어서 다소간 차이가 있다.

즉, 보험상호회사는 실질상 주식회사와 큰 차이 없이 널리 일반대중을 조직 구성원으로 하는 대규모적인 조직을 가짐과 동시에 그 구성원 상호간에는 보험을 떠나서는 아무런 인적 관계가 존재하지 않는데 반하여, 상호조합의 경우에는 지역적 또는 직업적으로 제한된 소규모적인 조직으로 조직형성 이전에 이미 어떤 인적 관계가 존재하고 있는 자를 구성원으로 하고 있다.

다. 보험주식회사와 보험상호회사의 법적 차이

① **회사의 구성원 및 보험관계** — 주식회사는 주주에 의해서 구성되고 상호회사는 보험계약자(사원)에 의해서 구성된다.
주식회사의 주주는 반드시 보험계약자이어야 할 필요는 없다. 또 주식회사에 있어서는 보험계약에 의하여 보험관계가 발생하는데 대하여 상호회사에 있어서는 보험관계와 사원관계가 동시에 발생하게 된다.

② **회사의 의사결정기관** — 의사결정에 관한 최고의 기관은 주식회사에 있어서는 주주총회이고 상호회사에 있어서는 사원 총회이다. 다만 양자 모두 현실의 업무집행권한은 총회의 의결에 따라 선임된 이사회에 위임하고 있다. 또 감사역도 총회에서 선임된다. 이들 임원은 주식회사에 있어서는 주주이어야 하지만, 상호회사의 경우에는 반드시 계약자(사원)가 아니라도 상관하지 않는다.

③ **책임, 손익 등의 귀속** — 사업경영에 있어서 수반되는 모든 책임, 손익 등은 주식회사에 있어서는 주주에게, 상호회사에 있어서는 계약자에게 귀속된다.

④ **사업자금** — 주식회사에 있어서는 주주가 출자하는 자본금이 사업자금이 된다. 이에 반하여 상호회사에서는 회사의 채권자인 기금갹출자의 기금에 의하여 사업이 영위된다. 그러나 사업이 궤도에 오르면 이 기금은 상각되고 그 대신에 동일금액을 적립하게 되어 있다. 그리고 기금이 전부 상각된 경우에는 외부부채가 없는 순수한 상호회사로 탈바꿈한다. 상호회사의 기금은 사업과 함께 존속하는 주식자금과는 그 성질이 다르다.

⑤ **사업경영상의 책임** — 사업경영상의 모든 책임은 주식회사에 있어서는 주주가, 상호회사에 있어서는 사원이 부담한다.

[표 6-3] 보험주식회사와 보험상호회사의 차이

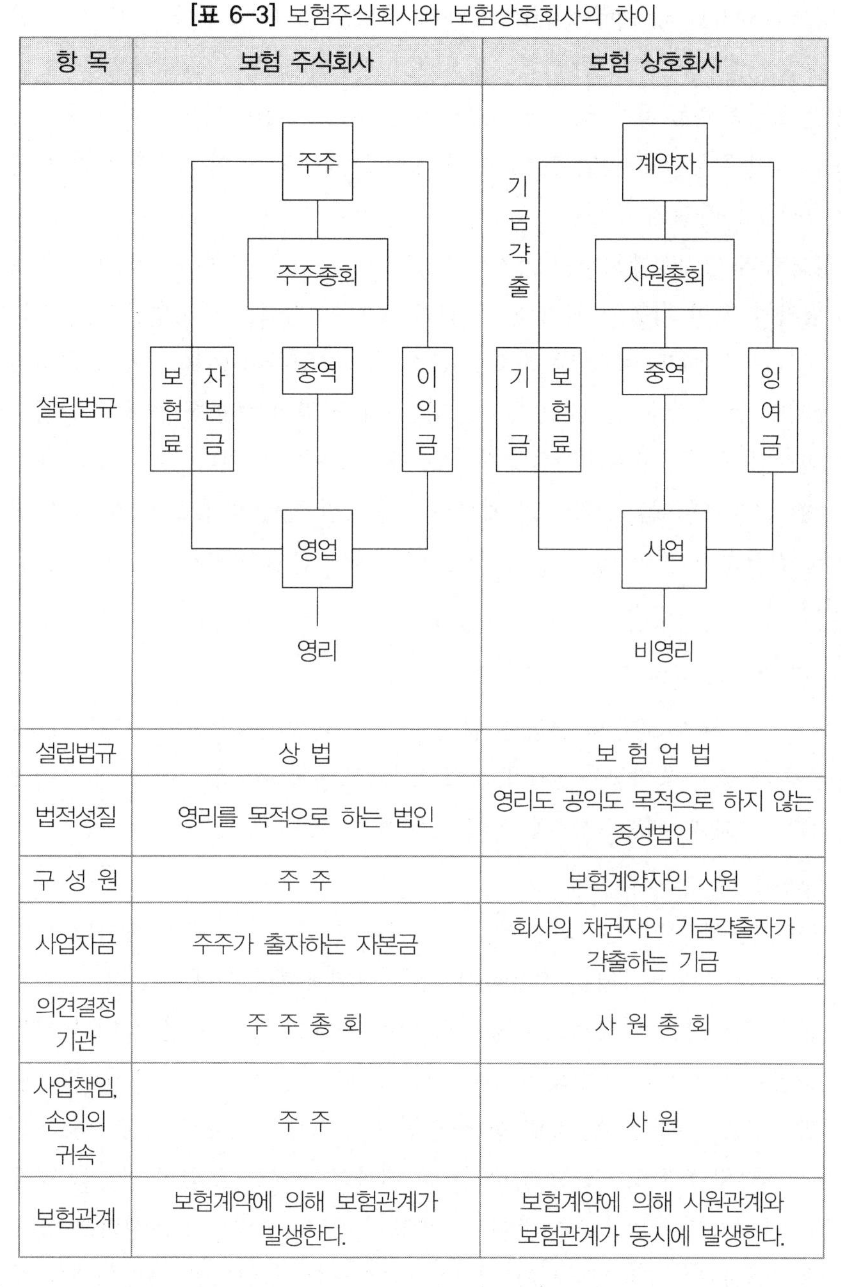

항 목	보험 주식회사	보험 상호회사
설립법규	주주 주주총회 보험료 자본금 중역 이익금 영업 영리	계약자 기금갹출 사원총회 기금 보험료 중역 잉여금 사업 비영리
설립법규	상 법	보 험 업 법
법적성질	영리를 목적으로 하는 법인	영리도 공익도 목적으로 하지 않는 중성법인
구 성 원	주 주	보험계약자인 사원
사업자금	주주가 출자하는 자본금	회사의 채권자인 기금갹출자가 갹출하는 기금
의견결정 기관	주 주 총 회	사 원 총 회
사업책임, 손익의 귀속	주 주	사 원
보험관계	보험계약에 의해 보험관계가 발생한다.	보험계약에 의해 사원관계와 보험관계가 동시에 발생한다.

(2) 국영보험

국영보험(public enterprise insurance)이란 공법인, 즉 국가 또는 지방공공단체가 경영주체가 되어 보험사업을 경영하는 경우를 말한다. 그러나 반드시 국가 또는 공공기관을 통하여 보험을 경영하는 것은 아니며 경우에 따라서는 국가 또는 지방공공단체가 법령으로 보험조직을 정하고 공법상의 단체인 보험조합 등에 그 사업의 경영을 대리시키는 경우도 있다.

국영보험의 사업형태로서는 국가가 법률로서 조직을 정해두고 국가 스스로가 보험자가 되어 각종의 국가행정기관을 통하여 직접 보험사업을 경영하는 「직접국영」과 국가가 조직 및 제도를 법령으로 규정하고 이를 근거로 설지된 법인공기업이나 보험조합 혹은 공제조합 기타 민영의 보험회사 등에 간접으로 보험사업을 경영하는 「간접국영」 두 가지를 들 수 있다.

이러한 국영보험에는, 사회보험에서는 고용보험, 산업재해보상보험, 국민연금보험, 건강보험 등이 있고 경제정책보험에서는 산림화재보험, 수출보험 등이 있다.

1) 보험국영의 근거

오늘날 대부분의 보험은 민영을 원칙으로 그 성립 및 발전을 꾀하여 왔다. 그런데 국가 또는 지방공공단체가 직접간접으로 보험사업의 경영에 착수하게 된 이유는 도대체 어떤 근거에 의해서 일까.

가. 보험국영의 정책적 근거

① **사회정책적 근거** — 사회정책상의 목적을 실현하기 위하여 보험의 원리와 기술을 응용하려는 경우로서 각종 사회보험이 이에 속한다. 사회보험은 근로자를 대상으로 출발하였지만, 현재는 전 국민을 상대로 하는 광범위한 체계가 확립되어 있다. 사회보험의 운영을 통하여 국가는 질병, 사망, 상해, 노령, 실업 등에 의하여 발생하는 생활의 빈곤으로부터 국민을 구제하려고 하고 있다. 이를 위하여 국가는 보험의 가입을 강제하거나 일부 국비를 투입하여 그 경영 및 급부의 비용을 조성하고 있다. 국민연금보험, 근로자재해보상보험, 건강보험, 실업보상보험, 및 자동차손해배상책임보험 등이 이에 속한다.

② **경제정책적 근거** — 특수한 산업을 보호육성하고 국민생활의 안정유지를 꾀하기 위하여 보험의 원리기술을 응용하려는 경우이다. 예를 들면, 국가가 무역진흥정책의 일환으로 실시하고 있는 수출보험 혹은 농업정책 또는 수산정책으로 실시하는 농업보험, 어선보험 등이 좋은 예가 된다.

③ **재정정책적 근거** — 국가가 재원을 조달하기 위한 수단으로 보험사업을 실시하는 경우로서 보험종류의 전부 또는 일부를 독점하고 영리적으로 운영하는 것이다. 재정적 궁핍의 구제책으로서 실시된 프랑스의 「돈틴 연금제도(Tontine Annuity System)」가 이에 해당한다.

2) 국영보험의 찬 · 반론

국영보험의 찬 · 반론은 [표 6-4]와 같다.

[표 6-4] 국영보험의 찬 · 반론

찬성론	① 정부에 대한 보고서 작성 및 제출에 따른 많은 경비부담을 피할 수 있다. ② 보험사업은 국민경제상 극히 공공복지적 색채가 강한 사업이다. 따라서 국영보험이 적당하며 민영보험에 비하여 경영의 기초가 견실하다. ③ 국영보험의 경우에는 기존의 행정기관이나 시설을 이용할 수 있으므로 보험의 보급에 유리하다. ④ 국영보험은 단일경영에 의해 경영이 극도로 합리화됨으로써 동업자간의 부당한 경쟁이 배제되고 공정한 영업이 가능하다. 또한 민영보험에서의 감독의 곤란을 제거할 수 있다. ⑤ 보험사업의 경영기초가 충분히 갖추어져 있지 않은 경우에도 국가의 거대한 재력과 신용을 담보로 보험사업을 안전하게 경영할 수 있다. ⑥ 단기간에 다수의 가입자를 획득할 수 있음으로 합리적인 위험의 분산이 가능하다. ⑦ 국영보험의 규모가 각종의 재해방지 또는 경감에 유리하다. ⑧ 국영보험은 국가의 수입을 증가시키고 막대한 보험자금을 국가의 유효한 사업에 이용할 수 있다. ⑨ 저소득층에도 널리 보험을 보급할 수 있으므로 국가의 사회적 구제비를 절약할 수 있다.
반대	① 보험의 수요는 전기, 수도, 철도 등에 대한 수요와 같이 일반적이지 못하다. ② 민영보험의 경우에는 경영을 위하여 최선의 노력을 다하기 때문에 경비가 절약되고 경영의 합리적인 유지 · 발전을 기대할 수 있다. ③ 국영보험의 경우에는 관료적 폐해가 나타나기 쉽다. 때때로 업무의 경직화로 인한 비능률적인 운영으로 다양화하고 있는 국민생활에 대응하기

론	어렵다. ④ 오늘날 민영보험의 자금력이 막강하기 때문에 국영보험보다도 재해의 방지 · 경감에 불리한 점이 없다. ⑤ 국영보험에서는 보험자산이 국가의 재정 상태에 좌우되고 때때로 보험가입자에게 환원 · 융자되기보다는 다른 목적으로 사용될 염려가 높다. ⑥ 임의가입제의 국영보험에서는 역선택이 일어나기 쉽고 이로 인하여 보험재정의 약화를 초래할 수 있다. ⑦ 방대한 보험자산의 운영에 있어서는 민영보험의 경영자 쪽이 훨씬 기민하고 효율적으로 행동할 수 있다.

5. 재보험

(1) 재보험의 의의

재보험(再保險; reinsurance)이란 원수보험자가 인수한 보험계약상의 책임의 일부 또는 전부를 다른 보험자에게 전가할 목적으로 보험계약을 체결하는 것을 의미하며, 이는 원수보험자가 위험의 분산을 꾀하고 경영을 안정시키려는데 그 목적이 있다. 따라서 원수보험계약과 보험자가 다른 보험자와 맺는 재보험계약은 완전히 독립된 별개의 계약이며, 원수보험의 보험계약자와 재보험자 사이에는 아무런 법률관계도 존재하지 않는다.

재보험에서는 재보험에 부보하는 것을 출재보험(出再保險; ceding insurance), 그 보험자를 원수보험자 또는 출재회사라 하고, 타보험자를 수재회사라 부른다. 보통 한보험자는 이 같은 출재보험과 병행하여 수재보험도 행하고 있다. 그리고 재보험자가 인수한 책임을 또 다른 재보험자에게 전가하는 것을 재재보험(再再保險)이라 한다.

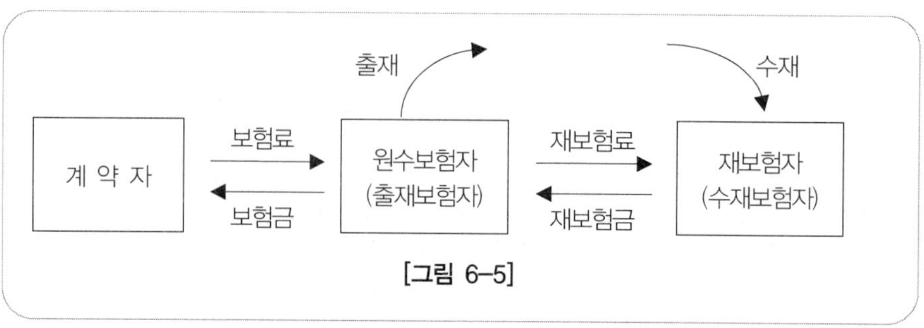

[그림 6-5]

원수보험자가 재보험계약을 할 때, 재보험자에게 재보험료를 지급하여야 하지만 이 재보험료율은 원수보험료율과는 무관하며 원수보험료보다 높거나 낮게 재보험료를 지급하는 것은 원칙적으로 문제가 없다. 그러나 일반적으로는 원수보험과 동률의 재보험료가 지급되고 있다.

그리고 재보험자는 원수보험의 획득에 지출된 경비를 부담하기 위하여 재보험수수료로서 재보험료의 일정비율을 원수보험자에게 지급하는 경우가 많다. 또 재보험특약에 의하여 출재되는 경우, 재보험자는 원수보험자가 원수보험에 대하여 징수한 보험료율에 무조건 따르고 일정이 재보험수수료를 원수보험자에게 지급할 것을 약속하는 것이 보통이다.

그리고 보험사고가 발생하여 계약상의 책임이 각각의 보험자에게 일어날 경우에는 재보험금 또는 재재보험금의 형태로 재재보험자로부터 재보험자에게 그리고 재보험자로부터 원수보험자에게 각각의 계약상의 책임액에 합치하는 보험금이 지급되게 된다. 물론 원수보험자는 피보험자 또는 보험금을 수취할 자에 대하여 원수보험계약상의 책임을 직접적으로 져야하며 재보험자 혹은 재재보험자의 계약상의 책임이행의 유무에도 불구하고 별개의 책임을 져야함은 말할 것도 없다.

따라서 원수보험계약상, 보험자는 실제로 다양한 피보험이익을 담보하게 되지만, 재보험계약 혹은 재보험계약에서 부보되는 보험의 내용은 그 같은 원수보험계약상의 책임이익이라 할 수 있다.

우리나라의 보험업법은 생·손보겸영을 금지하는 규정(제10조)에 단서를 두고 생명보험의 재보험은 생명보험사업자가 영위할 수 있도록 하고 있다. 실무상, 재보험은 주로 거대위험을 대상으로 하는 각종 손해보험에서 많이 이용되고 있다.

(2) 재보험의 형태

1) 임의재보험과 의무재보험

임의재보험(facultative reinsurance)이란 원수보험자가 인수한 개개의 계약에 대하여 위험의 크기를 판단하고 재보험을 필요로 하는 경우에 스스로 보험료, 기타의 계약내용을 자유롭게 결정하고 임의의 수재회사를 선정하여 재보험계약을 체결하는 것을 말한다. 임의재보험은 재보험거래의 기본적인 형태로서 널리 이용되고 있지만, 여기에는 수재회사에 역선택의 문제(재보험자 측의 입장에서 볼 때 우량물건은 원수보험자가 독점하고 불량물건만 재보험되는 것)가 일어날 경향이 있어 수재회사의 지나친 신중한 판단이 재보험기구의 신속하고도 원활한 이용을 저해하기 쉬운 결점이 있다.

이 점을 배려하여 보험자 상호간에 재보험협정을 체결하고 일정한 범위내의 보험계약상의 책임을 의무적으로 출재 또는 수재한다는 특약을 두고 자동적으로 재보험의 기능이 작용하도록 궁리된 재보험형태가 이용되고 있다. 이것을 의무재보험(treaty or automatic reinsurance)이라 부르고 있다.

의무재보험은 원수보험자와 재보험자 양자가 구속되고 있지만 소정의 비율로 재보험이 반드시 인수되고 우량물건, 불량물건의 구별 없이 재보험자에게 제공되어진다.

2) 개별재보험과 특약재보험

개별재보험은 그 대부분이 임의재보험이지만, 당사자간에 어느 정도의 의무를 부과하고 있는 의무재보험도 포함하는 경우도 있다. 특약재보험은 사전에 상세한 규정을 두고 있는 의무재보험이지만 그 중에도 어느 정도 규모가 큰 것이 대상이 되고 있다. 여기에는 몇 가지 종류가 있다.

가. 비례재보험계약

원수보험자가 인수한 계약 중에서 일정비율을 반드시 재보험자가 인수할 의무가 있는 특약이다. 예를 들면, 40%의 비례재보험특약의 경우 보험금액을 1000만원으로 한다면 출재액은 400만원이 된다. 이 방식에 의하면 원수보험자도 재보험자도 항상 일정비율로 동일비율로 동일위험을 부담하기 때문에 재보험자는 원수보험자로부터 불량한 물건만을 인수하게 되는 염려도 없고 또 사무처리의 간소화, 적당한 위험의 분산이 이루어지는 면에서 위험도가 높은 보험부문의 재보험처리에 많이 이용되고 있다.

나. 초과액재보험계약

원수보험자가 미리 개개의 인수보험에 대하여 보유액을 정하여 놓고 그 보유액을 초과하는 액을 보유의 일정배수까지 자동적으로 재보험할 수 있는 방식이다.

예를 들면, 보유액 1,000만원의 보험자가 원수보험금액 1억원의 보험계약을 체결하였다고 한다면 초과액으로서 재보험되는 것은 9,000만원이다. 보유액의 10배까지 재보험이 가능한 초과액재보험특약을 체결하고 있다면, 9000만원은 보유의 10배보다 낮기 때문에 모두 재보험이 가능하다.

그런데 이 재보험에서는 재보험자가 그 보유액의 일정비율 또는 배수로 정하는 방식이 취하여지고 있기 때문에 재보험의 인수액이 초과액을 소화시키기 어려운 경우가 있다. 이 같은 경우에는 원수보험자는 전술의 임의재보험에 의해서 소화하거나 혹은 제2차 초과액재보험특약을 미리 체결하여둠으로써 소화할 수 있다.

다. 초과손해액재보험계약(excess of loss treaty)

원수보험자가 사고에 의하여 지급한 손해액이 특약에 의하여 정해진 일정액 혹은 일정률을 초과한 때에 재보험자가 그 초과손해를 부담하는 재보험이다. 이 재보험은 ① 개별기준(risk basis), ② 사고기준(occurrence or accident), ③ 총 위험기준(aggregate basis) 등의 세 가지 기준에서 이루어진다.

① 개별위험 초과손해재보험 ― 한 번의 사고에 의한 원수보험자의 손해액이 일정한 손해보유액을 초과한 때에 그 초과손해액을 재보험자가 부담한다. 예를 들면, 2000만원의 원수보험 중 1000만원을 보유하고 초과손해보험을 계약할 때에 재보험자는 1000만원을 초과하는 손해의 경우에만 관여하고 그 초과손해분을 전액 부담하게 된다

② 누적위험 초과손해재보험 ― 원수보험자가 한 번의 사고에 의한 동시다발의 피해손해가 일정액을 초과한 때에 그 초과손해액을 재보험자가 부담한다. 원수보험자가 대화재, 지진, 풍수해와 같이 일정지역에 집중적인 큰 손해를 초래하는 위험을 분산하기 위하여 이용되고 있다.

③ 초과손해율재보험 ― 원수보험자의 모든 계약 또는 특정보험부문에 있어서 계약의 손해율이 한 영업년도 내에 일정률을 초과한 때에 그 초과하는 금액을 재보험자가 부담한다.

다. 전부재보험과 일부재보험

전부재보험은 원수보험자가 자기책임의 대부분을 출재하는 것이고, 일부재보험은 출재를 일부분만으로 제한하는 것이다. 전자는 위험의 분산을 목적으로 하는 재보험의 기능에서 보아도 문제가 있고 원수보험자가 언더라이팅을 등한히 하여 불량위험을 인수하거나 사고발생시에 손해사정을 부당하게 처리할 염려가 크기 때문에 재보험자가 인수를 거부하는 경우도 있다.

라. 금액재보험 위험재보험

원수보험자가 인수한 보험금액의 일부 또는 전부를 재보험자에게 부보하는 것을 금액재보험이라 하고, 특정의 위험만을 부보하는 것을 위험재보험이라 하며 지진, 전쟁위협과 같은 특수한 거대손해를 초래하는 위험을 그 대상으로 하고 있다.

따라서 위험재보험은 특정위험에 의한 손해를 모두 출재하여 버릴 폐단이 생기기 쉬우므로 일부분만이라도 원수보험자가 책임을 지는 형태를 취하는 것이 보통이다.

이상과 같은 여러 가지 형태로 영위되고 있는 재보험거래는 보험자 상호간에 유사한 위험에 대하여 미리 정해 놓은 금액을 서로 재보험하는 교환재보험(reciprocity)의 방법이 취해지기도 한다.

또 위험의 분산이 쉽지 않고 재보험을 구하기가 상당히 어려운 종류의 보험부문 또는 사업분야에 있어서 계약전액 또는 일부를 참가하는 보험자가 제출하고 일정한 비율에 기인하여 배분하는 기구가 형성되는 경우도 있다. 이것을 재보험풀(reinsurance pool) 또는 재보험 신디케이트(reinsurance syndicate)라 부르고 있다.

6. 공동보험

공동보험(co-insurance)이란 동일한 위험에 대하여 복수의 원수보험자가 분담하거나 공동인수하는 경우를 말한다. 재보험이 보험자간에 수직적인 위험분산의 구조를 가지고 있다고 할 수 있다.

공동보험의 방식은 하나의 보험계약에 대하여 개개의 공동보험자가 한 장

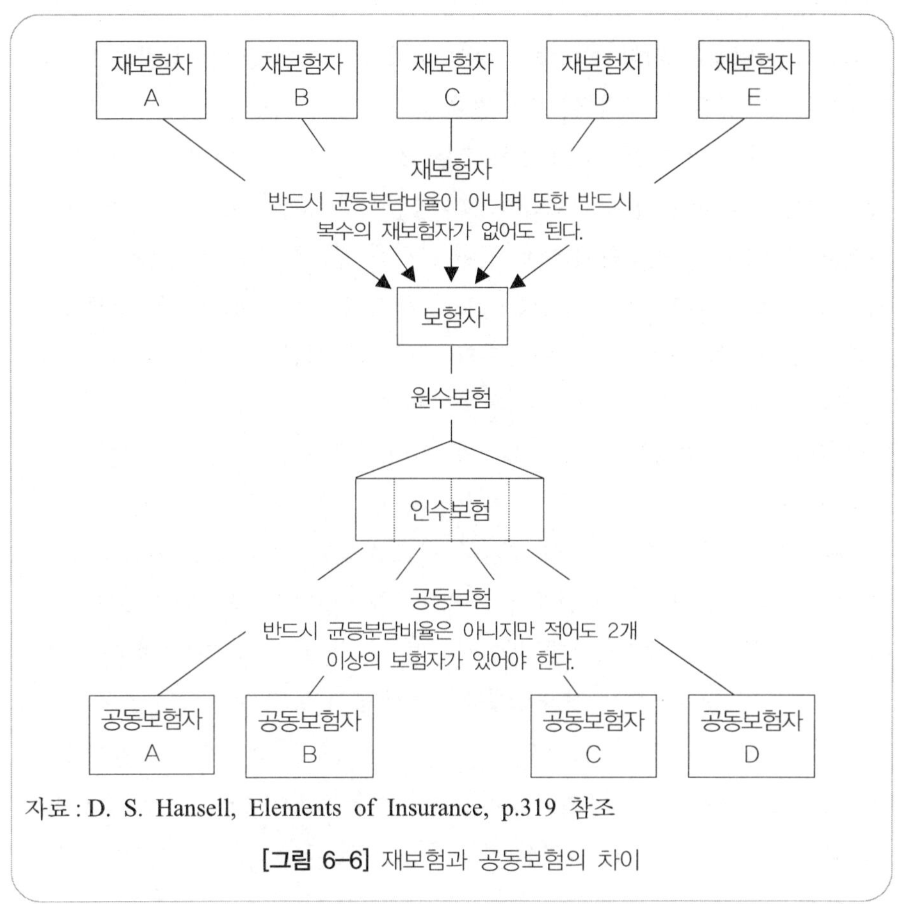

자료 : D. S. Hansell, Elements of Insurance, p.319 참조

[그림 6-6] 재보험과 공동보험의 차이

의 보험증권에 자기가 인수한 보험금액, 예를 들면 60%, 30%, 10%와 같이 분담해서 서명한 범위 내에서 급부의 책임을 부담하는 것으로 보험자 상호간에는 어떤 보험자가 지급불능에 빠진 경우에도 다른 공동보험자에게 그 부분의 지급을 요구하는 것이 허용되지 않는다.

결국 원칙상 공동보험자간에는 연대적 책임관계는 없다. 개개보험자의 계약자에 대한 지위는 재보험에서는 원수보험자만이 계약자와 직접적인 관계를 가지고 타보험자(재보험자)는 배후에 위치하고 있는데 반하여, 공동보험에서는 모든 보험자가 계약자와 직접적인 관계를 가지는 점에서 재보험과 상이하다. 따라서 재보험이 보험계약의 한 유형을 나타내는 것임에 대하여 공동보험은 일정한 위험에 대한 복수의 보험자에 의한 대응형태를 나타내는 것이라 할 수 있으며, 이것은 미리 보험자간에 정해진 계약에 따라서 실천되는 경우와 보험계약자가 일정한 위험에 대해 복수의 보험자와 보험계약을 체결함으로써 결과적으로 그 같은 관계에 이르는 경우를 고려할 수 있다.

이 방식이 가장 널리 실시되고 있는 것은 영국의 로이즈이지만, 일반적으로는 동일위험에 대하여 다수의 보험자와 계약관계를 병행하여 맺는 것은 계약자에게도 사무절차상 번잡하기 때문에 이 불편을 간소화하고 계약자와 보험자간의 교섭을 보다 쉽게 하기 위하여 창구 일원화의 간사회사(幹事會社)제도가 설치되어 있다. 즉, 계약의 체결에서부터 보험금의 지급까지 계약의 유지, 관리에 관한 일체의 처리를 마치 단독의 보험자에 의한 보험계약과 같이 간사회사가 대표가 되어 경영하는 「간사회사제에 의한 공동보험」이 이것이다.

보통 간사회사를 정하는 경우, 보험자간의 시장점유율(share)의 대소 혹은 공동인수회사 사이의 분담비율의 크기를 척도로 삼는 경우도 있지만, 대부분은 최초 그 계약에 관여한 보험자가 간사회사가 되고 증권의 발행, 보험료의 징수・배분・독촉, 가입자로부터의 통지수령, 기타 계약자와의 교섭 등의 역할을 행한다. 이 간사회사는 계약자와의 관계에서 단독의 보험자로 간주된다. 또 극히 드문 사례이지만, 공동보험에 참가하고 있는 각 보험자가 보험계약자에 대하여 전체보험료의 일부를 얻고 모든 위험을 부담하는 경우가 있다. 이 경우 보험계약자는 어느 한 보험자에게 모든 손해를 청구할 수 있는 관계에 있고, 이 전액을 지급한 보험자는 공동보험자에 대하여 단순히 보상을 청구할 수 있는 관계에 서게 된다.

7. 보유

보유(retention line)란 보험자가 자기의 책임 하에 부담하는 위험의 부분과 범위를 의미하지만, 실제에는 협의로 사용되는 경우가 많고 재보험에 있어서는 원수보험자가 부담하는 것을 말한다.

보유는 재보험에 있어서는 극히 중요하다. 이미 언급하였지만, 원수보험자가 자기책임의 전부 또는 그 대부분을 출재해 버린다면 폐해를 일으킬 염려가 많기 때문에 어느 정도까지 보유를 하도록 하는 것은 재보험에 의한 위험을 원활하게 처리하기 위해서는 필요불가결하다.

보유는 금액으로 정해지는 금액보유와 인수금액의 일정비율을 보유할 것을 정한 비례보유가 대부분을 차지하고 있다. 보유액은 보험자가 인수할 보험계약에 대하여 하나의 위험, 하나의 지역 혹은 하나의 선박에 적재된 화물에 대한 인수금액합계에 대해 자기의 계산으로 부담하려고 하는 금액을 말하지만, 이 산정은 미리 정해진 보유규정에 따라서 각 보험종류마다 보험자가 자기가 인수한 계약에 대해 보유해야 할 금액 혹은 비율을 보험의 종류, 구조, 용도, 소재, 지역, 기타 위험의 정도를 감안하여 작성한 보유표, 기준보유액을 표시한 보유한 도표에 의하여 산출하는 것이 보통이다.

일반적으로 말해서, 보유액을 비교적 낮게 정하는 쪽이 위험평균화의 입장에서 볼 때 바람직하지만, 그 대신에 보유보험료가 감소하고 그것과 동시에 영업수익의 가능성을 크게 기대할 수 없다. 반대로 보유액을 비교적 크게 정하면 영업수익의 가능성이 커지는 대신에 경영 그 자체의 안정을 유지할 수 없게 될 것이다. 따라서 보험자의 담보능력에 맞추어 보유액을 결정한 후 그 보유액을 초과하는 보험금액이 있는 경우에, 보유액의 평균화를 꾀하기 위한 방법으로써 재보험과 공동보험의 두 가지 방식이 이용된다.

구체적으로 보험자가 어느 정도로 보유하여야 타당한가를 산정하는 것은 여러 가지 요소가 서로 작용하기 때문에 꽤 복잡하게 되는 경우가 많다. 실제에는 그 보험자의 규모, 자산상태, 연간수입보험료, 위험정도, 계약건수, 보험금액, 위험의 양부(良否), 보험료율 등을 감안하여 산정하는 것이 보통이다.

8. 보험 POOL

근대산업이 발전함에 따라 보험사업이 인수하는 위험도 점점 거대화되어 왔다. 즉, 산업설비의 대형화, 선박・항공기의 거대화뿐만 아니라 배상책임, 사고에 의한 조업중지중의 이익상실 등 간접적인 손해도 중요성을 띄게 되었고 책임보험, 이익보험이 점하는 비율이 높아짐에 따라, 손해보험사업은 담보력의 증강이 무엇보다도 요구되어지고 있다. 하지만 개개의 보험회사 노력만으로는 이러한 거대위험을 인수하는 데는 한계가 있으므로 기업결합을 모색하지 않을 수 없게 되었다. 여기에 보험기업 결합형태의 하나로서 보험 pool이 등장하게 되었다.

pool은 이해관계자의 결합체를 의미한다. 보험pool에 가입하고 있는 원수보험자 모두는 그 pool의 목적이 되는 보험부문의 모든 계약을 그 pool속에 가지고 들어간다. 즉, 모든 가입회사가 취급하는 계약은 전액 재보험되는 형태를 취하고 따라서 일반의 재보험에서 보여지는 원수보험자의 보유분은 존재하지 않는다. 각 계약의 전액을 가지고 들어가는 가입회사는 일체의 계약에 대하여 그 pool 가입계약서의 정해진 비율로 참가하게 되므로 보유분을 필요로 하지 않는다. 이같이 pool속에 가지고 들어간 일체의 계약을 각 pool가입자의 인수능력 혹은 인수실적 등을 고려하여 미리 협정해 둔 비율에 따라 재분배시키는 과정은 경제적으로 재보험으로 볼 수 있다.

이 pool의 보험기술적 문제는 각각의 보험회사가 pool에 가입하는 모든 회사와 상호적인 재보험계약을 체결함으로써 달성되지만, 개개의 보험회사가 재보험계약시 요구되는 번잡한 수속 및 수수료의 부담은 단일의 pool계약에 의해 면제 또는 경감받음으로써 달성될 수 있다.

pool이 적용되는 것은 단독의 보험업자가 형평을 취하기 어려운 보험사고의 경우이고, 보다 많은 다수의 보험업자간에 상호간의 형평을 필요로 하는 경우이다. 따라서 전쟁위험, 자연재해위험 등의 보험에는 종종 pool이 설치된다. 또 pool을 특히 필요로 하는 경우는 새로운 보험부문의 개척 또는 그 발전과정에서 볼 수 있다. 이 같은 보험부문에서는 기술적 경험이 부족하고 또한 보험경영상 다수의 위험을 장기간에 걸쳐 통계적으로 고찰할 기회를 가지지 못했기 때문이다.

더욱이 이 통계의 부족은 부보위험이 기술적인 발전의 영향을 강하게 받는 경우에도 나타난다. 예를 들면, 항공보험의 발전과정에 있어서 일정한 규칙성을 가진 통계적인 기준을 도출할 대수관찰의 기회가 결여되고 있었다. 또 항공부문의 기술적 발달은 오늘날에도 매우 급속하기 때문에 과거의 통계적 경험은 장래에 한정된 가치밖에 주지 않는 상태가 된다. 또 신종보험을 취급하는 개개의 보험자는 가입자로부터 부담가능한 고액보험료를 징수하는 경우에도 장기적으로 손해를 입게 되지만 이들 보험도 국민경제적 이익을 위해서는 어떤 방법으로든 인수되어야 한다.

이 때 위험을 많은 보험자에게 분담시켜서 위험평균을 높이고 이것에 의해 신종보험의 인수를 가능하게 하는 것이 pool이다. 이 같은 점에서 pool가입회사간에는 요율경쟁을 제거하려는 경향이 일어나게 되었다. 즉, pool가입회사는 일체의 계약을 pool기구에 의해서 모여진 경험을 토대로 확정된 단일의 보험요율과 약관을 가지고 부보하는 의무를 지는 것이다.

결론적으로 보험 pool결성에 의해 가입회원인 각 보험회사는 재보험의 인수상대를 확보하여 경영의 안정을 꾀하고 재보험교환에 수반하는 비용수고를 줄일 수 있음은 물론 신종보험의 용이한 인수를 꾀할 수 있다.

제3절 보험경영의 기능

1. 책임준비금

책임준비금(liability reserve)이란 보험회사가 보험계약상의 책임을 완수하기 위하여 가입자로부터 납입된 보험료 중에서 해당년도의 위험에 대비하여 필요한 금액 이상의 부분을 적립하여 놓지 않으면 안 되는 금액이다.

보험사고의 예측할 수 없는 발생에 의해 수지의 불균형을 초래하는 경우, 즉 보험금 급부와 보험료 징수 사이에 발생하는 타임 래그(time-lag)가 발생하는 경우에 대비하여 보험계약자의 경제적 보장을 달성하기 위해 적립되는 준비금을 말한다. 이 책임준비금은 생명보험에 있어서나 손해보험에 있어서나 모두 중요하지만 특히 계약기간이 장기에 걸친 생명보험에 있어서는 사업자금의 대부분을 차지하는 필수적이고도 독특한 것이라 할 수 있다. 책임준비금은 수납한 보험료의 일부를 적립하는 보통책임준비금과 사업수익 또는 잉여의 일부를 적립하는 특별준비금으로 대별된다.

(1) 보통책임준비금

보통책임준비금은 그 내용에 따라 보험료적립금과 미경과보험료의 두 가지 요소로 나눌 수 있다. 보험료적립금이나 미경과보험료도 모두 보험료의 일부분을 적립하는 점에 있어서는 마찬가지이나 전자는 장기에 걸친 보험관계에 있어서 필요한 적립금이며, 후자는 1년 이하의 보험관계에 있어서 필요한 적립금이다.

1) 보험료적립금

보험료는 전술한 바와 같이 자연보험료(自然保險料)방식이 아닌 평준보험료(平準保險料)방식으로 정하여지는 경우, 초기에 있어서는 당연의 위험에 해당하는 금액보다 훨씬 많은 금액의 순보험료가 납입되고 있어 초과하는 잉여분을 적립하여 차년도에 보험료가 위험상당액보다 낮은 기간에 그 부족분을 보충하기 위하여 적립하여 놓을 필요가 있다. 이것이 보험료적립금이다.

보험관계가 장기에 걸쳐 있는 생명보험에 있어서는 그 자금의 대부분을 차지하고 있는 가장 중요한 준비금이다. 한편 보험관계가 단기에 걸쳐 있는 손해보험에 있어서는 사업년도에 징수된 보험료 중 순보험료가 해당년도에 지급되는 보험금과 대체로 평형을 이루고 있는 것이 일반적이기 때문에, 이 같은 의미로서의 보험료적립금의 필요성은 적고 미경과보험료가 주된 책임준비금이다. 그러나 손해보험에서는 장래의 위험의 변동이나 우발적인 특별한 위험에 대비하기 위하여 적립되는 비상위험준비금(非常危險準備金)이 생명보험의 보험료적립금에 필적할만한 중요성을 띄고 있다. 다음에는 주로 생명보험의 책임준비금을 중심으로 설명하기로 한다.

보험금적립금의 계산방법에는 순보험료식, Zillmer식, 충족보험료식 등의 적립방법이 있다.

가. 순보험료식(純保險料式)

이 방식은 산정의 기초를 순보험료의 수입액에서 해당년도의 지급보험금액을 공제한 잔액을 매년 적립하는 방법으로 모든 경비를 일정액의 부가보험료의 범위 내에서 충당한다고 하는 원칙을 취하고 있는 방식이다. 이 방식에서는 순보험료에 한정하여 볼 경우, 수지의 균형면에는 별 문제가 없으나 신규의 보험계약을 획득하기 위해서는 일시적으로 많은 금액의 신계약비를 필요로 하는 경우가 보통이므로 이를 위해 초년도의 부가보험료만으로는 신계약의 전액을 충당하기가 곤란함으로 이 방법에 의한 적립방식은 일부를 제외하고는 그다지 채용되지 않고 있다.

나. Zillmer식

이 방식은 순보험료와 부가보험료와의 구성비율에 있어서 초년도만의 부가보험료를 차년도 이후의 것보다 많이 지출할 수 있도록 수정된 적립방식이다. 즉, 신계약이 대폭으로 증가하고 많은 금액의 모집비 혹은 기타 경비를 필요로 하기 때문에 그 필요경비를 모두 초년도의 부가보험료만으로 충당하는 것은 무리이다.

그래서 초년도에 있어서의 순보험료 중에서 부족한 신계약비의 일부를 일시 유용하고 그 전용한 상당액을 균등하게 분할하여 차년도 이후에 수납하는 부가보험료의 여유분으로부터 점차 연부상환하여 일정기간 내에 순보험료식과 동등한 적립금이 되게 하는 방법이다. 순보험료와 초년도에 요구되는 경비를 동시에 고려한 이 보험료 방식은 1863에 독일의 보험학자 Zillmer가 창안한 것으로 그 이름을 따서 Zillmer식 보험료 적립방식이라 불리고 있다.

더욱이 초년도에 순보험료로부터 전용부분을 Zillmer Quota라 부르고 이 Zillmer Quota를 계약의 전기간에 걸쳐 균등하게 분할하여 상각하고 그 결과 차년이후의 순보험료를 증액하는 것을 만기 Zillmer 또는 전기(前記) Zillmer식 또는 10년 Zillmer식이라 부른다. 그런데 상각하는 연도가 상당히 장기에 걸쳐 있는 Zillmer식은 그 사이에 해약 또는 실효의 가능성도 있고 사업경영의 안정성을 고려할 때 바람직하지 못하다. 따라서 그 적용에는 단기간에 순보험료식에 의해서 산정한 금액에 합치하도록 유용하는 금액에 일정의 한도를 두거나 혹은 상환연한을 제한하는 것이 바람직하다.

어느 경우이든 Zillmer식은 계약량을 증대하기 위하여 신계약활동을 강화하지 않으면 안 되는 신설회사 혹은 중소회사가 일반적으로 취하고 있는 방식이다.

다. 충족보험료식(充足保險料式)

이 방식은 신계약비 외에 유지비, 징수비까지도 고려하여 그것을 예정비율과 함께 보험료에 산입하고 책임준비금도 그 예정에 따라서 적립하는 방식이다. 다만 보험료전기불입의 경우에는 해당년도에 수입된 유지비, 징수비는 해당년도내에 사용되고 결국 신계약비만이 문제가 되기 때문에 이 경우에는 앞서 언급했던 만기 Zillmer식과 거의 동일한 것이 된다. 그러나 보험료일시납이나 단기납입 등의 경우에는 유지비, 징수비를 모두 계산에 넣을 필요가 있기 때문에 만기 Zillmer식과는 다르산에 넣을충족보험료식은 독일의 Hocker가 1902년에 고안한 석립방식이다.

2) 미경과보험료

미경과보험료(未經過保險料; unearned premium reserve)란 수입보험료중 보험자의 책임이 존속하고 있는 기간에 대응하는 보험료의 부분을 의미한다. 즉, 보험계약은 해당년도의 매월에 분산되어 체결되고 있기 때문에 보험자의 결산년도와 그 보험료의 유효년도가 일치하지 않는 경우가 보통이다. 그 때문에 결산년도 말에 그 연도분에 이월적립하여 놓을 필요가 있다. 이것을 미경과보험료라 한다. 이 같은 종류의 적립금은 모든 보험에 존재하는 것이다.

미경과보험료를 적립하려면 그 사업년도에 있어서 경과한 월수와 차년도에 있어서 경과하게 될 월수에 대하여 수입보험료를 각각의 계약에 대하여 똑같이 나누는 것이 정확한 방법이지만, 다수계약의 경우에도 평균산출(平均算出)의 방법으로 산정해도 커다란 오차와 실제상의 불편은 생기지 않는다.

(2) 특별책임준비금

특별책임준비금이란 보험사업의 경영으로부터 발생하는 사업의 이익 또는 잉여의 일부분을 적립하여 경영상 직면하게 되는 돌발적인 사태에 대비하는 준비금이다.

위험준비금, 이익배당준비금, 기본준비금, 평가익매각익적립금, 지급준비금 등이 여기에 속한다.

1) 위험준비금

모든 사업에는 경영조직의 실태나 예측의 빗나감, 투자의 손실이나 신용상실 등 소위 상업적 위험이 뒤따른다. 보험사업에도 이 같은 종류의 위험뿐만 아니라 각 연도에 있어서 커다란 손해사고가 돌발적으로 발생하기도 하고, 혹은 경제적으로나 정치적 또는 기타의 사유에 의해서 보험사업의 정상적인 운영이 현저하게 방해되는 경우가 있다. 위험준비금은 이 같은 예측불허의 경영사태에 대처하기 위하여 마련된 준비금을 말한다.

예를 들면, 생명보험에 있어서는 전염병 또는 그 외 괴질의 유행 혹은 전쟁 또는 천재지변에 의한 사망률이 예상 이상으로 증가하여 보험금 등의 지급이 팽창하거나, 저금리정책 등과 같은 재정금융사정이 잘못되어 자산의 운영이 예정의 이율에 달하지 않는 경우를 고려할 수도 있다. 또 화재·해상보험에 있어서의 보험료율은 과거의 손해율이나 이상재해를 그 산출요소의 중요한 요소를 삼고 있지만 그것은 어디까지나 경험적인 추측 또는 전망을 기초로 하는 경우가 많고, 또한 돌발적인 대화재, 대형유조선의 좌초·침몰 등의 이상손해도 당연히 예상하지 않으면 안 된다.

이 같은 특수한 위험변동에 대비하기 위하여 적립되는 것이 위험준비금이다. 우리나라의 상법에 있어서 법정준비금(法定準備金)이라고 불리는 적립금 또는 보험자 사이에 별도적립금(別途積立金)이라 칭하는 것은 모두 이 준비금에 해당하는 말이다.

2) 이익배당준비금

보험계약자에 대하여 이익 또는 잉여금의 일부를 배당하는 것이 약정되어 있는 경우, 각 계약자에 대한 이익배당을 공평하게 조정할 목적으로 적립되는 준비금이다. 주식회사의 이익배당준비금은 손익계산단계에서 적립되고 상호회사에서는 매기별 잉여처분의 경영으로부터 발생하는 이익 혹은 잉여금은 이차익, 사차익, 비차익, 해약익, 잡익 등의 다섯 가지 원천으로부터 생긴다.

가. 이차익

실제의 자산운용의 이식률이 예정이율을 초과하였기 때문에 생긴 이익을 이차익(利差益)이라 한다. 그 반대현상을 이차손(利差損)이라 한다. 또한 이차익과의 구별이 명확하지 않은 재산평가익 또는 매각익도 일반적으로 이차익에 포함된다.

나. 사차익

위험의 예정과 실제와의 차이로 인하여 생기는 이익으로 생명보험에서는 실제의 사망률이 예정사망률보다 낮았기 때문에 생긴 이익을 사차익(死差益)이라 하며 그 반대현상을 사차손(死差損)이라 한다. 사차손은 안전도가 높은 사망표(死亡表)의 선택 또는 피보험자의 선택이 신중히 행해지느냐 혹은 그렇지 않느냐에 따라 좌우된다.

다. 비차익

사업경영에 지급된 실제비용이 예정사업비, 즉 부가보험료(附加保險料)의 금액보다 적었던 경우에 생긴 이익을 비차익(費差益)이라 하고 그 반대현상을 비차손(費差損)이라 한다. 비차익은 전술한 책임준비금의 적립방식이나 신계약비의 다소에 따라 크게 좌우되지만 물가가 계속 상승하고 있는 경우에 있어서는 경영비용도 팽창하지 않을 수 없다.

생명보험에서는 이상의 세 가지 이익원천에 개개의 계약이 어느 만큼 공헌하였는가에 따라서 각 계약자에게 그 배당액이 공평하게 분배되고 있다. 따라서 개개의 배당액은 보험종류, 가입년령, 보험기간, 보험금액 등에 따라서 다르다. 손해보험에서는 대개 전보험료수입에 대한 개개의 보험료의 비율을 채용하고 있다.

라. 해약익

도중해약 또는 실효가 된 시점을 기준으로 그때까지의 보험료적립금에서 해약반환금을 지급할 때에 계약년수에 따라 그 적립금으로부터 일부분을 공제한 보험회사의 수익부분을 해약익(解約益)이라 한다.

마. 잡익

그 외 이익으로는 자본금 또는 기금의 운용수익, 전년도이월수익금 또는 제적립금의 운용수익 등을 들 수가 있다.

3) 기본준비금

상호회사의 기금을 상각할 목적으로 적립되는 준비금이다. 보험업법의 규정에 의하면 상호회사의 기금의 상각 또는 잉여금의 분배는 설립비용과 사업비의 전액을 상각하고, 제60조제1항의 규정에 의한 준비금을 공제한 후가 아니면 이를 하지 못한다(보험업법 제61조제2항). 그러나 기금을 상각하는 경우에는 사업의 안전을 꾀하기 위하여 상각하는 금액과 동일한 금액을 적립해야 한다(보험업법 제62조). 그리고 그 전액을 상각하고 또 법정준비금을 공제한 후에 비로소 잉여금의 배당을 할 수 있다.

4) 평가익매각익준비금

보험회사가 소유하는 유가증권, 부동산 그 외 재산을 결산기에 평가환(評價煥) 또는 매각에 의해서 계상된 이익금이 손실금을 초과한 경우에 그 차액을 적립한 것이 평가익매각익적립금(評價益賣却益積立金)이다.

5) 지급준비금

사업년도말에 이미 보험금, 해약반환금 또는 계약에 의한 이익배당금 등을 지급해야 할 사유가 발생하였음에도 불구하고 서류의 미비 또는 아직 지급의 청구가 없거나 조사미비 또는 소송 중에 있는 것과 같은 사유로 인하여 결산년도말에 지급이 채 끝나지 아니한 보험금, 해약반환금 또는 보험계약에 의한 배당금의 지급을 아직 하지 않았을 때의 그 금액을 별개의 계정으로 적립하는 준비금이다.

2. 보험금의 지급

(1) 보험금지급의 의의

보험금지급은 위험부담과 함께 보험용역 그 자체를 의미하며. 보험경영의 제 기능 중 가장 중요한 것이다. 보험자는 피보험자, 보험계약자 혹은 그 대리인으로부터 보험금 청구(claim)의 통지를 받았을 때는 즉시 손해사정을 행하고 보험계약상의 책임한도 내에서 가장 공정한 보험금을 신속하게 지급해야 한다. 이때 정당하게 청구된 보험금은 적절한 수준에서 지급되어야 하며, 만약 보험금의 지급이 과소 또는 과다하게 지급되는 경우에는 보험회사에 대한 사회적 불신감의 팽배는 물론 궁극적으로는 보험경영상의 재정적 파탄을 초래하는 경우도 발생할 수 있다.

보험금 지급업무는 정액보험인 생명보험에 비교하면, 손해보험 쪽이 훨씬 광범위하고 복잡하다. 그 이유는 생명보험의 경우 보험사고가 발생하는 경우 약정금액이 지급되는데 비하여, 손해보험의 경우는 손해의 빈도, 분손 발생의 가능성, 개개의 사정에 따라서 손해액의 크기가 불확정적이기 때문이다.

보험사고의 발생통지를 접수한 보험자는 해당보험계약에 대하여 사고조사기관을 통하여 ① 보험계약은 유효한가, ② 보험료는 빠짐없이 납입되어 있는가, ③ 보험사고가 보험기간 내에 발생하였는가, ④ 보험계약자나 피보험자가 법률 또는 약관상의 각종 의무를 위반하지는 않았는가, ⑤ 면책조항에 관계가 없는지 등을 조사한다.

상술의 조사에 기인하여 보험금 청구가 유효하게 확인되면 실제로 손해사정이 개시되고 보험금 지급액의 산정이 행하여진다.

(2) 보험금지급의 일반적 조건

1) 열거위험과 예시위험

보험계약당사자간에 합의된 사항은 보험증권(insurance policy)에 기재된다. 보험증권은 보험계약의 성립요건은 아니지만, 보험증권에 기재되는 보험자의 부담위험이 문제가 된다. 왜냐하면 보험자가 부담하는 위험에 따라서 보험계약자 또는 피보험자는 보험료의 납부와 동시에 그외 계약상의 의무를 진다. 한편 보험자는 부담위험에 따라 발생한 손해에 대해서는 전보의 책임을 면할 수 없다. 이점을 자세히 명기한 것이 보험약관이다.

보험약관에는 보통보험약관과 특별보험약관이 있지만 보통보험약관은 일반적・표준적 조항이 보험자에 의해 다수의 가입자를 상대로 대량적으로 체결되도록 정해진 것이다. 그런데 이 보통보험약관에는 부담위험과 제외위험을 함께 두고 있다.

문제는 보통보험약관을 보험계약의 내용으로 삼았을 때, 보통보험약관에 열거된 각종 위험만을 부담할 것인가(열거위험), 그렇지 않으면 명시된 각종 위험을 보험자가 부담하는 위험의 예를 나타낸 것인가(예시위험)에 달려 있는데 이에 따라 보험금의 지급여부가 결정되기 때문이다.

2) 보험기간 중의 사고

보험자는 일정한 부담위험이 보험계약자 또는 피보험자와 계약한 일정기간 내에 발생한 경우에는 보험금을 지급함을 원칙으로 하고 있다. 이 일정기간을 보험기간(term of insurance)이라 한다. 보험기간은 보험자의 위험부담 책임이 개시해서 종료할 때까지를 의미하며, 위험부담이 존속하는 기간이라고 해서 위험기간 또는 책임기간이라고도 한다.

보험기간은 ① 당사자의 합의에 따라 그 기간의 장단을 임의로 정할 수 있으며 정하지 않는 경우는 대개 1년으로 해석되지만, 운송보험이나 여행자상해보험에서는 단기간이, 생명보험에 있어서는 장기간이 된다. 또 ② 냉해보험과 같은 농산물과 관련하는 보험에서는 파종에서 수확까지의 기간, 즉 위험의 성질 또는 관습에 따라서 정하는 경우도 있고, ③ 항해보험과 같이 일정한 항해를 표준으로 하는 경우, ④ 일정항해와 일정기간을 혼합하여 기간을 설정하는 경우 등 다양하다.

보험금의 지급은 상술한 여러 가지 보험기간 중 어느 경우에 계약을 체결하고 있었던가를 확인하고 부담위험이 틀림없이 그 기간 내에 발생한 것인지를 조사할 필요가 있다.

보험기간의 전후에 발생한 위험은 부담할 필요가 없기 때문이다. 그러나 기간 내에 발생한 부담위험이 기간 이후에 나타난 경우에는 보험자는 보상책임을 져야 한다.

3) 손해발생의 통지의무와 입증책임

상법 제657조는 보험자가 부담한 위험발생에 의해서 손해가 발생한 경우에 보험계약자 또는 피보험자나 보험수익자가 그 손해가 발생하였음을 알았을 때는 지체 없이 보험자에게 통지하여야 한다고 규정하고 있다.

손해발생의 통지의무와 보험금 청구권의 발생은 직접 관련이 있는 것은 아니나, 통지의무는 보험자에게 있어서는 보험금 지급의무의 유무 및 그 범위를 확인하고 손해의 방지 또는 손해를 야기한 자에 대한 손해배상청구권을 보전할 수 있는 중요한 사항이다.

이 통지의무를 보험금 지급의 청구수단으로 삼으려는 경우, 보험계약자와 피보험자는 보험사고가 보험기간 중에 발생하였음을 입증하여야 한다. 위험포괄부담의 원칙 하에서는 보험기간 중의 일체의 위험은, 면책위험 이외는 모두 보험자의 부담이 되기 때문에 이 입증은 중요하다. 이것을 입증책임이라 한다.

(3) 손해의 사정

보험회사는 손해사정의 최종단계에 도달하기 위하여 여러 가지 방법을 사용하는데, 그 중에서도 중요한 것으로는 담보범위의 검사, 보험금 청구의 조사, 필요한 보고서와 서류의 검사 등을 들 수 있다. 또 보험금 청구인과 손해사정사 간의 사정액 불일치가 발생하는 경우에는 중재가 요구되는 경우도 있다.

1) 담보범위의 검사

보험회사는 보험계약자, 피보험자 또는 그 대리인으로부터 보험금청구의 통지를 받으면 먼저 사정업무에 착수할 필요여부를 판단하기 위하여 몇 가지 기본 사항에 관한 검사를 행한다.

① 피보험자가 보험증권을 소지하고 있으며 그것이 유효한가
② 손해가 보험계약에서 담보된 위험에 의하여 발생하였는가
③ 손해가 보험계약에서 담보되고 있는 재산에 발생한 것인가
④ 보험금청구를 받은 손해가 해당 보험계약에 의해서 담보된 손해의 형태에 속하는가
⑤ 보험금 청구인이 지급을 요구할 수 있는 정당한 권리를 가지고 있는가
⑥ 손해가 보험계약에 의해서 보증된 장소에서 발생하였는가
⑦ 손해가 도덕적 위험에 의해서 생긴 것은 아닌가

2) 보험금 청구의 조사

보험회사는 보험청구인에 대한 책임여부를 결정하기 전에 보다 완전한 조사를 실시하여야 한다. 보험금 청구에 대한 권리가 유효한가의 여부를 조사하는 것이다.

생명보험의 사정방법은 다른 보험에 비해서 매우 간단하다. 즉, 보험사고가 발생한 경우, 예를 들면 생존보험에서는 피보험자가 약정한 시기까지 생존하

였을 때, 보험자는 피보험자가 도달한 연령을 확인하기 위하여 그 기록과 대조하는 것만이 필요하며, 사망보험에서는 피보험자가 약정한 기간내에 사망하였을 때, 그 확인과 보험금 청구인이 정당한 권리자인지의 확인을 필요로 한다. 보험증권은 제출해야 할 증거증권이고, 보험증권의 소지자는 대개 보험금의 전부 또는 일부를 수령할 권리를 가지는 자이다.

해상보험에 있어서는 그 담보조건이 다양하기 때문에 손해가 발생한 때에 손해의 정도와 마찬가지로 손해의 원인을 발견하는 것이 중요하다. 화물보험의 보험금 청구에 있어서는 손해사정대리점에 의해서 지정된 사정사가 손해의 원인을 조사하고 수하인(受荷人)과 손해의 정도를 협의한다. 대리점은 수수료를 받고 손해사정사의 감정을 첨부하고, 본선의 도착일자, 양륙일자, 수하인 창고에 인도하는 일자, 손해 사정일자 등에 관한 정보를 기재한 손해사정서를 발행한다. 또 선박보험의 보험금청구에 있어서는 보험회사에 의해서 임명된 손해사정사는 선주측의 손해사정사와 함께 손해를 사정하고 필요한 수선견적서를 작성한다.

화재보험에 있어서는 다른 재산보험과 마찬가지로 손해발생 이전과 이후에 있어서의 재산가치의 크기에 대하여 손해사정사와 보험금청구인 사이에 의견의 불일치가 종종 있다. 보험금 청구액이 소액인 경우는 손해발생시에 보험증권이 유효하고 해당재산이 담보되고 있는 한, 상세한 조사 없이 보험금이 지급되지만, 보험금 청구액이 고액이고 복잡한 경우에는 보통 외부의 손해사정사에 의해서 상세한 조사가 행하여진다.

3) 보험금 지급금액 산정

보험자는 보험금 청구에 관한 일련의 조사가 끝나면 지급해야 할 금액을 산정한다. 보험금지급금액의 산정은 정액보험인 생명보험에서는 특약에 의한 급부금을 지급하는 경우를 제외하고 거의 문제가 되지 않지만 손해보험에서는 극히 중요한 업무의 하나이다. 즉, 보험사고가 보험자의 책임으로 판단되면 손해사정의 구체적인 업무가 개시되고 현장조사, 피보험자가 제출한 서류의 검토, 손해사정기관의 조사결과의 검토가 행해진다.

손해보험의 경우, 보험금 지급은 손해전보를 의미하고 그 손해액은 손해발생의 시기와 장소에 있어서의 시장가격을 기준으로 하여 결정되는 것이 원칙이다. 보험자의 보상액은 실제로 발생한 손해액을 기본으로 하고 보험금액을 한도로 하여 보험가액과 보험금액과의 관계 및 보상범위에 관한 조건에 따라서 결정된다. 그 결과 실손전보가 되는 경우와 비례전보가 되는 경우가 있으며 이를 둘러싼 계약당사자간의 분쟁 또한 적지 않다.

3. 보험료의 산정

(1) 보험료의 의의

보험이란 우연적 사고의 발생에 의한 경제 불안의 가능성을 제거하기 위하여 다수의 경제주체가 결합하여 합리적으로 계산된 갹출(醵出; cntribution)에 의해서 공동준비금을 형성하는 경제제도이다. 이 같은 갹출을 보험에서는 보험료(premium)라 하며, 이것은 어떤 특정위험에 대한 보험자의 위험부담활동에 대하여 지급되는 대가 또는 보수로서의 성격을 가진다.

그런데 보험사업의 견실한 경영이 이루어지기 위해서는 합리적인 보험료의 산출이 가장 중요한 전제가 된다. 여기에서 말하는 합리적인 보험료란 보험의 대상이 되는 각각의 위험에 대한 정확한 통계자료를 바탕으로 과거의 발생률을 도출하고 「대수의 법칙(the of large numbers)」의 응용에 의해서 장래의 이들 위험의 발생률인 확률을 발견하여 보험료를 산정함을 의미한다.

이와 같이 해서 산출된 보험료를 각 가입자로부터 징수한다면, 그 총액에서 실제로 지급에 필요한 충분한 보험금이 과부족 없이 산정되고 따라서 보험사업의 경영이 안전하게 행하여지게 될 것이다.

그러나 합리적인 산정이라 하여도 그 취급하는 보험의 종류에 따라서는 다소간 차이가 있다. 예를 들면, 생명보험에 있어서는 그 산정기초가 되는 대상은 동질성을 가진 사람이며 또한 그 생사는 자연현상적이고 그 관찰기간도 장기적이기 때문에 거의 정확한 확률이 측정 가능하지만, 해상보험, 화재보험 등과 같은 손해보험에 있어서는 오랜 경험과 풍부한 자료를 가질 수 없는 것이 현실이다. 특히 신종보험에 있어서는 그 경험도 얕고 통계자료도 부족할 뿐만 아니라 가입자 또한 적기 때문에 그 측정은 상당히 곤란하다. 이 같은 사정으로 인하여 이들 보험에 대해서는 통계적 자료에 의하여 산정된 결과에 보험당사자의 과거의 경험 또는 추측을 가감 수정함으로써 보험료의 합리성을 부가하고 있는 것이 실상이다.

(2) 보험료의 기본원리

보험료는 어떠한 기준에 근거하여 결정되는 것일까. Mehr와 Cammack는 보험료가 결정되는 보험료율에 대해서 다섯 가지 기본원리를 들고 있는데 ① 적당(adequate)할 것, ② 불공정하거나 차별적이 아닐 것, ③ 지나치지 않을 것(not excessive)할 것, ④ 경제적으로 실행 가능할 것(economically feasible), ⑤ 손해방지를 장려할 것(encourage loss prevention)등이 그것이다. 또한 Gordis와 Rodda는 상술의 다섯 가지 기본원리 이외에도 ⑥ 안정성(stability)과 ⑦ 적응성(flexibility)을 추가하고 있다.

이 가운데 ①②③은 법적 강제사항으로서 인가요율 모두가 준수하여야 할 사항으로 규정되고 있다. 이것은 참으로 역선택(adverse selection)의 방지와 보험기업의 재무적 지급능력(financial pay activity)의 확보를 통한 계약자를 보호하기 위한 것이다.

결국 과대한 요율이나 과소한 요율은 일시적으로 보험기업 혹은 계약자에게 호감을 줄지는 모르겠지만, 궁극적으로는 보험기업의 경영파탄을 초래하며 또 위험정도에 다른 공평한 요율의 개별화가 시행되는 경우에는 역선택에 의한 불량부보물의 대량유입으로 인하여 보험경영은 악화될 수밖에 없기 때문이다. 따라서 요율수준은 높지도 낮지도 않는 적정한 수준에서 공평하고도 합리적인 수준에서 이루어져야 한다.

또 ④⑤⑥⑦에 있어서는, 먼저 경제적으로 실행 가능한 요율이란 자동차보험의 공제면책(deductible clauses) 등에서 볼 수 있는 바와 같이 판매 가능한 요율을 산정하는 것이나 요율수준이 사회적 관점에서 볼 때 손해방지에 이바지할 수 있어야 할 것이다. 뿐만 아니라 요율은 비교적 단기적으로 안정되어야 하며 빈번한 요율변경은 바람직하지 못하다. 또한 요율수준은 경제적 사정과 부보 대상물의 물적 성질의 기본적 변화에 적응하여 장기적으로 수정 가능한 것이어야 한다. 더욱이 이들 일곱 가지 원리는 상호 협력적이어야 함은 말할 것도 없다.

따라서 보험료는 피보험자와 보험자 양측을 고려하여 위험의 합리적 분석을 기초로 해서 적정하게 또는 합리적으로 산정되어야 하며 그 수준은 보험기업의 합법적이고도 건전한 이익추구와 계약의무의 영속적 이행가능성을 보증할 수 있는 충분한 수준에서 이루어져야 한다.

(3) 보험료의 구성

보험료는 크게 두 가지 요소에 의해 구성되고 있다. 즉, 보험금의 지급에 충당하는 순보험료(純保險料; net premium)와 보험회사의 경영상의 비용을 부담하기 위한 부가보험료(附加保險料; loading premium)가 그것이다. 보험료는 총보험료(總保險料; gross premium)라고도 하며, 보험료가 보험금액에 대한 비율로 표시되는 경우 이 비율을 보험요율(保險料率; rate of premium)이라 한다.

1) 순보험료

순보험료란 보험급부를 행하고 경제생활의 안정성을 회복하기 위해서 필요한 비용에 충당할 금액(정미보험료)이며 보험 본래의 기능을 다하기 위해서는 직접 필요한 금액이다. 이 금액은 확률을 표시하는 사망표(mortality table) 또는 생명표(life table)를 기초로 해서 산정된다. 순보험료의 산출방법으로는 자연보험료방식(natural premium system)과 평준보험료방식(level premium system)의 두 가지가 있다.

가. 자연보험료방식

자연보험료방식이란 보험가입자의 보험료 지급이 매년 변화하는 부보위험의 정도에 따라서 변화하는 보험료 방식을 말한다. 화재, 해상 그 외 손해보험에 있어서의 보험료는 대체로 이 방법에 의해서 산정된다. 이것을 생명보험에 적응시켜 본다면 각 연령별 사망위험을 그대로 반영한 보험료이다.

그런데 생명보험의 경우, 이 같은 사망률에 상응하는 방법을 기초로 하여 보험료를 징수한다면 고년령이 됨에 따라 그 사망률은 높아지고 따라서 이를 반영한 보험료율도 당연히 고율이 되지 않을 수 없다. 특히 소득능력이 퇴보하는 말년에 이르러서는 사망률이 가속적으로 상승하여 고령자는 그 부담을 감당할 수 없을 정도의 고액보험료를 불입해야 되는 불합리함이 발생한다. 그래서 현재는 이 같은 자연보험료방식에 의한 모순을 수정보완하기 위하여 평준보험료방식이 채용되고 있다.

나. 평준보험료방식

평준보험료방식이란 연령의 증진에 관계없이 계약 체결 이후의 전보험기간에 걸쳐서 보험료의 총액을 총보험료 불입회수로 나누어 평준화한 보험료 방식이다.

따라서 보험료는 보험가입자로부터 보험계약 초기에는 필요이상의 보험료를 징수하게 되고 보험계약 후기에는 필요 이하의 보험료를 받아들이게 되기 때문에 초기에 초과징수한 보험료를 적립해 두어야만 후기에 사용하여 보험급부를 이행할 수 있다.

상술한 두 가지 보험료방식을 그림으로 설명하자면 아래와 같다. 즉, 가입한 보험기간의 N년도까지 평준보험료방식은 자연보험료방식보다도 많은 보험료를 납입하지만, N년도 이후에는 역으로 자연보험료방식보다도 적은 보험료를 납입하게 된다. 이것은 N년도까지 여분으로 징수하고 있던 보험료 초과분과 상쇄되어 가는 관계에 있기 때문이다. 오늘날 널리 행해지고 있는 생명보험의 보험료는 이런 의미에 있어서 부담평균을 기대한 평준보험료방식이라 할 수 있다.

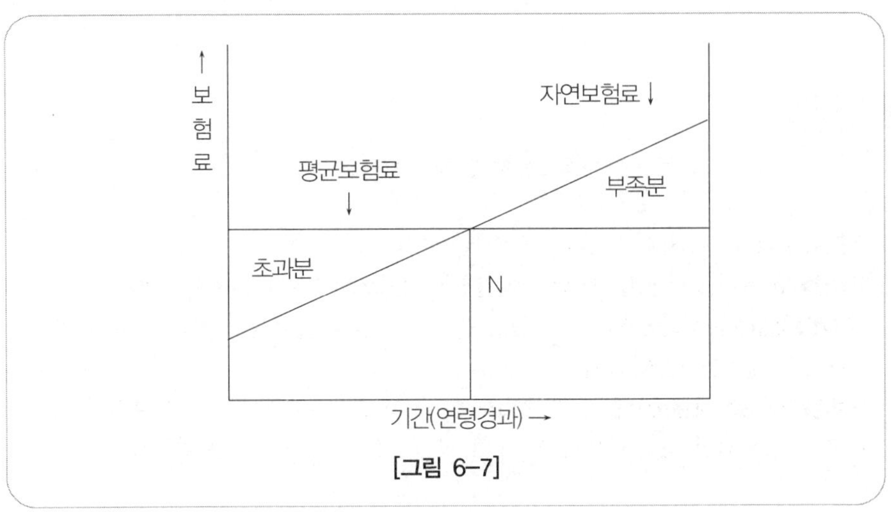

[그림 6-7]

2) 부가보험료

부가보험료란 보험증권발행경비, 인지세, 여비, 손해조사비, 계약관리의 비용, 자산운용비, 모집인에 대한 수수료, 광고·PR비 등 보험경영에 필요한 제 경비를 조달하기 위하여 징수되어지는 보험료이다. 순보험료에 부가해서 계산되는 보험료라는 의미에서 이같이 불리고 있다.

부가보험료의 목적으로는 경영상의 비용 외에도 예측불능의 사태가 발생하여 그 예정과 실제간의 오차로 인하여 발생하는 위험에 대비하기 위한 안전할증에 충당하는 자원을 확보하는 또 다른 일면도 있다.

따라서 부가보험료는 보험사업의 경영에 수반하는 필요한 많은 종류의 경영비용 외에 이 같은 안전할증도 포함한다. 이 부가보험료는 순보험료 속에 어느 정도 부가시킬 것인가의 비율, 즉 부가율은 보험단체의 규모 및 합리화의 정도 또는 보험금액의 고저 및 위험의 내용 등에 따라서 복잡한 사정방식으로 나타난다. 일반적으로 볼 때, 부가보험료는 영업보험료의 약 3할 정도를 점하고 있다고 보면 적당한 수준이지만, 인플레이션 시기에 있어서는 이 비율이 증가함은 말할 것도 없다. 또한 오늘날과 같이 사무기기의 발달과 사업경비 삭감을 목적으로 하는 사무관리 현대화시대에 있어서는 당연히 부가보험료가 점하는 비용배분에 변화가 발생하고 또한 그 비율이 점차 낮아지는 방향으로 진행할 것이다.

참조

보험요율에 관한 기본용어

- **보험요율(rate)**: 보험에 있어서 위험 한단위당 가격
- **위험단위(exposure unit)**: 보험가격 결정에 있어서 사용되는 측정 단위
- **순보험료(pure premium)**: 전체보험료 중에서 손실과 손실을 처리하는 비용, 즉 손해사정 경비를 합한 금액
- **총보험료(gross premium)**: 순보험료와 부가보험료라는 보험운영에 필요한 여러 가지 경비(모집인 경비,회사 경비, 조사 경비, 기타운영비용)와 보험회사의 이익

부분을 합친 금액
총보험료＝순보험료＋부가보험료(기타경비＋이익)＝보험요율×위험 단위수

(4) 보험료반환

1) 일반적인 입장

보험료의 반환에 관한 일반적인 입장은 「한번 위험이 개시된다면 보험료는 전액 가득한 것으로 간주한다」라는 격언으로 요약된다. 이것은 일단 보험계약으로 구속력이 발생된다면, 피보험자는 보험료의 반환을 받을 권리가 없다는 것을 의미한다.

실제상 보험자는 예를 들면, 보험의 목적이 비담보위험에 의해서 파괴된 경우, 적어도 보험료의 일부를 반환하는 것에 대해서 일반적으로 긍정적인 자세를 가지고 있다. 그러나 법률상으로는 이와 같은 권리는 발생하지 않는다.

2) 법률상의 입장

피보험자가 예를 들면, 보험의 목적을 보험기간의 종기 이전에 처분한 경우, 보험료의 반환을 전혀 받을 수 없는 것을 불공평하게 여길지도 모른다. 만약 1년간의 보험에 대하여 가령 1만원의 보험료가 지급되고 피보험자가 부보물품을 9개월 후에 매각하였다면, 3천원이 반환되어야 한다는 주장은 논리적으로는 가능할 지도 모른다. 그러나 이것은 보험계약의 법적 성격의 오해다.

보험계약은 보험자가 특정의 약인(보험료)에 대하여 명시된 기간 내에 일정한 사고(보험사고)가 발생하였을 때 일정한 지급(보험금)을 행한다는 것을 의미하는 것이다. 법률상, 보험자에 의한 이와 같은 인수책임은 항상 피보험자가 피보험이익을 가질 것, 보험계약의 조건을 준수할 것 등의 법적 요건을 모두 충족할 것을 조건으로 하고 있다. 이와 같은 계약은 양 당사자를 엄격하게 구속하는 것이며, 계약의 조건으로 그와 같이 규정되어 있지 않는 경우에는 피보험자도 보험자도 스스로의 약인 일부 또는 전부를 철회할 권리는 없다.

3) 보험료의 전부반환

구속력을 가진 계약이 존재하는 경우(즉 보험자가 적어도 어느 일정기간 위험을 부담한 경우), 보험료의 전부 반환 받을 법률상의 권리는 결코 있을 수

없다.

그러나 계약이 존재하는 것 같이 여겨지지만, 실상 보험자가 법률상 전혀 위험을 부담하고 있지 않았던 어떤 특정상황이 발생할 수도 있다. 이것은 보험자 측에 약인의 멸실(failure of consideration)이 있고, 이로 인하여 피보험자는 지급했던 보험료의 전액반환을 받을 권리가 발생한다는 의미이다. 예로서 다음과 같은 상황을 들 수 있다.

가. 당사자간에 합의가 없었던 경우

계약의 기본적인 의도에 관한 오해가 있는 채, 보험증권이 발행된 경우가 때때로 발생한다. 참된 계약의 기초는 양 당사자가 그 합의에 관해 같은 의견을 가지고 있다는 사실에 연유하고 있기 때문에, 진정한 합의가 없는 경우, 계약은 존재하지 않았던 것이고 지급된 보험료는 전액 반환되어야 한다는 것을 의미한다.

나. 정지조건의 위반

계약이 구속력을 가지기 위해서는 계약의 정지조건이 충족되어야 한다. 따라서 최고선의의 위반, 또는 피보험이익의 결여와 같은 정지조건의 위반은 계약이 최초부터 무효였다는 것을 의미한다.

보험료는 만약 그 위반이 피보험자 측의 사기 또는 고의적인 기만일 때에는 반환되지 않는다.

다. 위법적인 계약

피보험자는 만약 제시된 계약이 실제로 위법임을 감지하고 있었더라면, 지급된 보험료의 전액반환을 청구할 수 있다. 다만, 청구는 위험부담 개시 전에 행해져야 할 것이 요구된다. 만약, 피보험자가 위험부담개시 이후에 반환청구를 하지 않았다면, 반환을 받을 권리는 피보험자가 계약의 위법사실을 알고 있었느냐 모르고 있었느냐에 따라 달라진다.

라. 권한일탈

유한책임의 보험회사는 사업 활동의 범위에 대해서는 그 설립의 조건에 의해 제한받는다. 그 같은 회사가 만약 영업인가를 받지 않은 보험종류에 대하여 보험증권을 발행하였다면, 그 보험계약은 권한일탈(beyond it’s powers)이 되고 지급된 보험료는 전액 반환될 필요가 있다.

4) 보험료의 일부반환

보험증권의 규정 혹은 법률적인 사정에 따라 피보험자는 보험료의 일부반환을 받을 권리가 주어지는 경우가 있다. 다음과 같은 경우가 이에 속한다.

가. 조정보험료 하에서

당초의 보험료가 계약년도 말의 조정을 예정한 잠정적인 성격의 것으로 인정되는 경우, 만약 당초보험료가 필요 금액보다도 높은 결과가 된다면 차액이 반환된다.

나. 해제조건 하에서

일부보험증권은 피보험자 및 보험자에게 보험기간의 중도에 계약을 체결시키는 권리를 주고 있다. 그 경우 보험료의 적절한 부분반환이 행해진다. 반환은 일일계산방식에 의거하는 경우가 많지만, 자동차보험의 경우에는 피보험자가 해제하는 경우, 피보험자는 위험부보기간에 대응하는 단기요율을 부과받은 후 전체보험료와의 차액 반환을 받게 된다.

다. 선의의 중복보험

사기할 의도는 없었지만 잘못해서 중복보험이 발생한 경우, 통상적으로는 관계보험자간에 합의한 적당한 조정에 의해 보험료의 일부반환이 이루어진다.

라. 보험회사의 청산

보험회사가 경영부진으로 도산하는 경우가 많이 발생한다. 도산한 회사의 보험계약자는 보험증권의 미경과기간에 대응한 일일계산에 의한 보험료의 반환을 받을 법률상의 권리를 가지고 있다.

마. 계약상의 규정

보험계약상, 특정한 경우에 보험료의 부분적인 반환을 한다는 요지의 특별 규정을 두는 경우가 있다.

자동차보험의 무사고할인은 통상적으로는 보험료의 반환 그 자체를 의미하는 것은 아니지만, 때로는 제3자 배상보험금 청구사안의 가능성의 결과를 기다리기 위해 할인이 보류되는 경우도 있다. 그러한 경우, 피보험자는 일단 할인을 받을 수 없다고 간주하고 계속보험료를 지급하고 그 후 할인이 인정된다면 적정한 반환을 청구할 수 있다.

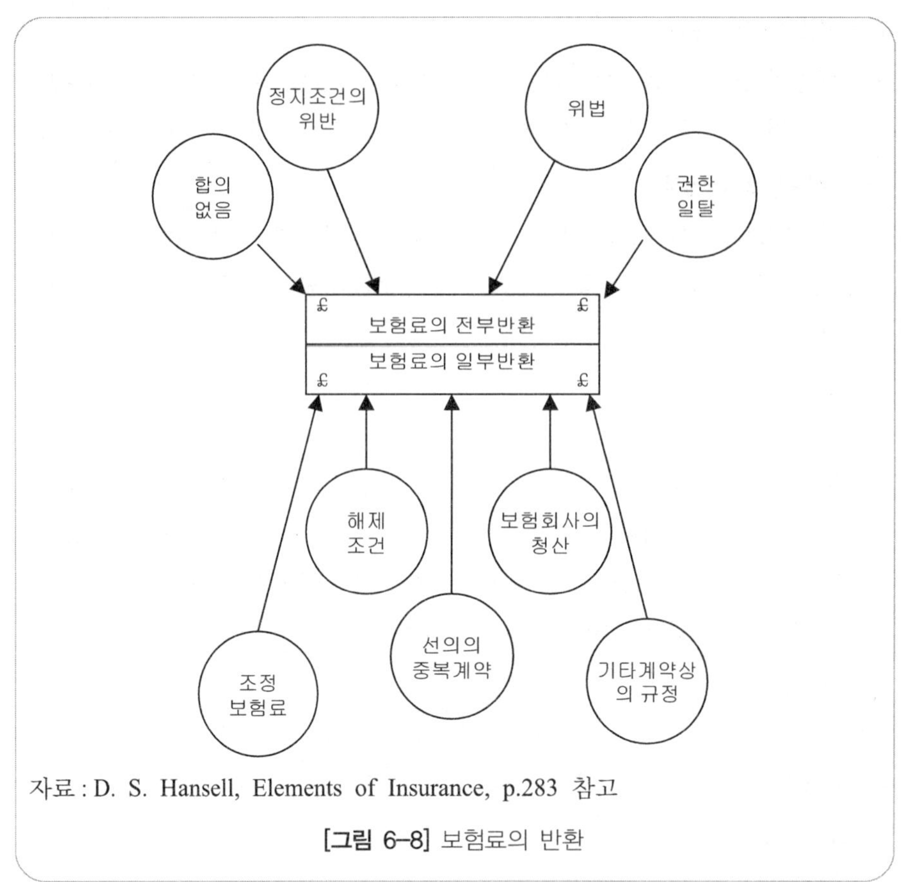

자료 : D. S. Hansell, Elements of Insurance, p.283 참고

[그림 6–8] 보험료의 반환

4. 보험자산의 운용

(1) 보험자산의 형성과 그 특성

보험회사는 다수의 보험계약자로부터 보험료를 징수하고 보험사고가 발생한 때에 피보험자 또는 보험수익자에게 보험금을 지급하기 위하여 축적하는데, 그 대부분은 예금으로서의 성격을 가지는 책임준비금으로부터 이루어지고 있다. 책임준비금은 생명보험에 있어서는 보험료적립금과 미경과보험료로, 손해보험에 있어서는 미경과보험료와 비상위험준비금으로 각각 구성되어 있다.

보험료적립금이란 영업보험료 중 장래 보험금지급에 필요로 하는 부분을 적립한 것이고, 미경과보험료란 보험료의 지급년도와 부보년도가 일치하지 않기 때문에 필요한 것으로 결산시점에서 보험료에 대하여 보험기간 중의 미경과기간에 대응하는 부분을 준비금으로 적립하여 두는 것을 의미한다. 또 비상위험준비금은 우연적인 대형사고를 야기하는 특별위험에 대비한 것으로 이들 적립금들은 한결같이 타인자본으로서의 성격을 가진다. 다시 말하면, 그것은 모두 영업보험료 중에서도 순보험료 부분의 축적부분이고 대부분 보험료 징수와 보험금 지급과의 시간적 차이로부터 생겨난 일시적 유휴자금이다.

1) 자금의 형성력

손해보험은 통상 1년 이내의 단기보험이 일반적이기 때문에 그 자금형성력은 상대적으로 적은데 반하여 생명보험은 장기보험이 대부분을 점하고 있기 때문에 그 자금형성력은 매우 크다. 즉, 근대 생명보험 제도하에 있어서는 선불확정보험료방식의 도입과 더불어 자연보험료방식에 대신하여 평준보험료방식이 채용되고 있다.

결국 그것은 모든 기간을 통하여 사고발생률의 대소에 관계없이 일정액의 보험료를 갹출하는 것을 의미하기 때문에 단순한 사망보험의 경우에서조차도 보험기간의 전반에 상당한 위험보험료의 부분이 축적된다. 더구나 그것이 양로보험과 같은 저축성보험의 경우에는 보다 많은 자금축적이 가능하다. 따라서 보험금액이 거액이고 또 보험기간이 장기이며 저축적 요소가 큰 보험이라면 그 자금형성력은 크다고 볼 수 있다. 물론 이 경우에 있어서는 순보험료에 대하여는 보험기간 전체를 통한 수입보험료총액과 지급보험금총액이 동등하다는 수지상등의 원칙이 전제로 되어 있음을 말할 것도 없다.

2) 자금의 성격

손해보험은 단기계약이 많고 비상위험발생의 확률도 높고 또 보험집단의 위험사정도 끊임없이 변동한다. 따라서 그 자금은 상대적으로 단기불안정적인 성격을 가질 수밖에 없다. 이에 비하여 생명보험은 장기안정적 성격을 가진다. 즉, 계약상의 저축(contractual savings)이라 불릴 만큼 그 장기계약적 성격은 이전의 대불황기에 있어서 조차도 다른 저축수단과는 달리 생명보험회사에 대한 자금유입을 증가시켰다는 사실이 그 성격을 단면적으로 나타내고 있다. 이 같은 생명보험자금은 손해보험자금과 비교해서 장기적, 안정적, 수익추구적 성격을 그 특질로 하고 있다. 따라서 보험자산의 운용이라 함은 주로 생명보험회사의 자산운용을 의미하는 것이라 할 수 있다.

(2) 보험자산운용의 일반원칙

보험자산을 운용함에 있어서는 ① 안전성에 유의하고, ② 수익성을 꾀하며, ③ 유동성과 공공성의 배려에 태만하지 않음으로써 궁극적으로는 자산전체의 운용이율이 항상 고수준을 유지할 수 있도록 노력하는 것이 중요하다.

그러나 보험회사가 자산운용상 준수하여야 할 최고의 원칙은 보험계약으로부터 생기는 채무의 이행을 영속적으로 보증하는 것임을 잊어서는 안 된다. 따라서 상술한 보험자산운용상의 일반원칙은 보험의 종류에 적응하는 총체적인 밸런스를 유지하기 위한 것이다.

1) 안전성의 원칙

투자의 제1원칙은 어떠한 경우에 있어서도 안전성(安全性) 확보이다. 다시 말해 투자에는 위험이 상존함으로 이에 대한 합리적인 대응책이 안전성의 원칙이다.

보험자산은 그 대부분이 책임준비금이고, 이것은 장래의 보험금지급에 대비하여 적립된 것으로 「신탁재산적 성격」을 가진다. 따라서 보험자산을 투자할 때에는 확실한 지급의무의 이행을 보장할 수 있는 안전한 투자를 해야 할 것이다.

일반적으로 투자에서 발생할 수 있는 위험 또는 손실에는 대부금이나 예금 등 소위 확정금액표시 채권의 회수불능에서 오는 신용위험, 유가증권, 부동산 등의 시세변화에서 야기되는 시장위험, 그리고 화폐가치 하락에 따른 화폐구매력 감소에서 오는 금융위험 등을 들 수 있으며 이들 투자위험에 대해서는 모든 방법을 강구하여 자산의 안전성을 확보하고 계약자에 대한 보험금 지급의무를 이행할 수 있도록 노력하여야 한다.

보험회사는 이들 투자위험에 대해서는 통상 위험회피정책, 위험분산정책 및 위험완화정책을 적절히 배합하여 대응하고 있다.

가. 위험회피정책

투자를 실행하기 전에 산업경제계 전반의 기조동향이나 개개 기업의 실태를 사전 조사하고 충분히 파악한 후에 투자방향을 결정하고 대부나 투자의 방향 및 방침을 확립하여 놓는 정책이다.

나. 위험분산정책

투자위험의 손실을 미연에 방지 또는 최소화하기 위하여 투자대상을 다양화함으로써 위험의 분산을 꾀하는 정책이다. 이를테면 각 투자대상간의 종류별 분산, 특정지역에의 편중투자를 피하는 지리적 분산, 개개 산업간의 비중을 고려한 산업별 분산, 나아가서는 기업별 분산을 꾀하고 특정기업에의 집중투자를 피하는 포트폴리오 분산정책이 이에 속한다.

다. 위험완화정책

전술한 사전적 정책에 만반의 주의를 기한다고 하여도 투자상의 평가손이나 대부의 회수불능 등에 따른 계상이익이 크게 감소하고 가입자배당 등의 안전성을 해칠 경우에 대비해야 하는데, 이런 경우에 사후적 정책의 일환으로 현실에 발생한 손해의 영향을 가능한 한 경감하려는 정책이다.

2) 유동성(환금성)의 원칙

유동성(流動性)이란 운용자산을 필요에 응하여 현금화할 수 있는 상태를 의미한다. 계약이 단기이고 미경과보험료가 그 자금의 대부분을 차지하고 돌발적인 고액지급 사고의 발생을 예상해야 하는 손해보험에서는 자산의 유동성의 원칙은 중요한 요건이지만, 보험사고발생의 예상이 비교적 정확하게 계산되고 일시에 다액의 보험금지급을 그다지 필요로 하지 않는 생명보험에 있어서는 예외적인 금융공황 등과 같은 특수한 시기를 제외하고는 유동성의 요건은 그다지 중요하지 않다.

그러나 많은 투자기회를 충분히 활용하여 유리한 자금운용을 행할 수 있도록 항상 자산의 일정부분에 유동성의 기회를 확보해 놓는 것은 중요하다. 이런 경우의 유동성은 외부지급에 따른 요청이 아니라 포트폴리오 관리상 필요한 내부적 요인이다.

3) 수익성의 원칙

수익성(收益性)은 백분율로 나타난 자본의 순익 또는 투자수익을 말한다. 안전성을 계속 유지하면서 가능한 한 많은 운용수익을 확보할 필요가 있다. 특히 보험료 산정에 있어서는 일정한 예정이율이 미리 할인되고 있기 때문에 그 자금은 반드시 이 예정이율 이상의 이자배당률로 운용될 필요가 있다.

그러나 예정이율 이상의 이자배당률로 투자가 이루어진 경우의 이차익은 계약자배당의 재원이 되고 그것은 결국 계약자의 실질보험료를 낮추는 효과를 가져옴으로 최대한의 높은 이율의 운용수익을 확보해야 한다. 그러나 일반적으로 볼 때, 수익성이 높은 만큼 안정성이 낮거나 안정성이 높으면 높은 만큼 수익성이 낮아지는 것이 보통이고 안전성을 계속 유지하면서 의도하는 만큼의 수익성을 올리는 것이 쉽지 않다. 여기에 투자기술의 중요성이 한 번 더 요구되고 있다.

4) 공공성의 원칙

위의 세 가지 원칙과 더불어 투자의 공공성(公共性)도 중요한 요건이라 할 수 있다. 원래 보험자산은 널리 일반대중으로부터 집적된 것이며, 이것이 산업자금으로의 공급을 통하여 국민경제의 발전에 기여하고 있으므로 보험회사의 자산운용에 있어서도 공공성의 배려가 요망되고 있다. 그러나 지나친 공공성의 강조는 오히려 보험회사의 재무구조를 악화시켜 보험계약자에 대한 본래의 책임을 올바르게 수행할 수 없는 경우도 있음을 주의해야 한다.

(3) 투자대상

보험업법에서 인정되고 있는 주된 투자대상으로는 예금, 유가증권, 대부금, 부동산 등을 들 수 있으며 이들 각 투자대상이 4가지 자산운용원칙과 경제동향과의 관련에서 어떤 영향을 받고 또 어떻게 운용되고 있는가를 검토해 볼 필요가 있다.

1) 예 금

예금은 안전성, 유동성이 높은 반면에 수익성이 낮기 때문에 주요한 투자대상은 될 수 없다. 즉, 평상시에는 상대적으로 이율이 낮고 또 인플레이션 기간에는 실질가치의 유지가 곤란하다. 지급준비를 위한 자산의 유동성이 특히 요구되는 은행이나 손해보험회사 등에서는 예금에 점하는 비율이 상당히 높지만 생명보험에서의 그 자금 배분량은 극히 낮다. 현실적으로 예금은 지급준비를 위한 일정액을 제외하고는 장기투자를 위한 일시적 여유자금으로서의 의미를 가지는데 지나지 않는다.

2) 유가증권

유가증권(국채, 지방채, 사채, 주식 등)의 투자에는 시가변동의 시장위험이 항상 수반된다. 안정성의 관점에서 본다면 확정이자부 증권으로서의 공사채가 유리하며 주식은 가격변동의 위험이 크다.

그러나 수익성의 면에서는 호경기 때에는 공사채(公社債)의 가격이 금리의 상승에 따라 하락하는데 반하여, 주식은 산업계의 호황에 따른 배당이 많아져 주가가 인상되는 것이 일반적이다. 그러나 불황기에 처하면 그 상황이 역전되어 국채가 가장 유리하고 주식이 가장 불리하다.

또 유동성의 면에서는 이들 유가증권은 일반적으로 높지만 그럼에도 증권유통시장의 발달정도에 따라 공사채라 하더라도 종류에 따라 차이가 있고 일반적으로 유동성이 뛰어나다는 주식의 경우에도 주식시세 여하에 따라서는 현실적으로 자금화가 곤란한 경우도 있다. 또 주식회사에 대하여는 안전성이라는 면에서는 어디까지나 이윤증권이고 그 가격변동의 위험폭이 크다는 점과 산업지배의 저지라는 차원에서 국가에 따라서는 주식투자의 보유제한에 대하여 엄격한 법적 규제를 두고 있다.

3) 대 부

대부는 가격변동위험이 없다는 측면에서는 유가증권에 비해 안전성이 높지만 기간 내 상환이 불확실한 신용위험이 발생하였을 때는 유가증권보다 오히려 위험성이 크다고 할 수 있다. 따라서 대부를 행할 때에는 위험회피책으로서 충분한 사전조사가 필요하고 동시에 확실한 담보를 확보하며 또한 업종별, 담보별로 위험분산을 행할 필요가 있다. 대부이율의 변동은 물론 금리정세에 의존하지만 수익성의 면에서는 대부의 이율은 공사채보다도 비교적 이율이 높은 경우가 많다.

또 대부는 일정한 상환기간에 구속되고 있기 때문에 유동성은 떨어지지만 생명보험에서는 자금의 성질상 유동성은 그렇게 필요가 없어 그 대부분은 장기대부를 행할 수 있기 때문에 대부는 채권의 보존과 이율의 채산이라는 점에서 중요한 투자대상이 되고 있다.

4) 부동산

부동산투자는 주식과 더불어 자금의 실질적 가치보존의 면만이 아니라 수익성도 높기 때문에 최적의 투자대상이 되고는 있지만 한 건당 투자액수가 거액에 이르고 유동성의 면에서는 다른 투자대상에 비하여 불리하며 관리도 복잡하다.

이 때문에 각국에서는 부동산투자에 엄격한 법적 제한을 두고 주로 회사영업용의 토지, 건물 등의 투자에만 한정하여 왔다. 그러나 재무대부의 이율하락 때에는 안정된 임대수익이 보장되는 임대빌딩에 대한 투자가 주목을 받기도 한다.

이상에서 살펴볼 수 있듯이 보험자산운용의 4대 원칙 모두를 포용하는 이상적인 투자대상은 존재하지 않지만 투자에 즈음하여 무엇이 안전하고 유리한지 그 시기의 사회경제적 동향에 비추어 보고 투자대상이 어느 한쪽으로 편향되지 않도록 다방면에 분산배합하고 전체로서 투자의 4대원칙이 밸런스를 유지할 수 있도록 자산운용이 행하여져야 할 것이다.

(4) 투자의 법적 제약

보험회사의 자산운용에 대해서는 ① 보험계약자의 이익의 보호, ② 보험회사의 금융적 건전성의 유지, ③ 확실성의 확보와 투기의 방지, ④ 투자대상의 집중회피를 위하여 각국은 그 운용방법과 운용한도에 대하여 보험감독법 혹은 보험감독당국의 행정지도 등을 통하여 상세한 규제를 가하고 있다.

미국의 경우에는 1850년대부터 보험회사의 자산운용에 대한 규제가 있었으며, 특히 1905년 암스트롱 조사(The Armstrong Investigation) 이후 엄격한 운용규제가 이루어지고 있으며, 독일의 경우에도 1901년 보험감독법의 제정 이후 극히 보수적인 운용규제가 이루어지고 있다.

우리나라에 있어서 보험회사의 자산운용에 관한 법적 규제는 1962년 2월 20일 제정된 보험업법 시행령 제7조에 의한 것이 처음이다. 그 후 국가경제정책의 변화에 부응하여 몇 차례 개정이 있었으나 이에 따른 불편한 점을 해소하기 위하여 1976년 5월에『보험회사의 자산운용에 관한 준칙』을 별도로 정하였는바, 이 준칙은 최근까지 연평균 2회 정도 개정되면서 그 때 마다 경제여건의 변화에 대응하고 있다. 현행의 보험업법 보험회사 자산운용에 관한 규정은 보험자산운용을 위한 대상과 그 비율(제106조)을 다음과 같이 규정하고 있다.

1) 자산운용의 방법 및 비율(제106조)

① 보험회사는 그 자산을 운용함에 있어 다음 각호의 비율을 초과할 수 없다.

1. 동일한 개인 또는 법인에 대한 신용공여 : 총자산의 100분의 3
2. 동일한 법인이 발행한 채권 및 주식 소유의 합계액 : 총자산의 100분의 7
3. 동일차주에 대한 신용공여 또는 그 동일차주가 발행한 채권 및 주식 소유의 합계액 : 총자산의 100분의 12
4. 동일한 개인·법인, 동일차주 또는 대주주(그의 특수관계인을 포함한다. 이하 이 절에서 같다)에 대한 총자산의 100분의 1을 초과하는 거액 신용공여의 합계액 : 총자산의 100분의 20
5. 대주주 및 대통령령이 정하는 자회사에 대한 신용공여 : 자기자본의 100분의 40(자기자본의 100분의 40에 해당하는 금액이 총자산의 100분의 2에 해당하는 금액보다 클 경우 총자산의 100분의 2)
6. 대주주 및 대통령령이 정하는 자회사가 발행한 채권 및 주식 소유의 합계액 : 자기자본의 100분의 60(자기자본의 100분의 60에 해당하는 금액이 총자산의 100분의 3에 해당하는 금액보다 클 경우 총자산의 100분의 3)
7. 동일한 자회사에 대한 신용공여 : 자기자본의 100분의 10
8. 부동산의 소유 : 총자산의 100분의 25
9. 비상장주식(「자본시장과 금융투자업에 관한 법률」에 따른 한국거래

소 또는 이와 유사한 시장으로서 해외에 있는 시장에 상장되지 아니한 주식을 말한다. 이하 같다)의 소유 : 총자산의 100분의 10

10. 「외국환 거래법」의 규정에 의한 의한 외국환 또는 외국부동산의 소유 : 총자산의 100분의 30

11. 제105조 제2항의 규정에 의한 대통령령이 정하는 거래 또는 해외파생상품거래를 위한 위탁증거금의 합계액 : 총자산의 100분의 5

② 제1항 각호의 규정에 의한 각각의 자산운용비율은 자산운용의 건전성 제고 또는 보험계약자의 보호를 위하여 필요한 경우 대통령령이 정하는 바에 따라 그 비율의 100분의 50의 범위안에서 인하조정할 수 있다.

2) 자산운용제한에 대한 예외(제107조)

제106조의 규정은 다음 각 호의 어느 하나에 해당하는 경우에는 이를 적용하지 아니한다. 다만, 제1호의 사유로 자산운용비율을 초과하게 된 경우 당해 보험회사는 그 한도가 초과하게 된 날부터 1년 이내(대통령령이 정하는 사유에 해당하는 경우에는 금융감독위원회가 그 기간을 정하여 연장할 수 있다)에 제106조의 규정에 적합하도록 하여야 한다.

1. 보험회사의 자산가격의 변동, 담보권의 실행 그 밖에 보험회사의 의사에 의하지 아니하는 사유로 인하여 자산상태에 변동이 생긴 경우
2. 다음 각 목의 어느 하나에 해당하는 경우로서 금융위원회의 승인을 얻은 경우
   가. 보험회사가 제123조의 규정에 따라 재무건전성기준을 준수하기 위하여 필요한 경우
   나. 「기업구조조정 촉진법」에 의한 출자전환 또는 채무재조정 등 기업의 구조조정을 지원하기 위하여 필요한 경우
   다. 그 밖에 보험계약자의 이익보호를 위하여 불가피한 경우

(5) 보험자산운용의 실태

보험회사의 자산운용은 재산운용에 관한 준칙과 행정감독기관으로부터 규제를 받기 때문에 보험회사가 투자대상이나 투자비율을 결정하는 데는 그 자

율성이 제약되고 있다.

따라서 보험회사는 법적인 규정과 행정감독기관의 지시 범위 내에서 경영 내외의 여건변화에 순응하면서 자산을 효율적으로 운용해야 한다. 운용자산을 구성하는 예금, 유가증권, 대부금, 그리고 부동산이 각기 운용자산에서 차지하는 비율은 그 동안 많은 변화를 보여 왔다.

이러한 변화의 양상은 손해보험회사와 생명보험회사가 서로 다르다. 그 이유로는 우선 손해보험의 경우, 보험기간이 짧고 예측하기 어려운 대형사고가 발생할 수 있는 우발위험이 항상 내재하고 있기 때문에 보험금지급에 대비하여 투자자산을 유동성이 용이한 상태로 보유하고 있어야 한다.

따라서 손해보험회사는 무엇보다도 투자의 유동성에 역점을 두고 투자의 수익성 안전성을 추구하면서 운용자산을 관리하여야 한다는 특수성을 가지고 있다.

반면, 생명보험의 경우 손해보험과는 달리 보험기간이 장기이고 대형의 우발위험발생의 가능성이 아주 희박하고 보험금지급시기를 예측할 수 있다. 그러므로 생명보험회사는 유동성보다는 수익성과 안전성에 역점을 두고 투자자산을 관리하여야 한다는 특수성을 가지고 있다.

제4절 보험마케팅

1. 보험마케팅 의의

마케팅 정의에 관해서는 여러 가지로 표현할 수 있다. 마케팅이란 여러 가지 환경 변화 속에서 상품, 서비스 및 아이디어를 생산, 유통, 촉진 및 가격설정을 통해 시장에 대한 정확한 실체를 알아내고 이해 관계자들의 만족스러운 교환관계를 원활하게 조성하는 제반 활동이라고 설명할 수 있다.

이러한 관점에서 보험기업에 있어서 보험 마케팅 활동은 보험기업의 성공에 중요한 역할을 한다.

보험기업은 보험마케팅을 도입함으로써 양질의 위험을 대상으로 다수의 보험계약을 체결하는 것이다. 이에 따라 보험수요자의 필요성을 파악하고 그에 상응할 수 있는 보험상품의 개발에 노력한다.

이러한 노력은 이윤추구를 목적으로 하는 영리기업뿐만 아니라 상호회사들과 같은 비영리적 보험기업에서도 마찬가지이다.

즉 영리, 비영리를 불문하고 기술적 기본원리에 입각한 보험사업은 다수의 부보 위험에 대해 대수의 법칙을 적용하는 것이다. 이에 따라 보험기술적 예정계산과 실제결과와의 차이를 가능한 한 최소화하는 것이다.

보험마케팅은 보험공급에 있어서 규모의 경제가 실현되어야 하므로 다수의 계약을 모집하면 보험단위당 비용의 경감을 기대할 수 있는 것이다. 물론 위험단체의 편성시 보험기업은 이상손해나 위험상황을 발생시키는 특정지역에 계약이 집중되는 것을 피해야 한다. 즉, 보험계약지역을 분산하는 것도 마케팅 측면에서 중요하다.

2. 보험마케팅 특성

(1) 보험의 기술적 상품 판매

① 보험상품은 무형(無形)상품이자 관념적인 상품이기 때문에 다른 일반적인 상품의 효용성과 서비스와는 달리 추상적 효용성과 서비스를 가지고 있으므로 일반소비자가 보험이라는 상품이 구체적으로 어떠한 성질과 기능은 갖고 있는지 이해하기 어려운 점들이 있다.

② 보험산업은 보험업무가 인적요소에 의해 처리되기 때문이다. 일반기업에서 판매부서는 생산부서에서 생산되는 상품의 판매촉진을 주업무로 한다.

그런데 보험기업의 경우에는 보험상품의 판매촉진이 보험상품의 공급활동과 직결된다. 따라서 보험기업의 마케팅 판매부서는 생산부서와 밀접한 관계를 유지하면서 판매에 임해야 한다. 이것이 보험상품 공급의 기술적 특성이다.

(2) 잠재적 보험 수요자의 유치

① 일반상품은 상품의 수요가 존재하고 소비자들도 상품을 인식하고 있다. 그런데 보험상품은 상품의 수요는 존재하지만 보험수요자들이 보험상품을 인식하지 못하고 있다.

보험상품은 장래 발생할지 모르는 우발적 사고에 대해 대비하고자 하는 일종의 간접적이고 2차원적인 욕구와 관련된 것으로 보험소비자들로부터 적극적으로 구입되는 Pull 상품이라기보다는 공급자에 의해 일방적으로 판매되는 일종의 Push 상품의 성격이 강하다고 볼 수 있다.

② 보험상품은 보험의 기본원리를 구성하는 대수의 법칙 등에 비추어 일정량이상의 대량판매를 전제로 하며 그 생산원가 또한 판매 후에 결정되는 사후적 성질을 가지고 있기 때문에 양질의 소비자를 많이 확보해야 하는 판매의 중요성이 강조된다.

(3) 보험연계 서비스 제공

① 일반상품 및 서비스의 경우 판매와 함께 경제 과정이 끝나고 경우에 따라 판매 후에 고객에 대한 서비스가 계속된다. 보험의 경우에는 보험자와 보험계약자와의 계약기간이 일정기간의 보험계약기간 동안 계속된다. 이외에도 사고 발생시 사고처리, 보험계약변경, 고객에 대한 조언 등 다양한 서비스가 추가된다.

② 보험 상품은 고도의 기술적, 전문적인 내용을 내포하기 때문에 판매시 소비자에게 충분한 설명과 계약 후에도 계속적인 서비스를 해야 하는 거래의 정직성과 서비스 정신이 강조되고 있다.

③ 보험기업들은 다수의 잠재적 보험수요자가 보험상품을 용이하게 구입할 수 있도록 마케팅 조직체제를 운영하고 있다. 단순히 보험상품을 판매한다는 차원을 벗어나 보험의 구입에서 보험금 급부까지의 보험연계 서비스라는 형태로 폭넓은 부수적 서비스가 제공되고 있다.

(4) 보험급부의 부정기성

① 일반상품은 상품과 서비스가 동가교환(同價交換)의 원칙에 의해 동일한 가치의 교환이 성립되는 반면 보험상품은 일반적으로 보험사고가 발생해야 반대급부를 받는다.

이에 따라 보험마케팅에서는 보험외적 환경의 변화에 대해 연구하고 조사하여 대책을 마련하는 것이 중요하다. 즉, 보험수요와 관련이 있는 국제 환경, 구매력, 고용상태, 기술발전, 개인의 연령, 사회적 지위 등과 같은 사항에 대해 계속적인 연구를 해야 한다.

② 보험가격은 일반상품과는 달리 수요와 공급의 원리에 의하여 결정되기보다는 보험자에 의해 일방적으로 결정되어지는 특성이 있다. 물론 가격 결정과정에는 감독기관의 통제와 통계적, 과학적인 자료와 근거가 고려되지만, 수요자의 의사는 일반적으로 고려되지 않는 특성이 있다.

3. 보험마케팅 관리철학

(1) 보험마케팅 관리철학 의의

마케팅 관리철학은 마케팅 관리자가 마케팅 활동을 관리할 때 준거하는 이상적인 행동신념이라고 할 수 있다. 이러한 관리이념은 시대의 변화와 역사에 따라 다른데 기업고객 및 사회의 이익 중 어디에 중점을 두느냐에 따라 다음과 같은 5개의 개념(concept)이 핵심을 이루고 있다

첫째, 생산 개념(production concept)에서는 소비자들이 구입할 수 있는 제품을 좋아할 것이라고 주장한다. 그러므로 경영자는 생산과 유통, 분배효율성을 향상하는데 집중해야 한다.

예컨대, 제품에 대한 수요가 공급을 초과하는 경우에 경영자는 생산을 증가시키는 방법을 택할 것이다.

둘째, 상품 개념(product concept)에서는 소비자들은 최고의 품질, 성능 및 혁신적인 특성을 제공하는 제품을 좋아 할 것이라는 것이다. 그러므로 기업은 계속해서 제품과 효율성 향상에 노력해야한다.

셋째, 판매 개념(selling concept)은 기업이 충분한 판매 및 촉진노력을 기울

이지 않는다면 소비자들은 그 기업의 제품을 충분히 구매하지 않을 것이라는 것이다.

예컨대, 기업내부에서 시작하여 기업외부로 향하는 개념이다. 기업의 과잉생산 제품에 대하여 회사의 수익성을 추구하기 위해 강력한 판매와 촉진활동을 수행하는 것을 의미하며 누가, 왜 제품을 구입하는가에 대해서는 관심이 없으며 오직 값을 일시적으로라도 낮추어서 고객의 관심 하에 단기적인 판매를 달성하는 것이다.

넷째, 마케팅 개념(marketing concept)은 조직의 목표를 성취하기 위해서는 표적시장의 욕구를 파악하고 경쟁자보다 효과적이며 효율적으로 바람직한 만족을 전달해야 한다는 것이다.

예컨대, 기업외부에서 시작하여 기업내부로 향하는 개념이다. 시장에서 고객욕구와 고객만족에 영향을 미칠 수 있는 모든 마케팅 활동요소를 조정한다. 그리고 고객의 가치와 고객감동을 유발하여 조성된 고객관련성을 창조하여 기업은 소비자가 원하는 것을 생산・판매한다. 그 결과로 소비자는 만족을 얻고 기업은 이윤을 획득한다.

다섯째, 사회지향성 마케팅 개념(social marketing concept)은 개인의 욕구를 발견하고, 상담을 통하여 그들의 욕구를 충족시켜 주는 기업으로서 항상 장기적인 관점에서 소비자와 사회를 위해 최선을 다해야 한다는 것이다.

예컨대, 환경문제, 인구증가, 경제문제, 사회적 서비스의 저하가 성행되는 요즈음에도 기업들은 고객과 사회의 이익(관심사)을 고려하여 마케팅 의사결정을 하여야 한다는 것이다.

판매관리 지향성이 지금까지 마케팅 이념에 지배적이었다고 할 수 있다. 그러나 향후 보험기업의 마케팅 관리이념을 새롭게 정립한다면 다음의 세 가지로 요약할 수 있다.

1) 고객 지향성(customer orientation)

보험상품은 특성상 비탐색성으로 인해 구매저항은 불가피하지만 판매 과정은 판매－수금－보전－지급까지를 포함한 장기적인 종합서비스의 과정이기 때문에 마케팅 활동은 고객 위주 및 계약자의 이익이 증진이 되는 방향으로 수행해야만 한다는 것이다.

2) 사회적 책임 지향성(social responsibility orientation)

오늘날 보험기업의 마케팅 책임자는 경제적 책임 외에 사회적 책임을 수반하지 않을 수 없게 되었다. 왜냐 하면 소비자 중심주의의 팽배와 복지지향의 경영 때문이다. 오늘날 재산운영에 관한 규제와 복지형 상품의 개발논의 심화는 바로 보험회사의 사회적 책임 지향성에 연유된다.

3) 기업목적 지향성(business objective orientation)

보험기업 이익의 원전은 사자익, 이차익, 비차익, 해약익의 합계 및 투자익에 있다. 결국 보험업에 있어서도 초과이윤의 추구가 있고 이와 같은 이윤은 양질계약의 확보, 경영의 합리화, 효율적인 자산운영 등의 결과로 나타나게 된다. 보험자는 이러한 이윤의 원천에서 적절한 보험이익은 공제하고 그 잔여를 계약자 배당으로 이원별 배당 방식에 따라 계약자 전체에 분배하는 것이다.

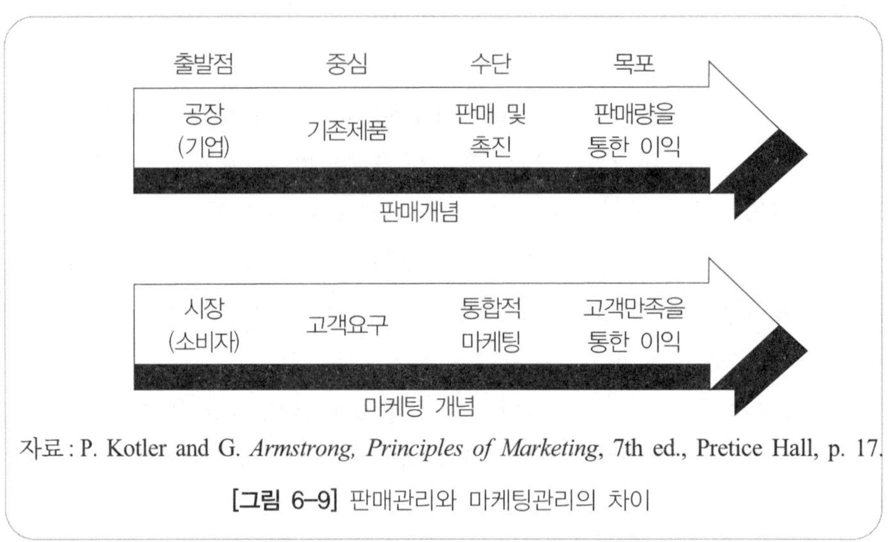

자료 : P. Kotler and G. *Armstrong, Principles of Marketing*, 7th ed., Pretice Hall, p. 17.

[그림 6-9] 판매관리와 마케팅관리의 차이

4. 보험마케팅 관리전략

(1) 보험마케팅 전략 의의

보험마케팅 관리전략(marketing management strategy)은 보험기업의 목적을 달성하기 위하여 그 조직의 마케팅시스템을 가장 효율적으로 운영·관리하는 활동이라 정의할 수 있다. 따라서 보험마케팅 관리자는 마케팅에 영향을 주는 변수를 찾아내어 그 영향을 분석한 후 마케팅전략을 구축해야 한다.

일반적으로 보험상품을 구매한 고객이 다른 상품도 구매할 확률이 높으며 보험료 계속납입과 연속가입 면에서 고객관리는 중요하다고 할 수 있다.

보험기업은 시장분석을 통해서 매력적인 목표시장을 선정하고 마케팅 믹스 전략을 수립하여 실행계획을 작성한다. 또 조직시스템은 실행계획을 집행 실천하고 통제시스템에서는 집행된 결과의 측정·진단 및 수정 활동을 실시하는 등 일련의 계획, 실행, 통제의 과정을 반복하게 된다.

여기에는 시장에 존재하는 기회의 분석, 마케팅 계획수립, 마케팅 활동의 실행과 통제를 의미한다.

(2) 마케팅 전략 분석

보험기업이 시장에서 어떠한 기회를 포착할 수 있는지를 파악하기 위해서는 보험마케팅 내·외적인 환경측면에서 자사와 경쟁사 및 보험시장에 대한 세심한 분석을 해야 한다.

마케팅 활동에 대한 세심한 분석을 위해서는 판단을 위한 다음과 같은 자료 및 정보가 있어야한다.

자료 수집의 방법으로는 보험 마케팅 조사방법론이 이용되고 있다.

1) 자사와 경쟁사에 대한 분석

사업비수준, 시장점유율, 세분시장, 행정 및 요율체계, 전산화수준, 보험기업의 대내·외적인 이미지에 관련된 분위기를 수집하여 분석한다.

2) 시장에 대한 분석

보험자는 보험시장에서 판매되고 있는 보험상품을 통해서 보험시장에 대한 자료와, 가입자와 잠재고객, 보험판매인들의 필요와 욕구, 경쟁보험사의 경영관리 방법 등을 파악하여 수집한다.

시장분석에는 보험사원과 설계사들이 매우 중대한 역할을 수행할 수 있다.

이들은 보험 소비자와 경쟁사에 대한 혁신적인 최신 정보를 수집할 수 있기 때문이다.

(3) 마케팅 계획 수립

마케팅 계획수립은 시장에 대한 분석을 기초로 시장세분화 및 매력적인 목표시장을 선정하고 마케팅 믹스 전략을 수립하여 상품차별화와 포지셔닝에 대한 마케팅 전략을 수립한다.

마케팅 전략(marketing strategy)이란 사업단위가 마케팅 목표를 달성하려고 노력하는 것이다.

목표마케팅에서 보험자가 중요한 시장을 분할하여 분할시장중 몇 개의 시장목표를 선정하고 채택된 시장에 적합한 상품이나 프로그램을 개발하는 것이다.

마케팅전략적인 측면에서 시장에 관한 행위는 시장세분(market segmentation), 목표시장의 선정(market targeting), 상품포지셔닝(product positioning), 마케팅 믹스, 마케팅 비용에 대한 구체적인 전략으로 구성된다.

보험기업이 집중하고자 하는 세분시장에 대해 상세한 계획을 수립하여 각 세분시장의 욕구, 마케팅 노력에 대한 반응 및 수익성 등의 차이가 있으므로 보험기업은 경쟁적인 관점에서 세분시장에 자신의 노력을 배분하여 각각의 목표세분시장에 대해 마케팅 전략을 수립하여야 한다.

1) 시장세분

시장세분(市場細分; market segmentation)이란 전체시장을 여러 소규모 시장들로 세분화하는 것이다. 이에 따라 분할된 시장을 평가하여 보험기업은 어떤시장을 공략할 것인가를 결정하여야 한다.

종전의 시장 분할은 단순히 지리적 요소나, 인구통계적 요소와 경제적 요소에 의하여 세분되어 시장마다 특성화 측면에서 차별화 되도록 이루어졌다.

최근에는 상이한 마케팅 믹스를 요구하는 구매자들을 그룹별로 시장을 세분화하는 것에 대한 중요성이 인식되면서 보험산업에서도 현대적 마케팅 조사에 따라 기술적이고 과학적인 방법에 의해 시장을 세분화하여 실행하는 것이 점차 중요시되고 있다.

2) 목표시장의 선정

목표시장선정(目標市場選定; market targeting)은 세분시장의 매력을 측정할 수 있는 방법을 연구·개발하여 진입할 세분시장을 선택하는 행위이다. 이를 위하여 선정을 위한 평가기준이 마련되어야한다.

각 세분시장을 평가한 결과를 가지고 목표시장의 규모나 성장성, 구조적인 이점에 따라 목표시장을 선정한다.

목표시장의 유형은 단일시장, 전체시장, 선별적 특화시장, 상품특화시장, 시장특화시장으로 선정하여 집중마케팅(concentrated marketing)을 한다.

3) 포지셔닝(positioning)

포지셔닝이란 목표인 고객의 마음속에 자사의 상품이미지를 독특하고 의미 있는 자리를 차지할 수 있도록 회사의 상품과 서비스를 고안해 내고 부각시키는 행위이다. 즉, 시장에서 회사와 상품이 경쟁에서 살아남을 수 있는 위치를 선정하는 행위이다.

보험회사는 얼마나 많은 차이점과 어떤 차이점을 목표고객에게 알릴 것인가를 결정해야 한다. 목표시장에서 가장 강력히 부각될 수 있는 몇 가지의 차이점과 장점만을 홍보하는 것이다.

단, 목표시장에서 이러한 강점들이 높이 평가된다는 가정 하에서 이루어져야 할 것이며 차별화 전략은 지속되어야 한다.

(4) 마케팅 실행

마케팅이란 보험기업에서 색다른 개념을 도입하는 것이며 변화를 추구하는 것이다.

훌륭한 마케팅 전략을 계획하여 실행하는 것은 마케팅 전략을 성공적으로 유도하기 위한 변화를 추구하는 것이다.

따라서 어떻게 기존의 조직과 체계에 마케팅을 접목시켜 변화를 수용하도록 하느냐 하는 것이다. 이것은 변화를 만들어 내는 것(making)과 변화를 관리하는 것(managing)과의 차이와 동일하다.

아무리 훌륭한 마케팅전략도 보험기업이 적절히 조화하여 실행하지 못하면 별다른 성과를 얻을 수 없다.

마케팅 실행(marketing implementation)은 전략적인 마케팅 목표를 달성하기 위해서 마케팅 전략과 계획을 활동으로 옮기는 과정이며 효과적으로 실천되도록 일별, 월별 활동을 의미한다.

(5) 마케팅 통제

마케팅 통제(marketing control)란 마케팅 전략과 계획의 결과를 측정평가하고 마케팅 목표 달성을 보장할 수 있는 수정조치를 취하는 활동을 의미한다.

마케팅 통제기능은 마케팅 상황을 호전시키거나 포기할 수 있도록 해주며 더 중요한 것은 통제가 마케팅 관계자에게 실패 혹은 성공의 요인인 여러 사건이 발생할 수 있기 때문에 계속적인 마케팅 통제과정을 수행해야 한다.

결국 통제시스템에서는 마케팅 목표를 설정하고 표적시장에서의 실행된 성과를 측정 · 진단하고 마케팅 목표치와 실제성과와의 차이에 존재하는 원인을 평가한다.

마케팅 목표와 실제성과와의 사이에 차이가 있을 경우에는 활동 프로그램과 목표를 수정하여 시정조치를 취하는 등 일련의 분석 → 계획 → 실행 → 통제의 과정을 반복하게 된다.

참조

선별적 투자시장 선별적으로 여러 개의 세분시장을 선정하는 것이다.

상품특화시장 세분시장을 선정하여, 이들 시장에서 공통적으로 판매될 수 있는 하나의 특정한 상품을 개발하는 것이다.

시장특화시장 특정한 세분시장을 선정하여 그 시장에 내에 속해있는 고객층의 다양한 필요를 충족시키는 것이다.

(6) 새로운 보험마케팅

1) 금융기관을 통한 판매방법

금융기관을 통한 판매방법이란 보험회사의 보험상품을 은행 및 기타 금융기관의 창구를 통하여 판매하는 것이다. 이 경우 보험회사와 판매를 담당하는 금융기관간에 자본연대는 없으며 단지 업무제휴의 형태로 운영된다. 오늘날 종합금융화 추세에 따라 프랑스·영국을 비롯한 서유럽국가에서는 보험회사와 은행이 자본연대를 하는 방카슈랑스(bancassurance)가 급속히 발전하고 있는 추세이다.

은행은 보험회사보다 좋은 이미지와 낮은 판매비용 부담으로 인해 강점은 갖지만, 한편으로 상품 개발력과 고객의 친숙도가 낮아 상당기간 경과해야만 성공적인 판매효과를 거둘 수 있으며 특징은 다음과 같다.

① 은행의 우월한 판매채널을 활용하여 보험상품을 판매할 수 있고 판매비용도 낮출 수 있으며 은행의 신뢰성과 좋은 이미지를 보험판매에 활용할 수 있다.

② 우리나라에서도 은행의 보험회사 판매대리점 역할이 활성화되고 있으며, 구미에서는 은행을 통해 보험회사의 상품을 판매하는 것이 일반화되어 있다.
(예를 들어 프랑스의 경우 생명보험시장의 50% 이상이 은행을 통해 판매되고 있다)

2) 통신판매방법

통신판매방법(mail order system)은 우편이나 신문, TV, 라디오 등 통신판매 개체를 통한 판매 방법으로 대리점 등 중간 단계가 없으므로 판매비용이 적게 든다. 이는 곧 저렴한 보험료를 가능하게 하며 특징은 다음과 같다.

① 고객별로 시장을 분류할 수 있고 양질의 위험을 가진 고객들만 대상으로 판매할 수 있는 장점이 있다.

② 통신판매방법은 제한된 보험종류에만 가능하며, 중개인을 통한 각종 서비스를 받을 수 없는 단점이 있다.

3) 점두판매

점두판매는 백화점이나 슈퍼마켓과 같이 사람들이 많이 다니는 장소에 보험회사의 영업점이 설치되어 보험이 판매되는 방식이다. 자발적 보험수요를 보다 경제적으로 충족시킨다는 특성이 있다.

4) 단체보험판매

재산 및 배상책임 보험(자동차보험, 가옥소유주 보험)에서 주로 사용되고 있으며 일반적으로 그룹내의 구성원을 대상으로 하고 있다.

주된 장점은 개별적으로 보험에 가입하는 것보다 저렴한 보험료, 급료공제에 따른 편리성, 까다롭지 않은 가입조건 등이며 단점으로는 보험상품 선택의 폭이 좁다는 점이다.

제5절 보험회사의 선택

1. 보험회사 선택의 의의

보험수요자가 보험계약을 체결할 시에는 같은 종류의 보험기관이라 할지라도 그 수가 많으므로 보험회사를 선택하는 것은 매우 중요한 일이다.

예컨대 선진국들에서는 피보험자의 갖가지 보험수요를 충족시키기 위한 보험기관의 선택 문제를 대체로 중간 매개인인 보험대리인이나 보험중개사를 통해서 해결한다. 즉 피보험자는 자격 있고 업무능력이 뛰어난 보험대리인이나 보험중개사를 선정해서 보험지식이 풍부하고 보험산업이나 보험기관의 실태를 잘 알고 있는 이들로 하여금 그가 갖는 보험자원과 문제를 취급하게 한다.

대체로 보면 피보험자의 보험기관 선택 문제를 보험대리인이나 보험중개사에게 위임하면 안심이 되지만 그렇다고 피보험자는 전적으로 보험기관 선택에 대해서 무관심할 수는 없다. 그러므로 피보험자는 보험기관 선택에 관심을 가져야 한다.

그 이유는 보험사고 발생시 궁극적으로 일을 당하는 것은 피보험자이고, 더욱이 근래에 이르러 피보험자가 당면하는 위험의 종류가 다양해지고 그 발생빈도의 심도가 높아졌으며 이에 따라 보험종목도 많아졌기 때문이다.

보험기관을 선정하는데 있어 각별히 주의해야 할 것은 무형적이기는 하지만 보험자의 경영철학과 경영층의 사업자세를 면밀히 검토해야 하며 보험자의 재무능력, 피보험자에게 제공하는 서비스의 수준과 내용, 보험자가 권유하는 보험계약의 종류 및 보험상품에 대해서 부과하는 가격 등에 관심을 가져야 한다.

그러기 위해서는 보험자에 관한 자료를 가능한 범위 내에서 광범위하게 수집해야 한다.

2. 보험회사 선택의 일반적 요인

보험계약을 체결하는 보험수요자가 보험회사를 선택하는 것은 매우 중요한 일이다. 보험회사를 선택하는 경우에는 다음 사항들을 고려해야 한다.

첫째, 보험원가, 즉 보험료에 대한 분석이다. 보험원가는 보험회사의 고정비용과 변동비용을 기초로 산출한 것이다. 보험원가는 수요를 유인하는 중요한 요소가 된다.

둘째, 보험회사의 보험금 지급능력과 경영의 안정성을 유념해야 한다. 보험료를 정기적으로 납입한 후 일정한 보험사고 발생시에 보험급부가 제대로 이루어지지 않는다면 보험에 부보시킨 의의는 상실된다.

셋째, 보험회사가 직접 또는 대리점 조직을 통하여 제공하는 서비스 요소를 검토해야 한다. 보험회사가 보험원가, 담보능력 및 서비스 제공 등에 있어서 반드시 동등하지는 않기 때문이다.

이러한 사항들을 검토한 후, 보험계약자는 위험관리 방법으로써 적절한 보험회사를 선택하여 보험의 활용도를 높이고 위험재무로써의 기능을 충분히 활용해야 한다.

(1) 보험계약의 종류와 내용 분석

1) 보험계약의 내용

보험기관을 선정하는데 있어서 보험계약의 종류와 내용이 중요시되는 것은 보험의 대상인 위험의 종류가 다양하고 그 규모가 점차로 대형화되어가고 있고 따라서 보험금액이 커지고 있기 때문이다. 일반적으로 위험의 종류가 많고 그 규모가 큰 경우에는 특별히 그 위험에 알맞은 보험계약을 만들어야 한다.

또 보험자가 보험계약자의 보험수요를 어떻게 개발하고 측정해서 어떤 종류의 보험계약을 권유하는지 파악해야 한다. 보험계약회사를 정확하게 비교하기 위해서는 체결하려는 보험계약의 내용이 동일한 것인가를 먼저 확인해야 한다. 보험계약에서 가장 어려운 문제는 보험계약이 동일한 것인가의 여부를 판별하는 것이다.

그런데 손해보험에서는 이 문제가 생명보험보다 복잡하지 않다. 왜냐 하면 일반적으로 자산 및 책임보험분야에서는 보다 광범위하게 보험증권의 표준화가 이루어지고 있고 보험기간도 훨씬 단기이기 때문이다. 또한 손해보험에서는 생명보험의 경우보다 한 보험회사에서 다른 보험회사로 계약을 이전시키는 데에 비용이 들지 않는다.

그렇지만 생명보험에서는 상당한 차이가 난다. 생명보험에서는 계약초년도의 계약모집비가 통상적으로 연간납입보험료를 초과한다. 보험가입자가 생명보험계약을 어느 연도에 체결하고 익년도에 가서 중도해약하게 되면 비경제적이기 때문이다. 따라서 보험계약 내용이 동일하다고 판단되면 보험원가의 요인, 보험회사의 자산력 및 서비스 등을 검토하여 가장 양호한 회사를 결정해야 한다.

2) 보험원가의 요소

보험계약에서 보험원가가 비슷하다면 부과되는 총보험료를 비교해야 한다.

이 경우 보험회사가 배당금조건부 보험요율체계를 택하고 있는지 아니면 무배당을 전제로 한 보험요율체계를 택하고 있는지에 따라 선택해야 한다.

배당금조건부란 보험계약자에게 배당금을 배당하려는 의도로 보험료에 여분의 할증을 더하는 것이다.

생명보험에서 배당금조건부 보험요율을 고율로 하는 목적은 이상위험에 대비하여 여분의 보험료를 추가로 부과하기 때문이다. 생명보험회사는 일반적으로 당초의 보험요율을 전체 보험기간동안 보증한다.

따라서 보험원가가 상승해도 생명보험회사는 보험료를 증액할 수 없다. 그러므로 실제로 필요로 하는 것보다 고율의 최초보험료율을 부과하여 보험회사를 보호한다.

보험원가가 상승하면 배당금을 낮춤으로써 계약자 개개인에게 그 원가를 전가시키게 되어 있다. 만약 보험원가가 하락되면 같은 보험계약자 개개인은 보다 많은 배당금을 받게 된다.

무배당보험을 취급하는 주식보험회사의 경우에는 보험원가가 상승하면 모든 손실을 주주가 부담한다. 만약 보험원가가 하락하면 그 결과 발생되는 이익은 주주가 받게 된다.

보험원가의 요소에는 사망률(mortality), 투자수익률(interest), 경비 또는 부가보험료(loading) 등이 포함된다.

(2) 보험회사의 지급능력 및 경영안정성

1) 보험회사 재무제표의 분석

보험계약을 체결하는 보험수요자는 보험사고시의 보험금 지급보증을 얻는 데에 중점을 둔다.

보험기업의 안정성은 보험사업량, 자산내용, 부채의 내용, 과거사업 결과, 취급보험종목, 위험선택기법의 질, 재보험 거래의 상대자, 자산투자 수익성, 경영자의 경영능력 등을 포함한다.

특히 피보험자가 보험기관을 선택하는데 있어서 우선적으로 고려해야 할 사항은 보험기업의 지급능력(solvency), 유동성(liquidity), 이익성(profitability) 등이다.

따라서 보험회사의 보험금 지급능력은 보험회사를 선택하는데 가장 중요한 요소가 된다.

이러한 보험회사의 보험금 지급능력은 재무제표의 분석을 통해 이루어지며 보험기업의 자산이 부채를 초과함을 의미한다. 유동성이란 보험기업의 유동자산이 유동부채를 초과함을 말한다.

주식회사 형태의 보험기업의 경우, 보험기업의 계속 존속을 위해 이익성이 중요하다. 피보험자로서는 보험사고가 일어났을 경우 보험금을 지급 받아야 함이 중요관심사가 되므로 지급능력, 유동성, 이익성 등의 재무능력을 평가해야 한다.

보험자의 재무상태가 건전한가의 여부는 보험업감독의 효율성 여하에 절대적으로 좌우된다.

선후진국을 막론하고 보험기관은 행정당국으로부터 감독을 받고 있으며 정기적으로 이 정부당국에 각종 재무보고서를 제출하고 정기적으로 또는 수시로 감독당국으로부터 업무감사를 받는다.

그러므로 보험행정이 효율적으로 이루어질 경우에는 대체로 보험기관의 재무상태는 양호하다고 해야 할 것이다.

그러나 보험자의 재무능력 평가에 있어서는 보험수요자인 피보험자가 보험지식을 습득해서 스스로가 검토하는 것이 최선의 방법이라 하겠다.

2) 미경과보험료 준비금의 효용

미경과보험료 준비금에 해당하는 자금은 보험회사에 의해서 신중하게 운용되고 있다. 그러나 주로 주식 또는 공사채로써 보유하고 있는 자산의 가치가 하락한다면 안전비율의 유지에 유의해야 한다.

보험회사의 잉여금은 안전비율을 결정하는 자산의 지표가 된다. 계약자잉여금에는 주주가 분담한 기금과 재투자로부터 얻은 수익이 포함된다. 결국 계약자잉여금은 보험회사의 순자산이 된다.

미경과보험료 준비금이 보험회사의 채무에 해당하지 않는 경우에는 계약자잉여금과 부채총액을 비교해 보아야 한다.

손해보험회사를 선택하는데 있어서 계약자잉여금을 비교한 경우에는 미경과보험료 준비금의 크기만 의의가 있는 것이다.

(3) 보험 상품의 가격 비교

1) 보험원가의 비교

보험수요자에게 있어서 무엇보다도 관심을 두는 것은 보험자가 공급하는 특정한 보험상품의 가격이다. 모든 보험조건이 똑같은 동일 종류의 보험상품에 대해서는 가격을 비교할 수 있다고 하겠지만 보험수요자가 일반적인 보험상품의 원가를 비교한다는 것은 어렵다.

그리고 어떤 보험회사를 선정해야 비용을 최소화할 수 있는지를 파악한다는 것도 어려운 일이다. 보험회사간의 보험료만을 비교한다는 것은 적합한 방법이 아니다.

동종의 보험상품일지라도 보험회사에 따라 계약조건에 차이가 있기 때문이다. 오늘날 계약조건이 표준화되어 있다 하더라도 보험사가 제공하는 서비스에도 차이가 있다,

이것은 보험원가의 결정이 다른 상공업이나 은행 등의 원가 계산과는 본질적으로 다르기 때문이다. 그러므로 보험회사 선택시에 다음 사항을 고려하여 결정하여야 한다.

첫째, 보험가격에 있어서 갖가지 보험자의 서비스가 고려돼야 한다. 보험가격이 이런 보험자의 서비스를 희생한 결과로 낮다고 하면 이는 생각할 문제라 하겠다.

둘째, 보험기관의 판매조직에 따라서 보험가격이 달라질 수 있다. 즉 보험대리인제도를 사용할 경우에는 직급제도의 경우에 비해서 그 보험가격이 비싸게 마련이다. 대체로 보험대리인제도의 경우에는 직급제도의 경우에 비해서 서비스가 좋게 마련이다.

셋째, 보험기관의 형태를 고려해서 보험가격을 비교할 수 있다. 일반적으로 상호회사나 공제조직인 경우에는 주식회사의 경우에 비해서 보험가격이 낮다. 이것은 보험기업 경영의 결과 생기는 이익을 주주에게 배분하지 않기 때문이다. 그 대신 보험배당금의 형식으로 보험 계약자에게 돌려주게 마련이다. 또한 보험가격 책정에 있어서 전자의 경우에는 이익을 계상하지 않는다.

넷째, 보험가격의 비교에는 협정요율이 아닌 경우 보험요율을 구성하는 손실률과 경비율을 고려함이 타당하다.

2) 보험원가의 비교기준

보험원가가 가장 저렴한 보험회사를 선정하거나 보험원가가 높은 보험회사를 배제하기 위해서는 손해율과 경비율과의 합계율을 기준으로 검토할 필요가 있다. 다른 조건이 동등하다면 최저의 손해율과 경비율을 시사하는 보험회사가 가장 효율적이다. 또한 장기적으로 험회 가장 만족할만한 보험회사이다.

손해율이란 어느 연도에 발생한 손해액에 대한 동년도의 해당보험종목의 납입보험료의 백분율이다. 보험료로서 수금된 자금의 일부는 보험금으로 지

급된다. 그런데 손해율은 보험회사가 보험계약을 인수할 때에 어떠한 고려를 하였는가를 나타내는 하나의 기준이 된다.

궁극적으로 보험은 한 단체의 구성원간에 손실을 분산시키는 제도이다. 그러므로 손해율이 낮으면 낮을수록 개개의 보험계약자에게는 유리해진다. 즉 보험계약자가 구매하는 보험상품의 원가가 보다 저렴해지는 것이다. 비용의 측면에서 보면 납입보험료에 대한 경비율이 최저인 보험회사가 보험계약자의 입장에서 가장 효율적이다.

그런데 손해율을 비교하여 보험회사의 상대적인 보험원가를 결정하는 경우에는 분석방법이나 비교방법, 비교기간 등에 대해 상당한 주의를 해야 한다.

(4) 서비스의 정도

1) 보험회사의 서비스

보험회사의 보험계약자에 대한 서비스는 보험선택에 있어서 결정적인 요소가 된다. 보험계약의 내용이 거의 비슷하고 자산의 규모가 동일한 정도라면 보험청약을 하려는 보험상품의 가격과 서비스의 상관관계를 고려해야 한다. 보험자가 제공하는 서비스는 무형적 요소이므로 객관적으로 측정하기가 어렵다. 그러나 대체로 보험자의 서비스에는

① 보험계약자를 위해서 위험의 발견과 평가 등을 도와주는 일
② 보험계약자나 피보험자의 보험 수요에 적합한 보험계약을 마련하는 일
③ 보험계약자나 피보험자를 위해서 손실방지나 손실감소를 돕는 일
④ 보험계약과 해약에 대한 공정한 보험자의 태도
⑤ 보험금 지급의 신속성과 공정성
⑥ 보험금 지급방법에 대한 편의제공 등이 포함된다.

이처럼 보험자가 제공하는 서비스에는 갖가지 형태가 있다. 그 가운데서 가장 중요한 것이 보험금지급 서비스이다.

보험금지급 서비스에는 보험사고가 발생할 경우에 행하는 이재(罹災)조사로부터 시작해서 보험자의 책임이 확정되고 보험금을 지급할 때까지의 과정이 모두 포함된다. 이 서비스에서 중요한 것은 보험사고가 발생한 후 보험금

지급까지의 시간을 어느 정도 단축하는가 하는 이재조사와 보험금지급의 신속성과 보험금사정의 공정성이다.

2) 보험모집인의 서비스

① **보험설계사의 서비스수준** — 보험계약에서 보험설계사가 제공하는 서비스의 요소는 다양하고 매우 중요하다. 보험회사의 선택에서 참조되는 서비스의 요소는 보험설계사로부터 제공받는 서비스의 양과 보험회사의 본사로부터 받을 수 있는 서비스의 양이다.

최근 보험회사의 보험설계사들은 다양한 업무를 수행하고 있다.

첫째, 단순히 모집업무만 취급하는 보험설계사가 있다.

둘째, 다년간에 걸쳐서 고객의 독특한 필요성에 부응하기 위해서 종합적인 보험계획(Insurance Program)을 개발하고 계약을 보전시키는 업무를 취급하는 보험설계사가 있다.

셋째, 고객을 대신해서 자기가 직접 편지를 쓰거나 보험금수취인의 편리에 관한 세부상황까지도 유의하는 업무를 취급하는 보험설계사가 있다.

넷째, 고객의 편의를 위해서 보험료의 수납업무를 취급하는 보험설계사가 있다.

다섯째, 고객의 진정한 욕구에 가장 적합한 보험증권을 판매하는 업무를 취급하는 보험설계사가 있다.

여섯째, 보험증권이 적합한 것인지의 여부는 고려하지도 않고 고객의 수수료가 수입원이 되는 보험증권만을 판매업무로 하는 보험설계사가 있다.

② **보험모집인의 서비스 자세** — 보험료는 질적으로 어느 정도의 서비스를 받게 되든지 결국 동일하다. 보험계약자는 어느 정도로 보험설계사의 서비스를 기대할 수 있는지를 주의 깊게 조사하는 것이 당연하다.

예를 들면 기대한 대로 보험계약이 체결될 수 있게 해주는 서비스가 있다. 반면에 보험계약자를 위해서 할 수 있는 일이 많이 있는데도 불구하고 이를 태만히 하는 경우도 있다. 이에 따라 보험계약자가 그러한 사실을 전혀 모르고 있다가 피해를 입는 경우도 있다. 즉, 보험설계사의 자세에 따라 서비스의 질에 차이가 있는 것이다.

보험설계사로부터 받는 서비스의 정도와 질은 보험판매시에 사용되는 방법에서 판단 가능하다. 혹은 공인생명보험사(CLU)의 자격증을 소지하고 있는지도 판단의 척도가 된다.

또는 보험설계사의 영업년수를 고려하거나 공평한 외부판단자에게 조회를 해보는 것도 방법이다.

참조

CLU(Chartered Life Underwriter)의 자격은 펜실바니아 대학 내의 미국 생명보험대학에서 수여하고 있다. 생명보험 및 건강보험에 관련된 5개 전문 종합시험에 합격하여야 이 자격증을 수여 받을 수 있다.

제6절 보험정책

오늘날만큼 보험이 많은 사람들로부터 주목을 받은 적은 이전에는 없었다고 하여도 좋을 만큼 보험에 대한 사회적 관심이 높아지고 있다. 그러나 보험정책이라는 용어나 개념에 대해서는 그다지 알려져 있지 않고 있다. 경제정책, 금융정책, 복지정책, 교육정책 등의 용어에 대하여 우리가 갖는 어감의 친밀감은 제쳐두고라도 그 내용에 대한 이해의 정확도나 깊이는 정도의 차이는 있겠으나 별 문제는 없다. 그러나 보험정책이라는 용어에 대해서는 그렇지 못하다.그 큰 이유의 하나로서 보험정책의 중요성이 일부에서는 서서히 인식되어지고는 있지만 아직까지 우리나라에서는 현실적으로 체계적인 보험정책의 실시가 미진하며 보험학 분야에 있어서도 보험정책의 연구가 가장 늦어지고 있는 점도 들 수 있을 것이다.

1. 보험정책의 의의

보험제도란 특정의 우연적 사고와 관련하여 경제상의 불안정을 제거・경감하기 위하여 다수의 경제주체가 결합하여 합리적 계산에 기인하여 공동적으로 준비를 행하는 경제제도임은 앞서 언급한 바이지만 그 제도운영의 과정에서는 거액의 자금이 축적되고 투자·운영된다. 고도로 발달한 현대의 보험은 예비화폐라고 하는 특이한 성격을 가진 거액의 화폐와 보험에 고유하는 기술을 조합하여 현대사회의 물질적인 생활자재의 생산과 교환에 폭넓게 관여하고 있다.

따라서 그 운영방법은 일국의 사회경제 전반에 큰 영향을 미치게 되었고 이에 국가는 보다 바람직한 보험의 운영방법을 모색하고자 보험에 관한 여러 가지 사상에 직간접으로 개입하고 있다.

더구나 보험은 화폐의 유통과 축적에 깊은 관계를 가지면서 국민생활과 국민경제에 영향을 미치는 사회경제적 제도이기 때문에 보험을 대상으로 혹은 보험에 관련하여 국가가 전개하는 정책은 넓은 의미에서 일종의 경제정책에 속하게 된다. 따라서 보험정책이란 종합적 경제정책의 한 분야로서 보험현상 전반에 관한 경제정책이라 할 수 있다.

즉, 역사적으로 규정된 현실의 보험체제를 유지 또는 발전시키는 것을 궁극의 목적으로 삼고 국가가 주체가 되어 선호, 결정, 실행하는 목표와 수단의 일관성, 통일성, 합목적성을 가지는 거시적인 체계라 할 수 있다. 모든 경제정책이 그러하듯이 보험정책도 보험행정이라는 국가의 행정행위를 수반한다. 이 경우의 정책과 행정의 관계는 정책은 행정에 목표나 이념을 제공하고 행정은 정책에 의해서 주어진 목표나 이념을 개별화 또는 구체화하는 것으로 이해된다.

2. 보험정책의 변천

중세의 봉건국가나 절대국가의 시대에는 그 시대마다의 사정에 따라 개개의 보험부문에 있어서 계약당사자의 법률관계를 규율하는 사업정책이 취하여졌다. 이 시대에 있어서의 보험정책은 국가가 각종의 정치경제의 목적으로부터 보험거래를 간섭하였다.

예를 들면 해상보험증권의 법적 서식의 설정, 보험금액의 제한, 특정보험의 거래금지 등의 조치가 그 좋은 예이다. 그러나 근세에 들어와서는 자유주의적 배경 하에 자본주의 경제기구가 형성되고 보험의 범위가 확대되고 보험사업이 크게 발달하였기 때문에 국가는 다른 경제정책과 마찬가지로 보험정책에도 자유방임주의를 채용하는 한편 보험사기 등의 보험범죄를 방지하기 위하여 형사정책을 취하는 배려도 병행하였다.

그렇지만 자본주의가 고도화한 현대에 이르러서는 약육강식・적자생존의 일반법칙이 나타나고 보험기업의 파탄, 방만경영이 표면화하였기 때문에 점차 조직적인 보험감독법이 제정되고 보험감독을 위한 행정기구가 정비되고 보험계약자보호라는 이념이 도입되면서 국가는 간섭주의를 도입・강화시켰다. 이리하여 현대적 의미에서의 보험정책이 개시되었다.

물론 현대에 있어서도 각국은 각 시대의 경제사정이나 보험사정에 따라서 보험정책의 목적이나 수단을 달리하고 있는데, 최근의 보험정책에는 보험제도로부터 파생하는 폐해를 제거하고 공공의 이익을 보호하는 감독행정 이외에 보험을 보급하고 보험사업을 지원하는 지원행정이 함께 실시되고 있다. 후자는 자본주의가 진전함에 따라 표면화한 사회경제조직의 결함을 보험의 이용으로 보정(補正)하려는 정책에서부터 나온 것이다. 즉, 사회정책이나 산업정책적 입장에서의 각종의 국영보험, 민영보험사업의 활성화를 위한 각종 국가재보험 등이 그 일례이다.

3. 보험정책의 필요성

일반적인 경향이지만, 많은 국가에 있어서 보험사업, 보험제도에 대한 국가의 개입・규제 정도가 점차 강화되고 있다. 그 최대의 이유의 하나로서 보험에는 공공성이 있다는 점이 크게 지적되고 있다. 보험의 기술적 특성으로부터 파생하는 단체성, 사회성, 장기성 등에 대하여는 자주 언급되고 있고, 또 보험기업의 거액의 보험자산운용이 사회경제에 큰 영향을 미치는 점을 들어 보험의 공공성이 강조되는 경우도 많다.

그리고 보다 본질적으로는 보험금을 지급하는 단계에 있어서 보험가입자의 경제상태는 파탄의 상태 혹은 그와 유사한 상태에 있는 경우가 많은 점을 들어 보험의 경영은 확실하여야 한다는 보험고유의 공공성이 지적되고도 있다.

또 오늘날에는 인구의 급속한 고령화, 산업구조의 급속한 변화, 금융의 자유화, 기술혁신, 정보혁명, 정치적·경제적·문화적인 국제교류의 활성화, 고학력화, 소비자의식의 향상, 생활보장욕구의 다양화·고도화 등을 배경으로 종래의 보험산업, 보험기업에 대한 보호와 규제가 표리일체가 된 시책보다도 한층 높은 차원에 입각한 본격적인 보험정책의 전개가 필요하게 되기에 이르렀다.

즉, 보험을 둘러싼 새로운 공공성개념의 확립이 요구되고 있는 것이다. 이하에서는 보험의 공공성과 깊은 관련을 갖고 있는 것으로 여겨지는 5가지 요인을 보험정책의 필요성과 관련시켜 설명하고자 한다.

(1) 보험경영의 안정성

보험은 보통 보험계약자인 보험가입자와 보험자인 보험회사 사이에 체결되는 일종의 계약형태를 취한다. 더구나 이 계약은 확률계산을 응용한 보험의 기술적 특성에 규제되고 사행성을 띠고 도박과 공통하는 측면을 가진다.

보험가입자로부터 보험기업에 대해서는 보험계약의 체결과 동시에 확률계산에 기인하여 산출된 보험료가 일괄 혹은 분할되어 선불되는데 대하여 보험금의 지급여부는 미리 양자 사이에 정해놓은 장래에 있어서의 특정사상의 발생에 의존하고 있다.

그리고 이 같은 특정의 사상이 발생한 경우에는 보험회사는 보험가입자에게 확실·신속하게 보험금을 지급하여야 한다. 보험가입자의 대부분은 보험사고가 발생한 경우에 심각한 경제적 위기에 직면하고 있기 때문에 기대하고 있던 보험금이 보험회사의 경영상의 이유로 지급되지 않는 사태가 발생한다면 파멸적 상황에까지 이르는 경우도 있다. 따라서 보험회사에 있어서는 무엇보다도 그 경영의 안전성을 유지하고 어떠한 경우에 있어서도 계약에 따라서 보험금을 지급할 수 있는 자금을 보유하고 보험가입자의 신뢰와 기대에 응할 수 있어야 한다. 여기에 보험회사의 경영의 안전성을 둘러싸고 국가는 정책적 개입을 행하고 보험회사의 경영에 여러 가지 규제를 가하며 이것을 감독하고 보험계약자의 권리·이익을 보호하고 나아가서는 국민경제의 안정적인 운영을 꾀하려고 노력하게 된다.

이를 위한 구체적인 정책적 개입은 보험경영의 기초가 되는 보험료율· 보험료산정의 정확성과 타당성, 책임준비금의 적립기준, 보험자산의 운용방법 등을 주된 대상으로 행하여진다.

(2) 보험서비스 제공의 한계

보험에 가입함으로써 경제적 보장을 달성하려는 경제주체는 원칙적으로 위험의 정도에 응하여 보험서비스를 입수하기 위한 대가로 보험료를 부담하여야 한다. 보험료 부담능력이 없는 자는 아무리 보험의 필요성을 느끼고 있더라도 보험에 가입할 수는 없다. 그래서 보험의 사회경제적 존재 의의에 대한 인식이 높아짐에 따라 가능한 한 많은 소비자 혹은 기업이 쉽게 보험에 가입할 수 있도록 하기 위하여 다음과 같은 조치를 취할 수 있다.

보험료를 될 수 있는 대로 저렴하게 하여 사회적으로 보아 타당한 수준이 되게 하거나 보험료의 지급방법에 분할제도를 도입하여 보험가입시의 여러 가지 제한을 완화하는 것이다. 국가는 이 같은 조치를 장려함과 동시에 보험에 관련하는 감세 혹은 재정적인 원조를 행하여 보험에의 가입가능성이 사회적으로 확대되고 보험이 보급되어 국민생활과 기업경영이 안정되도록 할 수 있다.

(3) 거액의 보험자산의 축적과 그 투자운용

현대의 고도로 발달한 보험은 그 본래적 기능인 경제적 보장기능과 파생적 기능인 금융적 기능을 함께 가지고 있다. 금융적 기능은 보험제도의 발달과 함께 파생적으로 생긴 기능이라고는 하지만 보험경영상의 관점에서 본다면, 지금은 보험가입자에 대한 경제적 보장의 제공 이상으로 중요성을 띠고 있다.

보험의 금융적 기능은 보험이 보급되고 사회전체 보험료의 축적이 절대적으로 증대하면 보험회사에 납부되는 보험료에 의해서 형성되는 보험자산의 활용방법이나 투자방법에 따라 국민경제에 미치는 영향이 대단히 크게 된다. 그래서 국가는 보험자산의 투자운용에 대하여 여러 가지 규제를 가하고 이것은 국민경제의 성장 발전과 결부되게 하고 있으며 또 국민복지의 향상에 기여할 수 있도록 정책을 펴고 있다.

(4) 자국 보험산업 또는 보험기업의 보호 · 육성

보험산업과 보험기업의 성숙도가 낮은 단계에서는 외국의 보험기업에 의존하지 않을 수 없다. 그러나 장기적으로 자국 보험산업과 보험기업의 건전한 발달에 의하여 국민경제의 안정을 꾀하려면 자국의 보험기업이 강력한 외국의 보험기업에 대하여 충분한 경쟁력을 갖출 수 있는 단계까지 외국기업에 대하여 여러 가지 차별적인 제약과 규제를 가하고 외국의 보험기업에 의하여 도태되지 않도록 정책적으로 배려할 필요가 있다. 구체적인 방법으로는 외국의 보험기업에 대한 사업의 허가조건을 엄격히 하거나 외국 보험기업의 경영방법에 대한 심사나 감독을 강화하거나 차별적 세금의 부과, 본국에로의 송금제한과 같은 조치를 취하는 것이다.

보험산업과 보험기업이 어느 정도의 발전단계에 이르렀을 때에는 역으로 자국 보험기업의 외국에의 진출을 국가가 지원하고 진출할 예정인 국가에 대하여 규제의 완화를 구하는 것도 보험정책의 일환이라 볼 수 있다. 보험정책도 이제는 국제적인 전망을 기초로 하여 선호 · 결정되고 실시되지 않으면 안되는 단계에 이르고 있다.

(5) 보험기업과 보험가입자의 관계

보험은 일종의 정보산업으로 그 경영에는 다방면에 걸친 고도의 전문적인 지식이 활용되고 있다. 그러나 보험가입자 특히 가계보험의 가입자는 일반적으로 보험에 관한 전문적 지식을 거의 가지고 있지 않다. 따라서 소비자가 보험에 가입할 때 보험종류의 선택을 잘못하거나, 계약내용이나 계약조건에 대한 이해부족 또는 오해로 인하여 보험에 가입하고 있더라도 충분히 그 목적을 달성할 수 없는 경우도 발생할 수 있다. 또 보험회사측의 계약모집의 방법여하에 따라서는 보험가입자에게 있어서 반드시 필요하지도 않는 혹은 적절하다고 할 수 없는 보험에 가입하게 되는 경우도 적지 않다.

그래서 경제력에 있어서나 보험에 관한 전문적 지식에 있어서도 절대적으로 우위의 입장에 있는 보험기업에 대하여 보험가입자가 가능한 한 대등한 입장에서 보험계약을 체결할 수 있도록 하기 위해서는 국가가 보험기업에 대하여 여러 가지 규제를 가하고 보험가입자의 약한 입장을 강화하여 나갈 필요가 있다. 특히 보험약관에는 일상 사용하는 언어라고는 할 수 없는 어려운 문자나 표현이 사용되고 있어 그것이 보험을 둘러싸고 빈발하는 갈등의 한 요인이 되기도 한다. 여기에 보험기업의 경영을 규제하고 감독하는 보험정책이 극히 중요성을 띠게 된다.

4. 보험정책의 유형

(1) 보험성장정책

보험성장정책이란 보험사업 또는 보험산입의 발전, 보험가입의 촉진, 보험사상의 보급 등을 목적으로 국가가 전개하는 일련의 정책을 말한다. 이를 위해서는 다음과 같은 방법이나 형태가 취하여 진다.

① 사회보험으로 대표되는 국영보험사업을 운영함으로써 보험의 보급·발전을 꾀하고 사회보험 외에도 산업진흥보험, 국민복지관련보험의 대부분을 국영보험사업으로 실시한다. 이때 일정의 조건하에 보험에의 가입을 법적으로 강제함으로써 보험을 보급·발전시킨다면 좋은 효과를 거둘 수 있다.

② 국가가 민영보험기업을 보호·육성하기 위한 여러 가지 조치를 강구한다. 예를 들면 자국보험기업에 대해서는 독점금지법의 적용제외, 카르텔의 용인, 보험에 고유하는 기업형태인 상호회사의 설립인가, 세제상의 우대조치, 보험에 관련하는 여러 제도의 관계정비 또는 조정, 보험과 관련하는 정보·자료 및 통계의 수집제공 등을 행하는 반면 외국보험기업에 대해서는 여러 가지 차별적인 대응을 행한다.

③ 보험가입의 촉진을 도모하기 위하여 보험가입자의 보험료지급, 보험금 수령시의 세제상의 우대조치를 정책적으로 인정한다.

④ 국가가 보험사상의 보급을 꾀하기 위하여 학교교육에 보험과 관련되는 내용을 도입한다. 대학 등의 고등교육기관에는 보험관련과목 및 강좌를 개설시킨다.

⑤ 국가가 거액의 보험자산의 투자운영을 정책적으로 유도함으로써 보험이 가지는 금융적 기능을 최대한 발휘시키고 동시에 보험사업의 성장과 발

전을 꾀한다.

⑥ 국가가 보험사업의 성장과 발전을 자극하기 위하여 새로운 방법과 형태에 의한 보험사업을 허가하고 조성하여 간다. 그 전형이 협동조합보험인 공제의 보호와 육성이다. 또 보험산업이 어느 정도의 발전단계에 도달하면 보험기업간의 경쟁을 유도하고 보험기업에 경영의 활성화나 경영효율의 향상에 노력하도록 외국보험기업의 국내진출을 적극 허가한다. 이 같은 일련의 보험성장정책의 전개에 의하여 보험제도, 보험사업 나아가서는 국민생활, 국민경제의 보다 나은 성장과 발전을 기대할 수 있을 것이다.

(2) 보험안정정책

보험안정정책은 보험제도를 둘러싼 여러 가지 사회경제적인 관계를 안정시키고, 보험사업의 확실한 발전을 목표로 전개된다. 이를 위해서는 다음과 같은 방법이나 형태가 취하여진다.

① 국가가 보험사업 특히 민영보험기업의 경영안정을 꾀하기 위한 여러 가지 조치를 강구한다. 예를 들면 보험사업의 허가, 사업주체의 자격제한, 타사업겸영의 제한, 공적 재보험사업의 실시, 외국보험기업의 국내에서의 영업규제 등을 들 수 있다.

② 보험제도의 기초가 되는 보험계약의 해약 실효를 감소시키고 계약을 장기적으로 유지시켜 보험제도의 안정적 발전을 꾀하기 위한 여러 가지 조치를 강구한다. 예를 들면 보험가입자의 역선택, 고지의무위반의 방지, 보험금 지급의 적정화·신속화 등과 관련하는 정책을 국가가 정책적으로 채택·실시한다.

③ 국가가 보험사업을 둘러싼 사회경제환경의 안정을 꾀함과 동시에 환경의 변화에 대응할 수 있는 보험사업의 방법을 유도하는 여러 가지 조치를 강구한다. 예를 들면 장기적 성격을 가지는 생명보험에 있어서 특히 큰 영향을 미치는 인플레이션을 근본적으로 억제할 수 있는 정책을 실시함과 동시에 인플레이션에 의하여 보장의 효과가 감소되지 않도록 새로운 양식의 보험개발을 장려한다. 국가가 인구의 고령화와 관련하는

사회보장정책 복지정책을 전개하고 보험기업에는 각종의 요구에 부합하는 연금보험의 개발을 촉진시킨다.

국가가 금융의 자유화 또는 국제화에의 대응을 꾀할 수 있는 새로운 양식의 보험개발을 지도한다. 각종의 사회보험, 기업 내 복지후생시책의 일환으로 단체보험이나 기업연금보험을 보급시키는 것은 노사협조에도 유효하며 나아가 정치 · 경제 · 사회의 안정에 이바지함으로써 이를 정책적으로 추진한다. 농업, 임업, 수산업, 중소기업 등을 대상으로 한 보험을 국영으로 지원하여 이들 산업 · 기업 · 업자를 보호하고 그 경영의 안정을 도모함과 동시에 국민에게 생활물자의 안정적인 공급을 확립할 수 있도록 한다.

이들 일련의 보험안정정책의 실시에 의해서 보험제도, 보험관계 나아가서 국민경제의 보다 나은 안정화를 기대할 수 있다.

(3) 보험평등정책

보험평등정책이란 보험을 둘러싼 경제, 사회관계 또는 거래관계, 계약관계에 있어서 평등이 유지되고 보험제도의 원활한 운영이 이루어지도록 국가가 보험제도의 방법에 대하여 일련의 규제를 가하는 것을 의미한다. 보험평등정책은 종래 보험정책 중에서 가장 중시되어온 것으로 그 기본적인 규제방법은 다음 세 가지로 유형화되고 있다.

1) 공시주의(公示主義)

국가가 보험사업을 직접 감독하지 않고 경영의 자유를 전면적으로 인정하고 개개의 보험기업의 경영실적이나 사업내용에 대해서는 이를 공표토록 하여 그 사업의 실질 및 영업의 양부(良否)에 대해서는 국민이나 피보험자의 자주적인 판단에 맡기는 주의이다.

2) 준거주의(準據主義)

국가가 보험사업의 경영에 대하여 일정한 기준이나 규칙을 정하여 보험기업이 이를 준행토록 하고그 실태를 감독하는 주의이다. 준칙주의(準則主義)라고도 한다.

3) 실질적 감독주의(實質的 監督主義)

국가가 보험사업의 개시에 앞서서 사업계획의 타당성을 심사한 후 사업을 허가하고 사업개시 후에도 사업의 실체에 대하여 감독을 계속하여 가는 주의이다. 현재 우리나라를 포함하여 많은 국가가 실질적 감독주의를 취하고 있다. 보다 구체적으로는 다음과 같은 방법형태를 취한다.

① 보험가입자 또는 소비자와의 관계에 있어서 압도적 우위를 점하고 있는 민영보험기업에 대하여 국가가 여러 가지 규제를 가한다. 예를 들면, 보험료율의 산정, 책임준비금의 산정, 계약자배당의 분배 등에 대한 규제, 보험계약의 모집에 대한 규정, 보험가입자의 권리보호에 관한 규정, 회사에 관리에 관한 규정, 보험기업의 경영내용의 공개, 외국보험기업에 대한 규제 등을 들 수 있다.

② 보험가입자 또는 소비자에 대해서는 그 이익의 보호와 보험의 악용을 방지하기 위한 여러 가지 시책의 실시를 국가가 지도한다. 예를 들면, 보험관련 상담소의 개설, 보험관련 정보의 제공, 컨슈머리즘의 육성, 고지의무 위반의 방지, 초과보험・중복보험의 금지, 보험범죄의 방지 등을 들 수 있다.

③ 보험과 관련하는 여러 가지 제도의 평등한 처리가 국가에 의하여 확보되어야 된다. 이를 위해서는 국가는 법률, 재판, 경찰 등과 관련하는 제도, 회계・경리 등과 관련하는 제도, 기업의 사회적 책임과 관련하는 제도의 정비 등에 노력하여야 한다. 이외에도 국가는 사회보험・사회보장을 통하여 소득을 재분배하고 사회적・경제적인 불평등을 시정하기 위한 정책을 실시하여야 한다.

이들 일련의 보험평등정책의 실시에 의하여 보험제도, 보험관계 나아가서는 국민생활, 국민경제의 보다 나은 평등화・공정화를 기대할 수 있다.

연습문제

1. 보험기업경영의 특성에 관하여 설명하라.
2. 보험경영의 기술적 원칙 중 투·융자의 원칙에 관하여 설명하라.
3. 보험 경영의 관리에서 분권관리와 집권관리에 대하여 설명하라.
4. 보험사업의 조직형태에서 민영보험과 공영보험을 비교·설명하라.
5. 보험경영에서 재보험의 의의와 종류를 설명하라.
6. 보험경영의 기능에서 책임 준비금에 관하여 설명하라.
7. 재보험의 계약 방법과 형태에 관하여 설명하라.
8. 책임준비금에서 이익배당 준비금(이차익, 비차익, 사차익)을 간략히 설명하라.
9. 보험금 지급의 일반적 요건 중 손해발생의 통지의무와 입증책임에 관하여 설명하라.
10. 보험기업 경영에서 보험료의 산정에 관하여 설명하라.
11. 보험료의 구성에 관하여 설명하라.
12. 보험서비스 특징에 관해 설명하라.
13. 주식회사와 상호회사의 기구 특징을 설명하라.
14. 보험마케팅 전략에 관하여 설명하라.
15. 보험마케팅 관리 과정에 관하여 설명하라.
16. 보험회사를 선택할 경우 유의점에 관하여 설명하라.
17. 보험마케팅에서 판매개념과 마케팅개념의 차이점을 설명하라.
18. 보험정책의 의의와 보험정책의 유형에 관하여 설명하라.

제 7 장 보험의 관계법규

제1절 보험관계법규

1. 보험관계법규의 변천

보험사업은 다른 일반사업에 비하여 사회 공공성이 극히 강조되는 사업이다. 즉, 보험사업의 경영이란 불특정다수의 보험계약자로부터 징수한 보험료를 안전하고도 유리하게 관리・운영하며 장차 보험사고가 발생한 경우에 보험금을 지체 없이 지급하는 것을 직능으로 하는 사업이다.

따라서 그 사업의 운영이 보험계약자나 피보험자의 신임에 부합되도록 적절하게 영위되고 있느냐의 여부는 다수의 계약자의 이해와 직결되는 것은 물론 국민경제 전반에 미치는 영향도 지극히 크다. 그래서 보험사업이 본래의 기능을 유지하면서 적절하게 운영되도록 지도・감독하는 엄중한 법적 규제가 이루어지고 있다.

우리나라에서 보험사업을 규율하는 법률이 처음으로 제정된 것은 5・16혁명 후 등장한 제3공화국 정부에 의해서 일제치하에서의 법률 및 미군정 법령을 폐지하고 각 분야에 걸쳐 우리 손으로 새로운 법률을 제정하면서부터다.

그 당시에 제정된 보험관계법률은 상법의 제4편(보험편) 외에 보험업법, 보험모집단속법, 외국보험사업자에 관한 법률 및 대한재보험공사법 등 4개의 법률이다.

그 후 이들 보험관계법률들은 1977년에 보험사업의 근대화시책에 따라 대폭 개정되었던 바, 종래의 보험업법 속에 외국보험사업자에 관한 법률과 보험모집단속법을 통합하여 개정보충한 새로운 보험업법을 제정함으로써 현행의 보험관계법률체계가 확립되었다.

따라서 우리나라의 보험관계법률이라 하면 상법의 보험편과 보험업법이 그 기본이 되고 있고, 이외에 특별법으로서 자동차손해배상책임보험에 관한 자동차손해배상보장법(법3774호), 수출보험에 대한 수출보험법(법3399호), 신체손해배상 특약부 화재보험에 관한 화재로 인한 재해보상과 보험가입에 관한 법률(법2482호), 원자력손해배상책임보험에 관한 원자력손해배상법(법2094호) 등이 있다. 또한 국영보험인 체신보험에 관하여 체신예금·보험에 관한 법률(법3610호)과 사회보험법에 속하는 산업재해보상보험법(법3713호), 국민건강보험법(법3502호), 선원보험법(법2886호), 군인보험법(법3398호) 등이 있다.

2. 보험업법

보험은 장래의 불확실사상에 관한 예정계산을 기본으로 하는 제도로서 그 조건부 급부를 약속하는 무형재(無形財)의 생산관계를 규율하는 수급메카니즘에는 반드시 정해진 조절기능도 없으며, 따라서 그 운영도 불안정한 요인에 의해 위협당하고 있는 것이 일반적인 현상이다.

그리고 보험의 높은 사회성, 공공성을 고려해 볼 때, 보험사업의 안정성과 보험업계의 건전한 발전을 확보하고 다수 보험계약자의 보호를 위한 적절한 조치가 무엇보다도 요망되고 있다. 1962년 이래 보험업법은 보험사업에 대한 감독지도를 수행하여 왔지만, 현재의 보험업법은 보험업계의 발전과 실정을 반영하여 1977년의 전면개정과 그 후 몇 차례의 개정을 통하여 통합·정비된 것이다.

현행 보험업법은 2009년에 개정된 보험업법으로, 그 체계는 전 13장 210조로 구성되어 있으며, 제1장에서는 총칙, 제2장에는 보험업의 허가 등, 제3장에는 보험회사, 제4장에는 모집, 제5장에는 자산운용, 제6장에는 계산, 제7장에는 감독, 제8장에는 해산·청산, 제9장에는 관계자에 대한 조사, 제10장에는 손해보험계약의 제3자 보호, 제11장에는 보험관계단체 등, 제12장에는 보칙, 제13장에는 벌칙으로 되어 있다. 여기에 보험업법 시행령을 포함하는 광범위하고도 상세한 내용을 수용하고 있다.

이하에서는 본 법에 있어서 특별히 중요하다고 여겨지는 사항에 대해서 간단히 설명하고자 한다.

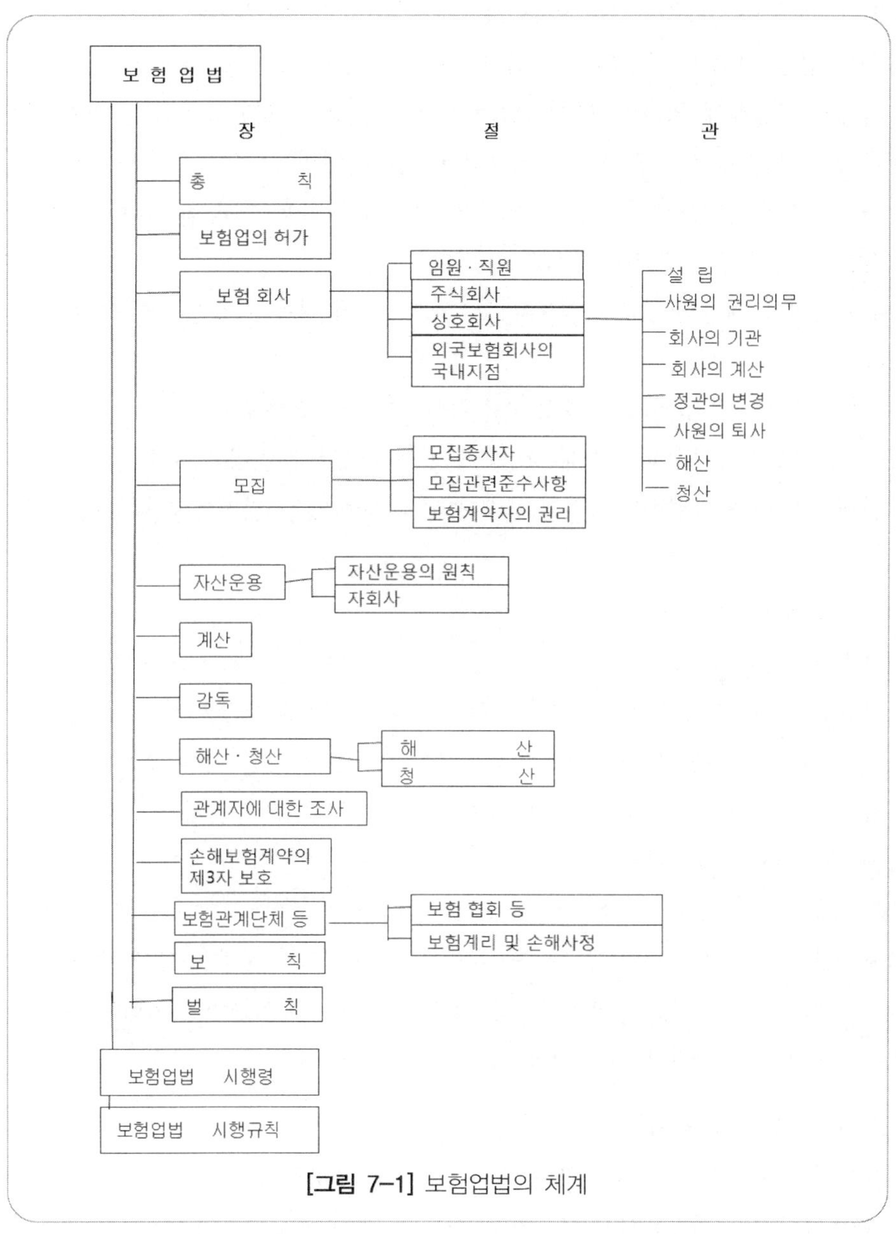

[그림 7-1] 보험업법의 체계

(1) 보험업법의 의의와 목적

보험업법은 보험사업의 높은 사회성과 공공성을 감안하고 보험업계의 건전한 발전을 도모하기 위한 일종의 상사특별법으로서 민영보험사업에 대한 행정적 감독규제와 보험사업을 영위하는 자의 조직 및 업무활동, 보험의 모집 등을 규정한 공법과 사법의 병합법규라고 할 수 있다.

외국의 입법례에 의하면, 보험업법의 적용을 특정의 보험 혹은 일부 보험부문에 한정하는 경우도 있지만 우리나라에서는 시대의 요청에 응하여 운영되고 있는 모든 민영보험사업은 이 법률의 적용을 받도록 원칙을 세우고 보다 엄격한 실질적 감독주의를 채택하고 있다.

보험업법을 제정한 목적에 대해서는 그 제1조에 다음과 같은 규정을 두고 있다.

첫째, 보험업을 영위하는 자의 건전한 운영을 도모하고

둘째, 보험계약자 · 피보험자 그 밖의 이해관계인의 권익을 보호함으로써

셋째, 보험업의 건전한 육성과 국민경제의 균형있는 발전에 기여한다.

(2) 보험사업의 감독

1) 보험사업의 허가

보험업은 금융위원회의 허가를 받지 아니하고는 이를 영위하지 못한다. 여기에서 허가라 함은 충분한 재무기초와 영업계획을 가지고 위험 없이 사업개시가 가능하다고 여겨지는 자에 한하여 주어지는 영업허가이며 보험회사 설립에 대한 허가는 아니다.

이 같은 보험사업의 허가를 받을 수 있는 자는 주식회사, 상호회사와 외국보험사업자에 한한다. 일정한 사유에 의하여 허가취소의 처분을 받은 때는 회사를 해산한다. 허가 없이 보험사업을 영위한 자에 대해서는 5년 이하의 징역 또는 3천만원 이하의 벌금에 처하도록 되어 있다.

2) 보험사업의 기초서류

보험사업의 허가를 신청할 때는 그 신청서에 아래와 같은 회사의 조직 및 그 운영에 관한 기본적 사항을 기재한 서류를 첨부하여 금융위원회에 제출해

야 한다.

가. 정관

보험회사의 조직 및 운영에 관한 근본규칙을 정한 것으로 정관(定款)에 기재해야 할 사항은 절대적 기재사항과 상대적 기재사항으로 구분되며 절대적 기재사항은 법률의 규정에 의하여 반드시 기재하도록 정해진 사항으로서 만약 절대적 기재사항이 기재되지 않을 때에는 그 정관의 효력은 부인될 수도 있다.

나. 사업방법서

보험회사가 영위하고자 하는 보험사업의 종류에 관하여 그 사업의 운영에 관한 기본방침을 정한 서류로서 그 기재사항은 보험업법 시행령 제9조에 규정되어 있다

다. 보험약관

보험계약의 표준적인 내용이 되는 조항을 정한 약관이다. 보험약관에 기재되어야 할 사항은 보험업법 시행령 제9조에 명기되어 있다.

라. 보험료 및 책임준비료 산출 방법서

보험의 수리적 기초를 규정한 서류로서 그 기재사항은 보험업법 시행령 제9조에 명기되어 있다.

마. 대통령령이 정하는 서류

대통령령이 정하는 서류라 함은 위에서 언급한 네 가지 항 외에 보험업법 시행령 제9조에 따른 서류를 제출하여야 한다. 특히 외국보험사업자는

① 외국보험회사의 본점이 적법한 보험업을 영위하고 있음을 증명하는 본국의 권한 있는 기관의 증명서
② 대한민국에서 외국보험회사를 대표하는 자의 대표권을 증명하는 서류
③ 외국보험회사의 본점의 최근 3년간의 대차대조표와 손익계산서
④ 법 제9조제3항의 규정에 의한 영업기금의 납입을 증명하는 서류
⑤ 대표자의 이력서 및 경력증명서
⑥ 재무제표와 그 부속서류
⑦ 그 밖에 법 또는 이 영에 의한 허가요건의 심사에 필요한 서류로서 대통

령령이 정하는 서류를 첨부하여야 한다.

3) 사업형태에 관한 규제

가. 경영주체의 제한

우리나라의 보험업법에서 인정하는 보험업의 경영주체는 300억원 이상의 자본금 또는 기금을 납입한 주식회사 또는 상호회사이어야 한다. 외국과 달리 개인, 조합, 합자, 유한회사 등의 경영형태를 배제하고 있는 것은 보험업법의 비현실성과 편협성으로 지적되기도 하지만, 보험업은 그 성질상 특히 경영의 대규모화나 사업의 안정적 영속성이 무엇보다도 요망되기 때문에 보험업법의 규제를 받는 경영형태는 주식회사와 상호회사 외에는 어떤 형태로든 취할 수 없다라고 규정되어 있다.

한편, 외국보험사업자의 경우에는 대통령령이 정하는 영업기금을 자본금 또는 기금으로 보도록 규정하고 있으며, 대한민국 안에서 보험업을 영위하고자 하는 외국보험회사의 영업기금은 30억원 이상으로 하며, 외국보험회사가 납입하여야 하는 영업기금의 납입방법은 금융위원회가 정하도록 하고 있다.

나. 다른 업무 겸영의 제한

보험회사는 보험업 이외의 사업을 영위하지 못한다. 이것을 위반한 때는 1천만원 이하의 과태료에 처하도록 되어 있다. 이것은 보험업이 수리통계에 기인하는 특수한 사업이기 때문에 그 경영기초를 완전히 달리하는 다른 사업을 겸영함으로써 본래의 보험업자체의 업무를 위태롭게 하고 그 결과 보험계약자 또는 기타 관계자들이 불이익한 결과를 당하지 않도록 하기 위해 취해진 규정이다.

다. 보험업 겸영의 제한

보험회사는 생명보험업과 손해보험업을 겸영하지 못한다. 이것은 양 사업이 부담하는 위험의 성질, 보험료산정의 기초, 계약기간, 기타 계약조항 등에 현저한 차이가 있기 때문에 동일회사가 양 사업을 경영함으로써 어느 한 사업에서 발생하는 손실로 인하여 다른 사업을 위태롭게 할 염려가 있기 때문이다. 다만 생명보험업을 영위하는 회사는 생명보험의 재보험 및 제3보험의 재보험을 영위할 수 있다.

그러나 생명보험업 또는 손해보험업에 해당하는 보험종목의 전부에 관하여 허가를 받은 자는 제3보험업에 해당하는 보험종목에 관하여 허가를 받은 것으로 본다고 규정하고 있다.

보험업법은 이 같은 겸영제한의 취지를 강화하기 위하여 보험회사의 상근 임원은 다른 영리법인의 상무에 종사할 수 없도록 규정하였으며, 만약 이것을 위반한 때는 500만원 이하의 과태료에 처하도록 하였다.

4) 금융위원회에 의한 감독

가. 보고와 검사

금융위원회는 보험사업자에 대하여 언제든지 주주의 현황 기타 사업에 관한 보고 또는 자료의 제출을 명할 수 있다. 그리고 보험사업자는 매 사업연도마다 재무제표와 사업보고서를 제출해야 하며, 매월마다 재산이용명세서, 대차대조표, 보험사업성적표 및 수지보고서를 작성하여 금융위원회에게 제출하도록 되어 있다. 또한 금융위원회은 감독상 필요한 경우에는 보험업에 직접 또는 간접적으로 관계한 특정사항에 대하여 수시로 보고를 받을 수 있다.

보험사업자는 그 업무 및 자산상황에 관하여 보험감독원의 검사를 받아야 한다. 보험감독원이 검사를 한 때에는 그 결과에 따라 필요한 조치를 하고 그 내용을 금융위원회에게 보고하여야 한다.

나. 감독명령

금융위원회는 보험사업자에 대하여 그 업무 및 자산상황에 따라 필요하다고 인정한 때에는 업무집행방법의 변경 또는 금융위원회가 지정하는 기관에 재산의 예탁을 명하거나 기타 감독상 필요한 명령을 할 수 있다.

이외에도 금융위원회는 보험사업자에 대하여 그 업무 및 자산상황 기타 사정의 변경에 의하여 필요하다고 인정하는 때에는 기초서류 또는 허가를 받은 부대사업의 업무종류와 방법의 변경을 명할 수 있으며, 공익 또는 보험사업의 건전한 발전을 위하여 상호협정의 변경, 폐지 또는 새로운 협정체결을 명하거나 그 협정에 따를 것을 명할 수 있다.

그리고 금융위원회는 기초서류의 변경을 인가하는 경우에 보험계약자, 피보험자 또는 보험금액을 취득할 자의 이익을 보호하기 위하여 특히 필요하다고 인정하는 때에는 이미 체결된 보험계약에 대하여도 장래에 대하여 그 변경의 효력을 미치게 할 수 있다. 이 처분을 변경의 소급처분이라 한다.

다. 위법행위에 대한 처분

금융위원회는 보험사업자가 법령 또는 이 법에 의한 명령이나 처분에 위반하거나 공익을 해하는 행위를 한 때에는 절차에 따라 이사, 감사, 또는 대표자의 해임 기타 필요한 조치를 하게 하거나 사업의 전부 또는 일부의 정지를 명하거나 보험업의 허가를 취소할 수 있다. 금융위원회가 허가를 취소를 행하는 경우에는 청문을 거쳐야 한다.

(3) 보험의 모집

보험을 올바르게 보급시키기 위해서는 모집을 담당하는 자 자신이 먼저 보험의 내용을 충분히 숙지하고 보험수요에 적합한 보험계획을 제공할 수 있는 전문직업인이어야 한다는 관점에서 보험모집에 종사할 수 있는 자의 범위를 명확하게 규율함과 동시에 모집행위의 적정화를 통하여 보험계약자의 이익을 보호하고 보험사업의 건전한 발달을 도모하자는 생각에서 보험모집에 대해서도 규정을 하고 있다.

1) 보험모집종사자의 등록

보험모집을 하고자 하는 자는 금융위원회에 등록하여야 한다. 보험사업의 일선에서 활동하고 있는 보험모집종사자는 보험의 내용을 계약자에게 설명할 수 있는 지식과 능력을 갖추어야 함은 물론 신뢰할 만한 자질과 교양을 갖추는 것이 필요하다. 따라서 보험업법 제83조는 보험모집을 할 수 있는 자를 ①보험설계사 ②보험대리점 ③보험중개사 ④보험회사의 임원(대표이사·사외이사·감사 및 감사위원 제외) 또는 직원 ⑤보험대리점 또는 보험중개사의 임원 또는 사용인으로서 이 법에 의하여 모집에 종사할 자로 신고된 자로 한정하고 있다.

금융위원회는 이 등록의 신청이 있는 경우에 신청인이 금치산자 또는 한정치산자, 파산자로서 복권되지 아니한 자, 금고 이상의 형을 받고 그 종료로부터 2년이 경과하지 아니한 자, 본 법에 의하여 벌금형을 받았거나 등록이 취소된 후 2년이 경과하지 아니한 자, 미성년자, 모집에 관하여 부적당한 행위를 하였거나 보험료를 횡령한 후 2년이 경과하지 아니한 자에 대해서는 그 등록을 거부하여야 한다.

또한 금융위원회는 부정한 방법으로 등록을 한 것이 판명된 경우에는 그 등록을 취소해야 한다.

2) 보험모집종사자의 제한

보험을 모집할 수 있는 자는 보험사업자의 임원 또는 직원, 보험설계사, 보험대리점 또는 보험중개사, 보험대리점 또는 보험중개사의 임원이나 사용인으로서 이 법에 의하여 신고된 자에 한한다.

보험사업자의 임원 또는 직원은 별도의 등록을 하지 않고 임원이나 직원으로서의 신분을 가지고 있으면 보험을 모집할 수 있다.

보험설계사는 보험사업자를 위하여 보험계약의 체결을 중개하는 자로서 보험업법 제84조의 규정에 의하여 등록된 자를 말한다. 즉, 동 조항의 규정에 따라 등록되지 않은 자는 보험설계사로 볼 수 없으며, 따라서 보험모집에 종사할 수 없다. 보험회사는 다른 보험회사에 속하는 보험설계사에게 모집을 위탁하지 못한다. 또한 보험설계사는 소속보험회사외의 보험회사를 위하여 모집하지 못한다. 그러나 다음의 경우에는 이를 적용하지 아니한다. ①생명보험회사에 속한 보험설계사가 1개의 손해보험회사를 위하여 모집을 하는 때, ②손해보험회사에 속한 보험설계사가 1개의 생명보험회사를 위하여 모집을 하는 때, ③생명보험회사 또는 손해보험회사에 속한 보험설계사가 1개의 제3보험업을 영위하는 보험회사를 위하여 모집을 하는 때

보험대리점은 보험사업자를 위하여 보험계약의 체결을 대신하는 자로서 보험업법 제87조의 규정에 의하여 금융위원회에 등록한 자를 말한다. 따라서 등록하지 않은 자는 보험대리점으로 볼 수 없다.

보험중개사는 독립적으로 보험계약의 체결을 중개하는 자이다. 즉, 보험자와 보험계약자 사이 즉 타자간의 법률행위의 체결에 노력하는 자로서 사안에 따라 보험자를 위하여 또는 보험계약자를 위하여 독립적으로 보험계약의 체결을 중개하는 자를 말한다.

보험대리점 또는 보험중개사의 임원이나 사용인으로서 이 법에 의하여 신고된 자는 보험모집을 할 수 있다. 이 때 보험대리점의 임원이란 법인의 경우에 있을 수 있으며 금융위원회에 등록된 법인의 임원이나 대리점의 사용인은 신고를 함으로써 모집활동에 종사할 수 있도록 한 것이다.

또한 다음의 금융기관은 보험대리점 또는 보험중개사로 등록할 수 있다.

① 「은행법」에 의하여 설립된 금융기관
② 「자본시장과 금융투자업에 관한 법률」에 따른 투자매매업자 또는 투자중개업자
③ 「상호저축은행법」에 의한 상호저축은행
④ 그 밖에 다른 법률에 의하여 금융업무를 행하는 기관으로서 대통령령이 정하는 기관

아울러 보험대리점 또는 보험중개사로 등록한 금융기관이 모집할 수 있는 보험상품의 범위, 모집방법, 모집에 종사하는 모집인의 수 및 영업기준 등 그 밖의 필요한 사항은 대통령령으로 정한다.

3) 부정모집행위의 금지규정

보험계약의 체결 또는 모집에 종사하는 자는 보험계약의 체결 또는 모집에 관하여 다음과 같은 행위를 해서는 안 된다.

① 보험계약자 또는 피보험자에게 보험계약의 내용을 사실과 다르게 알리거나 그 내용의 중요한 사항을 알리지 아니하는 행위
② 보험계약자 또는 피보험자에게 보험계약의 내용의 일부에 대하여 비교대상 및 기준을 명시하지 아니하거나 객관적인 근거없이 다른 보험계약과 비교하여 당해 보험계약이 우량 또는 유리하다고 알리는 행위
③ 보험계약자 또는 피보험자가 보험계약의 중요한 사항을 보험회사에 알리는 것을 방해하거나 알리지 아니할 것을 권유하는 행위
④ 보험계약자 또는 피보험자가 보험계약의 중요한 사항에 대하여 부실한 사항을 보험회사에 알릴 것을 권유하는 행위
⑤ 보험계약자 또는 피보험자에 대하여 이미 성립된 보험계약을 부당하게 소멸시킴으로써 새로운 보험계약을 청약하게 하거나 새로운 보험계약

을 청약하게 함으로써 기존 보험계약을 부당하게 소멸하게 하거나 그밖에 부당하게 보험계약을 청약하게 하거나 이러한 것을 권유하는 행위

또 금융기관보험대리점등의 경우에도
① 대출 등 당해 금융기관이 제공하는 용역을 제공하는 조건으로 대출 등을 받는 자에게 당해 금융기관이 대리 또는 중개하는 보험계약의 체결을 요구하거나 특정한 보험회사와 보험계약을 체결할 것을 요구하는 행위
② 대출 등을 받는 자의 동의를 미리 받지 아니하고 보험료를 대출 등의 거래에 포함시키는 행위
③ 모집할 수 있는 자가 아닌 당해 금융기관의 임원 또는 직원으로 하여금 모집을 하도록 하거나 이를 용인하는 행위
④ 당해 금융기관의 점포외의 장소에서 모집을 하는 행위
⑤ 모집과 관련이 없는 금융거래를 통하여 취득한 개인정보를 미리 당해 개인의 동의를 받지 아니하고 모집에 이용하는 행위를 하여서는 안 된다.

4) 모집용 문서도화의 규제

모집을 위하여 사용하는 보험안내자료에는 다음의 사항을 명료하고 알기 쉽게 기재하여야 한다. 보험설계사 보험대리점 보험중개사 보험회사의 임원(대표이사 · 사외이사 · 감사 및 감사위원 제외) 또는 직원
① 소속보험회사의 상호나 명칭 또는 보험설계사나 보험대리점 또는 보험중개사의 성명 · 상호나 명칭
② 보험가입에 따른 권리 · 의무에 관한 주요사항
③ 보험약관에서 정하는 보장에 관한 사항
④ 해약환급금에 관한 사항
⑤ 「예금자보호법」에 의한 예금자보호와 관련된 사항
⑥ 그 밖에 보험계약자의 보호를 위하여 대통령령이 정하는 사항

그리나 보험안내자료에 보험회사의 자산과 부채에 관한 사항을 기재하는 경우에는 제118조의 규정에 의하여 금융위원회에 제출한 서류에 기재된 사항

과 다른 내용의 것을 기재하지 못하며, 보험회사의 장래의 이익의 배당 또는 잉여금의 분배에 대한 예상에 관한 사항을 기재하지 못한다. 다만, 보험계약자의 이해를 돕기 위하여 금융위원회가 필요하다고 인정하여 정하는 경우에는 그러하지 아니하다. 또한 방송·컴퓨터통신 등 그 밖의 방법으로 모집을 위하여 보험회사의 자산 및 부채에 관한 사항과 장래의 이익의 배당 또는 잉여금의 분배에 대한 예상에 관한 사항을 불특정인에게 알리는 경우에 이를 준용한다.

5) 소속보험회사의 배상책임

① 보험사업자는 그 임원, 직원, 보험설계사 또는 보험대리점이 모집을 함에 있어서 보험계약자에게 가한 손해를 배상할 책임을 진다. 다만, 보험설계사와 보험대리점의 경우에는 소속 보험사업자가 당해 보험설계사 또는 보험대리점에게 위탁함에 있어서 상당한 주의를 하였고, 또 이들이 행하는 모집에 있어서 보험계약자에게 가한 손해의 방지에 노력한 때에는 그러하지 아니한다.

② 금융위원회는 보험중개사가 보험계약의 체결을 중개함에 있어서 보험계약자에게 가한 손해의 배상을 보상하게 하기 위하여 보험중개사로 하여금 금융위원회가 지정하는 기관에 영업보증금을 예탁하게 하거나 보험에의 가입 그 밖의 필요한 조치를 하게 할 수 있다.

6) 위반행위에 대한 조치

보험설계사와 보험대리점이 본 법률에 위반한 때, 또는 모집에 관하여 현저하게 부적당한 행위를 한 때에는 금융위원회로부터 일정기간 업무의 정지 및 등록취소처분을 받을 수 있다.

또한 무등록으로 모집을 하였거나, 모집에 관한 금지행위를 하였거나 무등록자에게 보험모집을 위탁하고 수수료보수 기타 대가를 지급한 경우에는 1년 이하의 징역 또는 1000만원 이하의 벌금에 처해진다.

7) 자기대리점의 금지

보험대리점은 또는 보험중개사는 그 주된 목적으로서 자기 또는 자기를 고용하고 있는 자를 보험계약자 또는 피보험자로 하는 보험을 모집하지 못한다. 자기 계약의 보험료 누계액이 당해보험대리점이 모집한 보험계약의 보험료 누계액의 100분의 50을 초과한 때에는 자기 대리점이라고 판정된다.

이것은 이 같은 자기 대리점의 존재를 허락하는 경우, 예를 들면, 개인이건 회사이건 자기 물건에 화재보험계약을 체결하는 때에 보험회사와 대리점 계약을 맺고 대리점수수료의 지급을 수취한다면 그 금액만큼 보험료할인 또는 반환을 받았던 것과 같은 효과를 인정하는 셈이 되기 때문이다.

3. 보험계약법

보험제도의 집단보장적 기구가 구체적 내용을 가지고 실현되는 과정에서는 다수의 개별보험거래가 존재하게 되고, 이들 보험거래의 안전성과 공정성을 확보하는 의미에서 그 실천이 계약으로서 법적으로 규제되고 보호될 필요가 있다.

우리 상법은 보험계약에 대한 규정으로서 상법 제4편 보험에 관한 규정을 두고 있는 데, 이것은 지난 1962년 5월 20일 법률 제 1000호로 제정 · 공포되어 1963년 1월 1일부터 시행되었던 것이지만, 최근 새로운 보험계약법(保險契約法)이 해상법과 더불어 1991년 12월 16일에 상법 중 개정법률로서 국회를 통과하여 1991년 12월 31일 법률 제4470호로 공포되어 시행되고 있다. 우리 상법은 해상보험뿐만 아니라 해상보험에 관한 규정도 제4편에 모으고 보험을 크게 손해보험과 인보험으로 나누어 규정하고 있는 데 그 체계는 다음과 같다.

우리나라의 보험계약법은 오늘날 거래되고 있는 각종 보험계약을 망라하고 있는 것은 아니다. 상법에서 규제하고 있지 아니한 보험의 종류에 대해서는 각 보험계약에 따르는 통칙규정을 그대로 준용하고 있다.

각종 보험계약에 있어서 구체적인 내용은 각각의 보통보험약관에 정해져 있지만, 보험의 법기술적 특징을 표현한 것으로서 상법은 보험사고의 우발성 요건, 피보험이익의 요건, 보험자면책, 고지의무, 통지의무, 보험자대위 등을 두고 있다. 이들 규정은 이미 보험의 계약편에서 상세하게 기술한 것과 같다.

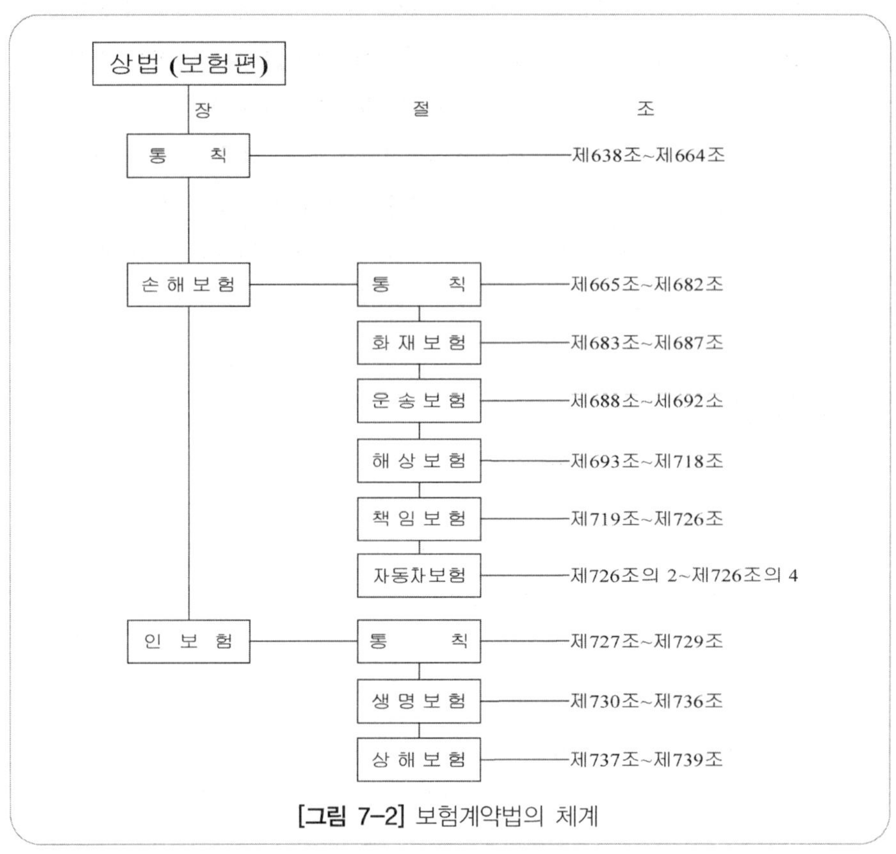

[그림 7-2] 보험계약법의 체계

제2절 보험관계 자격 제도

앞에서 살펴본 바와 같이 보험업은 장래의 불확정한 사고를 담보하는 무형의 상품을 대수의 법칙을 응용한 확률계산에 의하여 전체적으로 급부와 반대급부가 균형이 맞도록 합리적인 가격을 설정하고 이를 기반으로 다수 대중을 상대로 계속적, 조직적, 계획적으로 영위하는 사업이므로 상술한 다수의 기능이 협동과 조화를 이루어 효율적으로 수행되지 않으면 안 된다.

이에 따라 보험전문인으로서 독립적으로 보험계약의 체결을 중개하는 보험중개사(保險仲介士)와 보험수리에 관한 업무를 담당하는 보험계리사(保險計理

士), 그리고 보험금이 결정되는 손해액의 평가와 사정을 업으로 하는 손해사정사(損害査定士)가 있다. 이하에서는 이들 자격에 관하여 자세히 살펴보자.

1. 보험중개사

보험중개사(insurance broker)이란 독립적으로 보험계약의 체결을 중개・알선하는 자(법인이 아닌 사단과 재단을 포함한다)로서 금융위원회에 등록하여야 한다. 이 보험중개사제도는 외국의 예에 따라 모집체계의 다각화, 신위험의 증가, 보험계약자에 대한 서비스 증대, 전문적이고 중립적인 모집종사자의 확보 등의 필요에 따라 1977년에 도입되었으나 우리나라의 현실로는 이 제도가 잘못 운영될 경우에는 모집체계의 혼란을 가져올 수 있어 그 동안 시행되지 못하다가 1995년 법 개정을 거쳐 1997년부터 시행하고 있다.

이러한 보험중개사제도의 시행은 선진국의 시장개방요구에 능동적으로 대처하고 보험사업의 국제화 추세에 부응하며 보험계약자에게 보다 나은 보험상품 선택과 계약자편의 서비스제공 등 장점도 있으나, 과당경쟁 등 모집체계의 문란, 중개사에 대한 감독・통제의 곤란, 보험계약성립의 책임여부로 인한 계약자의 피해발생 우려, 재보험시장의 혼란가중 등의 단점도 내재해 있어 금융위원회에의 등록제를 채택하고 있다.

중개사는 원수보험시장뿐만 아니라, 재보험시장에서도 활동할 수 있으며 어느 보험사업자에 소속되거나 대리행위를 하지 않고 보험계약 당사자, 즉 보험계약자와 보험사업자간의 거래(계약체결)를 중개・알선하는 자로서 원수보험시장에서는 보험계약자를 위하여 활동할 수 있고, 재보험시장에서는 출재회사(出再會社) 수재회사(受再會社)를 위하여 활동할 수 있다.

이와 같은 보험중개사는 금융위원회에 등록하여야 중개업무에 종사할 수 있으며 대리점의 경우와 같이 영업보증금을 예탁하게 하거나 보험에의 가입 그 밖에 필요한 조치를 하게 할 수 있다.

보험중개사시험 응시자격 및 시험과목, 과목별 배점 및 합격자 결정방법은 다음과 같다.

(1) 응시자격

학력, 성별, 연령, 경력, 국적 등에 관한 제한이 일체 없음

(2) 보험중개사시험 과목 및 과목별 배점

구분	교시	시험 과목		배점
		대분류	소분류(문항수)	
손해보험중개사	1교시	보험관계법령 등	보험업법(15), 상법중 보험편(제4편) 및 해상편(제5편) (25), 민법중 총칙편(제1편)(10), 보험중개사행동규범(10)	150
	2교시	회계원리, 위험관리론	회계원리(10), 위험관리론(10)	50
		손해보험 1부	자동차보험(15), 특종보험(10), 보증보험(5), 개인연금 등 저축성보험(10)	100
		손해보험 2부	화재보험(10), 적하 · 운송보험 · 선박보험(15), 항공 · 우주보험(5), 재보험(10)	100
생명보험중개사	1교시	보험관계법령 등	보험업법(15), 상법중 보험편(제4편)(25), 민법중 총칙편(제1편)(10), 보험중개사행동규범(10)	150
	2교시	회계원리, 보험세제 및 재무설계	회계원리(10), 보험관련 세제 및 재무설계(10)	50
		생명보험 1부	생명보험 상품 및 약관 (40)	100
		생명보험 2부	연금보험(퇴직보험 포함)(20), 생명보험의 재보험(10), 공제 및 사회보장제도(10)	100
제3보험중개사	1교시	보험관계법령 등	보험업법(15), 상법중 보험편(제4편)(25), 민법중 총칙편(제1편)(10), 보험중개사행동규범(10)	150
	2교시	회계원리, 위험관리론	회계원리(10), 위험관리론(10)	50
		제3보험 1부	상해 · 질병 및 간병보험 상품 및 약관(60)	150
		제3보험 2부	제3보험의 재보험(10), 공제 및 사회보장제도(10)	50

(3) 합격자 결정

매 과목(대분류)별 배점의 100분의 40이상을 득점하고 전과목 배점합계의 100분의 60이상을 득점한 자를 합격자로 한다.

2. 보험계리사

보험계리사(actuary)이란 보험수리에 관한 전문지식을 가진 자로서, 책임준비금 기타 보험계약에 관한 준비금, 보험료와 보험계약에 의한 대부금 계산의 정당 여부확인 등의 업무를 행하는 자로서 보험계리사의 자격을 갖기 위하여 보험감독원장이 실시하는 시험에 합격하고, 일정기간 실무수습(2년, 다만 보험수리업무 3년 이상 종사한 경력이 있는 자는 1년)을 마친 후, 보험감독원에 등록하여야 한다.

이와 같이 시험에 합격하고 소정의 실무수습을 마친 후 보험계리사로서 보험감독원에 등록을 하여야만 보험계리사로서의 자격이 부여되어 업무를 담당하게 할 수 있는 것이다. 여기서의 등록은 그 등록요건을 구비하면 등록의 취소요건에 해당되는 경우를 제외하고는 등록신청을 거부할 수 없으므로 일종의 자격신고의 성격을 갖는 것이다. 보험계리사의 시험은 제1차시험과 제2차시험으로 구분하여 실시하며, 1차시험은 선택형에 기입형을 병용, 2차시험은 논문형에 선택형 또는 기입형을 병용할 수 있도록 되어 있고 시험과목은 다음과 같다.

(1) 보험계리사 시험과목

제1차 시험	제2차 시험
• 경제학원론 및 경영학 중 택일 • 보험수학 • 외국어(영어 및 일어 중 택일) • 보험업법 및 보험계약법(상법 제4편)	• 보험이론 및 실무 • 회계학 • 보험수리

다만, 보험관계기관(금융감독원, 보험협회, 보험요율산출기관(보험개발원), 보험회사)에서 보험수리업무에 5년 이상 종사한 경력이 있는 자는 제1차 시험을 면제한다.

(2) 합격자 결정

시험합격자의 결정은 각 과목 100점을 만점으로 하여 각 과목 40점 이상, 전과목 평균 60점 이상 득점한자를 합격자로 한다. 이와 같은 시험에 합격한 자는 6개월의 실무수습기간을 마쳐야 하며(보험수리업무 2년 이상 종사 경력자 면제), 실무수습은 보험감독원, 보험사업자, 보험협회, 보험요율산출기관 기타 금융위원회가 지정하는 기관에서 보험수리업무에 관하여 행하여야 한다.

3. 손해사정사

손해사정사(loss adjuster)이란 보험사고가 발생한 경우에 그 손해액을 평가·결정하고 지급보험금을 계산하는 등 일련의 업무를 총칭한 것이다. 즉, 보험의 목적에 손해가 발생한 경우, 그 손해가 어떻게 발생하였는지의 사실을 확인하여 동 손해가 보험약관에 따른 담보위험에 해당하는지 여부와 관련법규에 따른 적정성의 판단 및 해당 손해액을 판정하여 지급보험금을 계산하는 등의 일련의 업무를 모두 망라하여 손해사정이라 부르고 있다. 이러한 업무는 보험업법에 따라 자격을 갖춘 손해사정사가 담당토록 규정되어 있으며, 손해사정업무에 대하여는 보험사업자는 손해사정사를 고용하여 그 업무를 담당하게 하거나 손해사정을 업으로 하는 자를 선임하여 당해 업무를 위탁하여야 한다.

손해사정사란 손해발생사실의 확인, 보험약관 및 관계법규 적용의 적정여부의 판단, 손해액 및 보험금의 산정, 기타 손해사정에 관하여 필요한 사항에 관한 업무를 수행하는 자로서 손해사정사의 자격을 갖기 위해서는 보험감독원장이 실시하는 시험에 합격하고, 일정기간 실무수습(6개월 , 다만 손해사정업무 2년 이상 종사한 경력이 있는 자는 면제)을 마친 후, 보험감독원에 등록하여야 한다.

이와 같이 시험에 합격하고 소정의 실무수습을 마친 후 손해사정사로서 보험감독원에 등록하여야만 손해사정사로서의 업무를 담당할 수 있는 것이다. 여기서의 등록은 보험계리사의 경우와 같이 일종의 자격신고의 성격을 갖는다. 손해사정사의 시험은 제1차시험과 제2차시험으로 구분하여 실시하며 제1차시험은 선택형에 기입형을 병용, 제2차시험은 논문형에 선택형 또는 기입형을 병용할 수 있도록 되어 있다.

손해사정사는 제1종(화재 · 책임 · 기술 · 근재보험 등), 제2종(해상 · 항공 · 운송보험), 제3종(자동차대인, 대물 · 차량), 제4종(상해 · 질병 · 간병보험)으로 구분하며, 각 종목별로 자격시험을 실시하고 해당 종별의 보험종목에 대한 손해사정업무를 수행한다. 즉, 제1종 손해사정사는 화재 · 책임 · 기술 · 근재보험 등의 손해사정업무를 수행할 수 있으며 해상보험의 손해사정은 할 수 없다. 만약 제1종 손해사정사가 해상보험 또는 자동차보험의 손해사정업무를 수행하고자 할 경우에는 제2종 또는 제3종 손해사정사 자격을 취득하여야만 한다. 이와 같은 손해사정사의 시험과목은 다음과 같다.

(1) 손해사정사 시험과목

종 목		제1차 시험	제2차 시험
제1종 (화재 · 책임 · 기술 · 근재보험 등)		• 보험업법 • 화재 · 책임 · 기술 · 근재보험 등 이론 • 회계학 • 영어 • 보험계약법(상법 보험편)	• 손해사정이론 • 화재 · 책임 · 기술 · 근재보험 등의 손해액 및 보험금사정실무
제2종 (해상 · 항공 · 운송보험)		• 보험업법 • 해상보험이론 • 회계학 • 영어 • 보험계약법 (상법 보험편 및 해상편)	• 손해사정이론 • 해상보험의 손해액 및 보험금 사정실무
제3종 (자동차보험)	대인	• 보험업법 • 자동차보험이론 • 보험계약법(상법 보험편) • 의학이론	• 손해사정 이론 • 자동차 보험의 손해액 및 보험금사정실무 (대인배상 및 자기신체사고편)

	대물 · 차량	• 보험업법 • 자동차 보험이론 • 보험계약법(상법 보험편) • 자동차구조 및 정비 이론	• 손해사정 이론 • 자동차 보험의 손해액 및 보험금사정실무 (대물배상 및 자기차량 손해편)
제4종(상해 · 질병 · 간병보험)		• 보험업법 • 제3보험이론 • 보험계약법(상법 보험편) • 의학이론	• 손해사정이론 • 제3보험의 손해액 및 보험금사정실무

다만, 해당기관에서 해당분야의 손해사정업무에 5년 이상 종사한 경력이 있는 자, 국가기술자격법에 의한 자동차정비기능사 이상의 자격을 가진 자로서 해당 분야의 손해사정 업무에 3년 이상 종사한 경력이 있는 자(3종 대물) 등은 제1차 시험을 면제한다.

(2) 합격자 결정

시험합격자의 결정은 보험계리사의 경우와 동일하며, 시험에 합격한 자는 보험관계기관에서 6개월간의 실무수습기간을 마쳐야 한다.(손해사정업무 2년 이상 종사한 경력자는 면제). 이상과 같이 1 · 2차 시험에 합격하고 실무수습을 마친 자는 손해사정사로서의 등록신청자격이 있다.

연습문제

1. 보험관계법규의 변천에 관하여 설명하라.
2. 보험업법과 보험계약법의 특성에 관하여 설명하라.
3. 보험중개사와 보험대리점의 역할을 비교 · 설명하라.
4. 손해사정사의 업무 내용에 관하여 설명하라.
5. 보험관계 자격제도를 알아보고 각각의 업무 관하여 설명하라.

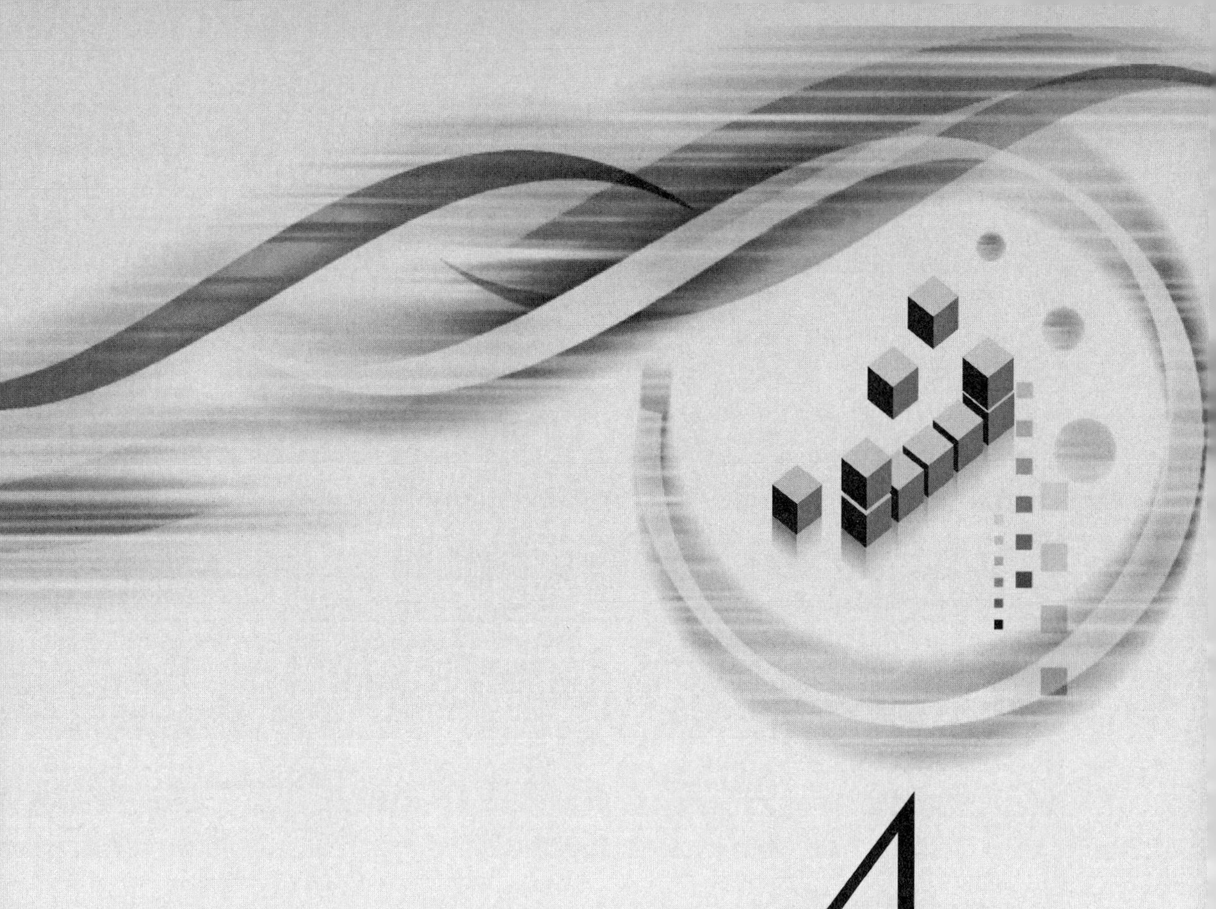

제 4 부 보험상품의 분류

제8장 손해보험의 의의와 기능

제1절 손해보험상품의 의의와 기능

1. 손해보험의 의의

가계, 기업은 물론이고 모든 개별경제주체는 풍수해, 화재, 폭발, 교통사고, 해난, 추락 등 여러 가지 육상위험, 해상위험, 항공위험, 천재지변의 위험에 의하여 소유하는 재산이나 자산이 멸실되거나 손상을 입기도 하며, 신체에 상해를 입거나 수익의 상실 또는 손해배상책임을 지는 등 다양한 경제적 손해의 가능성에 직면하고 있다.

그리고 개별경제주체는 이 같은 손해가 ① 발생할 것인지의 여부(발생유무), ② 발생한다면 언제 발생할 것인지(발생시점), ③ 발생하였을 경우, 그 규모는 어느 정도가 될 것인지(발생정도)를 전혀 예측할 수 없기 때문에 저축·준비금적립 등과 같은 단독적인 대응책으로는 충분하고도 효율적인 대응을 할 수 없다.

손해보험은 이 같은 개별경제주체의 결합을 이용하여 개별경제주체가 입게 되는 다양한 손해보상을 목적으로 하는 경제제도이다. 즉, 손해보험은 다양한 위험으로 인하여 경제적 손해를 입게 되는 개별경제주체가 다수 결합하여 합리적으로 계산된 보험료라는 갹출에 의하여 공동준비금을 마련하고 이로써 손해보상을 행한다는 경제제도이다. 이렇게 함으로써 개별경제주체는 장래 발생하느냐의 여부가 불확실하거나, 언제, 그리고 어떤 규모로 발생하느냐가 불확실한 손해에 대하여 보험료라는 확정적인 소액의 비용으로 효율적인 대처가 가능하게 되었다.

2. 손해보험의 기능

(1) 생활안정의 확보

개인생활은 질병, 상해, 사망의 위험, 산업의 위험, 주택, 자재, 자동차 등의 자산에 대한 재해의 위험, 배상책임을 부담하는 위험 등 다양한 위험에 놓여 있다. 이 같은 위험에 대하여 생명보험과 고용보험 등과 함께 손해보험도 상해보험, 소득발생보험, 화재보험, 자동차보험, 개인배상보험 등의 각종 보험에 의하여 생활안정의 확보에 이바지하고 있다.

또 교통사고에 의해서 피해자가 된 경우, 법률상의 구제수단은 가해자에 대한 손해배상의 청구이지만, 만약 가해자가 배상능력이 없다면, 피해자는 곤경에 처할 수밖에 없다. 배상책임보험에 가입하고 있다면 가해자가 된 경우에도 손해배상에 대한 금전적 보장을 얻을 수 있고, 상해보험에 가입하고 있다면 피해자가 된 경우에 치료비 등을 확보할 수 있다. 이처럼 손해보험은 피해자의 보호 또는 구제에 커다란 역할을 다하고 있다.

(2) 기업 활동의 유지 · 발전

기업을 둘러싼 위험은 개인생활의 위험이상으로 다양하며 경영의 안정을 확보하기 위해서는 손해보험의 이용이 불가결하다. 만일 어떤 기업이 대규모 화재를 입은 경우, 화재보험에 부보되어 있지 않았다면 별도의 충분한 복구비용이 축적되어 있지 않는 한 도산을 면치 못할 것이며, 도산의 영향은 곧 해당기업의 종업원, 거래처, 혹은 지역사회에 중대한 영향을 끼치게 될 것이다.

① 손해보험은 사고가 발생하였을 때는 후속손해까지도 예방 · 경감하고 생산확보 또는 재개도 가능하게 한다.

② 손해보험은 낮은 보험료로 확실하고도 값싼 보장을 제공함으로써 재화와 서비스의 제공가격을 안정시키고 있다.

③ 손해보험은 기업이 새로운 사업에 진출하는 경우, 실패의 두려움을 불식시켜 새로운 사업에 대한 새로운 기술개발의 활용을 도와주고 있다.

④ 손해보험은 종업원의 복지대책의 일환으로서도 이용되고 있다. 즉, 기업이 보험료의 일부를 부담함으로써 종업원의 생활안정을 꾀하고 있다.
⑤ 손해보험은 기업으로 하여금 낮은 보험료로 재해에 대비할 수 있도록 해주기 때문에 기업은 그 위험준비금의 적립을 최소화시키고 유효한 투자활동을 추구할 수 있다.

(3) 재해의 방지

손해보험은 간접적으로 재해를 방지하는 기능도 가지고 있다.
① 상법 제680조를 비롯하여 손해보험의 약관 또는 특약조항에는 손해의 방지·경감, 각종의 안전규칙의 준수 혹은 보험회사에 의한 검사가 요구되고 있다.
② 손해보험의 요율은 위험도에 응하여 공평하게 산출되기 때문에 재해의 예방 또는 손해의 경감 등의 수단을 강구하고 있는 경우에는 보험요율이 낮아진다.
③ 손해보험사업에 의해 각종의 방재연구기관이 설치되어 위험의 개선에 공헌하거나 소방자동차, 소방기구의 기증, 사고방지를 위한 홍보활동도 행하여지고 있다.

(4) 금융기관으로서의 기능

개개인 또는 개개의 기업이 지급하는 보험료는 소액이지만 손해보험회사에 집적된 자금은 상당히 거액이 된다. 이렇게 집적된 자금은 보험기간이 길고 사고의 발생이 비교적 안정되어 있는 생명보험의 자금과는 달리 보험기간이 짧고 또 대재해의 발생에 대비하기 위하여 장기고정적인 투자에는 적합하지는 않지만, 예금·유가증권투자·대부·부동산투자 등에 운용되어 중요한 금융적 역할을 수행하고 있으며 국민경제에도 기여하고 있다.

제2절 손해보험상품 종류

손해보험상품의 종류는 급속하게 다양화 되어가고 있다. 이것은 여러 종류의 위험이 증가하고 있기 때문이며 이 같은 경향은 앞으로도 계속될 것이다.

손해보험의 발전을 사적으로 고찰해 볼 때, 해상보험이 가장 먼저 근대적 형태로서 보험이론의 기초를 이루었지만, 이어서 런던과 함부르크 등지의 대화재가 화재보험발생과 발전의 근원이 되었던 것도 역사적인 사실이다. 사회의 진보, 문명의 발달과 함께 여러 가지 종류의 위험에 대응하기 위하여 다양한 보험이 이용되기에 이르렀다.

1. 화재보험

(1) 화재보험의 의의

화재보험(fire insurance)이란, 화재의 발생으로 인하여 보험의 목적에 발생한 손해를 보상하는 재산 보험을 말한다. 따라서 여러 가지 위험을 종합적으로 담보하는 가운데 화재로 인한 손해를 포함시키고 있는 것은 화재 보험이라 할 수 없다. 또한 화재보험은 화재를 보험사고로 하지만 이에 따른 손해보상의 범위는 화재에 따른 손해는 물론이거니와 화재에 따른 소방손해 및 화재에 따른 피난손해까지 확장담보하고 있다.

화재보험은 원래 그 원인 여하를 막론하고 화재에 의해서 발생하는 손해를 보상하여야 할 것이지만 실제로는 보험약관에 의해서 그 보상범위가 상당히 제한되고 있다. 예를 들면, 낙뢰・자연발화・자연발열・폭풍우 등에 기인하는 일체의 화재손해는 보상되지만, 폭발・파열・전쟁・폭동・방사능오염 등에 의한 손해는 보상되지 않는다.

화재보험의 종류로는 화재 위험만을 대상으로 하는 것에서부터 화재 이외의 각종의 위험이나 이익을 동일 증권으로 함께 담보하는 종합보험 혹은 계약자의 다양한 요구에 대응하기 위하여 주계약인 화재보험에 부가하여 그 급부내용을 확대하거나 피보험 범위를 확대하는 특수한 계약방식의 화재보험 등이 있다.

(2) 화재보험의 종류

1) 보통화재보험

보통화재보험은 화재보험 중에서도 가장 기본적인 상품이며 화재보험 보통약관에 근거하여 계약된다. 화재에 의해서 공장, 창고, 점포, 사무실 등의 건물이나 또는 가재도구에 대하여 발생한 손해를 보상하는 보험으로 담보위험은 화재만을 대상으로 한다.

2) 주택화재보험

주택화재보험은 주택물건(전용주택, 아파트, 또는 일정조건을 갖춘 점포 겸용주택이나 가재도구)에 대하여 화재, 낙뢰, 폭발, 파열에 의해서 발생한 손해 외에 잔존물 정리비용도 일정한 범위 내에서 보상된다.

3) 주택 · 점포 종합보험

주택 · 점포 종합보험은 화재 또는 그 외 많은 위험을 한 장의 보험증권으로 함께 인수하는 보험이며 주택종합보험과 점포종합보험으로 나누어진다.

주택종합보험은 주거전용건물 또는 일정조건의 점포겸용주택이나 가재도구를 보험의 목적으로 하고 종합적인 위험에 의한 손해나 비용을 보상하며 각종의 보험급부가 one-set되어 있는 보험이다.

주택종합보험은 점포 · 사무실 · 작업장의 건물이나 그 수용물 등에 담보위험이 발생함으로써 야기된 손해나 비용을 보상하는 보험이다.

4) 장기종합보험

전용주택, 점포겸용주택의 건물이나 가재도구를 대상으로 보험기간이 장기간이며 담보손해나 비용을 보상하고 만기 시에는 보험금액의 상당액이 만기환급금으로 지급되는 경우도 있다.

5) 화재부대특약

특약은 화재, 폭발 등에 의해서 보험의 목적이 손해를 입은 결과, 영업이 중지되었을 때에 발생한 희망이익의 상실, 경상비의 손실 등을 보상하는 보험이다. 이익보험은 이 같은 영업이익이나 경상비의 손실 등 간접 손해를 보상함으로써 정상적으로 영업활동을 계속하고 있었던 것과 같이 안정된 경제상태를 약속하는 이른 바 기업의 수지 밸런스를 보상하는 보험이라고 할 수 있다.

2. 해상보험

해상보험은 선박의 운항이나 화물의 수송과 관련하여 폭풍우, 침몰, 좌초, 충돌, 화재 등의 해상위험에 의해서 발생하는 손해보상을 목적으로 하는 보험이다. 해상보험은 원래 항해에 대한 위험을 담보하는 보험이지만, 이와 병행하여 항해에 부수하는 내수로 또는 육상 또는 항공운송 중의 위험도 하나의 해상보험증권으로 커버하는 것도 가능하다.

1906년 영국해상보험법 제2조 1항에는 "해상보험계약은 그 명시 특약 또는 상관습에 의해서 그 담보범위를 확장하고 해상항해에 부수하는 내수 또는 육상위험의 손해에 대하여도 피보험자를 보호할 수 있다."고 규정하고 있어, 해상보험계약은 해상구간뿐만 아니라 매도인의 창고로부터 발송항까지 또는 도착장으로부터 매수인의 창고까지 확장담보가 가능하다.

또한 해상위험의 발생에 의해서 생기는 위험은 선박이나 화물이라는 물적 손해 외에, 기대한 이익의 상실로 인한 손해, 손해배상 책임의 부담, 비용이익의 손해, 채권이익의 손해, 대상이익의 손해 등 각종의 손해가 존재한다. 따라서 해상보험의 대상이 되는 것은 정확히 선박 및 화물이라는 재산 자체가 부보되는 것이 아니라 그 선박, 화물에 대하여 손해를 입을 염려가 있는 경제상의 이해관계에 보험을 부보하는 것이라 할 수 있다.

(1) 선박보험

선박보험(hull insurance)이란 선박을 보험의 목적으로 하고 선박이 항해에 관한 사고에 의해서 입은 손해를 보상하는 보험이다. 그런데 선박을 보험의 목적으로 하는 보험은 모두 선박보험이라고 할 수 있지만 보통 선박보험이라고 하면 선주가 자기의 선박에 대해서 가지는 이익, 즉 소유자 이익의 보험을 의미한다. 선박보험의 보험의 목적은 당초에는 소위 화물선, 유조선, 객선 등의 상선에 한정되고 있었지만 오늘날에는 그 이외의 특수한 선박 및 해상에서 운송, 기타의 목적으로 사용되는 구조물까지도 포함할 수 있으며 건조 중이거나 예인 중, 또는 수선 중에 있는 선박까지도 포함되고 있다.

더욱이 선체, 기관 이외에 동일한 선박에 사용한 목적으로 선박 내에 있는 모든 속구, 연료, 식료품, 기타의 소모품도 보험의 목적에 포함되고 있다. 더구나 연료, 식료품, 소모품 등은 소유자 이익의 보험인 선박보험과는 별개로 선박의 운항에 요하는 비용, 즉 선비(disbursements)로서 대상이익의 보험으로 부보할 수도 있다.

1) 선박불가득손실보험

선박이 해상위험으로 인하여 운항을 할 수 없게 되면 선박소유자는 그 가동능력이 회복될 때까지 운송임 또는 용선료 등의 수입중단에 의한 커다란 경제력 손실을 입게 된다. 일반 선박보험이 해상위험에 의한 선박의 물적 손해를 보상하는데 주력하고 있음에 반하여 선박불가득손실보험(船舶不稼得損失保險)은 특정한 해상위험에 의해 선박이 불가동 상태에 빠진 경우에 선박 소유주가 입는 경제적 손실을 보상하는 보험이다.

2) 선박수선에 관한 보험

선박수선에 관한 보험은 수선 대상이 되고 있는 선박이 수선공사 중에 입게 되는 위험을 담보로 하는 보험으로서, 선박소유주가 부보한 「선박수선보험」과 조선소가 부보하는 「선박수선자공사보험」·「선박수선자배상책임보험」·「선박수선비보험」등이 있다.

① **선박수선보험** — 선박 소유주가 자신의 소유자 이익을 부보하는 것이며 선박의 수선 또는 개조 공사기간 중에 해상위험 또는 육상위험에 의하여 선박에 발생한 손해를 보상하는 보험이다.

② **선박수선자공사보험** — 선박의 수선 또는 개조공사기간 중에 해상위험 또는 육상위험에 의해서 선박 또는 수선 또는 공사자재에 발생한 손해를 보상하는 보험이다.

③ **선박수선자배상책임보험** — 선박수선자가 수선의뢰인인 선박소유자 또는 선박임차인으로부터 청부한 선박의 수선공사를 시공한 사이에 조선소의

과실에 의해서 선박 또는 적하에 손해가 발생한 결과, 수선의뢰인 혹은 제3자에 대하여 법률상의 배상 책임을 지는 경우에 이 법률상의 배상책임을 보험의 목적으로 하고 조선소를 보험계약자, 피보험자로 하고, 피보험자가 법률상 부담하는 배상책임에 의한 손해를 보상하는 보험이다.

④ **선박수선비보험** — 선박수선비보험이란 선박의 수선 또는 개조공사기간 중에 해상위험 또는 육상위험에 의해서 사고가 발생하였기 때문에 조선소가 사건발생 때까지 지출한 수선재료비, 공임, 기간비용에 대해 발생한 손해를 보상하는 보험이다.

3) 선박건조보험

선박건조보험(builder' risk insurance)은 건조(建造) 중에 있는 선박이 직면하고 있는 해상위험이다. 육상위험을 담보하는 전위험담보위험(all risk insurance)으로는 화재, 풍수해, 전복 등이 있으며 진수시나 시운전시에 침몰, 좌초, 충돌 등이 있으며 주로 선박건조자가 입는 손해의 보상을 목적으로 하고 있다.

4) P&I 보험

일반 선박보험으로는 부보되지 않는 선박소유자 또는 선박 임차인의 책임·손실·비용을 부담하는 보험으로 선주상호보험조합(mutal club or mutal insurance association)이 인수하는 경우와 선박보험자가 특별약관에 의해서 인수하는 경우가 있다.

세계적으로는 전자가 주로 이용되고 있다. 이 보험의 명칭은 Protection and Indemnity Insurance의 두문자를 취한 것으로 원래 Protection이란 선주의 제3자에 대한 책임 및 선원에 대한 고용주로서의 책임을, Indemnity란 화물의 운송인으로서의 화주에 대한 책임을 의미하는 것이었다.

5) 선비보험

선비보험(disbursement insurance)이란 선박운항에 즈음하여 항해에 필요한 연료, 식료, 음료수 기타의 소모품, 선원의 급료, 선박 및 선비(船費)에 대한 보험료 등의 비용을 지출하였음에도 불구, 대상으로서 당연히 획득되어야 할 이익이 해상위험의 발생으로 인하여 획득이 불가능하게 되는 경우에 이같이 선박운행에 관한 제 비용을 대상으로 하는 보험을 말한다.

(2) 화물보험

화물보험(cargo insurance)이란 해상운송 중에 있는 화물에 대하여 해상위험으로 인하여 발생한 손해를 보상하는 위험이다. 화물보험의 보험의 목적도 당초에는 해상운송의 객체가 되는 화물에 한정되고 있었지만 금일에는 어획물, 조립공사 중의 해양구조물까지도 포함되고 있다. 또 해상보험이라고 하여도 화물의 수송은 육상에서 시작하여 육상에서 끝나기 때문에 Warehouse to Warehouse Clause(창고간 약관)으로 전후의 육상위험을 담보하는 것이 보통이다.

또한 화물보험은 수출입화물을 대상으로 하는 외항화물해상보험과 우리나라의 국내연안상호간을 수송하는 화물을 대상으로 하는 내항화물해상보험으로 구별된다. 외항화물해상보험은 원칙적으로 외화로 보험계약을 맺고 보험증권이나 보험증명서도 영문으로 발행하며, 보험금 청구에 대한 보험회사의 책임유무 및 정산에 대해서는 영국의 법률 및 관습에 준거한다.

이에 반하여 내항화물해상보험은 보험계약을 원화로 맺고 보험증권 및 보험인수증도 국문으로 발행된다. 그리고 보험약관의 규정에 없는 사항이 야기되었을 때에는 우리나라의 법률에 따른다.

1) 희망이익보험

화물이 선적지에서 최종목적지에 무사히 도착한다면, 하주가 얻을 수 있는 것으로 기대되는 이익을 희망이익(expected profit)이라고 하고, 이 이익에 대한 보험을 희망이익보험(expected profit insurance)이라 한다. 하주의 희망이익은 대부분 화물의 원가, 운송 및 기타 비용을 합산하여 화물보험으로서 부보되고 있다. 화물이 선적지에서 최종목적지에 무사히 도착한다면, 일반적으로 그 가액이 증가하기 때문에 만약 화물이 해상위험으로 인하여 멸실되거나, 손상을 입게 되면, 증가될 것으로 예상되던 가액이 멸실 혹은 감소하게 된다.

희망이익은 화물의 도달에 의하여 이익의 획득을 기대할 수 있는 사람에게 귀속되는 것이므로 화물의 소유주만이 이 같은 수익이익을 가진다. 그렇지만 이것을 확대해석하는 경우에는 화물의 도달은 선박의 도달을 전제로 하는 것이기 때문에 선박, 화물의 도착에 의해서 이익을 얻는 입장에 있는 사람 예를 들면, 도매상인, 중개인, 검수업자 등도 이 같은 종류의 이익에 부보할 수 있다.

2) 수입세보험

수입화물의 전부 또는 일부가 항해 도중에 손해를 입는 경우에는 손해를 입은 부분에 대해서는 수입세를 지불할 필요가 없다. 그러나 손해를 입은 화물이 수입항에 도달하였지만, 중량세로 부과되는 화물에 대해서는 도달수량에 변경이 없는 한 아무리 손상상태의 화물이라도 감세되지 않는 경우가 있다.

또한 화물이 손상상태로 수입항에 도착하였지만, 수입수속만료 전에 이를 미처 발견하지 못한 경우에는 정품으로서의 수입세를 지불할 수밖에 없는 경우도 있다. 이 같이 수입상이 입는 수입세의 손해에 대해 담보하는 보험을 수입세보험(import duty insurance)이라 한다.

3) 컨테이너보험

복합일괄 수송에 사용되며, 컨테이너 자체의 리스크 담보를 중심으로 운송업무에 관련하는 사고에 의해서 발생한 컨테이너 소유주 또는 임차인이 부담하는 배상책임에 대해서도 한 장의 보험증권으로 포괄적으로 담보하는 보험을 컨테이너보험(container insurance)이라 한다. 이 보험은 화물이 컨테이너, 선박, 기타 수송용구로 운송되고 이동되는 점에서 화물과 공통의 위험을 가지고 있는 반면, 컨테이너 자체도 화물을 운송하는 일종의 수송용구로서의 위험을 가지는 특이한 성격의 보험이다.

3. 자동차보험

(1) 자동차보험의 의의

자동차보험이란 자동차를 소유, 사용 또는 관리하는 동안에 발생한 사고로 생긴 손해를 보상할 것을 목적으로 하는 보험이다(상법 제726조의 2). 즉, 자동차를 운행하는 사람은 언제 어떠한 형태로 일어날지 모르는 자동차 사고에 대하여 항상 불안감을 가지지 않을 수 없는데, 이러한 불안감을 경제적 측면에서 해소시키기 위해 보험자에게 일정한 액수의 보험료를 내고 사고가 발생할 경우 인적·물적 손해를 보상받는 보험이 자동차보험이다.

(2) 자동차보험의 기능

1) 개인과 기업의 안정

자동차보험은 자동차사고에 기인하는 배상책임(대인 · 대물), 차량손해, 운전자손해 등 여러 가지 담보를 인수하여 위험을 부담하고 손해를 분산하여 개인과 기업에 대해서 생활과 경영의 안정을 지켜주는 중요한 사회보장적 기능을 갖는다.

2) 자동차소유자의 경제적 구제

자동차를 소유, 사용 또는 관리하는 동안에 일어나는 여러 가지 손해를 보험회사에서 부담함으로써 피보험자를 경제적 파탄에서 구제시켜준다. 특히 배상책임에 있어 배상액의 고액화 경향으로 상당한 금전적 부담을 대신함으로써 경제적 대비책이 된다.

3) 피해자 보호

자동차사고로 인하여 손해를 입은 피해자에 대하여 사망시 장례비, 위자료, 상실수익 등과 부상시의 치료비, 사업손해, 위자료 및 후유장애가 생겼을 때나 뺑소니차, 도난차 등에 의하여 손해를 입은 피해자까지도 자동차손해배상보장법에 의한 책임보험에서 피해를 보상함으로써 피해자보호를 강화하고 있다.

4) 사고 예방적 역할

자동차사고가 발생한 후의 구체적인 소극적 기능을 벗어나 적극적 기능으로 자동차사고방지에 여러 가지 역할을 하고 있다. 무사고계약자나 우량계약자에 대하여는 보험료할인제도를 통하여 보험료의 부담을 경감시켜 줌으로써 안전운행의 의식을 고취시키며, 불량계약자에 대하여는 할증제도를 통하여 보험료부담을 가중시켜 자동차운행자들이 사고예방에 적극 노력하게 함으로써 사고 예방적 기능의 역할도 맡고 있다.

5) 산업자금 조성

자동차보험도 다른 손해보험과 마찬가지로 자금의 적립을 가능케 한다. 많은 보험가입자가 소액의 보험료를 납입하고 이것을 합치면 큰 기금이 된다. 이 기금은 금융기관의 역할을 담당하게 만들고 각종 기업에 간접으로 투자되어 국가경제발전에 큰 기여를 한다.

6) 보험가입자의 형사처벌 면제

교통사고처리특례법에서는 교통사고로 일으킨 차가 보험 또는 공제의 무한배상보험에 가입된 경우에는 단서조항에 해당하지 않을 경우, 형법 제268조의 업무상 과실치상죄 또는 중과실치상죄(대인사고)나 도로 교통법 제108조 재물손괴죄(대물사고)에 해당하더라도 피해자와 원만한 합의가 성립된 것으로 간주하여 그 운전자에 관한 형사처벌 등의 특례를 인정함으로써 교통사고로 인한 피해의 신속한 회복을 촉진하고 국민생활의 편익을 증진토록 하고 있다.

(3) 자동차보험의 종류

자동차보험은 사고유형에 따라 다음 표와 같이 여러 가지 종류로 나누어져 있다. 이하에서 각 보험종류별로 현행의 내용을 간략히 살펴본다.

1) 자동차손해배상책임보험(책임보험) – 대인배상 I

자동차의 운행으로 타인의 생명 또는 신체를 사상케 함으로써 법률상 손해배상책임을 부담하게 되는 피보험자의 손해를 자동차손해배상보장법과 동법 시행령에서 정하는 보험금액 한도 내에서 부담하는 보험이며 현행 피해자 1인당 보험금액은 다음과 같다.

사　　망 : 1억원
부　　상 : 2,000만원
후유장해 : 1억원

또한 자동차를 운행하기 위해서는 자동차손해배상책임보험의 가입을 필요로 하는 강제보험의 특성을 가지고 있다.

2) 개인용자동차보험

개인 또는 개인사업자가 소유한 자가용 승용자동차만을 대상으로 하는 종합보험으로 다음의 5가지 종목이 있다.

① **대인배상책임** : 대인배상Ⅱ — 자동차의 소유자가 자동차의 소유, 사용, 관리에 기인하여 타인의 생명 또는 신체를 사상케 함으로써 법률상 손해배상책임을 부담하게 되는 경우, 대인배상Ⅰ을 초과하는 손해를 보상하는 보험으로 보상한도를 법률상 손해배상액과 필요 타당한 비용으로 하고 있다.

② **대물배상책임** — 자동차의 소유자가 자동차의 소유, 사용, 관리에 기인하여 타인의 재물에 손해를 입혀 법률상 손해배상책임을 부담하게 됨으로써 생긴 손해를 보상하는 보험으로 보상한도는 직접손해와 간접손해를 합하여1사고당 1천만원, 2천만원, 3천만원, 5천만원, 1억원, 2억원, 3억원, 5억원까지 다단계화되어 있다.

③ **자기신체사고** — 자동차를 소유, 사용, 관리하는 동안에 발생한 우연한 자동차사고로 피보험자 자신이 사상함으로써 입은 손해를 보상하는 보험으로보험가입금액은 1천5백만원, 3천만원, 5천만원, 1억원 중 선택하여 가입할 수 있으며, 자동차상해 보험가입금액은 1억원, 2억원 두 종류가 있다.

④ **자기차량손해** — 자동차를 소유, 사용, 관리하는 동안에 발생한 우연한 자동차사고로 피보험자 자신의 자동차에 생긴 손해를 보험가입금액 내에서 사고가 발생한 때와 장소의 시가를 기준으로 실손해를 보상한다

⑤ **무보험차상해** — 뺑소니차나 무보험자동차에 의하여 피보험자가 죽거나 다쳤을 때, 또는 피보험자동차에 탑승중인 피보험자가 죽거나 다쳤을 때 그 손해에 대하여 피보험자 1인당 2억원을 한도로 피해액을 보상한다.

참조

〈사례〉

A할아버지는 농사일을 마치고 해가 진 후 집으로 돌아가다 보유불명 자동차(소위 뺑소니차)에 의해 사망하였다.

Question : A할아버지의 사망에 대한 보상은 없는가?

Answer : 자동차손해배상보장법에 의한 정부보장사업으로 이 경우 1인당 사망 1억원, 부상 2,000만원, 후유장해 1억원 한도의 보상이 가능하다. 정

부는 자동차손해배상보장사업법에 의하여 보상한다.

3) 업무용자동차보험

개인 및 개인사업자가 소유한 자가용승용차를 제외한 모든 비사업용 자동차와 건설기계를 대상으로 하는 종합보험이다.

4) 영업용자동차보험

모든 사업용 (영업용 및 대여용)자동차 및 건설기계를 대상으로 한 보험으로 보상내용 및 보상한도는 무보험자동차상해 종목이 없으며 그 외에는 업무용 자동차보험과 같다.

5) 운전자보험

자동차운전면허 또는 건설기계조종사면허를 소지한 사람을 대상으로 하는 보험으로 운전자가 자동차의 운행 중 생긴 우연한 자동차사고로 남을 죽게 하거나 다치게 함으로써 운전자가 입은 손해와 운전자 자신이 죽거나 다침으로써 생긴 손해를 보상하는 보험이다.

보상내용은 운전자가 구속 또는 입원시 가족의 생계비와 판결에 의한 벌금 방어비용, 사망보험금 및 후유장해보험금이며 운전자 자신이 부상한 때의 의료비는 특약을 가입한 경우 보상하게 된다.

6) 외화표시자동차보험

외국인 또는 외국기관 소유 자동차나 외국군부대에 용역납품 등을 위해 출입하는 자동차를 대상으로 하는 보험으로 보험금액과 보험료가 외화로 표시된다. 담보내용은 ① 신체상해배상책임(Bodily Injury Liability Coverage), ② 재물손해배상책임(Property Damage Liability Coverage), ③ 차량손해(Physical Damage Coverage) – 포괄손해(Comprehensive Coverage) · 충돌손해(Collision), ④ 의료비(Medical Payment)이다.

7) 자동차취급업자종합보험

자동차소유자 이외의 자동차탁송업자나 자동차판매업자와 자동차정비업자 등 자동차를 취급하는 것을 업으로 하는 자의 배상책임과 차량손해를 담보하는 보험이다.

연습문제

1. 손해보험의 의의와 기능에 관하여 설명하라.
2. 손해보험의 기능 중 금융기관으로의 기능을 설명하라.
3. 손해보헌 상품에서 화재보험과 해상보험을 비교 · 설명하라.
4. 자동차손해배상책임보험의 특징을 설명하라.
5. 우리나라의 자동차보험의 체계를 책임보험과 종합보험으로 분류하여 설명하라.
6. 자동차종합보험의 담보종목은 어떻게 분류되는지 설명하라.
7. 외화표시자동차 보험에 관하여 설명하라.

제9장 생명보험의 의의와 기능

제1절 생명보험 상품의 의의와 기능

1. 생명보험의 의의

사람들은 옛날부터 동서양을 막론하고 우연한 재해나 불행한 사태의 발생에 대비하여 어떤 조치를 강구하여 두고 싶은 생각을 가져왔다. 왜냐 하면, 인간은 그 일생을 통하여 경제적으로 안정된 생활을 영위할 수 있다면 그 이상 바랄 것이 없겠지만, 우리들의 생활은 생활수준의 향상과 더불어 지출이 늘어나는 경향이 있고 우리들의 가게나 기업에 치명적인 영향을 줄 수 있는 많은 위험에 항상 노출되어 있기 때문이다. 특히 경제생활에 필요한 보장은 자기의 책임 하에 수행해야 한다는 「자기책임의 원칙」이 적용되고 있는 오늘날의 자본주의 사회에서는 어떤 이유로 수입을 얻거나 일을 할 수 없는 경우에는 수입의 상실이나 감소로 인하여 우리들의 생활을 파탄에 이르게 하는 경우도 발생할 수 있다.

그러나 무엇보다도 생존을 위협하는 최대의 것은 한 가족의 주된 수입원이 되고 있는 가장의 사망일 것이다. 다음에 노령으로 인하여 노동력을 제공할 수 없게 되어 회사나 직장을 떠나야 하는 것이다. 이것은 관리자나 근로자만의 것이 아니라 농민이나 어민 기타 업종에 종사하는 사람에게 있어서도 정도의 차는 있겠지만 발생이 예상되는 현상이다. 사망과 노령화에 이어서 질병이나 상해에 의해서도 수입이 감소하거나 상실되기도 한다.

또한 질병의 치료비 · 요양비 · 입원비 · 수술비 등은 물론 사망의 때에 장례비용이나 상속세 등도 고려되어야 한다. 당연한 것이지만 남겨진 유족의 생활비나 사태처리비를 어떻게, 어디에서 조달하느냐는 오늘날에 있어서 자기 책임에 속하는 중요한 문제이다. 여기에 우리들의 생활을 파괴하고 생존을 위협하는 사고의 발생으로부터 자기 책임의 원칙에서 대처하기 위한 방법의 하나로서 뜻을 같이하는 사람들이 모여서 하나의 단체를 형성하고 상호경제적인 협력에 의해서 경제적 보장을 달성하려는 제도가 바로 생명보험인 것이다.

2. 생명보험의 기능

국민경제 가운데에서 생명보험사업이 추구하고 있는 기능은 크게 두 가지 기능, 즉 사회경제적 보장기능과 축적된 자산의 운용을 통하여 발휘되는 금융기능을 생각해 볼 수 있다.

생명보험사업이 추구하고 있는 경제적 보장의 기능이란, 생명보험회사가 생명보험계약의 체결을 통하여 특정한 경제생활상의 보장을 약속하는 소위 보장기능에 기인하는 것으로 국가에 의한 사회보장을 위한 제도나 기업에 의한 근로자복지제도와 함께 사회적 복지를 달성하는데 일익을 담당하고 있다.

또 생명보험사업의 금융기능이란, 생명보험회사가 축적된 자산을 운용함으로써 그 투자활동이 국민경제에 있어서 투자활동의 주요매체가 되어 금융경제발전에 공헌하고 있는 측면에서 볼 때 다른 금융기관에서 볼 수 없는 장기안정적 자금의 조달원이 되고 있다.

한편, 생명보험의 기능은 경제적 보장기능과 금융기능을 근간으로 고유의 기능과 파생적 기능으로 재분류되고 상술의 두 가지 기능에서 제외되고 있었던 사회적 기능까지도 포함하고 있다.

(1) 본래의 기능

생명보험에 있어서 대상이 되는 위험은 사람에 관한 우연사고 즉 사람의 생사에 있다. 사람은 태어난 이상 반드시 죽으며 사망이라는 사고는 필연적인 것이지만, 그 발생 시기를 예견할 수 없기 때문에 우연성을 가지고 있는 사고라 할 수 있다. 한편 생존이라고 하여도 언제 죽을지 모르는 것과 언제까지

살 수 있을지는 어느 누구도 알 수 없다. 이 같은 의미에서 생존자체도 하나의 우연성을 가지고 있는 사고라고 할 수 있다. 이것이 현실적으로 나타났을 경우의 경제적 불이익을 보장하는 것이 본래의 기능이다.

생명보험은 이와 같은 사망과 생존이라는 우연성을 가지고 있는 사고의 존재가 전제됨과 동시에 사고의 발생에 의해서 경제적 타격이나 경제적 부담이 예상되는 경우에 성립하는 것이다.

생명보험에는 이외에도 사람이 질병에 걸렸거나 상해를 입었을 경우의 입원비, 수술비, 그리고 의료비 등의 경제적 손실을 보장하는 역할도 한다. 따라서 생명보험의 본래적 기능은 사망 · 생존 · 질병과 같은 우연한 사고의 발생에 의하여 경제적 불이익을 입었을 때에 보장을 제공하는 것이라 할 수 있다.

(2) 파생적 기능

1) 자본의 형성

개개의 보험계약자로부터 오랜 기간에 걸쳐 매월 지급되는 보험료는 축적이 되면 거액의 자본이 되며, 이는 산업자금 특히 설비자금 등의 장기대부자금의 유력한 재원이 되어 중요산업의 육성과 국민경제의 발전에 기여한다. 또 생명보험 자금의 또 하나의 특징은 다른 금융자금과 비교해 볼 때, 극히 장기적인 자금으로서의 성격을 가지고 있기 때문에 금융의 수급조절과 유가증권의 가격유지를 위해서도 이용되고 있다. 예를 들면, 주식시세가 대규모적으로 변동할 때에 생명보험자금을 이용하여 일정한 안정성을 추구할 수 있다.

그러나 역으로 거액의 생명보험자금이 일시에 주식시장에 유입되거나 주식시장에서 빠져나감으로써 주식시세의 대혼란을 야기할 수 있음도 간과하여서는 안 된다.

2) 사고 · 손해의 방지

생명보험회사는 이익의 일부를 예방의학의 연구 또는 보건시설에 대한 원조, 정기건강진단 등에 지원함으로써 질병에 기인하는 사망사고의 발생을 미연에 방지하고 피보험자의 생존기간을 연장하는데 노력하고 있다. 한편 생명보험회사는 사망보험의 경우 사차익을 얻을 수 있을 뿐만 아니라 나아가서는 보험료의 인하까지도 가능하기 때문에 보다 많은 가입자를 확보할 수 있는 이점도 누릴 수 있다.

3) 고용의 안전

기업이 보험계약자가 되어 종업원 전체를 포괄적으로 부보하는 경우 생명보험은 종업원의 현재나 퇴직 후의 생활을 안정시키고 동시에 기업과 종업원 간의 신뢰관계를 강화하고 노사간의 관계를 안정시키는 역할도 하고 있으며, 나아가서는 고용의 안정 · 유지에도 기여하고 있다.

4) 사업경영의 안정

현대의 복잡한 기업경영은 점점 전문직능인(專門職能人)을 필요로 하고 있으며, 기업의 중요한 임원이나 구하기 어려운 기능인의 사망은 기업경영에 치명적인 영향을 주기 쉽다.

생명보험은 이 같은 경우의 손해에 대하여 사망보험금을 지급함으로써 사업을 보호하는 역할을 담당하고 있다. 예를 들면, 키맨보험(key-man insurance)이 이에 해당한다. 이와 같이, 생명보험이 사업에 이용되면 사업경영에 만일의 사태가 발생하더라도 그것에 대응할 수 있는 자금을 확보할 수 있으며 종업원이 사망한 때의 퇴직금준비 등의 기능을 발휘함으로써 사업경영의 안정을 꾀하고 있다.

5) 국가 재정지출의 삭감

생명보험의 급부에 의해서 공적부조(公的扶助)에 요구되는 비용을 지출하지 않아도 되는 경우가 있다. 이것은 결과적으로 국가재정지출의 삭감이 된다. 국가 또는 공적기관이 극빈자를 구제하기 위한 비용의 부담을 경감하기 위하여 국민에게 자조노력을 구하였던 예는 역사상 흔히 있었다. 오늘날 생명보험은 공적연금의 보완적 역할에 머무르지 않고, 부분적으로는 그 대체적 역할을 수행하는 경우도 있을 수 있다.

6) 신용의 증진

미국과 일본의 경우, 주택대부금을 빌릴 때에 대부분의 금융기관은 채무자가 생명보험에 반드시 가입하도록 요구하고 있다. 이것은 채무자가 돌연 사망하는 경우에 채권의 회수가 불가능하지 않도록 방지하기 위해서이다. 만약 대부금의 차주가 변제 도중에 사망한 경우에는 통례상 금융기관은 대부금의 변제잔액에 해당하는 금액을 보험금액으로부터 수취할 수 있도록 되어 있다.

3. 생명보험 상품의 특징

(1) 무형의 상품이다.

보험상품은 형태가 보이지 않는 무형의 추상적인 상품이기 때문에 타 상품과의 비교 검증을 성능으로 할 수 없고 인식을 바탕으로 한다. 따라서 보험가입자의 이해가 필요하며 보험에 대한 지식이 생명보험 가입에 영향을 미친다.

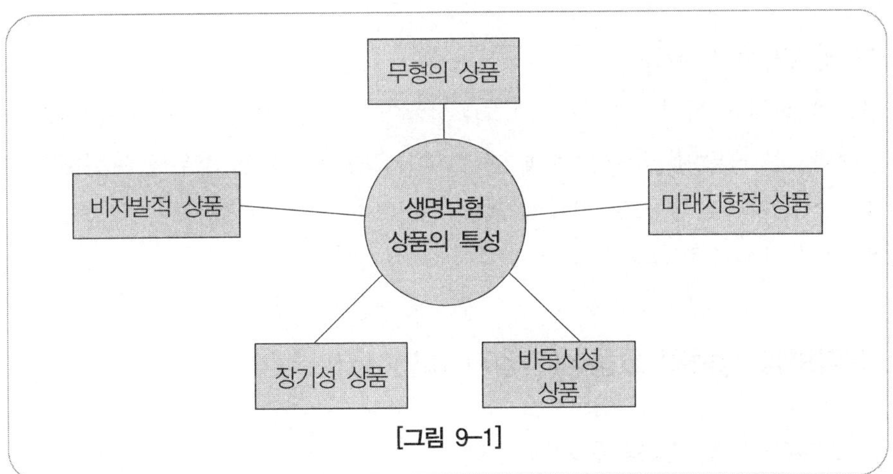

[그림 9-1]

(2) 미래지향적 상품이다

제조업체상품은 구입 즉시부터 해당 재화의 직접사용에 의한 만족감 제공을 주기능으로 하는 현실지향적 상품인데 비해, 생명보험 상품은 불확실한 미래에 대한 보장을 주기능으로 하는 미래지향적 상품이다.

(3) 비동시성 상품이다.

구입 즉시 효용을 느끼는 제조업체 상품에 비해 생명보험 상품은 상품의 구매(가입)와 동시에 효능이 발생하지 않고 사망, 상해, 만기, 노후 등 보험금

지급사유가 발생했을 때 효용을 인식한다.

(4) 장기성 상품이다.

제조업체상품은 상품의 인도와 대금의 납입이 동시에 이루어져 상품구입 즉시 계약이 소멸되고, 손해보험 상품은 대개 보험기간이 연단위로 되어 있어 판매상품 중지시기와 계약효력의 소멸시기가 비슷하다.

그러나 생명보험 상품은 제1회 보험료납입부터 계약의 효력이 발생되어 짧게는 수년, 길게는 종신동안 계약의 효력이 지속되고, 설령 상품판매가 중지된다 하더라도 가입자의 계약은 소멸되지 않고 보험기간 만기시까지 효력이 발생한다.

(5) 비자발적 상품이다.

인간의 신체를 담보로 하는 위험보장상품이므로 건강하게 살아있을 때의 보험혜택보다 사망이나 질병, 장애 등 위험사고가 발생했을 경우의 보험혜택이 더 많다. 따라서 스스로 필요에 의한 가입보다는 보험판매자의 권유와 설득에 의해 판매가 이루어진다.

4. 생명보험 상품의 효용성(가입자 측면에서)

(1) 저축과 보장기능을 동시에 수행

은행상품은 개인의 재산 증식 수단으로서 단순한 저축기능만을 갖고 있는데 반해 생명보험 상품은 저축기능은 물론 보험기간 중에 발생하는 각종 위험에 대해서도 폭넓게 보장을 해준다.

(2) 가정생활의 안정장치 역할

나날이 늘어나는 각종사고와 질병으로부터 경제적 손실을 당했을 경우 이를 보전하여 줌으로써 가정의 생활안정을 도모해 주고, 핵가족화 및 평균수명의 증가에 따른 늘어나는 노후기간을 안심하고 생활할 수 있도록 안정장치 역할을 해줌으로써 불안감과 근심거리를 해소시켜 준다.

(3) 올바른 생활설계 가능

사람의 생애에 있어서 반드시 맞이하게 되는 생(生), 노(老), 병(病), 사(死)를 슬기롭게 대처하게 함은 물론, 인생주기에 맞춰 준비해야 할 자녀교육 및 결혼자금, 주택자금, 가족의 생활안정자금, 노후생활자금 등 각종 생활자금을 필요에 따라 계획적으로 준비할 수 있도록 설계해 준다.

(4) 계약자 배당과 부가서비스

제조업체에 있어서 발생이익은 전부가 회사 또는 주주에게 귀속됨에 비해 생명보험의 발생이익은 배당상품의 경우 상당부분이 배당을 통해 계약자에게 환원된다. 또한 가입시부터 계약유지 및 만기시까지 계약자 무료검진 서비스, 대출, 생활정보지 제공 등 각종 건강 및 생활서비스를 제공해준다.

5. 상품개발 및 상품구성

(1) 상품개발

생명보험 상품은 인간의 생명과 신체를 보험의 목적으로 하기 때문에 과학적이고 합리적인 방법, 즉 대수의 법칙, 생명표, 수지상등의 원칙 등을 기초로 하여 보험가입자가 납입하는 보험료 총액과 보험회사가 지급하는 보험금이 서로 일치하도록 개발하여 판매한다.

(2) 상품구성 기본요건

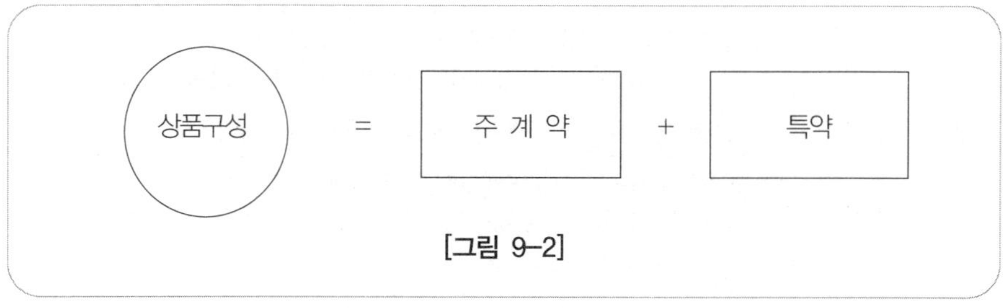

[그림 9-2]

1) 주계약

보험계약에 있어서 기본이 되는 중심적인 보장내용을 주계약(主契約) 또는 주보험(主保險)이라고 한다.

2) 특약

가. 특약의 의의

주계약에 보장을 추가하여 보험가입자의 편의를 도모하기 위한 보험을 특약이라고 한다.

특약은 특별보험약관의 준말이다. 주계약 자체만으로도 보험계약은 성립할 수 있으나 다수의 보험계약자들의 다양한 욕구를 모두 충족시킬 수는 없다.

따라서 보험회사들은 계약자들의 다양한 욕구에 맞추어 여러 가지 특약을 부가하여 보험상품을 조립하여 판매하고 있다.

특약은 그 부가방법에 따라 상품개발시 주계약에 포함되어 있는 고정부가특약과 보험계약시 계약자의 선택에 의해 가입할 수 있는 선택부가특약으로 구분되어 있다.

나. 특약의 종류

특약은 보험회사마다 다양하게 개발되어 판매되고 있으며 일반적으로 기본적인 특약의 종류는 다음과 같다.

[표 9–1] 기본적인 특약의 종류

구 분	특 약 종 류
질병관련특약	• 정기특약 · 유족연금특약 · 암특약 · 성인병특약 · 과로사특약 • 간병보장특약
재해관련특약	• 재해사망특약 · 재해상해특약 · 교통재해보장특약 • 휴일재해보장특약 · 산업재해보장특약 · 해외여행보장특약
입원 · 수술특약	• 입원특약 · 성인병입원특약 · 암입원특약 · 수술특약
기타특약	• 표준미달체특약 · 비흡연자할인특약 · 계약전환특약 • 보험료자동이체대부특약 · 연금전환특약 · 선지급서비스특약

제2절 생명보험의 종류와 내용

우리나라의 생명보험의 상품은 최근 몇 년간에 걸쳐서 적극적으로 개발되었고, 각 생명보험회사로부터 제공되고 있는 상품은 다양하다. 특히 오늘날에는 각 보험회사마다 특징을 가지고 새로운 상품을 개발하여 사람들의 눈을 끌기 위해 매력 있는 상품명을 붙여 판매하고 있기 때문에 참으로 무수한 상품이 있는 것같이 보인다.

그러나 원래 생명보험은 사람의 사망 또는 생존을 조건으로 보험금을 지급하는 것이기 때문에 기본적으로는 사망보험 혹은 생존보험 혹은 이 두 가지를 혼합한 생존보험이 생명보험의 원형이라고 할 수 있다.

보험상품은 생존보험과 사망보험이 여러 가지 비율로 혼합되어 있는 경우가 대부분이며 주계약에 특약이 부가된 조립상품이 일반적이다.

생명보험은 여러 가지 기준에 의해서 분류 · 정리될 수 있으며, 주요한 분류기준으로서는 보험사고, 보험료 납입기간, 보험료 지급방법, 보험금 지급방법, 계약자 배당의 유무, 피보험자의 수, 피보험자의 건강상태 등이 있다. 이하에서는 생명보험의 분류에 있어서 가장 기본적인 보험사고를 기준으로 분류하고 설명하였다.

1. 생명보험의 기본형

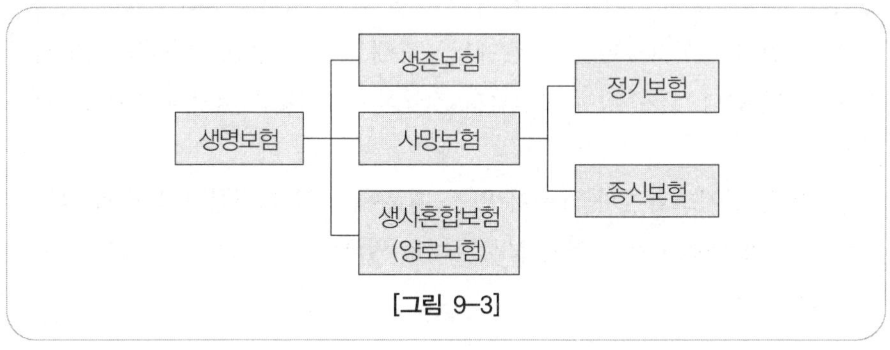

[그림 9-3]

(1) 생존보험

생존보험(assurance providing a benefit payable only in case of survival)이란 사망보험과는 반대로 피보험자가 보험기간이 종료할 때까지 생존하고 있었을 때에만 보험금이 지급되는 보험이다. 따라서 보험기간 중에 피보험자가 사망하였을 때는 보험금은 지급되지 않는다. 그러나 실제로 판매되고 있는 생존보험은 어느 정도 사망보장을 가미시켜 보험기간 중에 사망한 경우에도 사망시까지 납입된 보험료 상당액이 급부되고 있다.

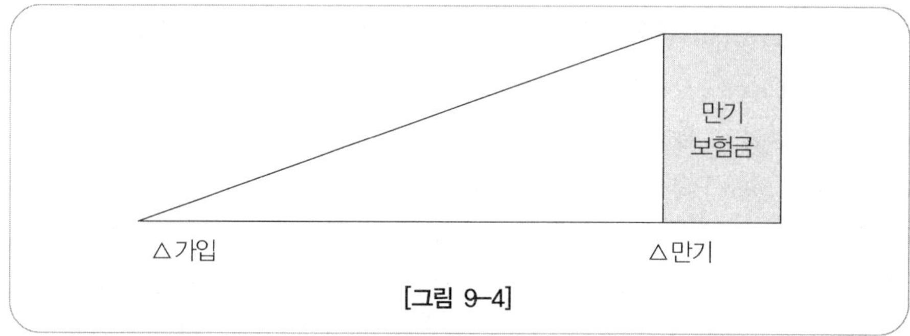

[그림 9-4]

(2) 사망보험

사망보험(insurance payable at death)이란 피보험자가 사망한 경우에만 보험금이 지급되는 보험을 말한다. 따라서 이 보험은 피보험자의 사망에 의하여 발생하는 보험수익자(보통 사망한 사람의 가족)의 경제적 필요를 충족시켜주는 것을 목적으로 한다. 또한, 보험기간을 미리 정해 두고 보험금 지급을 약속하는 정기보험(定期保險)과 일정한 기간을 정하지아니하고 피보험자의 일생을 통하여 언제든지 사망했을 때에(제1급 장해상태가 되었을 때에도 사망과 동일하게 간주한다.) 간주되어 보험금을 지급하는 종신보험(終身保險)으로 나누어진다.

사망보험은 만기보험금의 약속이 없기 때문에 극히 저렴한 보험료의 납입으로 큰 보장을 약속하는 뛰어난 보장기능은 있으나 저축기능이 없다는 결함을 지니고 있다.

1) 정기보험

정기보험(term insurance)이란 보험기간을 예컨대 5년, 10년, 20년과 같이 한정하고 그 기간 중에 피보험자가 사망하였을 때에 한하여 보험금이 지급되는 보험이다. 따라서 피보험자가 보험계약만기일까지 생존하였을 때는 보험금은 지급되지 않으며 소멸한다. 정기보험에는 만기보험금의 지급에 대비한 축적부분이 없기 때문에 전액의 보험료부담으로 고액의 사망보장을 얻을 수 있는 것이 특색이다.

2) 종신보험

종신보험(whole life insurance)이란 보험기간을 한정하지 않고 가입 후 피보험자가 언제 사망하더라도 보험금이 지급되는 이른바 보험기간이 종신에 걸친 사망보험이다.

종신보험은 보험료의 납입기간에 따라서 피보험자가 사망할 때까지 일생 보험료를 납입하는 보통종신보험과 일정기간에 한정하여 납입하는 유한납입 종신보험, 일시 납입하는 일시종신보험으로 나눌 수 있다.

전자는 피보험자의 생존기간 중 보험료의 납입이 계속되는 보험인 반면, 후자는 고령이 되어 수입이 감소하기 전에 보험료납입을 끝내고 그 후 생애에 걸쳐서 보험료의 납입 없이 보장만을 계속 받을 수 있는 보험이다.

(3) 생사혼합보험(양로보험)

생사혼합보험(endowment insurance)이란, 생존보험과 사망보험 양자의 기능을 가지고 있으며 또 일반적으로 양로보험이라고 불리는 보험이다. 이 보험은 보험기간 내에 피보험자가 사망한 경우에는 사망보험금이 지급되고, 보험기간 만기시에 피보험자가 생존하고 있는 경우에는 생존보험금이 지급되는 보험이다.

이 중 동일보험기간 또는 동일금액의 사망보험과 생존보험을 조합시켜 놓은 것이 양로보험으로 사망, 만기 어느 경우이건 동일금액의 보험금이 지급된다.

2. 생명보험의 내용

생명보험의 기본적인 종류는 앞서 언급한 바와 같이 사망보험, 생존보험, 생사혼합보험 세 가지로 대별할 수 있지만, 실제에는 이들 보험이 상품으로 판매되는 경우에는 개인을 대상으로 하느냐, 다수인을 일괄대상으로 하느냐에 따라서 개인보험과 단체보험으로 나누어진다.

(1) 개인보험

개인보험(private life insurance)이란 개인의 생활과 관련된 여러 가지 경제적 위험을 보장할 목적으로 이용되는 보험이며, 앞서 생명보험의 기본형에서 설명된 정기보험이나 종신보험, 양로보험은 물론 이외에도 개인연금보험, 저축보험, 어린이보험 등이 이에 속한다.

1) 개인연금보험

개인연금보험이란 생존보험의 만기보험금을 매년 지불하는 보험으로 연금의 지급방법에 따라서 추가분류가 가능하다. 그 주된 것으로서

① 생존하고 있는 한, 연금이 지급되는 종신보험
② 생사에 관계없이 정해진 기간연금이 지급되는 확정연금
③ 생존하고 있는 한, 일정기간 연금이 지급되는 정기생명연금
④ 보증기간 중에는 생사에 관계없이 연금이 지급되고, 그 후에는 생존하고 있는 한, 연금이 지불되는 보증기간부 종신연금, 개인연금 보험의 경우, 피험자가 연금지급 개시 전에 사망한 경우에는 보통 이미 납입된 보험료의 상당액이 반환된다.

2) 저축보험

3년, 5년, 10년과 같은 비교적 단기의 자금축적을 목적으로 한 보험이다. 피보험자가 만기까지 생존하고 있었던 경우에는 생존보험이 지급된다. 그러나 보험기간 중에 병으로 사망한 경우에는 이미 불입된 보험료의 상당액이 반환된다. 또 재해나 법정전염병으로 사망한 경우에는 소정의 재해사망보험금이 지급된다.

3) 어린이보험

어린이를 피보험자, 부양자를 보험계약자로 하여 어린이 생존보험과 부양자의 사망보험을 혼합한 특수한 보험이다. 우리나라에서는 다소 변경된 형태지만 교육보험이나 학자금보험이란 제도가 이에 속한다.

이 보험은 부모가 보험계약자가 되고 어린이가 피보험자가 되어 각급 학교 진학시기를 만기로 해서 필요한 일정금액의 학자금을 보험금으로 지급하고 보험기간중 보험계약자가 사망하거나 계약에 규정하는 폐질이 생겼을 때 보험금에서 앞으로 납입할 보험료를 공제한 잔액을 양육자금이란 이름으로 제공한다.

(2) 단체보험

단체보험(group life insurance)이란 기업체, 국영기업체, 관공서, 조합, 법인 등 특정의 단체에 소속하는 자를 일괄 계약하는 생명보험이다. 단체보험은 개인보험과 달리 위험선택의 대상을 개인으로 하지 않고 피보험자 집단을 하나의 그룹으로 취급하고 있기 때문에 원칙적으로 개개인에 대한 의사의 진단을 실시하지 않는다.

즉, 대상단체자체의 위험도가 일정한 표준 내에 있다면 단체로서 계약하고 그 소속원 개개인의 건강상태는 그렇게 문제를 삼지 않는다. 그러나 역선택의 방지를 위하여, 계약대상이 되는 단체범위의 한정을 비롯하여 단체의 최저인원의 규제, 단체 소속원의 일정비율 이상이 가입강제, 단체 소속원의 보험금액의 결정방법에 객관적 기준을 두고 개인이 임의선택을 허용하지 않는 등의 제한을 두고 있다.

그러나 이 같은 제한에도 불구하고 단체보험은 사무경비나 진단경비를 절감함으로써 보험료율을 낮게 할 수 있기 때문에 기업의 종업원 복지증진의 목적으로 널리 이용되고 있다.

1) 단체정기보험

단체정기보험이란, 단체에 소속하고 있는 피보험자가 사망하였을 때 보험금이 지급되는 생명보험으로 계약은 1년마다 자동적으로 갱신된다. 단체의 연령구성은 고령자가 탈퇴하여도 젊은 사람이 신규가입하기 때문에 평균연령은 매년 크게 변화하지 않는다.

따라서 보험료도 거의 일정이다. 원칙적으로 단체마다 보험수지가 계산되고 잉여금이 발생하면 배당금으로 지급된다. 또 기업이 부담한 보험료는 전액 손금처리할 수 있도록 세법상의 특전도 있다.

2) 단체양로보험, 단체종신보험

단체양로보험이란, 기업의 종업원의 사망보장 및 퇴직금의 준비 등을 목적으로 하는 보험으로 피보험자인 종업원이 도중에 사망한 경우, 또는 만기까지 생존하고 있었던 경우에 보험금이 지급된다.

단체종신보험이란, 기업의 종업원이 재직 중에는 물론 퇴직 후에도 사망급부를 행할 것을 목적으로 한 보험이다.

[표 9-2] 생명보험상품의 종류와 특징

분류방법	특 징	상품 종류
보장방법	사망보장을 주목적으로 할 것인가, 생존보장을 주목적으로 할 것인가 등 보험사고 유무에 따른 분류	• 사망보험 : 정기보험, 종신보험 • 생존보험 • 양로보험(생산혼합보험)
상품성격	보험상품의 성격 및 고객의 상품가입목적(시장기능)에 따라 분류하며 대부분 이 방법을 활용	• 저축성보험 · 보장성보험 • 교육보험 • 연금보험 : 개인연금보험, 퇴직(기업)연금보험 • 양로보험
피보험자 수	보험계약시 피보험자의 수에 따라 분류	• 개인보험 : 단생보험, 연생보험 • 단체보험
배당유무	배당상품인가, 무배당상품인가에 따른 분류	• 배당보험 · 무배당보험
건강진단	보험가입시의 건강진단 유무에 따른 분류	• 건강진단보험(유진단보험) • 무진단보험
보험금	지급되는 보험금이 정액인가, 변동되는가에 따른 분류	• 정액보험 • 부정액보험 : 변액보험, 감액보험, 체증식보험, 체감식보험
피보험자 상태	피보험자의 현재 상태에 따라 분류	• 표준체보험 • 표준미달체보험
보험료 납입	보험료 납입방법에 따른 분류	• 전기납 · 단기납보험 • 일시납보험

3) 기업연금보험

기업연금보험은 기업의 종업원이 퇴직하였을 때의 생활보장을 목적으로 하고 기업이 계약자가 되어 보험료를 지불하고 생명보험회사가 연금을 종업원에게 지급하는 보험이다.

4) 단체신용생명보험

단체신용생명보험이란 피보험자가 일정기간 내에 사망한 경우에 지급되는 보험금액이 연월의 경과와 함께 감소하는 형태의 정기보험으로, 특히 주택 loan의 이용자를 대상으로 이용되고 있다.

연습문제

1. 생명보험의 의의에 관하여 설명하라.
2. 생명보험의 기능 중 파생적 기능에 관하여 설명하라.
3. 생명보험의 기본형에서 생사혼합부험상품에 관하여 설명하라.
4. 보험금의 지급사유와 지급하지 아니하는 사유에 대하여 설명하라
5. 보험료 납입기간 종류에서 전기납, 단기납, 일시납에 관하여 설명하라.

제 10 장 제3보험

제1절 제3보험의 의의와 보험업상 근거

1. 제3보험의 의의

제3보험에 속하는 상해, 질병, 간병보험은 사람의 신체에 관한 보험으로서 상법상 인보험으로 분류할 수 있으며, 또한 사람의 신체에 발생한 비용손해를 보상한다는 측면에서 손해보험으로 분류할 수 있다. 이렇듯 인보험과 손해보험 중 어느 분야에 속하는지 명확히 구분할 수 없다는 의미에서 상해, 질병, 간병보험을 제3분야(Gray Zone)보험이라고도 한다.

제3보험이란 용어는 1965년 일본의 대삼충부교수가 "상법상의 상해보험의 지위"라는 논문을 발표하면서 처음으로 제기되었다.

위 논문에서 제3보험의 상해보험계약은 정액 내지 준정액보험금 계약이므로 생명보험의 정액보상과 손해보험의 실손보상 특징이 혼합되어 있다는 의미로 제3보험이라는 용어가 사용되게 되었다.

우리나라에서는 1997년 7월 손·생보 상품관리규정을 개정하면서 제3보험 범위를 확정하였고, 제3보험상품은 손해보험회사와 생명보험회사에서 상호 겸영할 수 있도록 허용되었다.

이후 보험업법의 개정을 통해 제3보험의 정의와 손·생보 겸영대상을 명확히 하였다. 상해, 질병, 간병보험은 보험의 목적인 사람의 신체사고에 대하여 사망·후유장해 및 치료비, 간병비 등을 보상하며, 제3보험상품 개발시 보험기간에 대한 제한 없이 상품개발이 가능한 특징을 지니고 있으나, 질병사망은 제3보험 영역이 아니므로 제3보험에서의 질병사망 담보는 특약으로서만 가능하다.

결론적으로 제3보험이란 피보험자가 질병에 걸리거나 상해를 당했을 때 또는 질병이나 상해가 원인이 되어 간병이 필요한 상태가 되었을 때 그 손해를 보상하는 보험을 말한다.

2. 제3보험의 특징

(1) 제3보험에 해당하는 상해, 질병, 간병보험의 보험계약 대상은 사람의 신체로서, 해당 보험약관에서 담보하는 보험사고로 피보험자가 상해를 입거나, 질병에 걸리는 경우 약정내용에 따라 상해사망, 후유장해 및 치료비 등의 신체손해를 보상하거나, 상해 또는 질병이 원인이 되어 간병이 필요한 상태의 손해를 보상하는 보험이다.

(2) 상법 제668조에서 손해보험계약은 금전으로 산정할 수 있는 이익에 한하여 그 목적으로 할 수가 있다고 규정하고 있는 바, 사람의 생명, 신체를 대상으로 하는 제3보험은 이를 금전으로 환산할 수 없기 때문에 피보험이익이 존재하지 않는다.

(3) 제3보험에서의 상품구성은 상해, 질병, 간병을 각각 별도의 상품으로 담보하거나 이를 하나의 상품으로 패키지화하여 개발이 가능하다.

(4) 제3보험은 보험기간 종료 후 환급금 총액이 납입보험료의 총액보다 적거나 같을 것을 조건으로 하는 보장성보험으로만 개발이 가능하다. 다만, 손해보험회사에서는 보험기간 15년 이내의 상해보험인 경우 보험기간 종료 후 환급금 총액이 납입보험료의 총액보다 많을 것을 조건으로 하는 저축성 보험으로 상품개발이 가능하다.

3. 제3보험의 보험업법상 근거

우리나라에서의 제3보험에 관해서는 2003년 5월 보험업법 개정을 통해 제3보험의 정의와 겸영대상을 명확히 설정하였다.

(1) 보험업법상의 정의

보험업법 제2조에는 생명보험업을 사람의 생존 또는 사망에 관하여 약정한 급여의 제공을 약속하고 금전을 수수하는 것을 업으로 행하는 것으로, 손해보험업은 우연한 사고로 인하여 발생하는 손해의 보상을 약속하고 금전을 수수하는 것으로 업으로 행하는 것으로 정의하였으며, 제3보험업은 사람의 질병·상해 또는 이로 인한 간병에 관하여 약정한 급여를 제공하거나 손해의 보상을 약속하고 금전을 수수하는 것을 업으로 행하는 것으로 정의하고 있다.

(2) 제3보험업의 허가

보험업법 제4조에서는 생명보험업의 보험종목으로는 생명보험, 연금보험(퇴직보험 포함)과 그 밖에 대통령령이 정하는 보험종목으로, 손해보험업의 보험종목으로는 화재보험, 해상보험(항공·운송보험 포함), 자동차보험, 보증보험, 재보험과 그 밖에 대통령령이 정하는 보험종목(책임보험, 기술보험, 부동산권리보험 등)으로 그리고 제3보험업의 보험종목으로 상해보험, 질병보험, 간병보험과 그 밖에 대통령령이 정하는 보험종목으로 규정하고 생명보험업 또는 손해보험업에 해당하는 보험종목의 전부에 관하여 허가를 받은 자는 제3보험업에 해당하는 보험종목에 관하여 허가를 받은 것으로 본다고 규정하고 있다.

제2절 제3보험 상품

1. 상해보험

상해보험은 피보험자가 우연한 사고로 말미암아 신체의 손상을 입을 경우 피보험자 또는 그 상속인에게 일정한 보험금액 또는 기타의 급여를 지급하는 보험으로서 상해의 치료를 위한 비용이나 상해로 인한 후유장해, 사망시 경제적 손실을 보상하는 것을 목적으로 하는 것이다.

1) 상해보험의 개요

① 의의

상해보험은 피보험자가 우연한 사고로 말미암아 신체의 손상을 입을 경우 비보험자 또는 그 상속인에게 일정한 보험금액과 기타의 급여를 지급하는 보험으로서 상해의 치료를 위한 비용이나 상해로 인한 후유장해, 사망시 경제적 손실을 보상하는 것을 목적으로 하는 것이다.

② 상해보험의 연혁

우리나라에서 일반상해보험이 영위되기 시작한 것은 1963년이고, 여행상해보험(1968년), 교동상해보험(1969년), 자동차보험에서의 운전자상해보험(1968년) 등이 보험시장에서 판매되었고, 이어 1982년 해외여행보험, 학생안전, 낚시, 골프, 테니스보험 및 장기상해보험이 개발되어 상해보험시장이 지속적으로 성장하고 있다.

2003년 보험업법 개정을 통해 상해보험은 질병보험, 간병보험과 함께 제3보험으로 분류되어 더욱더 큰 시장으로 확대될 전망이다.

2) 상해보험의 특성

① **보험사고**

생명보험은 사람의 생존과 사망을 보험사고로 하는 점에서 대체로 보험사고의 발생시기만이 불확정한 것이지만, 상해보험에서는 급격하고도 우연한 외래의 사고에 의한 신체의 사고를 보험사고로 하는 점에서 그 사고의 발생자체와 시기 등이 모두 불확정하여 생명보험과 구별된다.

② **보험급부**

보험은 보험사고가 발생하였을 경우 지급되는 보험금액을 정하는 방법에 따라 「손해보험」과 「정액보험」으로 나눈다.

상해보험 계약은 그 구성에 따라 정액보험계약 또는 손해보험계약에 속하며 독자적 분야를 갖지 않는 것으로 생각되고 있다. 상해보험계약에 있어서 「급격하고도 우연한 외래의 사고에 의한 신체상해」라는 사실을 보험사고로 정하고 있다.

정액보험인 상해보험의 경우에도 손해보험계약에 준하는 제 법칙이 적용되고 있다.

③ **생명보험 계약규정의 준용**

상해보험은 원칙적으로 생명보험에 관한 보험계약법상의 제 규정이 준용된다. 그러나 생명보험의 계약 금지조항(상법 제 732조)에 해당하는 15세미만자, 심신상실자, 및 심신박약자에 대해서는 동 규정이 적용되지 않는다.

④ **피보험이익 개념의 존부**

사람의 생명, 신체를 대상으로 하는 상해보험은 이를 금전으로 환산할 수 없기 때문에 피보험이익이 존재하지 않는다.

⑤ **일부·초과·중복보험의 발생여부**

상해보험은 피보험이익 개념이 없고 이에 따라 보험가액을 평가할 수 없기 때문에 일부, 초과, 중복보험이 존재하지 않는다. 다만 실손 보상적 보험금인 의료비 보험금의 중복보험계약(다수계약)에 있어서는 치료 실비를 한도로 각 계약이 분담하게 된다.

⑥ **보험자대위의 금지**

인보험은 손해보험의 경우와 달리 보험사고 발생대상이 자연인으로서 물건이 아니므로 보험의 목적에 대한 잔존물대위(상법 제681조)는 성립될 수 없으나, 제3자에 대한 청구권대위(상법 제 682조)는 이론상 인정될 수 있다. 그러나 인보험은 인간의 생명, 신체의 가치산정의 어려움과 정액보험으로서의 특성을 고려하고, 보험수익자를 보호하기 위하여 원칙적으로 보험자대위를 금지하고 있다.

⑦ **피보험자의 동의**

상법에서는 타인의 사망보험 계약의 경우에는 피보험자의 동의를 얻어야 하고, 또 피보험자가 아닌 자에게 그 보험계약상의 권리를 양도하는 경우에도 피보험자의 동의가 있어야 한다(제731조)고 규정하고 있다.

보험계약자가 계약을 체결한 후, 보험수익자를 지정, 변경하는 때에도 피보험자의 동의를 요한다(제734조 2항).

⑧ **중대한 과실의 담보**

상법상 생명보험과 상해보험 같은 인보험에 관하여는 보험자의 면책사유를 제한하여 비록 중대한 과실로 인하여 생긴 것이라 하더라도 보험금을 지급하도록 규정하고 있다.

⑨ 손해방지의무

상해보험 보통약관에서는 "정당한 이유 없이 피보험자가 치료를 게을리 하거나 또는 계약자나 수익자가 치료를 하여 주지 않으므로 인하여 보상하는 손해에서 정한 상해가 중하게 된 경우에는 회사는 그 영향이 없었던 때에 상당한 금액을 결정하여 지급합니다." 라고 규정하여 손해방지경감의무를 제한적으로 부여하고 있다.

2) 상해보험의 사고

① 보험사고

우리나라의 상해보험 보통약관(보상하는 손해)에서는 "피보험자가 보험기간 중에 급격하고도 우연한 외래의 사고로 상해를 입었을 때에는 그 상해로 인하여 생긴 손해를 이 약관에 따라 보상하여 드립니다."라고 규정하고 있다.

② 급격성·우연성·외래성

(가) 급격성(急擊性)

「급격」한 사고란 피보험자가 피할 수 없을 정도로 급박한 상태에서 사고가 발생하는 것을 의미하는데 사고원인발생과 결과발생이 비교적 단 시간 내에 이루어지는 것으로써 이는 돌발적으로 일어나는 상해의 속성을 표현한 것으로 이해할 수 있다. 즉 사고의 「원인」이 피보험자의 신체에 작동하여 「결과」가 나타날 때까지의 경과가 완만한 것이 아니라 피보험자가 피할 수 없을 정도로 급박한 상태에서 사고가 발생하는 것을 말한다.

(나) 우연성(偶然性)

「우연」이란 원인 또는 결과의 발생이 예견되지 않는 상해를 말하는데, 사고의 우연성은 각각 원인이나 결과에 있어서 나타나므로 사고발생의 원인과 결과가 우연한 경우와 피보험자의 입장에서 볼 때 예견 불가능한 우연한 사고로 나눌 수 있다.

(다) 외래성(外來性)

외래성이라는 것은 보험사고의 원인에서 결과까지 무엇인가의 외부적 요인이 신체에 미치는 것을 말하며 신체의 내부에 원인이 존재하는 것이 아니라면 외래의 것이라고 하는 것이 가능하다.

따라서 여기서는 원인의 외래성만을 필요로 하는 것으로 보험사고의 결과가 어디에 발생하고 있는 가를 묻지 않으며 신체의 외부(표면)든 내부에 있든 상관이 없다.

③ 인과관계

상당인과관계설이란 결과를 생기게 한 여러 요인 가운데 실제로 일어난 사고뿐만 아니고, 다른 일반의 경우에도 동일한 결과를 발생시킨다고 판단되는 요인을 두고 원인이라고 해석하는 설이다. 이설은 민법상의 손해배상을 논할 때의 통설이기도 하고, 경험측상의 일반조건의 해당성에 따라 인과관계의 유무를 결정하는 점에서 합리적이라고 할 수 있다.

2. 질병보험

질병보험은 신체의 온갖 기능의 장애 또는 건강하지 않은 이상 상태를 보험사고로 하여 일정 금액의 급부 또는 실제 소요된 비용보상을 약속하는 보험으로, 첫째, 질병으로 인한 사망 또는 질병이 발생한 경우에 약정보험금액을 지급하는 순수한 정액보험, 둘째, 질병의 정도에 따라 일정한 보험금액을 지급하는 실손형 정액보험, 셋째, 질병의 치료로 인하여 소요되는 손해와 비용을 지급하는 실손보험으로 나눌 수 있다.

질병보험은 그 성질상 인보험분야에 가까워 생보사가 취급해 오고 있었으나 1978년 보험심의위원회에서 “비용에 대해 손실보상하는 손해보험으로서의 특성도 내포하고 있어 업무영역논쟁의 마찰이 발생할 소지가 크므로 영역분쟁을 해소하고 경쟁에 의한 보험시장의 영역확대를 도모”할 목적에서 인보험사업자와 손해보험사업자가 겸영할 수 있도록 의결하였다. 이에 따라, 손·생보 공히 질병보험을 판매하고 있다.

1) 질병보험의 정의

질병보험은 신체의 온갖 기능의 장애 또는 건강하지 않은 이상 상태를 보험사고로 하여 일정 금액의 급부 또는 실제 소요된 비용보상을 약속하는 보험이다.

2) 질병보험의 특징

① 계약의 무효

(가) 질병사망을 담보하는 계약시 만 15세 미만자, 심신상질자, 심신박약자를 피보험자로 한 경우

(나) 타인의 사망을 보험사고로 하는 계약에서 계약 체결시까지 피보험자의 서면에 의한 동의를 얻지 아니한 경우 (단체가 규약에 의해 가입하는 단체보험은 서면에 의한 동의가 없어도 무효사유에 해당하지 않음)

② 계약연령의 계산

(가) 피보험자의 계약연령은 계약일 현재 만 연령으로 계산하고, 1년 미만의 단수가 있을 경우 6개월 미만은 버리고 6개월 이상은 1년으로 계산

(나) 계산착오로 피보험자의 실제연령과 차이가 있는 경우에는 보험료 변경시 변경에 따른 소정의 보험료를 정산

③ 대기기간(Waitinh period) 설정

(가) 보험계약자의 역선택이 가능한 특정질병의 경우에는 제1회 보험료 납입일 이후 일정기간 동안 보장하지 아니하는 기간(대기기간)을 설정할 수 있다.

(나) 암을 담보하는 계약에서 대기기간(90일)중 암진단이 확정되는 경우에는 계약을 무효로 함. 단, 상피내암, 경계성종양, 기타피부암은 대기기간 없이 보험기간 시작일로부터 보상한다.

④ 사망보험금 지급

실제로 사망하지 않더라도 동일한 재해 또는 재해이외의 동일한 원인으로 여러 신체부위의 합산 장해 지급률이 80%이상 장해시 또는 100% 후유장해시에도 사망으로 간주하여 사망보험금을 지급한다.

⑤ 기타

손해보험회사가 질병을 원인으로 하는 사망을 제3보험의 특약의 형식으로 담보하는 경우 다음 요건을 충족하여야 한다.

(가) 보험만기는 80세 이하일 것
(나) 보험금액의 한도는 개인당 2억원 이내일 것
(다) 만기시에 지급하는 환급금은 납입보험료 합계액의 범위내 일 것

3) 질병보험의 종류

질병보험의 종류를 암·건강보험, 치명적질병보험, 의료보장보험, 소득보상보험으로 분류할 수 있다.

① 치명적질병보험(CI보험)의 개념

(가) "Critical Illness"란 단순히 치명적질병을 의미하는 것이 아니라, 사고나 질병 등으로 인해 아픈 상태 즉 치명적인 중병상태를 의미한다. "Critical Illness"는 치명적 질병, 치명적 수술, 치명적 장해 등 크게 3부분으로 분류된다.

(나) 치명적질병보험(CI보험)의 정의

"Critical Illness" 발병시 사망보험금의 일부 또는 전액을 선지급하거나 별도의 고액 Living Benefit(생활보험금)을 생전에 지급함으로써 고액의 치료비, 실직에 따른 생활비, 신체장해에 따른 간병비 집안내부 개조비용, 채무변제, 요양비 등 생존에 필요한 다목적 자금으로 활용할 수 있도록 개발된 상품이다.

② 의료보장보험의 개요

(가) 의료보장보험의 의의

사람들이 질병 또는 상해로 인하여 의료서비스를 받아야 하는 경우에는 의원, 병원 또는 대학병원 등의 의료기관을 통하여 입원, 수술, 투약 등 다양한 치료행위를 제공받게 되며, 이 경우에 많은 의료비용이 발생된다. 이 경우에 개인들이 충분한 준비가 없다면 적절한 치료를 받지 못할 뿐만 아니라, 가정경제에도 막대한 손실을 가져 올 수 있다.

의료보장보험은 이렇게 개인들이 질병 또는 상해로 인하여 발생하게 되는 의료비의 지출을 보상해 주어 경제적 불안을 해소하는 보험상품이다.

의료보장보험의 계약자에게 실제로 제공되는 의료서비스를 보상하는 상품의 성격상 실손형으로 개발되고 있으며, 또한 국가에서 운영되고 있는 공적의료보험의 유무, 의료수가, 의약분업 등 국가정책 등에 따라서 국가별로 많은

차이를 보이고 있다.

(나) 손해보험사 의료보장보험의 특징

- 입원의료비와 외래진료비 중 일정액을 보장하는 공적의료보험을 보완하는 보충형 개인의료보장보험이다.
- 사차손 우려가 높은 평준식 보험료를 1년만기 자동갱신 보험료로 변경하여 위험률 인상에 대비하였다.
- 주보험(장기간병비용 보장)은 평준식 보험료, 입원·통원의료비는 자연식 보험료(1년만기 자동갱신특약으로 설계)를 적용하고 있다.
- 매년 직전년도의 손해율 및 의료비 수가를 반영하여 보험료를 재산출한다.
- 부부형, 가족형 도입으로 가족보장기능이 강화되었으며, 특별조건부특약, 판매연령 및 보험기간 확대 등으로 가입문호를 확대하였다.

(다) 생명보험사 의료보장보험 특징

- 2004년 공무원 Cafe 제도(선택적 복지제도)를 위한 전용 상품으로 개발되었다.
- 국민건강보험을 보충하는 보완상품으로 개발되었다.
- 입원의료비 중 병실료에 대해 2인실 기준으로 지급한다.
  특실 또는 1인실 사용 시는 2인실 병실료를 기준으로 지급하고 있으며, 차액은 본인부담이다. 2인실 이하 병실사용 시 해당 병실료는 실비로 지급한다.
- 외래의료비중 의사처방전이 있는 약국 조제료, 약제비도 보상한다.
- 암 또는 특정질병진단특약 책임개시일을 별도로 적용하지 않는다.
- 본인은 물론 가족도 보상하는 가족보장 상품이다.
- 중복보험에 대한 비례보상을 택하고 있다.

③ 소득보상보험(Disabillty Income)

근래 들어 의료기술 발달 등에 따른 사망률의 지속적인 감소와 각종 재해로 인한 상해·질병의 증가로 사망보장보다는 생존보장을 위한 보험상품의 필요성이 점차 증대되고 있으며, 생존보장 중에서도 적절한 치료비 제공을 위한 의료보장과 동시에 재해나 질병으로 인한 노동력 상실에 따른 소득보상이 적절하게 이루어져야 가정경제의 안정을 도모할 수 있다.

따라서 소득보장이 필요한 대상에게 사각지대 없이 서비스를 제공하는 것이 사회보장제도를 평가하는 제일의 척도라고 할 수 있으며, 이러한 의미에서 공적 소득보장제도가 필요하나, 국가에서 바로 도입하는 것은 한계가 있기 때문에 민영보험사의 역할이 기대되고 있는 상황이라고 할 수 있다.

또한 소득보장보험은 국가에서 운영하고 있는 공적제도와 밀접한 관련이 있는데 우리나라의 경우에도 국민연금이나 산재보험과 같은 공정보장제도가 있어 소득보상개념을 일부 도입하고 있으나, 진정한 소득보상 니즈를 충족시키지는 못하고 있으며, 더구나 선진국처럼 민영보험사를 통한 순수한 소득보상보험은 거의 없다고 볼 수 있다.

우리나라에서도 1984년 손해보험업계는 단기소득보상보험의 도입을 시도하였으나, 시장의 여건 등으로 인하여 실패한 경험이 있다.

현재는 상해보험의 휴업손실보상특별약관에 의해 52주간 보상이 이루어지고 있고, 생명보험에서는 재해장해시에 정액급부를 10년 정도 보장해 주는 소득보상 개념의 보장을 해주고 있는 실정이다.

그러나 앞으로는 근로자의 복지에 대한 요구가 높아지고, 노조 차원에서 근로자의 안정된 생활을 요구하는 움직임이 더욱 강해질 것으로 예상된다.

3. 간병보험

간병보험은 신경계통의 기능, 정신 또는 신체에 현저한 장해가 남아 항상 타인의 보살핌을 필요로 하는 경우 이를 보험사고로 하여 보험금을 지급하는 보험으로, 첫째, 간병상태의 사망 또는 간병상태가 발생한 경우에 약정보험금을 지급하는 순수한 정액보험, 둘째, 간병기간에 따라 간병연금 등의 간호비용을 지급하는 실손형 정액보험, 셋째, 건강자(비 간병상태)에게 지급되는 각종 생존급부금 및 연금, 넷째, 간병자의 생활에 필요한 생활자금을 지급하는 정액보험 등이 있다.

1) 정의

간병보험은 신경계통은 기능, 정신 또는 신체에 현저한 장해가 남아 항시 타인의 보살핌을 필요로 하는 경우 이를 보험사고로 하여 보험금을 지급하는 보험이다.

2) 장기간병보험(Long Term Care Insurance)의 의의

장기간병보험은 미국에서는「Long Term Care」, 일본에서는「개호보험」으로 통칭되며 우리나라에서도 한때는「수발보험」 또는「개호보험」등의 명칭으로 사용되다가「장기간병보험」으로 통합되었으며, 2003년 8월 생명보험사에서 선진형 장기간병보험이 개발 판매되면서 개호보험에서 장기간병보험으로 사용하고 있다.

장기간병보험의 급부방식은 요양시설이나 간병인서비스를 제공하는 현물급부와 그 비용을 부담하는 현금급부로 나누어진다.

장기간병보험상품은 분류하는 기준은 국가별로 다르기 때문에 일률적으로 상품성격을 규정하기는 쉽지 않다.

영국의 보험시장에서는 노인성 질환에 따른 6대 일상활동장해(Activities of Daily Living. ADL) 시의 간병비용 리스크를 담보하는 순수보장성 보험상품만을 장기간병보험상품으로 분류한다. 그러나 대부분의 국가에서는 저축성장기간병상품이나 연금보험과 장기간병보험이 패키지화된 보험상품도 장기간병보험으로 간주하고 있다.

3) 장기간병상태의 내용

장기간병보험은 질병보험과는 달리 피보험자가 암, 뇌졸중, 심근경색과 같은 치명적 질병에 대한 진단에 의해서 보험금이 지급되는 것이 아니라, 이동하기, 식사하기 등 일상적인 생활을 수행하는데 스스로 할 수가 없어서 다른 사람의 도움이 필요한 일상생활장해상태 또는 알츠하이머나 기질성치매로 인하여 항상 보호자가 돌봐야 하는 치매상태로 판정이 났을 경우에 보험금을 지급한다.

이러한 두 가지 경우를 장기간병상태라 하는데, 장기간병보험에서는 보장대상이 되는 이 장기간병상태를 어떻게 정의하느냐에 따라서 보험상품이 달

라지기도 하며, 보험료도 차이가 많다.

장기간병상태의 판정은 보통 국제적으로 사용하는 Katz 분류를 사용하여 질병정의를 정의하고 있으며, 국가의 보험환경에 따라서 조금씩 변형하여 사용하고 있다.

우리나라의 경우 과거 일본생명보험회사의 장기간병상태에 대한 정의를 도입하여 사용하였으며, 그 정의도 상당히 엄격하여, 항상 누워있는 와상상태에서 이동하기, 착탈의, 목욕하기, 식사하기 그리고 화장실사용하기의 5가지 중에서 3개 항목을 못할 경우에 일상생활장해상태로 인정을 판정하였다.

그러나 최근 도입된 선진형 장기간병보험에서는 지나치게 엄격했던 질병의 정의를 완화하여 명확히 하여 적용하고 있다.

연습문제

1. 제3보험의 의의에 관하여 간략히 설명하라.
2. 제3보험의 특징에 관하여 설명하라.
3. 제3보험의 종류를 설명하라.
4. 상해보험에 관하여 설명하라.
5. 질병보험에 관하여 설명하라.
6. 간병보험에 관하여 설명하라.

제 11 장 사회보험

제1절 사회보험의 의의와 특징

1. 사회보험의 의의

우리들은 항상 생활을 파괴할 수 있는 각종의 위험에 둘러싸여 살고 있으며, 실제로 위험이 현실적으로 나타나면 대부분의 경우에는 생활빈곤층으로 전락하게 된다. 이것을 피하기 위한 노력은 예로부터 계속되어 왔으며, 개인적으로 저축을 하거나, 토지, 가옥을 소유하거나, 고급의 장신구나 골동품을 구입하는 등의 방법을 취하여 왔다. 한편으로는 경제적인 생활보장의 달성을 사회적으로 연대하거나 협력하는 방법의 하나로서 보험이라는 경제제도가 만들어졌다.

그러나 빈곤층이 많아지면 사회불만을 조성하고 계급대립을 격화하며 정치적으로나 사회적으로 불만을 야기하고 국가의 지배체제의 약화를 가져오기 때문에 국가적 입장에서 빈곤을 해소하고 기본생활이 보장될 수 있도록 노력하지 않으면 안 된다. 여기에 빈곤층 구제정책이 마련되고 사회보험의 생성을 가져오는 사상적인 토양이 구축될 수 있었다.

그러나 보험의 효용은 상류계층 또는 중산계급 이외에는 미치지 않았다. 정작 보험의 도움을 누구보다도 필요로 하는 저소득층, 빈곤층의 사람들은 보험료를 부담할 능력이 없기 때문에 보험 보호의 대상에서 제외되었다. 그리고 그들의 생활을 불안하게 만드는 위험의 대부분은 사회의 기구자체로부터 발생하는 것이기 때문에 그들 개인의 힘으로는 어떻게도 할 수 없는 성질의 것이었고 이 때문에 사회나 국가에 대한 그들의 불신감은 증대되어 갔다.

그러나 이 같은 상태를 언제까지나 방치하여 둔다는 것은 사회적인 안정을 추구하는데 많은 문제를 야기할 수도 있다. 그래서 국가는 소득의 불균형을 시정하고 국민생활의 최저한도를 보장하며 사회적으로 경제생활에 위협을 받고 있는 자의 생활을 공동으로 보호하기 위하여 여러 가지 제도를 실시하기에 이르렀다. 이것을 일반적으로 사회보장제도라고 하며 사회복지, 사회보험, 사회부조, 공중위생, 의료 등이 이에 속하며 최근에는 직업교육문제, 주택문제, 교통문제, 공해문제 등의 해결에까지 확대되고 있다.

사회보장제도의 내용이나 영역이 각 시대 또는 각 사회의 사정에 따라 약간은 상이할지 모르겠지만 이것이 특정위험으로부터 경제적 위협을 받는 자의 생활보호를 목적으로 함은 변함이 없다. 그런데 사회보장제도는 그것이 실시되고 있는 국가의 사회적, 문화적, 경제적 여건에 따라 다소간 차이는 있겠지만 가장 많이 사용되고 있는 것이 사회보험제도라 할 수 있으며 사회보장을 위한 중요한 수단이 되고 있다.

그렇다면 사회보험이란 도대체 어떤 보험을 의미하는가.

사회보험이란 국민의 생활을 보호하고 안정시키기 위하여 보험의 방식을 빌어 일정한 급부를 행하는 제도라고 할 수 있다. 좀 더 상세하게 설명하자면 사회보험이란 보험의 기술과 방법을 이용하여 특정 국민계층이 질병, 상해, 사망, 노령 등으로 인하여 노동능력을 감퇴 또는 상실한 경우에, 또는 실업 때문에 노동의 기회를 상실한 경우에 그들을 경제생활의 위협으로부터 보호하기 위하여 국가가 법에 의하여 그들에게 보험가입을 의무화하는 제도를 의미한다.

2. 사회보험의 특징

여기에서는 사회보험과 사(私)보험을 비교함으로써 사회보험의 주된 특징을 살펴보기로 한다.

① 위험발생의 대상을 기준으로 하여 형태적으로 구별할 경우, 사회보험에 속하는 보험은 인 보험에 한정되지만, 사보험의 경우에는 인보험 외에

물보험이나 재산보험까지도 포함하며 그 범위는 넓어진다. 그러나 선진국에서는 현재 사회보험을 인보험에만 국한시키지 않고 재산 또는 배상책임분야에까지 확대시키고 있으며 그 예로서 홍수보험, 농작물보험, 수출보험 등을 들 수 있다.

② 보험급부의 면에서는, 사회보험이 사회적으로 결정된 일정한 기준에 기인하는 법정급부를 행하고 있지만, 사보험에서는 계약에 기인한 개인적, 주관적인 부보금액에 따라서 지급이 행하여지고 있다.

③ 경영주체인 보험자에 대하여 살펴보면, 사회보험은 대부분 국영이나 공영보험임에 반하여 사보험의 대부분은 사영이나 민영보험이 되고 있다. 특히 사회보험 중에는 국가의 법률에 의해서 설립과 운영이 강제되고 동시에 그 보험단체의 재정에 대한 최종적 보증이 국가에 의해서 행해지고 있는 준(準)국영의 것도 포함되고 있다.

④ 보험가입의 면에 있어서 사회보험이 강제가입의 원칙을 취하고 있는데 반하여 사보험은 임의가입을 원칙으로 하고 있다. 따라서 사보험에 있어서는 각 개인은 스스로 자기가 원하는 보험종류를 선택할 수 있고 부보 금액을 결정할 수 있지만 사회보험은 대체로 이런 자유가 허용되지 않는다.

⑤ 경영이나 운영의 원리에 있어서는 사회보험은 비영리로서 복지를 추구하는데 대하여, 사보험은 영리추구를 목적으로 한다.

⑥ 보험료의 결정방법으로서는, 사회보험이 원칙적으로 임금 또는 소득을 기준으로 사회계층별로 보험료를 결정하는데 대하여, 사보험은 예상되는 위험의 정도에 기인하여 개인별로 결정한다.

⑦ 보험료의 조달방법에 있어서, 사회보험에서는 보험료의 전부 또는 일부를 사업주나 국가가 부담하지만, 사보험에서는 각 가입자가 위험에 준하는 보험료를 전액 부담한다.

⑧ 보험사업비의 부담에 대하여, 사회보험에서는 국가가 그 전부 또는 일부를 부담하는데 대하여, 사보험에서는 부가보험료로써 피보험자가 스스로 부담하게 된다.

⑨ 책임의 소재에 있어서, 사회보험은 사회에 보다 많이 구하는 사회책임의

보험임에 대하여, 사보험은 개인에게 책임이 보다 많이 구하여지는 자기 책임의 보험이다.

⑩ 재정상태에 있어서, 사회보험은 복지우선의 자세가 선행하고 비용조달면에서는 소극적이고, 급부 취급면에서는 적극적이기 때문에 자칫 재정궁핍상태에 빠지는 경우도 있지만, 사보험은 엄격한 계약에 기인하여 수리계산을 기초로 이루어지기 때문에 그 재정의 건전성이 장기 안정적이다.

⑪ 경영형태면에 있어서, 사회보험은 어떤 종류의 보장에 관한 공급 독점성이 강하고 여기에 강제가입과 국영·준국영의 요소가 개입되어 있다. 그러나 공급독점은 있어도 그것은 이윤획득을 위한 것은 아니다. 이에 대하여, 사보험은 우리나라에 있어서 과점체제를 유지하고 있지만 보장공급면에서는 독점적이 아니다.

⑫ 보험계약의 면에 있어서, 사회보험은 보험계약이 없으며 부보내용이 법률로 규정되어 있기 때문에 부보내용을 개인이 마음대로 바꿀 수 없지만, 사보험은 보험금이나 보험요율은 계약에 명시되며 이 계약은 계약당사자 쌍방의 협의가 있다면 변경할 수 있다.

[표 11-1] 사회보험과 사보험의 차이

사회보험	사보험
강제가입	임의가입
사회적 최저소득보장	보험료부담수준에 의한 보험급여수준의 보장
사회적 형평성(복지개념)	개인의 적정성(보험개념)
법적인 보험급여수준(법적권리)	계약에 의한 보험급여수준(계약준수)
정부독점	자유경쟁
목적 및 결과에 대한 이해당사자간 의견 불일치	목적 및 결과에 대한 의견의 일치
정부에 의해 적립기금 투자우선순위 결정	민간에 의해 적립기금 투자우선순위 결정

3. 사회보험의 생성과 발전

사회보험은 보험의 기술을 기초로 하면서 공적인 제도로서 강제가입을 전제로 19세기말 철혈재상 비스마르크 정권하의 독일에서 창설되었다.

즉, 1882년에 비스마르크에 의하여 실시된 질병보험법이 사회보험의 효시로서 일컬어지고 있다. 이는 1871년 근대적 국가의 통일을 달성하고 농업경제로부터 급격히 공업국에로 전환하는 과정에서 다수의 빈곤한 공업노동자를 배출한 자본주의적 발전단계에서 사회주의 사상의 보급과 노동운동의 정치적 과격화에 대한 「사회주의 진압법」이라는 채찍이 역효과를 야기하자 선후책으로서 선택된 정책으로부터 탄생된 것이다.

물론 그 이전에도 주로 노동자를 대상으로 한 공제조합제도가 있었지만, 그 운영상 많은 문제점을 가지고 있었고 급부도 불충분하였다. 비스마르크는 이들 제도를 개혁하고 정부의 감독하에 둠과 동시에 고용주에게도 그 비용을 분담시키는 등 획기적인 노동 정책의 틀을 세우려고 하였다. 이 같은 조치의 일환으로서 1883년에는 질병보험이, 1884년에는 재해보험이, 1889년에는 고도장해노령보험이 창설되었고, 이리하여 사회보험의 기틀이 마련되었다.

한편 영국에 있어서도 15세기말에서부터 16세기초에 이르러 구빈법에 의한 구제사업이 실시되고 있었고, 16세기에는 우애조합(friendly society)이 노동자를 위한 공제조합으로 발전하여 노동자의 질병, 재해, 실업, 노후의 보장을 목적으로 하는 공제사업이 행해지고 있었다. 그러나 20세기에 들어오면서 거듭되는 경제불황과 이로 인한 노동자에 대한 억압과 착취 등 노동자를 둘러싼 환경이 크게 변화하였다. 이에 영국정부는 1908년에 70세 이상으로 빈곤이 인정된 자에게 일정연금을 지급하는 「노령연금법」을 제정하였고, 1911년에는 강제 건강보험과 실업보험에 관한 「국민보호법」을 공포하고 1912년에 실시하였다. 또 1925년에는 「과부고아노령」연금법을 제정하고, 국민보호법의 피보험자의 피부양자를 보호하였다. 영국에 있어서 사회보험의 위치는 그 후 1942년에 발표된 W. Beveridge 보고서에 의하여 한층 공고하게 되었다. 비버리지 보고서는 「요람에서 무덤까지」라는 종합적인 사회보장제도를 발표하면서 사회보험을 그 중심시책으로 제시하고 있다.

제2절 사회보장과 사회보험

1. 사회보장과 사회보험

사회보장(social security)은 협의로는 사회부조(public assistance)와 사회보험(social insurance)으로 구성되어 있고, 광의로는 이 두 가지 외에 사회복지와 공중위생까지도 포함하는 종합적인 체계를 이루고 있다.

그러나, 어느 경우이건 사회부조와 함께 사회보험은 사회보장의 큰 축이 되고 있다. W. Beveridge 보고서에서도 의료의 공영 등을 전제로 하면서 사회보장을 소득보장이라고 규정하고 사회보험은 사회보장실현을 위한 중요한 수단이라고 주장하고 있다. 다만 그 상이점을 고려하여 볼 때, 사회부조가 추가된 것 외에 다음과 같은 점에 주의해야 할 것이다.

즉, 당초에는 사회보험은 사회정책의 수단으로서 사용되고 발달되었지만, 오늘날의 사회보장은 반드시 우리가 말하는 사회정책과는 일치하지 않는다. 사회보장의 경우, 그것은 국민이라는 관념을 기본적 요인으로 하고 있다. 그러므로 노동자의 빈곤문제는 국민에 대한 빈곤정책인 사회보장 속에서 해소되고 있다고 할 수 있다. 경제사회에 있어서의 혼합체제를 배경으로 노동자의 보험이 확대되고 일반의 사회구성원을 대상으로 건강보험이나 연금을 실시하고 국가가 국민이라는 개념 하에 개인의 생활이나 의료를 보장하는 것이므로 여기에 이들 모두를 포용하는 새로운 종합적인 체계를 나타내는 명칭이 나타났다고 할 수 있다. 그러므로 사회보장에 있어서 중요한 것은 국민적 입장의 관념이다.

2. 사회보험과 사회부조

사회보장이 사회보험과 사회부조로 구성됨은 전술한 바와 같으며 역사적으로 살펴볼 때 사회부조가 빈곤의 구제를 목적으로 먼저 실시되었음을 알 수 있다. 더욱이 사회부조는 사회보험 3대지주의 하나인 고용보험이 대량실업 등으로 그 기능을 상실하는 경우에 이를 뒷받침하는 중요한 기능을 발휘하는 할 제도이며 따라서 사회보장의 시작인 동시에 기초적인 제도라고 할 수 있다.

그렇다면 사회보험과 사회부조는 어떠한 차이가 있는가?

첫째, 재원을 확보하는 데 차이가 있다.

사회보험은 특별세에 의해 운영되는데 반하여, 사회부조는 일반세를 그 재원으로 삼는다.

둘째, 급여의 지급대상과 급여의 지급액수를 사전에 예측하는데 차이가 있다. 사회보험에서는 일반적으로 어떤 자격과 조건을 갖추면 급여를 지급받을 수 있으며 지급되는 급여의 종류와 금액은 법률에 정확하게 규정되어 있으므로 이를 사전에 예측할 수 있다. 그러나 사회부조에서는 급여의 종류와 금액은 행정관리의 조사에 의해 결정되므로 급여의 지급대상여부와 그 종류나 금액을 사전에 알 도리가 없다.

셋째, 제도운영상 행정관리가 행사하는 판단의 정도에 차이가 있다.

사회보험에서는 갹출 등의 자격요건을 구비한 사람들에게 하나의 권리로서 그 급여를 지급하므로 행정관리가 일방적으로 판단을 내릴 수 있는 여지가 극히 적은데 반하여, 사회부조의 경우에는 급여지급의 신청자에 대한 적격판정은 직접 행정관리의 조사에 의하여 최종 결정되므로 행정관리가 행사하는 판단의 정도는 대단히 크다.

넷째, 급여지급의 자격과 급여지급의 금액을 결정하는데 자산조사 또는 니즈 테스트(needs test)의 필요성에 차이가 있다.

사회보험에서는 급여지급을 받을 수 있는 자격을 결정하는데 자산조사나 니즈 테스트가 필요 없다. 그러나 사회보험에서는 급여는 반드시 필요로 하는 사람에 한해 지급되며, 필요하다고 인정되지 않는 사람에 대해서는 지급되지 않는다. 따라서 사회부조제도에서 마련된 급여를 필요로 하느냐 그렇지 않느냐에 대한 판정을 위해서는 자산조사나 니즈 테스트가 필요하다.

3. 사회보험의 기능

사회보험은 일반적으로 4가지 부문, 즉 의료보험(국민건강보험), 연금보험,

재해보상보험 및 고용보험으로 대별되며 이들을 통하여 사회보험이 추구하는 기능 또는 역할을 살펴볼 수 있다.

(1) 의료보험부문

의료보험(국민건강보험)은 질병, 상해, 사망, 분만 등의 단기적인 경제적 손실에 대하여 급부가 행해지는 제도이다. 손실에 대한 급부라는 점에서 볼 때, 이 보험은 보험을 생명보험과 손해보험으로 대별하는 경우, 후자에 속한다. 의료급부는 원칙적으로 금전 또는 현금을 지급하는 방법을 취하지 않고 진단이나 치료와 같은 현물 급부의 형태를 취한다.

보험자는 의료서비스와 관련된 비용을 나중에 의료기관에 지불하는 방식을 취하고 있다. 피용인에 대해서는 업무상의 질병・상해 및 사망의 경우는 의료보험에 의하지 않고 사업주의 보상책임을 인수하고 있는 재해보상보험의 보험사고로서 취급되며, 급부도 그곳에서 행해진다. 피용인을 위한 의료보험에 있어서는 피보험자인 피용인 본인만이 아니라 그가 부양하는 피부양인의 사고에 대해서도 급부가 행해진다.

그리고 이 보험에서는 단기적인 소득보장의 일환으로 요양의 급부 또는 요양에 필요한 비용을 급부하는 것만이 아니라, 질병 또는 상해에 의한 임금의 상실에 대하여도 상병수당을 지급하고 있다.

(2) 연금보험부문

연금보험은 노령, 고도장해, 사망 등을 주된 보험사고로 하며 원칙적으로 각종의 연금을 급부하는 제도이다. 노동능력의 장기적 상실 혹은 생계유지자의 사망에 대하여 그 본인 또는 유족의 생활을 보장하는 것을 목적으로 하는 단기보험이다. 똑같이 사망을 보험사고로 하면서도 의료보험에서는 매장료가, 연금보험에서는 유족연금이 지급되는 것이 다르다. 이 보험은 장기적인 소득보장기능을 가지고 있다.

(3) 재해보상보험부문

재해보상보험은 의료보험과 마찬가지로 업무상 또는 통근도중에 입은 질병, 상해, 사망 등을 보험사고로 하며, 이로 인한 치료비, 휴직중의 생활비, 장해로 인하여 노동력이 상실됨으로써 감소한 수입의 보충, 유족의 생활비 등을 연금 또는 일시금의 형식으로 지급하는 제도이다. 이 보험재해보상보험이 의료보험과 다른 점은 재해보상보험은 업무상 또는 통근도중의 재해를 대상으

[표 11-2] 사회보험의 주요내용

구분	제도	피보험자 및 가입자	보험자	보험급여 지급사유	비고
의료보험(국민건강보험)	직장의료보험	상시5인 이상의 근로자를 사용하는 사업장, 공업단지 내에 입주한 사업장 주한외국기관으로 상시 5인 이상의 대한민국 국민을 근로자로 하는 사업장	의료보험조합(연합회) 의료보험 관리공단	질병,부상, 분만 및 사망	'89.7 전국 확대 실시
	지역의료보험	직장조합 및 공무원 · 사립학교교직원의 의료보험조합의 피보험자와 피부양자를 제외한 관할 지역의 일반주민			
	공무원 및 사립학교 교직원 의료보험	공무원(직업군인포함) 사립학교교직원	공무원 및 사립학교 교직원의료보험관리공단	질병, 부상, 분만 및 사망	
연금보험	국민연금 (농어민연금 포함)	공무원, 군인 및 사립학교 교직원을 제외한 만 18세 이상~60세 미만의 국내에 거주하는 국민	국민연금 관리공단	노령, 고도의 장해, 사망	
	공무원연금	국가 및 지방공무원, 법관, 경찰관	공무원연금 관리공단	퇴직, 장해, 사망	
	사립학교 교직원연금	사립학교교직원	사립학교 교원연금 관리공단	〃	
	군인연금	장기복무 하사관이상 장교	국방부	〃	
재해보상보험	산업재해 보상보험	근로기준법의 적용을 받는 사업장근로자(가입자는 사업주)	노동부	업무상의 사유에 의한 근로자의 부상, 질병, 신체장해 또는 사망	
고용보험	고용보험	사업주와 소속 근로자	노동부	근로자의 실업, 직업능력 개발, 구직활동 및 이주시	'95.7 실시

로 하고 상실한 노동력을 회복할 때까지 보상하는 제도임에 반하여, 의료보험은 업무와는 관련 없는 사적인 위험사고를 당한 경우에 회복할 때까지의 생활보장을 목적으로 하고 있다. 따라서 재해보상보험의 경우에는 보험료도 전액 사업주가 부담한다.

(4) 고용보험부문

고용보험은 노동자가 실업한 경우에 필요한 실업급부를 행하고 구직활동기간중의 생활보장과 재취업을 위한 원조를 그 목적으로 하는 제도이다.

고용보험은 이들 사업 외에도 경제동향에 대비하여 고용의 안정을 확보하기 위한 고용안정사업, 고용상태의 개선이나 실업을 예방하기 위한 고용개선사업 및 직장생활상의 환경개선과 노동자의 복지증진을 꾀하기 위한 고용복지 사업을 실시하는 등, 고용에 관한 종합적인 보장기능을 추구하고 있다.

4. 사회보험의 한계

(1) 사회보험에 대한 국민의 부담능력

일정 이상으로 부담이 과중하면 국민생활에 지장을 가져오고, 나아가 정신적인 문제점을 야기하는 경우도 있다.

(2) 근로의욕 상실

급부수준이 지나치게 높아져 노동으로 얻는 임금과 사회보험에서 받는 급부의 차가 줄어들면 사람들은 근로의욕을 상실하여 버릴 염려가 있다.

즉, 어떤 사람의 임금보다 다른 사람의 사회보험의 급부가 점점 많아진다면, 거기에도 근로정신의 황폐화가 초래될 수도 있는 것이다.

(3) 사회보험이라는 제도가 성립할 수 없는 경우

예를 들어, 지나치게 특수한 리스크, 지나치게 지역적인 리스크, 지나치게 유동적이어서 보험단체를 구성할 수 없는 리스크, 리스크의 실태나 범위 또는 규모가 파악되지 않는 리스크, 성격이 노출되지 않은 채 잠재되어 있는 리스크, 도덕적 리스크, 국가의 멸망이나 천재지변의 발생, 세계대전과 같은 대사건과 관련된 리스크 등의 보험적 한계는 사회보험제도의 성립한계가 될 수도 있다.

(4) 사보험제도의 발전을 저해하는 경우

사회보험의 무리한 강화 또는 확충과 사보험에 대한 지나친 견제는 사보험제도를 파탄에 이르게 할 수도 있다. 오히려 사보험의 기구나 경영체제와 연대하고 국가나 정부가 이를 지도, 감독, 규제, 통관하여 가는 쪽이 성과를 올리는 경우도 있다. 이것이 바로 사회보험이 가지고 있는 한계의 일례이다.

(5) 사회보험의 발전 저하

특수한 압력단체가 있어서 사회보험의 개선에 저항하거나 기득권 의식이 국민사이에 너무 강하여 사회보험의 개선이나 개혁에 계속해서 반대한다면 결국 사회보험의 합리화나 효율화가 저해되고 사회보험의 발전은 어려워질 수도 있다.

(6) 역사나 습관적 요소

국민생활에는 역사나 습관이라는 특수한 요소가 있다. 만약 국민의식과 역행하거나 무리한 정책을 고집한다면 국민의 합의를 얻을 수 없다. 무리하게 종래의 보장체제를 변경하는 것은 불가능하다. 아무리 사회보험이 유익한 제도라고 하더라도 대변혁을 자주 할 수 없다.

(7) 사회보험의 한계

모든 조건에 선행하여 확보되어야 하는 것이 지속적인 경제성장이다. 반드시 경제적으로 성장하였다고 해서 사회보험이 잘 유지되는 것은 아니지만, 성장이 정지되었을 경우 사회보험의 한계는 급속하게 나타난다.

5. 사회보험의 종류

우리나라의 사회보험은 아직도 초보단계를 벗어나지 못하고 있다고 할 수 있다. 현재 시행되고 있는 사회보험의 종류를 열거하여 보면 다음과 같다.

① 의료보험

② 산업재해보상보험

③ 국민연금

④ 고용보험(산업보험)

이하 이들 보험에 대하여 간단히 살펴보기로 한다.

(1) 의료보험(국민건강보험)

1) 연 역

우리나라의 의료보험은 특이한 일종의 자가보험의 형태로서 원래 1963년에 제정된 의료보험법으로 그 기틀이 마련되었으나 별로 시행업적을 올리지 못하고 있다가 몇 차례의 법 개정을 거쳐서 1977년에 직장의료보험으로부터 시작되어 점차 사업자, 지역으로 확대되어 현재는 전 국민이 혜택을 받고 있다.

2) 담보위험

담보위험은 사망을 포함한 우발적인 상해와 질병으로 인한 건강불량이다.

3) 적용대상

가. 직장가입자의 경우

① 모든 사업장의 근로자 및 사용자와 공무원 및 교직원

② 직장가입자의 배우자, 직장가입자의 직계존속(배우자의 직계존속 포함), 직장가입자의 직계비속(배우자의 직계비속 포함) 및 그 배우자, 직장가입자의 형제·자매 중 직장가입자에 의하여 주로 생계를 유지하는 자로서 보수 또는 소득이 없는 자

나. 지역가입자의 경우

직장가입자를 제외한 국내에 거주하는 국민

및 로

4) 급 여

가입자 및 피부양자의 질병 · 부상 · 출산 등에 대하여 진찰 · 검사, 약제 · 치료재료의 지급, 처치 · 수술 기타의 치료, 예방 · 재활, 입원, 간호, 이송 등 7가지 요양급여를 실시한다.

요양급여외에 대통령령이 정하는 바에 의하여 장제비 · 상병수당 기타의 부가급여를 실시할 수 있다.

5) 재 원

이 보험은 일반적으로 피보험자 계층에 따라 지급하는 일정한 보험료에 의하여 운영되며, 이밖에 국고부담금과 기부금으로 그 재원을 삼고 있다.

6) 주관행정부서

이 보험의 주관행정부서는 보건복지가족부이며 실제 운영은 이 보험의 운영을 위해서 조직된 국민건강보험공단이 수행한다.

(2) 산업재해보상보험

1) 연 역

우리나라 산재보험은 1964년 7월 1일부터 실시되었다.

2) 담보위험

담보위험은 피고용인이 산업재해 보상보험법의 적용을 받는 사업주를 위하여 업무를 수행하는 과정에서 입는 상해와 질병이다.

3) 급여수령자격 요건

이 보험의 혜택을 받기 위해서는 이 법의 적용사업체에서 근무하고 있어야 하며 업무수행 중 그 업무로 인하여 상해나 질병 내지 사망 위험이 발생하여야 한다.

4) 급 여

이 보험에서 지급되는 급여는 요양급여, 휴업급여, 장해급여, 간병급여, 유족

급여, 상병(傷病)보상연금, 장의비, 직업재활급여 등 8가지로 지급되고 있다.

5) 재 원

이 보험은 고용주로부터 보험료를 징수하여 비용에 충당한다.

6) 주관행정기관

이 보험은 노동부에서 관장하고 있다.

(3) 국민연금

1) 연 역

1973년에 국민복지연금법을 제정하였으나 시행치 않고 있다가 1986년 국민 복지연금법을 전면 개정해서 국민연금법으로 제정·공포되어 1988년부터 시행되었다.

2) 담보위험

이 법에 따른 급여의 종류는 노령 연금, 장애연금, 유족연금, 반환일시금 등 4종류이다.

3) 가입 대상

국내에 거주하는 국민으로서 18세 이상 60세 미만인 자는 국민연금 가입 대상이 된다. 다만, 「공무원연금법」, 「군인연금법」 및 「사립학교교직원 연금법」을 적용받는 공무원, 군인 및 사립학교 교직원, 그 밖에 대통령령으로 정하는 자는 제외한다.

4) 급 여

국민연금의 급여액은 전체가입자의 평균소득과 개인의 갹출료를 결정하는 각자의 소득에 의해 결정된다. 연금액은 지급사유에 따라 기본연금액과 부양가족연금액을 기초로 산정한다.

수급권자의 기본연금액은 다음 각 목에 따라 산정한 금액을 합산하여 3으로 나눈 금액에 1천분의 1천200을 곱한 금액으로 한다(20년 초과는 별도).

가. 연금 수급 3년 전 연도의 평균소득월액을 연금 수급 3년 전 연도와 대비한 연금 수급 전년도의 전국소비자물가변동률에 따라 환산한 금액

나. 연금 수급 2년 전 연도의 평균소득월액을 연금 수급 2년 전 연도와 대비한 연금 수급 전년도의 전국소비자물가변동률에 따라 환산한 금액

다. 연금 수급 전년도의 평균소득월액

부양가족연금액이란 수급권자가 그 권리를 취득할 당시 그에 의하여 생계를 유지하고 있거나 노령연금 또는 장애연금의 수급권자가 그 권리를 취득한 후 그 자에 의하여 생계를 유지하고 있는 자에 대하여 규정된 각각의 금액으로 한다.

5) 재 원

국민연금사업에 드는 비용에 충당하기 위하여 가입자와 사용자로부터 가입기간 동안 매월 연금보험료를 징수한다.

6) 주관행정기관

국민연금사업은 보건복지가족부장관이 주관하여 국민연금공단이 수행한다.

연습문제

1. 사회보험의 의의에 관하여 간략히 설명하라.
2. 사회보험의 특징에 관하여 설명하라.
3. 사회보장과 사회보험에 관하여 설명하라.
4. 우리나라 사화보험의 종류에 관하여 설명하라.
5. 사회보험의 기능에 관하여 설명하라.
6. 사회보험과 민영보험의 차이를 간략히 설명하라.

제 12 장 최근에 판매되는 보험상

제1절 보험상품의 내용과 종류

1. 보험상품 내용

변화의 속도가 점점 빨라지고 있는 세계 속에서 보험사업은 새로운 사회적 · 경제적 변화에 언제든지 신속히 적응할 수 있는 적극 · 행동적 산업임을 입증하여 왔다. 최근에도 경우에 따라서는 논쟁의 여지도 없었던 것은 아니지만,가계 및 기업을 둘러싸고 있는 각종 변화에 대응하기 위하여 다양한 보험상품이 창설 또는 개발되었다.

2. 최근에 판매되는 보험상품 종류

최근에 판매되는 보험에는 여러 가지 형태가 있지만 이들을 대상별로 분류한다면 5가지 형태로 분류할 수 있다.

① 인체, 동물의 사망, 상해에 관한 보험
　예) 상해보험, 소득보상보험, 동물보험

② 배상책임에 관한 보험
　예) 배상책임보험, 노동재해종합보험, 원자력배상책임보험

③ 재산의 멸실, 손상에 관한 보험
　예) 동산종합보험, 기계보험, 컴퓨터보험

④ 채권보험, 신용보완에 관한 보험

예) 입찰, 이행보증보험, 신원보증보험

⑤ 비용손해에 관한 보험

예) 여행업자비용보험

3. 보험상품 종류

(1) 최근 판매되고 있는 보험상품

1) 유괴인질석방비용보험

유괴인질석방비용보험(Kidnap and Ransom Insurance)이 처음으로 제공된 것은 1930년대의 일로써 5만 달러의 인질석방비용이 요구된 유명한 린드버그 유괴사건의 직후였다. 대다수의 사람들이 알고 있는 바와 같이 이러한 범죄행위는 유럽각지에서 다발하고 있다. 유괴는 정치적인 이유에서 또는 단순히 금전을 노리고 저질러진 범죄행위지만, 수백만 파운드를 상회하는 막대한 금액이 생명을 담보로 요구되고 있는 실정이다.

이 위험을 담보하는 보험에 대하여 일부사람들은 공공질서에 위배되는 것이라는 반대의 주장도 만만치 않다. 그러나 이 보험은 널리 실시되고 있다. 다만 이 보험을 제공하는 경우의 엄중한 조건은 명백한 이유 때문에 그 존재가 결코 공표되어서는 안 된다는 것이다. 이 보험은 또 보험사업자에게 있어서 역선택의 고전적인 사례가 된다. 그럼에도 불구하고 한정된 시장에 대하여 이 보험담보는 최근 대폭적으로 계약고를 갱신하여 왔다. 통상적으로 이런 종류의 보험증권에는 지급된 인질석방금의 약 10%라는 상당하는 금액의 초과면책금액이 적용된다.

2) 소송비용보험

소송비용보험(Legal Costs and Expenses Insurance)이란 배상청구에 대한 의식이 사회적으로 높아지고 있고, 나아가 소송비용이 고액이고 소송비용부조(legal aid)를 받을 수 있는 자격자도 비교적 적다는 이유에서 이러한 종류의 보험담보에 대한 수요가 발생한 것이다.

현재 이 보험시장은 상당히 한정되어 있지만, 확대될 가능성은 많다. 그 이유로서는 원고 또는 피고로서 부담해야 할 소송비용을 적은 금액의 연간보험료로 대신할 수 있게 된 때문이다. 소송비용은 통상적으로는 종래의 배상책임보험증권으로 담보되었지만, 소송비용 보험담보는 특히 피고로서보다는 원고로서 소송당사자가 되는 경우, 귀중한 추가담보가 된다. 소송을 제기하고 패소한 경우의 비용부담은 가히 위협적이라고 할 수 있다.

3) 명예훼손배상책임보험

명예훼손배상책임보험(Libel Insurance)의 보험담보는 얼마 전부터 존재하는 것으로 통상적으로는 보험사업자가 역선택의 요소에 포함하고 있었지만, 중상모략과 같은 사건으로 재판소 판결에 의해 인정될 수 있는 배상금의 고액화에 대응하여 출판사나 방송국이 주로 보험적 보호를 받고 싶어한다.

보험담보는 쉽게 제공될 수 있는 성질의 것은 아니지만, 이 보험증권은 재판에서 정해진 배상액 외에 출판물의 회수 및 수정에 요하는 비용적 손해항목까지도 담보하는 것이 일반적이다.

4) 원자력보험

원자력보험(Nuclear Insurance)은 일반적으로 원자력에 관한 위험은 기본적 위험이고 상업적인 기금에 의한 보험인수는 일반적으로 불가능하다. 따라서 해상위험 및 항공보험을 제외한 대부분의 손해보험증권은 원자력위험에 대하여 표준적인 면책조항을 두고 있다. 그러나 영국의 경우, 1965년 원자력시설법(nuclear installations act 1965)에 의해 시설운영자는 500파운드까지의 배상책임보험을 부보할 의무가 부과되어 있고 이 보험은 보험사업자의 POOL에 의해서 인수된다.

그러나 동위원소나 원자력시대의 다른 유사의 응용은 산업전반에 공통해서 보여지는 것이고 종래의 보험증권에 의해서 담보되고 있다.

5) 정치적 위험보험

정치적 위험보험(Political Risk Insurance)은 최근 이것도 종래 기본적 위험의 성격을 가진 것으로 여겨지고 있었던 외국정부의 직접적 및 간접적인 행동에 대하여 상업적인 보험담보를 제공하는 것에 대해서 관심이 높아지고, 상당한 대응이 진행되어 왔다. 영국정부는 수출신용보증국(Export Credits Guarantee

Department)을 통하여 오랜 기간에 걸쳐서 이런 종류의 보험을 수출업자를 위하여 제공하여 왔다. 그러나 상업보험업계는 적극대응에의 태도전환과 신 보험개발에의 기업가적 의욕에 따라 지금은 다음과 같은 위험에 대하여 보험 담보를 제공하고 있다.

① 피보험재산의 정부에 의한 압수 또는 몰수
② 수탈적인 세금, 과징금, 관세 등의 부과
③ 면허, 허가 또는 사증의 부인
④ 부당한 가격, 관세율 또는 통화통제의 실시
⑤ 피담보 금전적 이익의 처분의 금지
⑥ 피담보 재산포기의 강제
⑦ 필수의 생산물, 원자재 또는 에너지 정보의 입수부인

6) 오염손해보험

오염손해보험(Pollution Insurance)은 기본적으로 배상책임의 위험이지만, 19789년 초에 발생한 Amoco Cadiz와 같은 재해가 발생한 직후, 최근 중요성이 매우 높아졌다. 각국정부는 이 문제를 명확하게 인식하고 다수의 국제적인 조례를 실시하여 왔다.

예를 들면 영국에서는 1971년 상선(유탁오염)법(Merchant Shipping (Oil Pollution)이 특정한 강제부보조건을 정하고 있다.

물론 오염은 석유 이외의 것에 의해서도 발생할 수 있는 것이지만, 어느 경우이든 거대규모의 보험을 필요로 하는 것은 말할 필요도 없다. 국제적으로 인정받는 담보의 종류로는 미국의 환경파괴배상책임보험(environmental impairment liability insurance)이 있으며 이것은 기본적으로 상해, 사망, 재물파괴, 쾌적함의 상실에 대한 배상책임 및 오염정화, 변호비용을 담보한다. 보험담보는 100만 달러 단위가 되고 있으며 상당히 고액의 초과면책액이 적용되는 경우가 많다.

7) 배상책임소급보험

배상책임소급보험(retroactive insurance)은 극히 혁신적인 형태의 보험으로서 주로 미국에서 개발되었다. 이 보험은 배상책임보험에 대하여 사고발생 이

후(after an event)에 인수되어 발생한 배상청구에 적용되도록 소급하는 것이다. 이 방식의 보험으로 유명한 최초의 인수사례는 라스베가스 호텔의 대화재에 대해 3억 달러를 초과하는 배상청구가 발생한 경우이다. 기존의 배상책임보험은 충분하지 않았기 때문에 약 1.7억 달러 상당의 보험이 추가 부보되어 소급 적용되었다. 그 이후 몇 건의 똑같은 보험담보가 행해졌다.

8) 충격파음보험

영국정부는 1970년에 콩코드의 시험비행으로 발생한 충격파음손해에 대해 보상금을 지급한다는 발표를 하였다. 일부는 정부보상이 행해진다는 이유 때문에, 또 다른 일부는 배상청구의 정당성을 조사하는 것이 극히 곤란하다는 이유 때문에 보험사업자는 전반적으로 본 손해에 대해 사실상 모든 재상보험에서 면책하고 있는데 이를 충격파음보험(衝擊波音保險; sonic boom insurance)이라 한다.

9) 인공위성보험

인공위성은 1960년대 중엽부터 보험인수가 행해져 왔지만 정기적으로 상업위성을 궤도에 쏘아 올리는 space shuttle의 정기발사의 성공과 함께 이 보험담보의 영역은 눈부신 발전을 거듭하여 왔다.

인공위성보험(space satellite insurance)의 담보는 우주매체의 고장, 올바른 궤도에의 진입실패 및 위성자체의 일종의 생명보험담보를 포함하고 있다.

(2) 상해보험

상해보험(accident insurance)이란 피보험자가 급격하고도 우연한 외래사고로 인하여 신체상 상해를 입거나 그 결과로서 생활기능 혹은 업무능력에 지장을 받은 경우에 보험금이 지불되는 보험을 말한다.

상해보험에서 지불되는 보험금에는 세 가지 형태가 있다.

① **의료보험금** ― 이 보험금은 피보험자가 상해를 입은 결과, 일상생활이나 업무수행이 불가능하게 되거나 의사의 치료를 받아야 하는 경우에 지급되는 것으로 입원 보험금과 통원보험금으로 나누어 지급된다.

② **후유장해보험금** ― 이 보험금은 상해로 인하여 신체의 일부를 상실하거

나 또는 그 기능에 중대한 장해가 영구히 남는 경우에 지급되는 것으로 손해보상이라기보다는 일정금액의 지불에 의해 보험구제를 행하는 것으로 보아야 할 것이다.

③ **사망보험금** — 이 보험금은 장해로 인하여 피보험자가 사망한 경우에 지불되는 것으로 후유장해보험금과 같은 성질의 것이다.

가. 보통상해보험

보통상해보험은 국내외를 불문하고 일상생활 중 발생하는 모든 상해사고에 대하여 보험금이 지급되는 보험이다. 이 보험은 여러 가지 특약조항을 부가함으로써 담보위험의 확대·축소 또는 지급보험금의 추가·제한을 행할 수 있으며, 독립상품으로서 취급되어지는 것도 있다. 예를 들면, 스포츠단체 상해보험, 국내여행 상해보험, 국내항공 상해보험 등이 있다.

나. 교통사고상해보험

교통사고상해 보험이란 국내의 교통수단을 중심으로 한 상해 사고만을 담보하는 보험이다. 예를 들면 자동차, 지하철, 항공기, 선박 등에 탑승하는 도중에 입은 상해 사고나 도로 통행 중의 건조물이나 공작물 등의 붕괴나 낙하 또는 화재, 폭발로 인한 상해 사고 등이 대상이 된다.

다. 가족교통상해보험

가족교통상해보험이란 한 장의 보험 증권으로 가족 전원을 피보험자로 하고 상술의 교통사고 상해 보험과 같은 담보 범위를 가지고 있다.

(3) 배상책임보험

배상책임보험(liability insurance)이란 피보험자가 제3자인 피해자에게 법률상의 손해배상책임을 부담함으로써 발생하는 피보험자의 손해를 보상하는 보험이다. 그런데 배상책임보험 중에는 자동차에 있어서 자동차 손해배상책임보험과 임의의 자동차보험, 항공기에 있어서 항공보험의 제3자 배상보험, 승객 배상보험 등도 포함되고 있지만, 여기에서 의미하는 배상책임보험이라 함은 위에 열거한 고유의 배상책임을 담보하는 보험을 제외한 일반적이고도 광범위한 일상생활이나 사업 활동 중에 사고로 인하여 타인의 신체에 사상케 하였거나 타인의 재물을 별실 또는 손상시킨데 대하여 피보험자가 법률적으로 손해배상책임을 부담함으로써 입게 되는 손해를 보상하는 보험이라 할 수 있다. 따라서 배상책임보험에서는 피보험자가 피해자에게 지불해야 할 손해배상금의 보상이 주된 대상이 되지만 그 외에도 소송비용, 손해 방지용, 응급조치 비용, 구상권 보전 비용 등도 함께 담보된다.

이러한 배상책임보험은 직접적으로는 가해자인 피보험자의 손해배상에 따른 경제적 파탄을 구제하고, 간접적으로는 손해배상책임의 이행을 촉진시켜 줌으로써 피해자의 구제를 보장해 주는 역할도 한다.

가. 개인배상책임보험

개인배상책임보험이란, 피보험자가 거주 혹은 관리하는 주택으로부터 발생하는 우연적 사고 혹은 피보험자의 일상생활에서 발생한 우연적 사고로 인하여 피보험자가 법률상의 손해배상책임을 부담함으로써 입는 손해를 보상하는 보험이다. 다만 항공기, 선박, 자동 차등으로 인한 배상책임보험, 골프보험 등이 있다.

나. 기업배상책임보험

기업배상책임보험이란 시설 소유 관리자, 청부업자, 제조업자 등 기업 활동을 수행하는 자나 소유 또는 관리하는 설비나 시설의 사고 또는 업무 수행 중에 발생한 사고 또는 제조, 판매된 제품의 취급상의 사고 등으로 인하여 법률상손해배상책임을 부담함으로써 입은 손해를 보상하는 보험이다. 여기에 속하는 것으로서는 보관자 배상책임보험, 생산물 배상책임보험, 청부업자 배상책임보험, 시설소유관리자배상책임 등이 있다.

다. 전문직업인배상책임보험

전문직업인배상책임보험은 의사, 변호사, 공인회계사 등 전문 직업인이 업무수행 중에 또는 개인의 일상생활 중에 발생시킨 사고와 관련하여 손해 배상책임을 부담하는 경우의 손해를 보상하는 보험이다.

(4) 보증보험

보증보험(guaranty insurance)이란 채무자가 자신의 채무이행을 보증하기 위하여 보험계약자가 되고, 채권자를 피보험자로 하여 자신의 채무불이행 또는 불법행위로 인하여 채권자에게 손해가 발생한 경우에 이를 보상하는 것을 목적으로 하는 보험이다. 보증보험에서는 보험계약자는 채무자이고 보험료부담자가 되며 채권자와 보험자간에는 보험계약관계가 없지만 손해보상은 피보험자인 채권자가 받게 된다. 따라서 보증보험 계약은 타인을 위한 보험계약의 성격을 가지고 있다.

가. 입찰보증보험

입찰보증보험이란 입찰 참가자를 보험계약자로 하고 입찰 공고자를 피보험자로 하여 낙찰자가 본 계약을 체결하지 않았기 때문에 타인과의 계약을 체결하기 위하여 지출한 비용을 손해로 인정하고 이를 보험자가 보상하는 보험이다. 따라서 1입찰에 대하여 1인 이상의 응찰이 있었던 경우는 다수의 보험계약의 체결이 있을 수 있다.

나. 이행보증보험

이행보증보험이란, 계약 체결 후의 채무자를 보험계약자로 하고 발주자(채권자)를 피보험자로 하여 채무자의 귀책사유로 인하여 채무자가 채무를 이행하지 아니함으로써 채권자가 입은 손해를 보험자가 보상하는 보험이다. 따라서 입찰 보증보험과는 달리 이 보험의 경우에는 1계약에 대하여 1개의 보험계약만이 존재하게 된다.

(5) 신용보험

신용보험(credit insurance)이란 피보험자인 채권자가 스스로 보험계약자가 되고 채무자의 채무불이행에 의한 손해의 보상을 목적으로 하는 보험이다. 신용보험에서는 보험계약자, 피보험자가 함께 채권자이고 보험료를 부담하며 손해보상을 받는 당사자가 되지만 보험자와 채무자사이에는 보험계약관계가 없다. 따라서 신용보험은 채권자스스로가 보험계약자가 되는 자기를 위한 보험계약의 성격을 가지고 있다.

가. 신원신용보험

신원신용보험이란 피용인이 단독 또는 제 3자와 공모하여 행한 절도·강도·사기·배임행위 등의 불성실행위에 의하여 사용자 또는 피용인의 신원보증인이 입는 손해를 보상한다.

나. 할부판매대금보험

할부판매대금보험이란 월부 등과 같이 대금분할 지불조건으로 매매된 상품에 대하여 상대방으로부터 할부 대금을 회수할 수 없을 때 피보험자인 할부판매 업자가 입은 손해를 보상하는 보험이다.

다. 주택자금대부보험

주택자금대부보험은 주택 자금의 대부를 받은 피용자가 차입금을 변제할 수 없게 되었을 때 기업이 입었던 손해를 보상하는 보험이다.

라. 개인대부신용보험

개인대부신용보험은 금융기관으로부터 대부를 받았던 채무자가 금전 소비대차 계약에 따른 채무를 이행하지 않았을 때에 피보험자인 금융기관이 입은 손해를 보상하는 보험이다.

(6) 항공보험

항공보험(aviation insurance)이란 항공기와 관련하여 발생하는 일체의 위험을 담보하는 보험으로 그 종류로는 항공기 기체에 발생한 손해를 담보하는 기체 보험, 항공수송 화물에 발생한 손해를 담보하는 항공화물보험, 항공기에 탑승 중인 승객의 생명을 해치거나 재물에 손해를 끼친 경우에 법률상의 지불책임을 지는 경우의 배상금액을 보상하는 승객 배상책임보험, 이외에도 화물배상책임보험, 탑승자・승무원 상해보험, 수색구조비보험, 인공위성보험 등이 있다.

(7) 풍수해보험

풍수해보험(windstorm and flood insurance)이란 태풍, 폭풍우, 홍수, 해일 등의 수재, 풍재에 의해서 보험의 목적인 건물, 공작물 또는 동산이 붕괴, 유실 등의 손해를 입었던 경우에 보상하는 보험이다. 이 보험으로 담보되는 것은 풍재 또는 수재와 같은 이상 기상현상과 직접 인과관계를 가지는 손해이기 때문에, 통상적인 기상 현상에 의한 손해라든가 스프링 쿨러, 탱크, 파이프 등으로부터 새어 나온 물에 의한 손해는 대상이 되지 않는다.

(8) 건설공사보험

건설공사보험(contractor's all risks insurance)이란 빌딩, 공장, 주택 등의 건설공사현장에서 공사의 착공에서부터 완공까지의 공사기간 중에 발생하는 다양한 손해를 포괄적으로 보상하는 보험을 말한다. 건설공사보험은 공사 물건보험과 배상책임보험으로 구성되어 있는 일종의 종합 보험이다.

공사물건보험이란 공사용 자재 또는 공사용 가설물을 포괄적으로 보험의 목적으로 하고 이들에 발생한 예측 불허의 돌발적인 사고에 의한 물적 손해를 올 리스크 담보형식으로 보상하는 보험이다.

배상책임보험이란 공사와 관련하여 제3자에 대하여 법률상의 배상책임을 부담함으로써 생긴 손해를 보상하는 보험이다.

(9) 동물보험

동물보험(animal insurance)이란 동물을 보험의 목적으로 삼고 특정한 이유로 인한 동물의 사망을 보험사고로 하는 손해 보험을 의미하여 그 대상이 되는 동물은 경주용 말이나 사육용 밍크뿐만 아니라 돼지, 닭 등에까지 이르고 있다.

현재 미국의 경우에는 Animal Mortality, Animal Named perils policy, Livestock-Commercial Feed lot Reporting Form, Livestock Mortality, Livestock-Auction Market Form 등 5종류의 동물 보험이 있다.

연습문제

1. 최근에 판매되는 보험상품의 의의에 관하여 설명하라.
2. 유괴인질석방비용보험과 소송비용보험을 비교 · 설명하라.
3. 정치적 위험의 보험과 오염손해보험에 대하여 각각 설명하라.
4. 상해보험의 종류를 나열하고 설명하라.
5. 보증보험과 신용보험을 비교 · 설명하라.

➠ 국외

김주동역, 손해보험론, 보험연수원, 1991.

김주동역, 보험회사경영론, 교보문고, 1992.

양승규, 보험법, 삼지원, 1992.

한동호, 보험학, 박영사, 1974.

오원석, 해상보험론, 삼영사, 1995

오창수 · 김경희, 생명보험론, 1998, 박영사

김두철 · 김정동외8名, 보험과 위험관리, 1997, 문영사

김기홍 · 정봉은외2名, 보험 중개인의 이론과 실무, 1997, 일지사

김동훈, 보험론, 1993, 학현사

한규채, 보험마케팅 조직론, 1994, 비 · 북스

이시환 · 권 오, 보험학개론, 1996. 신양사

구종순, 해상보험, 1996, 박영사

김주동 · 이원근, 보험학원론, 1998, 형설출판사

이원근 · 조현정, 해상보험, 1997, 홍익출판사

최기원, 보험법, 1993, 박영사

방갑수, 최신보험학, 1994, 박영사

이장로, 국제마케팅, 1997, 무역 경영사

(주)삼성생명보험, 보험교실, 삼성생명 1998.

생명보험협회, 생명보험이란 무엇인가, 1997.

신수식, 한국보험사, 무역경영사, 1974.

보험연수원, 제3보험상품해설. 2009.

➠ 국외

龜井利明, 保險經營論, 青山書店, 1969.

________, 改訂保險總論, 法律文化社, 1978.

________, 海上保險總論, 成山堂, 1975.

星野良樹, 保險學概論, 同文舘, 1980.

鈴木辰紀編, 保險論, 成文堂, 1982.

木村榮一, 海上保險, 千倉書房, 1978.

________, 庭田範秋編, 保險槪論, 有斐閣, 1983.
本田守, 保險學總論, 成文堂, 1978.
廣海孝一, 保險論, 中央經濟社, 1985.
宮澤南夫, 損害保險, 日本經濟新聞社,1985.
松島 惠.大谷孝一, 海上保險論, 損害保險事業綜合硏究所
東京海上火災保險株式會社編, 損害保險實務講座(第 6.7.8卷), 有斐閣, 1989.
Arnould A.S., GeneralInsurance Principles, Revised ed ., University Press of America, 1933.
Bickelhaupt David L., General Insurance, Irwin, 11th ed 1983.
Goodacre, J.Kenneth, Marine Insurance Claims,2nd ed., South Western Publishing Company, 1968.
Head George L., Risk Management Pross ,Risk and Insurance Management Society, Inc., 1978.
Kenney Roger, Fundamentals of Fire and Casualty Insurance Strength, Kenney Insurance Studies, 1957.
Turner, The Principles of Marine Insurance ,1976.
Head George L., Risk Management Pross ,Risk and Insurance Management Society, Inc., 1978.
George E. Rejda, Principles of Insurance, and ed., Glenview, Illinois : Scott, Foresman and Company, 1986.
Vaughan, Emmett J., Fundamentals of Risk and Insurance, 3rd ed., New York : John Wiley & Son 1982.
Barry D. Smith, James S. Trieschman, Eric A.Wiening, Property and Liability Insurance Principles, Insurance Institute of America, 1987
Barry L Webb, Insurance Company Operations, Insurance Institute of America, 1987.
Dickson G. C. A. & Steale J. T., Elements of Insurance, Macdonald and Evans, 1981.
New York Life, Equitable Life, Mutual Life of New York, Metropolitan Life, Prudential Life, 1992.
Keller, M., The Life Insurance Enterprise, Cambridege, 1963.
Denenberg H. S., Robert D. Eilers, J. Melone, and R. Zelton, Risk and Insurance, 2nd ed., Prentice-Hall, 1974.
Mehr R. I. & Cammank E., Principles of Insurance, 7th ed., Irwin, 1980.
Aake David A. & Day George S., Consumerism-Search for the Consumer Interests, 3rd ed., The Free Press, 1978.
Karen Orren, The Insurance Industry and the Other Consumer, Robert N.Hatzz ed., Protecting the Consumer Interests-Private Initiative and Public Response, Ballinger Publishing Company, 1976.
Kenney Roger, Fundamentals of Fire and Casualty Insurance Strength, Kenney Insurance Studies, 1957.

찾아보기

ㄱ

ㅇ

ㅊ

ㅌ

ㅍ

❑ 저자 약력

➠ 이원근(李源根, Lee, Won Keun)

영남대학교 대학원 무역학과 수료(경제학 석사)
일본 고베상대 대학원 경영연구과 석사과정 수료 (경영학 석사)
일본 고베상대 대학원 경영연구과 박사과정 수료 (경영학 박사)
(현) 대구대학교 경상대학 무역학과 교수

▸ **저서**

최신무역보험입문(도서출판 두남, 1999)
무역실무(대구대학교 출판부, 2007)
무역영어(대구대학교 출판부, 2007)
알기쉬운 무역영어(대구대학교 출판부, 2007)
사례로 배우는 무역실무(대구대학교 출판부, 2008) 외

▸ **논문**

해상보험에 있어서 전쟁에 관한 연구(1986)
영국해상보험에 있어서 보험조건의 확장에 관한 연구(1991)
각국 선박의 하자와 불내항에 관한 연구(1997)
중국송대해상무역관리기구로서의 시박사에 관한 연구(2005)
海上 安全에 대한 國際的 對應과 한국의 對策, (2009) 외 다수

➠ 이응권(李應權, Lee, Eung Kweon)

한양대학교 무역학과 졸업
성균관대학교 대학원 국제경영학과 수료 (경영학 석사)
University of Santo Tomas 경영학과 수료 (경영학 박사)
University of California, La(UCLA) Visiting Prof
(현) 건양대학교 글로벌경영학부 교수

▸ **저서**

기업윤리와 경제윤리(철학과 현실사, 1996)
국제통상 이론과 실무(이화출판, 1997)
최신무역보험입문(도서출판 두남, 2005)
무역법규(도서출판 형설, 2005)
국제경영(도서출판 두남, 2007) 외 다수

▸ **논문**

한국기업의 해외직접투자 모형설정 및 실증적 연구(1998)
An Empirical Study about International Distribution Channels of Companies (2003)
The Paradox and Pitfall in an Analytical Approach to China′Politics and Economics and The New Perspective (2007)

➠ 이상호(李相虖, Lee, Sang Ho)

영남대학교 무역학과 졸업
영남대학교 대학원 무역학과 수료(경제학 석사)
영남대학교 대학원 무역학과 수료(경제학 박사)
(현) 대구보건대학 금융회계과 교수

▸ **저서**

최신무역보험입문(도서출판 두남, 1999)
실무 자동차보험(삼우사, 2001)
현대인의 예절과 매너(배영출판사, 2007)

▸ **논문**

우리나라 수출보험에 관한 연구(1995)
보험자 代位와 보험委付에 관한 비교연구 (1996)
해상보험 委付제도 폐지에 관한 연구(1997) 외 다수

➠ 최영곤(崔永坤, Choi, Young Kon)

동아대학교 무역학과 졸업
부산대학교 석사과정 수료(경제학 석사)
동아대학교 무역학과 박사과정 수료 (경제학박사)
(현) 동부산대학 금융경영과 교수

▸ **논문**

한국기업의 국제M&A선택요인에 관한 실증적 연구
금선물거래의 활성화에 관한 연구,
폐쇄방정식 모델과 이항가격결정모델을 이용한 옵션의 가격평가에 대한 연구,
중소기업의 효율적 환위험관리에 대한 연구(KiKo문제을 중심으로)외 다수

최신 보험의 이해

초　판 1쇄 발행 — 2010년　1월　30일
초　판 2쇄 발행 — 2011년 12월　15일
초　판 3쇄 발행 — 2012년　8월　20일
지은이 — 이 원 근 · 이 웅 권 · 이 상 호 · 최 영 곤
펴낸이 — 전 두 표
펴낸곳 — 도서출판 **두남**
서울시 강동구 성내로6길 34-16 두남빌딩
신고 : 제25100-1988-9호
TEL : (02) 478-2065~7, 478-2311
FAX : (02) 478-2068
E-mail : dunam1@unitel.co.kr
http://www.dunam.co.kr

정가 20,000원

ISBN 978-89-6414-034-5　　13690